STEVEN K. SCOTT

# DER MA$TER PLAN

Mit dem richtigen Mentor in 15 Schritten zu Reichtum und Erfolg

DER AKTIONÄR EDITION

Die Originalausgabe erschien unter dem Titel
Mentored by a Millionaire
im Wiley & Sons Verlag, New Jersey.
ISBN 0-471-46763-4


Bibliografische Information der Deutschen Bibliothek

Übertragen aus dem Amerikanischen von Egbert Neumüller.

Steven K. Scott:
Der Masterplan
Mit dem richtigen Mentor in 15 Schritten zu Reichtum und Erfolg
ISBN 3-938350-03-2

Druck: Ebner & Spiegel GmbH



BÖRSEN MEDIEN
AKTIENGESELLSCHAFT

Postfach 1449 · 95305 Kulmbach · Tel. 09221-9051-304 · Fax 09221-9051-4000

# Widmung

**Meinen Mentoren im Leben**

Meiner unglaublich weisen und liebenden Frau,
Shannon Smiley Scott.

Meiner engelgleichen Mutter Minnie Joy Scott
und meinem mutigen Vater Gordon Scott.

Jim Shaughnessy, Dr. Gary Smalley, Pastor Jim Borror
und Herb und Helen Selby.

**Meinen Mentoren im Geschäft**

Meinem Mentor, der alles verändert hat, Bob Marsh.

Jenen, die ich am allerliebsten anleite:

Meinen wundervollen Kindern: Hallie Rose, Sean Kelly, Ryan, Devin,
Zach, Mark und Carol sowie meiner süßen Enkeltochter Madeline.

Meinen Lesern und Hörern, die mit Hoffnung und Vertrauen
herkommen, und die mit Wissen und Können wieder gehen.

# Inhalt

# Vorwort

## Wollen Sie lieber von einem Lehrer unterrichtet oder von einem Millionär angeleitet werden?

Die Strategien, Fähigkeiten und Techniken, die Sie hier erlernen, haben es den erfolgreichsten Menschen der Welt ermöglicht, ihre unmöglichen Träume zu verwirklichen. Wenn Sie diese Strategien, Fähigkeiten und Techniken anwenden, bewegen Sie sich auf eine nie gekannte Ebene des Erfolgs zu. Das gilt für jegliche Unternehmung, auf die sie angewendet werden: Ihre Arbeit, Ihre Karriere und sogar Ihre Ehe. Leider werden diese Strategien, Fähigkeiten und Techniken an keiner Schule, an keinem College und an keiner Universität gelehrt. Sie werden ihre Macht nicht spüren, wenn Sie einfach nur Bücher zur Selbsthilfe lesen oder Motivations-Seminare besuchen. Sie sind nur einer kleinen Elite bekannt, und man kann sie nur durch den Prozess der persönlichen Unterweisung erlernen und beherrschen.

Ein guter Lehrer kann Ihren Erfolg vielleicht um 25, um 50 oder sogar um 100 Prozent steigern, ein guter Mentor dagegen um 1.000, um 5.000 oder gar 10.000 Prozent! So hat zum Beispiel mein geschäftlicher Mentor mein persönliches Einkommen um 56.000 Prozent gesteigert. Mein Beziehungs-Mentor hat mir die entscheidenden Fähigkeiten beigebracht, die ich brauchte, um Herz und Hand meiner Ex-Frau zurückzugewinnen und mit ihr die glücklichste und erfüllteste Beziehung aufzubauen, die jeder von uns je erlebt hat.

Wie viele Selbsthilfe-Bücher haben Sie schon gelesen? Wie viele Motivationstrainer haben Sie schon gehört? Wenn Sie ein gutes Buch zur Selbsthilfe gelesen oder einem guten Redner zugehört haben, dann haben Sie sich möglicherweise wie ein neuer Mensch gefühlt. Aber wie lange hat dieses Gefühl angehalten? Nach ein paar Wochen steckten Sie wieder in den gleichen Gefühlen, die Sie vorher empfunden hatten. Die Veränderungen, die Sie erwartet hatten, haben sich nie konkretisiert. Sie fühlten sich frustriert und vielleicht sogar wie ein Versager.

Auch wenn Sie sich die Schuld für Ihr Versagen selbst zuschreiben, war es wahrscheinlich nicht Ihr Fehler. Viele Motivationstrainer leben zwar davon, dass sie Reden halten und Bücher schreiben, aber sie haben selbst keinen außergewöhnlichen Erfolg bei der Gründung, dem Aufbau oder der Leitung eines Geschäftsunternehmens erzielt. Sie übernehmen die Rolle des Einpeitschers oder Cheerleaders und können Ihre Stimmung für eine oder zwei Wochen tatsächlich heben. Solche talentierten und anregenden Redner oder Autoren haben Ihnen womöglich wunderbare Grundsätze, begeisternde Konzepte, unterhaltsame Geschichten und brillante Strategien vermittelt. Sie haben Sie vielleicht wirklich angeregt,

> Cheerleader können zwar Begeisterungsstürme verursachen, aber sie werfen keine Pässe, erzielen keinen Touchdown und gewinnen kein Spiel. Generäle arbeiten großartige Strategien aus, aber sie feuern kein Gewehr ab, fahren keinen Panzer und fliegen kein Flugzeug. Um ein Spiel, eine Schlacht oder einen Krieg zu gewinnen, braucht man mehr als Einpeitscher und Strategen. Man braucht dafür Männer und Frauen, die für die Erreichung ihrer Ziele (1) effektiv ausgebildet und (2) angemessen ausgerüstet sind.

auf der Arbeit und zu Hause mehr Erfolg anzustreben. Aber wenn sie Sie nicht mit den speziellen Techniken und Fähigkeiten ausgestattet haben, die Sie brauchen, um ihre Strategien auf Ihre alltäglichen Aktivitäten anzuwenden, war das Scheitern unvermeidlich. Sie hatten genauso wenig die Chance, außergewöhnlich erfolgreich zu sein, wie ein Soldat, dem der General einen Schlachtplan gibt, ihn aber ohne Waffen und ohne Kampfausbildung auf das Schlachtfeld schickt. Wenn

Sie also nach dem Besuch eines Motivationsseminars oder nach der Lektüre eines Selbsthilfebuches keine außergewöhnlichen Erfolge erzielt haben, dann schreiben Sie sich die Schuld nicht selbst zu. Einfach ausgedrückt hat Ihnen die richtige Ausbildung und Ausrüstung gefehlt.

## Vier Gründe, weshalb dieses Buch Ihr berufliches und privates Leben phänomenal verändern wird

**1. Sie erlernen die 15 Meisterstrategien der erfolgreichsten Menschen der Welt.** Diese Strategien haben schon Hunderte gewöhnlicher Menschen auf unvorstellbare Höhen des Erfolgs und Wohlstands katapultiert. Sie werden nicht an Colleges und Wirtschaftsschulen gelehrt, sondern wurden durch persönliche Erfahrungen entdeckt oder von Mentoren vermittelt.

**2. Sie werden die Beherrschung spezieller Methoden lernen, mit deren Hilfe Sie die einzelnen Strategien in Ihrem täglichen Berufs- und Privatleben anwenden können.** Diese Techniken sind einfach und leicht erlernbar, aber trotzdem unglaublich wirkungsvoll; Sie werden sie ein Leben lang beherrschen.

**3. In 15 Anleitungssitzungen werden Sie mit interaktiven Übungen Schritt für Schritt durch alle Techniken und Strategien geführt, so dass Sie sozusagen über Nacht mit der Anwendung jeder Technik beginnen können.**

**4. Sie bekommen keine Vorträge von einem Ausbilder oder Motivationstrainer. Sie werden persönlich angeleitet,** und zwar von einem Mann, der in sechs Jahren neun Arbeitsstellen verloren hat und trotzdem mit dem zehnten Job zum Multimillionär geworden ist, weil auch er von einem Millionär angeleitet wurde. Zusammen mit meinen Partnern habe ich mehr als ein Dutzend Unternehmen von Null an aufgebaut, mehr als zwei Milliarden US-Dollar Umsatz und mehr als 200 Millionen Dollar privates Einkommen erzielt.

## Woher weiß ich, dass diese Techniken bei Ihnen funktionieren?

In der ersten Sitzung werden Sie erfahren, dass ich in den ersten sechs Jahren nach dem College ein hoffnungsloser und gewohnheitsmäßiger Versager war. Und dann, als ich anfing, die Techniken und Strategien anzuwenden, die ich von meinen Mentoren gelernt hatte, gaben sie mir die Kraft, Erfolge zu erreichen, die ich nicht einmal im Traum für möglich gehalten hätte. Als ich andere Menschen näher kennen lernte, die phänomenale persönliche Erfolge erzielt hatten, entdeckte ich, dass sie dafür die gleichen Techniken verwendet hatten. Als ich die Biographien vieler der erfolgreichsten Menschen der Welt las, stellte ich fest, dass auch sie die gleichen Strategien und Techniken verwendet hatten. Zu meinem großen Erstaunen wird keine dieser lebensverändernden und traumverwirklichenden Fähigkeiten in der Schule, am College oder auf der Universität gelehrt. Jeder Überflieger, dem ich begegnet bin oder über den ich etwas gelesen habe, hat diese Fähigkeiten entweder von einem Mentor gelernt oder durch persönliche Erfahrung entdeckt.

Während mein Erfolg zunahm, begann ich mich mit Menschen zu treffen, die wunderbare Träume hatten, denen es aber nie gelungen war, diese Träume zu verwirklichen, egal wie sehr sie sich bemüht hatten. Als ich diesen Menschen geholfen hatte, die 15 Meisterstrategien anzuwenden, erlebten sie buchstäblich innerhalb von Wochen die Verwirklichung ihrer Träume. In einigen Fällen nahm auch ihr Einkommen zu, es stieg von ein paar Tausend Dollar pro Jahr auf mehrere Millionen.

Um zu zeigen, welche universelle Macht diese Strategien und Techniken besitzen, erzähle ich ein paar Beispiele:

### Ein Hilfspfarrer aus Waco, Texas

Gary Smalley träumte davon, ein Buch zu schreiben, das Ehepaare lehrt, eine bessere Ehe zu führen. Zehn Jahre lang betete er um die Chance, seinen Traum zu erfüllen. Gary und ich setzten uns im Jahre 1978 zusammen und arbeiteten eine Strategie für die Erfüllung dieses einfachen Traums aus. Inzwischen hat Gary nacheinander 15 Bestseller geschrieben und Millionen von Paaren zu einer glücklicheren Beziehung verholfen. Seine Organisation mit dem Namen „Today's Family" hat ebenfalls Millionen von Ehen beeinflusst. Alleine seine Videos verkauften sich sechs Millionen Mal und sind somit die erfolgreichsten Selbsthilfe-Videos aller Zeiten.

### Ein Professor von der Arizona State University

Professor Claude Olney hatte ein Seminar eingeführt, mit dem er seinen Studenten an der Arizona State University zu besseren Noten verhelfen wollte. Er träumte davon, eine Cassettenreihe für die Studenten an anderen Universitäten und Colleges anzubieten. Wir arbeiteten einen Plan aus, der zur Erstellung von Audio- und Videoseminaren für Grundschüler, Schüler an der Highschool und College-Studenten führte. Das Ergebnis war die meistverkaufte Lehrvideo-Reihe, die es je gab. Die Bänder veränderten das Leben von Millionen Studenten und machten den Professor binnen eines Jahres zum Millionär.

### Eine Maskenbildnerin aus Los Angeles


Victoria Jackson war eine talentierte Maskenbildnerin aus Los Angeles, hatte aber zu kämpfen. Sie hatte eine einzigartige Basisschminke erfunden und versuchte seit acht Jahren mit geringem Erfolg, sie zu vermarkten. Obwohl in ihrer Garage noch Hunderte von Schminkdosen standen, hatte sie so gut wie aufgegeben. Unter Verwendung der im vorliegenden Buch beschriebenen Strategien erstellten wir einen Plan, der in die Entwicklung einer vollständigen Makeup-Serie mit mehr als 160 Produkten mündete. Innerhalb von fünf Jahren hatte Victoria Jackson Cosmetics über 300 Millionen Umsatz erzielt und Victoria war Multimillionärin.

### Zwei Erfinder eines Fitnessgerätes aus San Diego

Tom Campanero und Larry Westfall hatten ein wunderbares, aber sehr großes und schweres Trainingsgerät entwickelt. 20 Jahre lang führten sie ihre Maschine auf Hunderten von Messen vor. Leider verkauften sie pro Jahr nicht mehr als 5.000 Stück davon. Im Jahre 1996 arbeiteten wir einen Plan aus, der die Strategien und Techniken umsetzte, die ich Ihnen in diesem Buch vermitteln werde. Heute, sieben Jahre danach, hat sich der neu designte Total Gym über 2,5 Millionen Mal verkauft und einen Umsatz von mehr als einer Milliarde US-Dollar generiert. Der Total Gym ist nicht nur der erfolgreichste Heimtrainer aller Zeiten, sondern wird derzeit auch in mehr als 7.000 Leistungssport- und sportmedizinischen Einrichtungen für das Training und die Rehabilitation von mehr als sieben Millionen Menschen pro Jahr eingesetzt.

## Funktionieren diese Strategien und Techniken also wirklich auch bei Ihnen?

Die Menschen in den Beispielen waren nicht anders als Sie und ich. Es waren gewöhnliche Menschen, die sich jahrelang um Erfolg bemüht hatten. Und trotzdem waren sie bestenfalls mäßig erfolgreich. Obwohl sie wirklich ihr Bestes gegeben hatten, hatten sie die Schlüssel noch nicht gefunden, die ihnen die Türen zu dem außerordentlichen Erfolg hätten aufschließen können. Als sie erst einmal mit diesen einfachen Schlüsseln ausgestattet waren, ließen sich die Türen mit Leichtigkeit öffnen. Die gleichen Schlüssel werden auch Ihnen in den 15 Anleitungs-Sitzungen in die Hände gelegt.

Wenn Sie jetzt immer noch nicht glauben, dass diese Strategien und Techniken Ihr Leben so sehr verändern können, dann glauben Sie vielleicht das, was ein paar berühmte Amerikaner über diese Strategien und ihre ungeheure Macht geschrieben haben, Veränderungen im Leben eines jeden zu bewirken:

> *„Steve Scotts geradezu unheimliche Einsichten und Strategien sind so präzise und so einfach anzuwenden, dass sie meiner Meinung nach jeden Leser in die Lage versetzen, eine Ebene des Erfolgs zu erreichen, von der sie nicht zu träumen wagten – egal ob College-Student, mittelständischer Unternehmer oder CEO eines Fortune-500-Unternehmens."* Donald Trump

> *„Steve Scott beweist nicht nur, dass Sie Ihre ‚unmöglichen Träume' verwirklichen können, sondern er nimmt Sie bei der Hand und gibt Ihnen das Wissen, das Selbstvertrauen und die Macht, jeden einzelnen zu verwirklichen!"* Chuck Norris

> *„Er bietet eine klare und prägnante Wegbeschreibung zu mehr Erfolg, als Sie überhaupt für möglich gehalten hätten. Wenn Sie ihr folgen, werden Sie sicher dort ankommen."* Dick Clark

> *„Steve Scott bietet uns die speziellen Strategien und Techniken, die wir erlernen und anwenden müssen, um unsere wertvollsten Träume zu erreichen. Er zeigt uns nicht nur, wie wir unsere unmöglichsten Träume möglich machen, sondern er zeigt uns auch, wie wir sie wahrscheinlich machen!"* Christie Brinkley

> *„Wenn Sie diese Schritte befolgen, können Sie sicher sein, dass Sie Ihre unmöglichen Träume erreichen."* Joe Montana

Funktionieren diese Strategien also auch bei Ihnen? Absolut! Sie brauchen nichts weiter zu tun als sie zu erlernen und dann gewissenhaft auf Ihr tägliches Leben anzuwenden. Mit einem Hausschlüssel, der auf Ihrem Autositz liegt, können Sie die Tür zu Ihrem Haus nicht aufschließen, wenn er auf dem Sitz liegen bleibt. Wenn Sie ihn jedoch in die Hand nehmen, in das Schloss stecken und umdrehen, öffnet er die Tür jedes Mal mit Leichtigkeit. Das Gleiche gilt hier. Wenn Sie über die Schlüssel lesen und sie in den Seiten dieses Buches lassen, dann bringen sie Ihnen nichts. Wenn Sie sie aber aus den Seiten nehmen und benutzen, dann öffnen sie Ihnen Türen, denen Sie sich nie zu nähern wagten, geschweige denn sie zu öffnen.

Wenn Sie mit irgendeiner der 15 Anleitungssitzungen beginnen, bedenken Sie, dass sie nicht einfach nur Kapitel eines Buches sind. Es gibt keinen Zeitrahmen für den Abschluss einer Sitzung oder des ganzen Buches. Dieses Buch handelt nicht von mir, sondern von Ihnen. Am Ende jeder Sitzung finden Sie einen Abschnitt mit der Überschrift „Gang einlegen, Gas geben!". Darin finden Sie interaktive Übungen, mit deren Hilfe Sie die Strategien und Techniken anwenden und beherrschen können, die Sie in der betreffenden Sitzung gelernt haben. Beenden Sie jede Sitzung und jede Gruppe von Übungen in der Zeit, die Sie dafür brauchen. Wenn Sie das tun, werden Sie sofort merken, dass sich etwas ändert. Ihre Kreativität und Ihre Produktivität werden wie eine Rakete nach oben schießen. Ihre persönlichen Beziehungen an Ihrem Arbeitsplatz und zu Hause werden sich verbessern, zunächst langsam und dann sehr dynamisch. Ihre Begeisterung, Ihre Leidenschaft und Ihre Erfüllung werden Ebenen erreichen, die Sie nur bei anderen Menschen für möglich gehalten hätten.

Da es so wichtig ist, dass Sie sich nur Mentoren suchen, die auf dem Gebiet, auf dem Sie sich unterweisen lassen, wirklich qualifiziert sind, kommt jetzt der einzige Teil des Buches, in dem es um mich geht; in den 15 Anleitungssitzungen geht es dann nur noch um Sie. Fangen wir also an!

# Einführung

## Vom gewohnheitsmäßigen Versager zum Multimillionär – es fehlte nur ein Mentor. Jetzt sind Sie dran!

Lernen Sie Ihren Mentor und Ihr leistungsstarkes Fahrzeug zum außergewöhnlichen Erfolg kennen. Haben Sie sich je gefragt, warum nur wenige Menschen ihre Träume erreichen, die meisten Menschen aber nicht? Ich bin mit Steven Spielberg auf die Highschool gegangen. Wir saßen bei fast allen Footballspielen nebeneinander – er war in der Band und ich in der Fahnengruppe. Er spielte hervorragend Klarinette, und ich dachte damals, er würde einmal Studiomusiker werden. Aber er träumte davon, Filmregisseur zu werden. Seit der sechsten Klasse drehte er Amateurfilme, und die Filmemacherei war seine eigentliche Leidenschaft. Leider war er kein guter Schüler, und seine Bewerbungen bei den Filmschulen UCLA und USC wurden abgewiesen. An der Highschool hatte er einen Notenschnitt von 3- (in guten Semestern), ich dagegen von 2+. Ich schloss das College mit einem Stipendium ab, und er ging ohne Abschluss. Aber trotzdem, zehn Jahre nach unserer Highschoolzeit hatte er schon bei mehr als einem Dutzend Fernsehsendungen Regie geführt und zwei Spielfilme gedreht, unter anderem den größten Kassenschlager des Jahrzehnts. Ich dagegen war aus acht Jobs geflogen und verdiente weniger als die Hälfte des amerikanischen Durchschnittseinkommens.

Warum verwirklichte Steven den größten Teil seiner Träume, während ich mit meinen scheiterte? Die Antwort ist einfach: Er tat das, was die Angehörigen der kleinen Elite tun, die ihre unmöglichen Träume wahr werden lässt; ich dagegen tat das, was die meisten Erwachsenen tun, die ihre Träume nicht erreichen. Interessanterweise werden die Dinge, die Stevens Erfolg vorantrieben, nicht auf der Highschool, dem College oder der Universität gelehrt, aber ich tat all das, was uns in der Highschool und im College beigebracht wird. Falls das noch nicht Ihre Neugier geweckt hat, dann vielleicht *Folgendes: Sobald ich anfing, die Dinge so zu tun wie Steven, begann auch ich meine unmöglichen Träume zu erreichen.* Meine ersten acht Arbeitsverhältnisse hatten durchschnittlich acht Monate gedauert, und mein Jahresgehalt belief sich auf maximal 13.000 US-Dollar. Ich begann mit der Anwendung der Strategien in meinem neunten Job und verdoppelte den Umsatz des Unternehmens innerhalb von drei Monaten von 30 auf 60 Millionen Dollar. Nach einem Jahr hatte ich einen Mentor gefunden und gründete mit ihm zusammen ein neues Unternehmen. Mein Einkommen schoss von 13.000 auf 150.000 Dollar in die Höhe. Diesen Job mache ich jetzt seit 26 Jahren und er hat mir und meinen Partnern ein Einkommen von 200 Millionen Dollar gebracht.

Als Steven Spielberg und ich uns 20 Jahre nach unserer Highschoolzeit zufällig begegneten, fanden wir, dass wir genau das Gleiche gemacht hatten, nur eben auf unterschiedlichen Gebieten. Er hatte die Strategien angewandt, um Filme zu drehen, und ich hatte sie angewandt, um Produkte zu vermarkten. Aber Steven und ich sind nicht die Einzigen, die diese Strategien für die Erreichung ihrer sehnlichsten Träume verwendet haben. Als ich begann, die Biographien vieler der erfolgreichsten Männer und Frauen der Welt zu studieren, entdeckte ich, dass sie genau die gleichen Strategien verwendet hatten, um ihre außergewöhnlichen Träume zu erreichen. Von Washington und Jefferson bis Edison und Ford, von Helen Keller bis Oprah Winfrey, von John D. Rockefeller bis Bill Gates – es ist egal, wie erbärmlich die Anfänge waren oder in welchem Jahrhundert sie lebten. Selbst der Bildungsgrad schien höchst irrelevant zu sein. Es war sogar egal, auf welche Art von Träumen sie die Strategien anwandten – eine Nation schaffen, ein neues Unternehmen aufbauen oder einfach nur zu einem besseren Leben gelangen. Sie wandten ganz

**Das erste Gesetz des außergewöhnlichen Erfolges**

Menschen, die gewöhnliche Ergebnisse erzielen, verwenden dabei konventionelle Ansätze und Methoden, die in den Schulen gelehrt und von der breiten Masse verwendet werden. Menschen, die außergewöhnliche und nahezu unmögliche Ergebnisse erzielen, verwenden dazu eine Sammlung von Meisterstrategien, die universell gelten und regelmäßig von Überfliegern genutzt werden, die aber der breiten Masse so gut wie unbekannt sind.

**Das zweite Gesetz des außergewöhnlichen Erfolges**

Überflieger lernen diese Meisterstrategien entweder von Mentoren (das ist der schnelle Weg) oder durch den qualvollen Prozess von Versuch und Irrtum (das ist der langsame Weg).

einfach diese Strategien zur Verfolgung ihrer größten Träume an und verwandelten so diese Träume in Wirklichkeiten.

Menschen, die gewöhnliche Ergebnisse erzielen, verwenden dabei konventionelle Ansätze und Methoden, die in den Schulen gelehrt und von der breiten Masse verwendet werden. Menschen, die außergewöhnliche und nahezu unmögliche Ergebnisse erzielen, verwenden dazu eine Sammlung von Meisterstrategien, die universell gelten und regelmäßig von Überfliegern genutzt werden, die aber der breiten Masse so gut wie unbekannt sind.

## Vier Typen von Menschen – Welcher Typ sind Sie?

Was Erfolgsebenen angeht, so habe ich beobachtet, dass es vier Typen von Menschen gibt: Bummler, Zielstrebige, Erfolgsmenschen und Überflieger.

**Bummler** gehen durch das Leben wie ein Floß, das sich von der Strömung des Flusses überallhin tragen lässt. Sie bringen nur so viel Anstrengung und Kreativität auf, wie sie brauchen, um sich über Wasser zu halten, nicht mehr und nicht weniger. Das ist die unterste Ebene des Erfolgsmenschen, und ich glaube, dass er 50 Prozent der erwachsenen Bevölkerung stellt.

**Zielstrebige** sind diejenigen, die unabhängig von der Strömungsrichtung des Flusses auch einen eigenen Kurs verfolgen und Träume erreichen wollen. Einige davon erreichen sie zwar, die meisten aber nicht. Ihnen fehlt es an Wissen, Ressourcen, wirksamen Strategien und entscheidenden Fähigkeiten, die man braucht, um bemerkenswerte und außergewöhnliche Ergebnisse zu erzielen. Ich glaube, dass etwa 25 Prozent der erwachsenen Bevölkerung auf dieser Erfolgsstufe stehen.

**Erfolgsmenschen** setzen einen eigenen Kurs und gehen kraftvoll den Weg zu verschiedenen Orten, unabhängig von der Strömung des Flusses. Sie setzen sich im Berufs- oder im Privatleben bedeutende Ziele und erreichen diese auch regelmäßig. Aber nur selten erzielen sie außergewöhnliche Ergebnisse, denn ihre Strategien beruhen auf landläufigem Wissen, und ihre Leistungen sprengen nur selten den Rahmen. Sie verwenden nicht die Strategien, Fähigkeiten und Techniken, die für die Erzielung außergewöhnlicher Ergebnisse – für *Überflieger*-Ergebnisse – entscheidend sind. Das ist die dritte Erfolgsstufe, und sie entspricht den obersten 24,99 Prozent der erwachsenen Bevölkerung (wenn Sie alles zusammenzählen, kommen Sie mit den drei Ebenen beziehungsweise Stufen auf 99,99 Prozent).

**Überflieger** sind all jene, die einfach aus dem Fluss heraussteigen. Sie verwenden eine Gruppe von Strategien und Fähigkeiten, die sie in die

Lage versetzen, in ihrem Berufs- oder Privatleben außergewöhnliche Ergebnisse sowie unmögliche Träume anzustreben und regelmäßig zu erreichen. Sie lassen sich von dem Fluss nicht einschränken und kennen keine Grenzen. Sie erzielen beständig und regelmäßig auf allen Gebieten außergewöhnliche Ergebnisse, auf die sie ihre Überflieger-Strategien anwenden. Da sie die Fähigkeiten und Techniken gelernt haben, die für die Umsetzung der Strategien notwendig sind, werden sie ihnen schließlich zur zweiten Natur. Die gute Nachricht ist, dass alle diese Meisterstrategien, Fähigkeiten und Techniken erlernbar sind.

Auf dieser Ebene befindet sich etwa ein Zehntel Prozent der erwachsenen Bevölkerung. Die Bewegung von der Ebene des Bummlers, des Zielstrebigen oder des Erfolgsmenschen auf die Stufe des Überfliegers ist so leicht wie das Erlernen der Strategien und Fähigkeiten sowie ihrer täglichen Anwendungen in allen wichtigen Bereichen Ihres Lebens. Ich weiß das, weil ich die ersten sechs Jahre nach dem College als Bummler verbracht habe und in einem einzigen Jahr auf die Ebene des Überfliegers hinaufgestiegen bin.

## Die vier Persönlichkeitstypen im Vergleich

In jeder Anleitungssitzung zeige ich Ihnen die vier Persönlichkeitstypen im Vergleich wie die neben stehende, in der ich die Unterschiede zwischen den Strategien und Handlungsweisen von Bummlern, Zielstrebigen, Erfolgsmenschen und Überfliegern übersichtlich eins zu eins gegenüberstelle. Sie werden wahrscheinlich bei jedem Vergleich sehen, wo Sie momentan hingehören, und dann sehen Sie auch, was Sie tun müssen, um von dort zu den Strategien, Fähigkeiten, Einstellungen und Verhaltensweisen von Überfliegern zu gelangen. Erinnern Sie sich, dass

## Die vier Persönlichkeitstypen im Vergleich

**Bummler**

Schwimmen mit dem Strom.

**Zielstrebige**

Streben vorgefasste Ziele an, erreichen sie aber selten.

**Erfolgsmenschen**

Erzielen bedeutsame, jedoch selten außergewöhnliche Ergebnisse.

**Überflieger**

Erzielen beständig außergewöhnliche Ergebnisse, indem sie Meisterstrategien für überragenden Erfolg anwenden.

der einzige Unterschied zwischen meinen ersten zehn Jahren nach der Highschool und Steven Spielbergs ersten zehn Jahren nach der Highschool in der Tatsache bestand, dass ich das tat, was die breite Masse tut, und er das tat, was Überflieger tun. Sobald ich das zu tun begann, was Überflieger tun, erfuhr auch ich die außergewöhnlichen Ergebnisse, die in Stevens Leben an der Tagesordnung waren.

## Sie haben gerade einen nagelneuen Porsche Carrera Turbo bekommen

Unsere Träume sind wie große und kleine Städte auf einer Landkarte. Manche sind nur ein paar Meilen entfernt, wohingegen andere am anderen Ende des Kontinents liegen. Stellen Sie sich ihre Träume als Zielorte vor, die über ganz Amerika verteilt sind. Wenn Sie sich nur zu Fuß fortbewegen könnten, welche Chance hätten Sie dann, Ihre Träume jemals zu erreichen?

## Die vier Persönlichkeitstypen im Vergleich

**Bummler**

Gehen in Straßenschuhen durch das Leben.

**Zielstrebige**

Sprinten in Laufschuhen.

**Erfolgsmenschen**

Laufen Marathon in Laufschuhen.

**Überflieger**

Fahren in einem Porsche Carrera Turbo mit 415 PS zu ihren Träumen.

Sie erreichen vielleicht den nächstgelegenen oder noch einen, der 50 Meilen entfernt ist, aber eine Reise, bei der Sie die Rocky Mountains überqueren oder durch den Mississippi schwimmen müssten, würden Sie wahrscheinlich gar nicht erst antreten. Unglücklicherweise sind normalerweise gerade unsere größten und sehnlichsten Träume die fernsten Orte. Wenn wir erst einmal erwachsen sind und begreifen, wie weit sie wirklich entfernt sind, treten wir die Reise gar nicht erst an, geschweige denn dass wir sie zu Ende bringen würden.

Und jetzt stellen Sie sich vor, dass Sie im Gegensatz zu allen anderen, die ihre Träume nur zu Fuß verfolgen können, gerade einen nagelneuen Porsche Carrera Turbo bekommen haben. Er schafft eine Spitzengeschwindigkeit von 290 Kilometern pro Stunde und hat das fortgeschrittenste Computer-Navigationssystem der Welt. Wie würden die Chancen jetzt stehen, dass Sie Ihre Träume erreichen? Stellen Sie sich vor, Sie könnten zu jedem Ihrer Träume hinfahren, egal wie weit er weg ist oder wie uneben das Gelände ist. Während alle anderen ihre heiß ersehnten

Träume aufgeben und nur das nehmen, was sie in einer Tageswanderung bekommen können, gleiten Sie mit 290 Stundenkilometern zu Ihren wichtigsten Träumen. Das ist die unglaubliche Macht der 15 Meisterstrategien, die ihren neuen „Porsche" darstellen. In unseren Anleitungssitzungen werde ich diesen Porsche in Ihre Garage stellen. Dazu gebe ich Ihnen noch die Zündschlüssel, Bedienungsanleitungen für alle unglaublichen Extras und so viel Superbenzin wie sie für die Fahrten zu Ihren geliebtesten und entferntesten Träumen brauchen. Dann werden Sie die Reise nicht nur schaffen, sondern Ihre Träume sogar in Rekordzeit erreichen. Aber bevor wir mit den Sitzungen anfangen, bitte ich Sie um ein paar Minuten Ihrer Zeit, damit ich Ihnen ein bisschen von meiner persönlichen Reise erzählen kann. Warum? Wenn Sie vergleichen, wo Sie jetzt sind und wo ich war, bevor ich in diesen Strategien unterwiesen wurde, dann werden Sie sehen, dass Sie einen besseren Start haben als ich. Ich glaube, Sie kommen zu der Überzeugung: „Wenn Steve Scott mit seiner trüben Vorgeschichte das geschafft hat, dann kann es mit diesen Strategien jeder schaffen."

## Die Mehrzahl meiner Träume gab ich schon in den ersten zwei Jahren nach dem College auf!

Ich entschied mich für Marketing als College-Hauptfach, denn ich träumte von einer Karriere in der Werbe- oder Marketingabteilung eines Großunternehmens. Nach meinem Abschluss im Jahre 1970 stellte ich schnell fest, dass es keine Marketing-Posten für Menschen ohne Berufserfahrung gab. In meiner Heimatstadt Phoenix bekam ich kein einziges Vorstellungsgespräch bei der Marketingabteilung irgendeines Unternehmens. Schon 60 Tage nach dem College-Abschluss hatte sich mein

Traum verflüchtigt. Infolgedessen nahm ich eine Stelle als Management-Trainee bei einer Lebensversicherungsgesellschaft an. Unglücklicherweise lernte man in diesem Job am Anfang hauptsächlich, Lebensversicherungen zu verkaufen. Während die anderen Trainees bis zum Ende des ersten Monats anscheinend ein bis zwei Policen pro Woche verkauft hatten, gelang mir kein einziger Verkaufsabschluss. Tatsächlich verkaufte ich in den fünf Monaten danach nur zwei Policen – eine meinem besten Freund und eine mir selbst. Und was für meinen Chef noch frustrierender war: Ich kündigte einen Tag bevor er mir kündigen wollte. Meine erste Anstellung hatte nur sieben Monate lang gedauert.

## Mein Lebenslauf war vermutlich viel schlechter als Ihrer!

Bei der zweiten Stelle machte ich es nicht besser. Ich wurde engagiert, um ein neues Unternehmen zu gründen. Das war meine erste Chance, Millionen zu verdienen, aber am Ende war ich bankrott. Diese Arbeit dauerte nur sechs Monate. Dann kam Job Nummer drei. Ich bekam tatsächlich eine Anfangsstellung in der Marketingabteilung eines Riesenunternehmens, 3.000 Meilen von zu Hause entfernt. Es sah so aus, als würde ich endlich eine bedeutende Laufbahn einschlagen. Zwei Tage nach Arbeitsantritt bekam meine Frau unser erstes Kind, ein bildhübsches Mädchen. Darum wollte ich den Erfolg mehr denn je. Obwohl ich nur 12.000 Dollar pro Jahr bekam, gab ich in diesem Job alles. Nach den ersten neun Monaten dachte ich, dass alles ganz gut laufen würde. Ich war gerade aus der Mittagspause zurückgekommen, da kam mein Vorgesetzter (der Leiter der Marketingabteilung) an meinen Schreibtisch und bat mich in sein Büro. Ich spürte, wie mein Herz zu rasen begann. Ich war sicher, dass er mich wegen einer Gehaltserhöhung zu sich rief. Schließlich hatte er mir bei der Einstellung gesagt, dass ich nach der sechsmonatigen Probezeit eine Gehaltserhöhung bekommen könnte. „Setzen Sie sich", sagte er, als wir ein sein geräumiges Büro traten. Er ging um den Schreibtisch herum, setzte sich an dessen Ecke und sprach drei einfache Sätze, die ich nie vergessen werde: „Steve, Sie sind die größte Enttäuschung in meiner gesamten Laufbahn. Sie werden im Marketing niemals Erfolg haben. Sie haben 20 Minuten, um Ihren Schreibtisch zu räumen."

Das war ein Schock! Ich war 23 Jahre alt, verheiratet, hatte ein Kind und war 3.000 Meilen weit weg von zu Hause. Als ich zu meinem Schreibtisch hinüberging, merkte ich, dass die anderen Mitarbeiter der Abteilung absichtlich in die andere Richtung schauten und mir heimliche Blicke zuwarfen, als ich mit Tränen in den Augen begann, meinen Schreibtisch auszuräumen (sie hatten während meiner Mittagspause erfahren, dass ich rausgeworfen würde, wenn ich zurückkäme). Ich kippte den Inhalt der Schubladen in eine Papiertüte, und der letzte persönliche Gegenstand auf meinem Schreibtisch war eine Fotografie meiner neu geborenen Tochter. Als ich in ihre Augen blickte, fühlte ich mich ganz krank. Papa war ein vollkommener Versager. Ich war erst zwei Jahre aus dem College draußen und hatte schon drei Arbeitsstellen verloren. Offensichtlich würde sie einmal in den Hinterhöfen billiger Mietshäuser spielen. Ich ahnte ja nicht, dass ich in den folgenden drei Jahren noch sechs weitere Jobs verlieren würde. Mit dem Antritt jeder neuen Stelle bekam ich neue Träume vom Erfolg. Aber mein einziges Mittel zur Verfolgung dieser Träume waren meine Wanderschuhe, und alle Träume waren einfach zu fern und es lagen zu viele unüberwindliche Hindernisse dazwischen, als dass es Hoffnung gegeben hätte, sie je zu erreichen.

In meiner vierten Stellung arbeitete ich eigentlich für zwei Töchter des gleichen Unternehmens. Auch wenn in meinem Lebenslauf eine Beschäftigung über neun Monate stand, waren es in Wirklichkeit zwei, die jeweils etwas über vier Monate dauerten. Als mich mein unmittelbarer Vorgesetzter warnte, dass ich in zwei Tagen gekündigt würde, kam ich meinem Chef zuvor und kündigte selbst. Nach fünf Monaten im fünften Beschäftigungsverhältnis bot mir ein Grundstücksunternehmer an, mir meine eigene Firma zu finanzieren. Da ich dachte, viel schlechter als in einer abhängigen Beschäftigung könnte es mir nicht ergehen, nahm ich das Angebot an. Unglücklicherweise ging er acht Monate danach in Konkurs, und ich mit ihm.

Beim siebten Mal stellte mich ein Versandunternehmen ein, und ich hatte echte Hoffnung auf Erfolg. Mein Gehalt betrug zwar nur 1.000 Dollar im Monat, aber der Besitzer versprach mir, ich würde nach vier Monaten eine Erhöhung um 50 Prozent bekommen, wenn ich die Resonanz der Kunden auf seinen Katalog verdoppeln könnte. Ich gestaltete den Katalog vollkommen um und verdoppelte die Resonanz innerhalb von drei Monaten. Als ich das Geld im nächsten Monat nicht in der Lohntüte hatte, sprach ich meinen Chef darauf an. Anstatt einer Gehaltserhöhung bekam ich einen Tritt in den Hintern. Er hatte ein Verhältnis mit der Buchhalterin und meinte, sie brauchte eine Gehaltserhöhung dringender als ich. So viel zu Job Nummer sieben. Die Jobs Nummer acht und neun dauerten jeweils vier Monate. Ich war 27 Jahre alt, Vater von zwei Kindern und hatte das College seit sechs Jahren hinter mir, als ich die neunte Arbeit aufgab. Das Einzige, was noch schlimmer war als meine Unfähigkeit, einen Job länger als neun Monate zu behalten, war die Tatsache, dass mein Gehalt inzwischen nur noch die Hälfte des durchschnittlichen Einkommens in den Vereinigten Staaten betrug. Nicht gerade ein beeindruckender

Lebenslauf, oder? Und wie ist das bei Ihnen? Aus wie vielen Jobs sind Sie geflogen? Wie viele haben Sie gekündigt? Wie viele Unternehmen haben Sie gegründet, die nach weniger als einem Jahr pleite waren? Ich wette, dass Ihr Lebenslauf viel besser ist als meiner im Mai 1976. Die Tabelle zeigt, wie er aussah:

Mein Lebenslauf – Mai 1976
Collegeabschluss 1970 in Marketing

| Jahr | Monatsgehalt | Dauer | Ergebnis |
|---|---|---|---|
| 1971 1. Arbeit | $ 600 | 4 Monate | Gekündigt |
| 1971 2. Arbeit | Unternehmensgründung | 8 Monate | Gescheitert |
| 1972 3. Arbeit | $1.000 | 9 Monate | Gefeuert |
| 1973 4. Arbeit | $ 1.000 | 9 Monate | Gekündigt (kurz vor dem Rauswurf) |
| 1974 5. Arbeit | $ 1.100 | 5 Monate | Gekündigt |
| 1974 6. Arbeit | Unternehmensgründung | 9 Monate | Gescheitert |
| 1975 7. Arbeit | $ 1.000 | 4 Monate | Gefeuert |
| 1975 8. Arbeit | $ 1.100 | 4 Monate | Gekündigt |
| 1976 9. Arbeit | $ 1.500 | 4 Monate | Gekündigt |

## Einmal ein Versager, immer ein Versager, richtig? Falsch!

Wenn Sie im Jahre 1976 als Personalchef meinen Lebenslauf gelesen hätten, dann hätten Sie mich aller Wahrscheinlichkeit nach nicht eingestellt. Von den neun Stellen, die ich nach dem College gehabt hatte, dauerte keine länger als neun Monate, und bei keiner einzigen Arbeit hatte ich eine Gehaltserhöhung bekommen. Wahrscheinlich hätten Sie gedacht: „Dieser Bursche ist ein richtiger Verlierer." Dieser Gedanke wäre zwar berechtigt gewesen, aber Sie hätten damit absolut falsch gelegen. Falls Sie je den Spruch gehört haben, „Einmal ein Versager, immer ein Versager", dann erzähle ich Ihnen jetzt, dass nichts weiter von der Wahrheit entfernt sein könnte. Am 10. Mai 1976 trat ich meine zehnte Stelle an, und ich mache diese Arbeit jetzt seit über 27 Jahren. Und was noch wichtiger ist, ich habe sie in jeder Minute geliebt und habe dabei unzählige „unmögliche Träume" verwirklicht, die einen ganzen Kontinent (und einen Ozean) entfernt waren. Meine Partner und ich haben mehr als ein Dutzend Millionen-Unternehmen von Null an geschaffen und Waren und Dienstleistungen im Wert von mehr als zwei Milliarden US-Dollar verkauft. Und angefangen hat das alles mit 5.000 US-Dollar in bar und einem Traum.

## Was ist also passiert? Wie konnte ein gewohnheitsmäßiger Versager zum Multimillionär werden?

Wie konnte ein kompletter beruflicher Versager einen derart unvorstellbaren Umschwung schaffen? Schnellte mein IQ zwischen den Jobs Nummer acht und Nummer zehn um 100 nach oben? Machte ich eine große persönliche Wandlung durch? Habe ich ein Erfolgsseminar besucht oder mir einen Satz Kassetten zum Reichwerden gekauft? Nein, nichts dergleichen. Es änderten sich nur zwei Dinge – die gleichen beiden Dinge, die sich ab heute auch in Ihrem Leben verändern werden. Erstens fand ich einen Mentor, der seine unmöglichen Träume verwirklicht hatte. Zweitens stellte dieser mir einen Porsche Carrera Turbo in die Garage, händigte mir die Schlüssel aus und brachte mir alles bei, was ich brauchte, um zu allen meinen Träumen zu fahren, egal wie weit sie entfernt waren. Den gleichen Porsche werde ich Ihnen geben, er besteht aus den gleichen Meisterstrategien, Fähigkeiten und Techniken. Und was das Beste ist, diese Strategien, Fähigkeiten und Techniken sind weder kompliziert noch schwierig. Sie sind leicht zu lernen und anzuwenden – unabhängig von Ihrer Begabung, Ihren Ressourcen, Ihrer formalen Bildung oder Ihren bisherigen Erfahrungen.

Es ist zwar kaum zu glauben, dass diese Techniken jemanden mit wenig Bildung und Fähigkeiten in die Lage versetzen können, außerordentliche Erfolge zu erzielen, aber genau so ist es. Sehen Sie sich einmal an, wie alt meine Partner und ich 1976 waren, als wir unser Unternehmen begannen, und welche Vorgeschichte wir hatten. Mein

### Die ursprünglichen Partner von American Telecast

| Partner | Alter | Vorgeschichte | Schulbildung |
|---|---|---|---|
| R. M. | 57 | Erfolgreicher/ erfolgloser Unternehmer | Highschoolabschluss |
| S. S. | 27 | Neunfacher beruflicher Versager | Collegeabschluss |
| J. M. | 27 | Hundetrainer | Highschoolabschluss |
| D. M. | 25 | Ölfeld-Arbeiter | Highschoolabschluss |
| H. H. | 25 | Gutachter | Highschoolabschluss |
| E. S. | 19 | Büroangestellter in einem Kaufhaus | Highschoolabschluss |

Mentor (der damals so gut wie bankrott war) leitete uns alle dazu an, Multimillionäre zu werden.

Beachten Sie, dass keiner von uns irgendwelche Erfahrungen mit TV-Direktvermarktung hatte – oder mit dem Schreiben, Leiten und Produzieren von Fernsehspots, mit Geschäftsverwaltung, mit Medienmanagement, mit Telemarketing, mit Bestellabwicklung oder Herstellung. Und doch mussten wir in all diesen Funktionen erfolgreich sein. Jeder von uns ist ein unwiderlegbarer Beweis für die lebensverändernde Kraft der Strategien und Techniken, die Sie in unseren Unterweisungssitzungen erlernen werden.

## Einen Mentor braucht jeder

Jede Person, die ich je gekannt oder von der ich je gelesen habe, die in irgendeinem Lebensbereich ihre Träume erreicht hat, hatte mindestens einen Mentor für diesen bestimmten Bereich. Henry Ford schrieb seinen Erfolg einem seiner Mentoren zu – seinem früheren Chef Thomas Edison. Francis Ford Coppola unterwies George Lucas, Sid Shineberg unterwies Steven Spielberg und Bob Marsh. Meine größten Mentoren im beruflichen und persönlichen Bereich waren Gary Smalley und Jim Shaughnessy.

### In welchen Lebensbereichen brauchen Sie einen Mentor?

Eigentlich brauchen Sie für jeden Lebensbereich, in dem Sie wesentliche Erfolge erzielen wollen, einen Mentor. Mentoren verhelfen Ihnen nicht nur zu außergewöhnlichem Erfolg, sondern mit ihrer Hilfe erreichen Sie ihn auch weitaus schneller, als Sie es ohne Mentor je schaffen könnten. Ich hatte das Glück, in allen wichtigen

**Entscheidende Unterschiede**

**Lehrer:** Jemand, der Informationen vermittelt, der jedoch die Bedeutung, Gültigkeit und richtige Verwendung der Informationen dem Lernenden überlässt.

**Mentor:** Jemand, der den Lernenden im richtigen Verständnis wichtiger Informationen unterweist und anleitet, die für die Erreichung eines bestimmten Ziels entscheidend sind. Jemand, der den Lernenden dazu anleitet, die Informationen auch richtig anzuwenden.

**Idealer Mentor:** Ein Mentor, der bei der gleichen oder einer ähnlichen Unternehmung außerordentlich erfolgreich ist, weil er selbst die gleichen Informationen und Verfahren verwendet, die er dem Lernenden beibringt.

Bereichen meines Lebens von zwei unglaublichen Mentoren geführt zu werden. Ich hatte Unternehmensmentoren, Kreativmentoren und einen Mentor für meine Ehe und Elternschaft.

### Wie man die richtigen Mentoren findet

Auch wenn Sie nicht zum nächsten Einkaufszentrum fahren und in einen Mentor-Markt gehen können, ist das Auffinden eines Mentors für einen beliebigen Traum oder ein beliebiges Projekt nicht so schwer, wie Sie vielleicht glauben. Ein bisschen Zeit und Mühe ist dafür natürlich schon nötig. Vielleicht reicht es schon, ein Buch von einem Fachmann zu finden, der auf dem Gebiet, bei dem Sie Hilfe suchen, bereits erfolgreich ist. Es kann aber auch sein, dass Sie jemanden finden und engagieren, mit dem Sie sich regelmäßig austauschen. Vielleicht suchen Sie zuerst in Ihrer Firma oder unter Ihren derzeitigen Bekannten, aber die Suche ist nicht darauf beschränkt.

Wenn Sie zum Beispiel für Century 21 Immobilien verkaufen, dann beginnen Sie die Suche nach einem Mentor vielleicht, indem Sie den erfolgreichsten Verkäufer ausfindig machen, der momentan bei Century 21 arbeitet. Sie sollten aber auch darüber nachdenken, die erfolgreichsten Verkäufer von Century 21 im Ruhestand zu finden. Oder Sie entscheiden sich für jemanden, der etwas anderes als Immobilien mit unglaublichem Erfolg verkauft. Und außerdem gibt es Verkaufsexperten, die davon leben, dass sie Bücher schreiben und Seminare halten. Sie können deren Bücher lesen oder ihre Seminare besuchen. Ich habe zwar seit Jahren nicht mit Zig Ziglar gesprochen, aber ich halte ihn für einen großartigen Mentor. Seine Bücher und Kassetten haben meine Lebensauffassung und mein Verhältnis zu anderen Menschen wesentlich beeinflusst.

Unglücklicherweise ist es genauso leicht, den falschen Mentor zu engagieren wie den richtigen. Ein paar Jahre nachdem mein Unternehmen mit der Vermarktung von Gary Smalleys Videoreihe über Beziehungen begonnen hatte, war die Luft plötzlich voll von so genannten Beziehungsexperten, die ihre Bücher und Videos über Beziehungen anpriesen. Zwei dieser „Experten" hatten ihren Titel aus einer nicht staatlich anerkannten Urkundenschmiede, in der man seinen Doktorgrad für ein paar Tausend Dollar kaufen kann. Eine Expertin war zum fünften Mal verheiratet. Eine ihrer gescheiterten Ehen hatte sie mit einem anderen Experten geführt, der Bücher und Bänder verkaufte. Das Beziehungsbuch wurde tatsächlich ein Rekord-Bestseller. Ich weiß nicht, wie es Ihnen geht, aber ich möchte mich auf keinen Fall von jemandem in Beziehungsfähigkeit unterweisen lassen, der oder die mit seinen oder ihren eigenen Beziehungen keinen Erfolg hat. Solche Menschen lehren meistens das, wovon sie glauben, dass es funktioniert, aber nichts, was sie persönlich erfahren haben und was sich bewährt hat.

## Vier Fragen, die Sie beantworten sollten, bevor Sie sich in die Hände eines potenziellen Mentors begeben

**1. Wie erfolgreich ist er oder sie persönlich in seinem oder ihrem Fachgebiet?** Ich würde niemals einen Mentor für meine Ehe engagieren, dessen Ehe gescheitert ist, und ich würde keinen geschäftlichen Mentor engagieren, der nie ein erfolgreiches Geschäft hatte.

**2. Wie glaubwürdig sind seine Referenzen?** Heutzutage kann man fast jeden akademischen Grad kaufen, den man haben will. Ich würde mich lieber von einem Menschen ohne Zeugnisse unterweisen lassen als von einem Menschen mit getürkten Zeugnissen. Mein Geschäftsmentor hatte keinen MBA. Tatsächlich hat er nie ein College besucht. Aber er war ein Marketing- und Unternehmens-Genie.

**3. Ist der Mann oder die Frau integer?** Das ist nicht ganz so leicht zu überprüfen, aber wenn Sie es können, dann lohnt es sich. Finden Sie über die Reputation Ihres potenziellen Mentors alles heraus, was Sie können. Praktiziert er das, was er predigt?

**4. Entspricht sein persönlicher Erfolg dem Grad von Erfolg, von dem Sie träumen?** Nehmen Sie nur Mentoren, die lebende Beispiele für das Erreichbare sind. Millionen von Paaren suchen ehelichen Rat bei Beratern, die selbst nicht glücklich verheiratet sind oder deren eigene Ehe gescheitert ist. Die Frau eines meiner besten Freunde suchte bei einer Beraterin Rat, die aufgrund ihrer Referenzen und ihrer persönlichen

Erfahrung vollkommen unqualifiziert war. Der Rat, den sie bekam, war schrecklich und führte zu einer dramatischen Scheidung. Wenn es um Ihre Ehe und Familie geht, überprüfen Sie ausgiebig die Zeugnisse, die Referenzen und die persönlichen Erfahrungen des Beraters. Gute Berater sind großartige Mentoren für Paare, die eine bessere Ehe wollen. Schlechte Berater sind zerstörerischer als Dynamit.

## Strategien und Ratschläge für das Auffinden und Engagieren von Mentoren

**1. Legen Sie den Traum oder den Lebensbereich fest, für den Sie einen Mentor wollen.** Brauchen Sie einen Mentor, der Ihnen bei persönlichen Beziehungen hilft? Bei Ihrer beruflichen Tätigkeit im Allgemeinen? Bei einem bestimmten Teil Ihrer Arbeit, Ihrer Karriere oder Ihres Berufs, beispielsweise Management- oder Marketing-Fähigkeiten? Ich hatte zwei wichtige Mentoren für Beziehungen und einen entscheidenden Mentor für das Geschäft.

**2. Stellen Sie für jeden Traum oder Bereich, für den Sie sich entschieden haben, eine Liste potenzieller Mentoren zusammen.** Stellen Sie aufgrund der absteigend nach Wichtigkeit sortierten Liste Ihrer Träume eine Liste der Menschen zusammen, die Sie am meisten respektieren und die Ihnen Erkenntnisse, Wissen und Rat für jeden Traum geben können. Schreiben Sie die Namen in der Reihenfolge der Bevorzugung auf. Das heißt, oben auf der Liste sollte die Person stehen, die Sie wählen würden, wenn Sie sich auf der ganzen Welt jemanden aussuchen könnten. Selbst wenn Sie glauben, es wäre ein frommer Wunsch, dass Ihnen diese Person auch nur eine Minute ihrer Zeit schenken würde, sollte sie auf der Liste ganz oben stehen.

**3. Schreiben Sie von oben nach unten den Stand Ihrer Beziehung zu den einzelnen Mentoren auf.** Zum Beispiel: Vorgesetzter, Freund, Bekannter, Freund eines Freundes, vollkommen fremd und so weiter.

**4. Schreiben Sie alles auf, was Sie über die Person wissen, ob nun aus persönlicher Erfahrung oder aus zweiter und dritter Hand.**

**5. Recherchieren Sie alles, was Sie können, über Ihre potenziellen Mentoren.** Was sind ihre Vorlieben, Abneigungen, Leidenschaften? Wie verbringen sie ihre Arbeitszeit und ihre Freizeit? Was motiviert sie?

**6. Falls Ihre potenziellen Mentoren nur flüchtige Bekannte von Ihnen oder gar Unbekannte sind, kennen Sie jemanden, der sie kennt?** Falls ja, dann finden Sie mithilfe dieser Person so viel wie möglich heraus, und berufen Sie sich eventuell auf diese Person, wenn Sie mit einem potenziellen Mentor erstmals Kontakt aufnehmen.

**7. Bereiten Sie sich darauf vor, mit einem potenziellen Mentor telefonisch oder schriftlich mit einem kurzen Vorschlag oder einer Anfrage in Kontakt zu treten.** Egal ob Sie vorhaben, den Kontakt persönlich, am Telefon oder brieflich aufzunehmen – Sie müssen Ihren Vorschlag oder Ihre Anfrage vor der Kontaktaufnahme vorbereiten. Wenn Sie mit jemandem Kontakt aufnehmen, der nicht Sie persönlich kennt, aber jemanden, den Sie kennen, dann sollte die Referenz im ersten Satz stehen. Der zweite Satz sollte die Qualität oder die Qualitäten erwähnen, die Sie an dieser Person bewundern. Dann sollten Sie kurz erklären, warum Ihnen diese Qualitäten so wichtig sind und dass Sie etwas von dem Wissen und der Weisheit dieser Person zu einem Teil Ihres eigenen Lebens machen wollen. Am Ende fragen Sie die Person, ob sie einmal in der Woche oder einmal im Monat ein wenig Zeit erübrigen könnte (ein Esssen, ein Frühstück, eine Kaffeepause, eine Runde Golf), in der Sie Fragen stellen können, die Ihnen in diesem bestimmten Bereich Fortschritte ermöglichen.

**8. Nehmen Sie Kontakt auf.** Nichts geht über einen persönlichen Termin. Diese Strategie kann je nach dem potenziellen Mentor machbar sein oder nicht. Wenn Sie kein persönliches Treffen mit ihm oder ihr ausmachen können, ist das Zweitbeste ein Anruf. Schreiben Sie nur dann einen Brief, wenn Sie es nicht geschafft haben, einen Termin oder ein Telefongespräch zu bekommen. Unabhängig von der Art der Kontaktaufnahme sollten Sie es kurz machen und auf den Punkt bringen. Jeder Mentor, der diesen Namen verdient, hat ohnehin schon einen vollen Terminkalender (es sei denn, er ist im Ruhestand); und wenn er oder sie glaubt, dass künftige Kontakte zu viel Zeit verbrauchen, dann wird er oder sie entweder Ihren Vorschlag rundweg ablehnen oder aber Sie meiden wie die Pest.

**9. Haken Sie nach.** Nachdem Sie den ersten Kontakt aufgenommen haben, haken Sie mit einer kurzen Danknotiz nach, in der Sie auf etwas Konkretes Bezug nehmen, das der potenzielle Mentor gesagt oder getan hat.

**10. Gehen Sie zu der nächsten Person in der Liste über.** Falls der Mentor Ihrer Wahl Sie abgelehnt hat, versuchen Sie herauszufinden, warum. Dann gehen Sie die gleiche Prozedur mit der nächsten Person auf Ihrer Liste durch.

## Was qualifiziert mich dazu, einer Ihrer Mentoren zu sein?

Wie Sie sehen, bin ich der Meinung, dass man in allen Lebensbereichen Berater oder Mentoren nie engagieren sollte, bevor man weiß, dass sie aufgrund ihrer eigenen Erfahrungen qualifiziert sind, in einem entscheidenden Bereich von Nutzen zu sein. Sie sollten sich also zunächst die Frage stellen: „Was qualifiziert Steve Scott dazu, einer meiner Mentoren zu sein?“ Weder ein genialer IQ noch ein Doktorgrad in Wirtschaft noch meine Fähigkeiten als Autor oder Redner qualifizieren mich dafür. Ich bin auch nicht automatisch dadurch qualifiziert, dass ich Millionen von Dollar verdient habe. Was mich wirklich als Mentor für Sie qualifiziert, ist eine einzige Tatsache: Ich habe eine bestimmte Anzahl von Strategien, Fähigkeiten und Techniken sowie ihre Benutzung gelernt, die es mir ermöglicht haben, meine unmöglichen Träume zu verwirklichen, und zwar hinsichtlich meiner geschäftlichen Bemühungen, meiner finanziellen Ziele sowie meines Verhältnisses zu meiner Frau, meinen Kindern und meinen Freunden. Meine Partner und ich erfreuen uns einer hohen Trefferquote und haben Verkaufsrekorde aufgestellt, die in unserer Branche – TV-Direkt-Marketing – unerreicht sind. Mit weniger als 80 Mitarbeitern haben wir Milliardenumsätze erzielt und all unsere finanziellen Ziele erreicht; jeder von uns hat zig Millionen verdient. Aber ich kenne die Macht dieser Strategien auch, weil sie nicht nur bei mir funktioniert haben, sondern auf wundersame Weise auch bei anderen Menschen, die ich persönlich kenne. Wenn Sie erlauben, dass ich Sie in diesen Strategien und Fähigkeiten sowie in ihrer Anwendung bei der Verfolgung beruflicher, finanzieller und persönlicher Träume unterweise, dann werden sie auch bei Ihnen funktionieren.

## „Aber bis jetzt hat bei mir noch nie etwas richtig funktioniert. Warum soll das jetzt irgendwie anders sein?“

Wenn das Ihre Frage ist, dann ist es eine großartige Frage. Wenn Sie für die Verfolgung Ihrer sehnlichsten Träume bildlich gesprochen den Kontinent durchqueren beziehungsweise unüberwindliche Hindernisse wie die Rocky Mountains oder den mächtigen Mississippi überqueren müssen, ändert es dann etwas an Ihren Chancen, zu Ihren Träumen zu wandern, wenn Sie die Marke Ihrer Wanderschuhe wechseln? Absolut nicht! Wenn ich Ihnen nur ein anderes Paar Schuhe geben würde, dann würde ich sagen, die Chancen, dass unsere Sitzungen irgendetwas an Ihrem Leben ändern, sind gleich null. Mir ist es wirklich egal, wie viele Dinge Sie in der Vergangenheit ausprobiert haben oder wie oft Sie sie ausprobiert haben. Sie sind wie das Wechseln der Schuhe. In diesem Buch gebe ich Ihnen kein neues Paar Schuhe. Wenn Sie nicht von jemandem unterwiesen worden sind, der außergewöhnliche Erfolge erzielt hat – sogar das fast Unmögliche –, dann haben Sie noch nie das bekommen, was ich Ihnen in diesem Buch geben werde. Ich werde Sie in einen Porsche Carrera Turbo setzen, Ihnen beibringen, wie man ihn fährt, den Tank mit bestem Superbenzin füllen und Ihnen eine Kreditkarte geben, damit er immer voll ist – genauso, wie es mein Mentor mit mir gemacht hat. Das ist der Grund, wieso unsere gemeinsamen Sitzungen Ihr Leben verändern werden, egal wie oft Sie in der Vergangenheit schon gescheitert sind.

In der ersten Sitzung werden Sie etwas über sich selbst erfahren, das Ihnen noch nie jemand gesagt hat – weder Ihre Lehrer an der Schule noch Ihre Collegeprofessoren noch Ihre Vorgesetzten in der Firma noch Ihr Pfarrer oder gar Ihre Mutter. Einfach ausgedrückt werden Sie die unfassbare Rechenleistung des Bordcomputers Ihres Porsche entdecken und wie er zur Erreichung von Zielen benutzt werden kann, die Sie nie für möglich gehalten hätten.

## Gang einlegen, Gas geben!

**Wo der Gummi auf die Straße trifft**

**Für unsere Unterweisungs-Sitzungen brauchen Sie zwei Hilfsmittel**

Wenn Sie dieses Buch nur zur Unterhaltung lesen oder weil Sie etwas erfahren wollen, dann brauchen Sie dafür nichts weiter als das Buch. Wenn Sie jedoch unterwiesen werden wollen und die Strategien der erfolgreichsten Menschen der Welt beherrschen wollen, dann brauchen Sie zwei Hilfsmittel: (1) Einen Loseblatt-Ordner, in dem Sie die Übungen machen können, die ich Ihnen am Ende jeder Sitzung in dem Abschnitt „Gang einlegen, Gas geben!" geben werde, und (2) einen zweiten Loseblatt-Ordner, der zum Straßenatlas aller Ihrer Träume werden wird. Sie brauchen für diese Sitzung nichts weiter als die beiden Ordner, ein Dutzend Trennblätter dazu und Papier für die nachfolgenden Sitzungen.

*Anmerkung:* Wenn Sie viel Zeit sparen wollen, können Sie Vordrucke für die Ordner kaufen, entweder indem Sie meine Sekretärin unter (800) 246-1771 anrufen oder indem Sie meine Internetseite www.stevenkscott.com besuchen. Der erste heißt *Mentoring Session Notebook*, und der zweite *Vision Mapping Journal*. Beide erleichtern die Arbeit. Sie können Sie auch selbst machen, aber ich habe festgestellt, dass die meisten Menschen, die ich unterwiesen habe, die angenehme Einfachheit des vorgefertigten Notizbuchs und Journals bevorzugen.

# Sitzung 1

# Ein neues Softwarepaket für Ihr Gehirn

## Die Neuprogrammierung Ihres Bordcomputers auf außergewöhnlichen Erfolg

Ihr Porsche verfügt über den modernsten Computer der Welt. Leider haben ihn die Techniker im Werk irrtümlicherweise so programmiert, dass er die Höchstgeschwindigkeit auf 25 Kilometer pro Stunde begrenzt. Wer will schon seine Träume mit 25 Stundenkilometern verfolgen? Um die gewünschte Leistung zu erhalten, müssen Sie den Bordcomputer neu programmieren und damit die Drosselung der Geschwindigkeit beseitigen. Die Meisterstrategie, die wir in dieser Sitzung behandeln, ist die Neuprogrammierung Ihres Bordcomputers. Wenn Sie ihn neu programmiert haben, machen Sie sich für die Fahrt Ihres Lebens bereit.

Michael L.s Mutter hatte ihm schon seit Jahren erzählt, dass aus ihm nie etwas werden würde. Als er von der Highschool ging, war er überzeugt, dass sie Recht hatte. Von 301 Schülern belegte er Platz Nummer 299.

Bill L. brachte es erst gar nicht so weit wie Michael. Er musste die Schule nach der sechsten Klasse verlassen.

Tom E.s Mutter glaubte zwar an ihn, aber seine Lehrer nicht. Er schaffte nur die ersten drei Monate der ersten Klasse. Der Direktor der Schule sagte, er sei geistig zurückgeblieben.

George R.s Eltern hatten ihn im Alter von sieben Jahren vor einem Waisenhaus abgesetzt und hatten nie wieder etwas mit ihm zu tun.

Tom M. war erst vier Jahre alt, als sein Vater starb. Seine Mutter steckte ihn und seinen Bruder in ein Heim.

Die Buchmacher von Las Vegas würden in Kenntnis dieser Anfänge mit Freuden alles dagegen setzen, dass diese Jungs je in ihrem Leben etwas Bedeutendes erreichen. Und doch, obwohl alle fünf einen rauen Start ins Leben hatten, sind ihre Namen oder ihre Leistungen uns allen bekannt.

## Meisterstrategie 1 – Programmieren Sie Ihren Geist und Ihre Einstellung neu, damit Sie außergewöhnliche Ergebnisse erzielen

### Michael L.

Nachdem er die Highschool als Schlusslicht abgeschlossen hatte, erging es Michael L. auf dem College noch schlechter. Aber da er einen Speer weiter werfen konnte als jeder andere Schüler in Amerika, bekam er ein Stipendium für die University of Southern California. Leider verbockte er das erste Jahr und nächtigte auf Parkbänken in Santa Monica. Obwohl Michael L. an der Highschool und am College keinerlei Erfolg hatte, wurde er später der erfolgreichste Fernsehschauspieler, Drehbuchautor und Regisseur in der Geschichte Hollywoods. Alle TV-Serien, die er schrieb, leitete oder in denen er mitspielte, wurden Renner im Abendprogramm. Kein anderer Schauspieler, Drehbuchautor oder Regisseur hat je im Fernsehen solche Volltreffer gelandet. Wie konnte jemand, der so erbärmlich versagt hatte, so außerordentlich erfolgreich werden? Denn genau das hat Michael Landon getan.

In den 1980er-Jahren wurde Mike einer meiner besten Freunde in Hollywood. Als wir uns kennen lernten, stellte ich fest, dass die gleichen Regeln, die für Steven Spielbergs und meinen Erfolg maßgeblich gewesen waren, auch in Mikes Leben Wunder gewirkt hatten. Obwohl wir alle eine Menge Belege für unseren anfänglichen Glauben hatten, wir würden nie erfolgreich sein, hatten wir alle eine ungeheuerliche Entdeckung gemacht – eine Entdeckung, die den Lauf unserer Zukunft von gnadenlosem Versagen auf unvorstellbaren Erfolg änderte. Interessanterweise machte keiner von uns diese Entdeckung ganz allein, sondern jedem von uns wurde sie von Mentoren offenbart. Sie waren die ersten, die sie in uns sahen, die sie uns zeigten und die uns zu wahren Gläubigen machten. Als einer Ihrer Mentoren habe ich nun das Privileg, Sie zu der gleichen Entdeckung hinzuführen. Aber bevor ich das tue, lassen Sie mich noch die anderen Geschichten über die angeblichen Verlierer erzählen. Wie Steven Spielberg, Michael Landon und ich schienen diese Menschen durch ihre ersten Anfänge zum Scheitern verurteilt zu sein. Jedoch änderte sich ihre Bestimmung, als sie alle die gleiche Wahrheit entdeckten und daran glaubten.

### Bill L.

Wenn Bill Lear nicht in der sechsten Klasse von der Schule gegangen wäre, dann hätte er in den Physikbüchern, die damals auf der Highschool verwendet wurden, gelesen, dass es unmöglich sei, ein Radio so klein zu bauen, dass es in ein Automobil passt. Glücklicherweise las er diese Bücher nie und erfand das erste Autoradio. Sie könnten einwenden, das wäre ein Zufallstreffer, wenn er nicht auch den Autopiloten erfunden hätte, der die Entwicklung der Luftfahrt radikal veränderte. Und später in seinem Leben, als die führenden Fluggesellschaften der Welt sagten, es gäbe in der Welt der Unternehmer keinen Markt für kleine Düsenflugzeuge und der Bau des Prototyps eines solchen Jets würde mehr als 100 Millionen Dollar kosten, schuf Bill seinen Prototyp eines Business-Jets für weniger als zehn Millionen Dollar und versorgte die Unternehmerwelt mit den erschwinglichen, praktischen und zuverlässigen Lear Jets; die Luftfahrtgiganten folgten seinem Beispiel erst Jahre später.

### Tom. E.

Und wer hätte einen Pfifferling auf den Erfolg von Tom. E. gegeben? Nachdem ihn seine Mutter aus der ersten Klasse genommen hatte und ihn der Direktor der Schule für geistig zurückgeblieben erklärt hatte, sah

Toms Berufsleben nicht gerade vielversprechend aus. Als er mit zwölf Jahren bei der Eisenbahn arbeitete, wurde er schon nach wenigen Monaten hinausgeworfen. Und doch erfand dieser Grundschulversager nicht nur das erste Verfahren der Tonaufzeichnung und den Film, sondern auch die elektrische Glühbirne und mehr als 1.000 andere Patente. Obwohl er mehr bahnbrechende Erfindungen gemacht hat als irgendein anderer Mensch in der Geschichte, hätte Ihnen Thomas Edison selbst als Erster gesagt, dass er kein Genie sei. Er machte bloß die gleiche Entdeckung, die Sie auch bald machen, und baute seine Zukunft auf exakt die gleichen Strategien, die Sie in den nachfolgenden Sitzungen lernen und umsetzen werden.

### Die Waisen

Und dann sind da noch die Heimkinder. George Ruth wurde als bester Baseballspieler aller Zeiten bekannt (und bekam den Spitzname „The Babe"), wohingegen Tom Monoghan und sein Bruder einen Pizzaladen eröffneten, aus dem Tom eine Kette machte, dessen Markenzeichen Dominosteine sind.

Alle diese Männer erreichten ihre unmöglichen Träume, indem sie die gleichen lebensverändernden Strategien umsetzten, aber der Grundstein dafür wurde sicherlich gelegt, als sie eine Wahrheit entdeckten, die für Sie genauso gilt wie sie für sie galt. Auch wenn Sie sie im Hinblick auf jene glauben, fällt es Ihnen vielleicht schwer, Sie auf sich selbst zu beziehen; aber ich werde Ihnen das hinreichend beweisen. Zuerst will ich Ihnen jedoch ein Geheimnis verraten. In der letzten Sitzung habe ich Ihnen gesagt, ich würde einen nagelneue Porsche Carrera Turbo in Ihre Garage stellen. Und wissen Sie was? Sie sind nicht nur der Fahrer, Sie sind der Porsche! Jede Strategie, die wir behandeln, ist Teil Ihres neuen Designs und wartet nur darauf, benutzt zu werden.

Die erste Komponente Ihres Porsche, die wir uns anschauen, ist Ihr Bordcomputer. Und das ist nicht nur der höchstentwickelte Computer, der je in ein Automobil eingebaut wurde, sondern der höchstentwickelte Computer, der je geschaffen wurde! Da Sie der Porsche sind, tragen Sie diesen ungeheuren Computer bereits in sich. Aber bevor Sie nun diese Wahrheit als Humbug von sich weisen und mir sagen, dass Sie unmöglich einen derart leistungsfähigen Bordcomputer haben können, muss ich Ihnen sagen, dass Steven Spielberg, Michael Landon, Bill Lear, Thomas Edison, Babe Ruth, Tom Monoghan und ich Ihnen auch gesagt hätten, dass wir den nicht haben (und unsere Lehrer hätten uns zugestimmt). Aber wir hatten ihn von Anfang an. Wir hatten ihn ab Werk eingebaut. Nur wussten wir nicht, dass wir ihn haben. Erst unsere Mentoren enthüllten uns seine wahre Macht und machten uns zu wahren Gläubigen.

> ***Eine einfache, lebensverändernde Wahrheit***
> *Der mächtigste Computer, der je geschaffen wurde, ist kein Mainframe und kein Mikrocomputer, sondern er befindet sich in den paar Kubikzentimetern Ihres Kopfes.*

Im Jahre 1976 machte mir mein Mentor den Vorschlag, meine neunte Arbeitsstelle zu kündigen und mit ihm eine Marketinggesellschaft zu gründen. Er hatte das Vermarktungsrecht für ein Produkt erworben, das noch nie vermarktet worden war. Er sagte mir, er wünsche, dass ich mit einer großen Berühmtheit einen Vertrag aushandele und dann einen zweiminütigen Werbespot schreibe und produziere, um das Produkt im

Fernsehen zu verkaufen. Wie konnte er auch nur eines dieser Dinge von mir verlangen? Ich hatte noch nie einen Vertrag ausgehandelt; ich hatte noch nie einen Fernsehspot geschrieben, dabei Regie geführt oder einen produziert. Und doch bat er mich nicht nur, all das zu tun, sondern er wollte sogar seine letzten 5.000 Dollar darauf setzen, dass ich das erfolgreich schaffen würde. Obwohl er wirklich an mich glaubte und der Meinung war, dass ich das tun könnte, hatte ich keinerlei Zutrauen. Und an diesem Punkt kam seine brillante Unterweisung ins Spiel. Er gab mir zwei einfache Strategien und ein paar Techniken und lud sie wie Software in meinen „Bordcomputer". Das Ergebnis? Ich handelte einen Vertrag mit einer der berühmtesten Personen Amerikas aus; ich schrieb und produzierte den Spot, der dann 20 Wochen lang Verkäufe von mehr als einer Million Dollar pro Woche bescherte. Ich hatte entdeckt, dass das, was mein Mentor glaubte, wirklich stimmte: Ich besaß den am höchsten entwickelten Computer der Welt. Für die Erzielung außerordentlicher Ergebnisse brauchte er nur mit der richtigen Software neu programmiert zu werden (und dass eine Investition von 5.000 Dollar 20 Millionen Umsatz erzeugt, ist ein ziemlich außergewöhnliches Ergebnis).

> *„Nur weil Steve Scott, Steven Spielberg, Michael Landon, Thomas Edison, Babe Ruth und Thomas Monoghan den am höchsten entwickelten Computer der Welt haben, muss ich den noch lange nicht haben. Vielleicht ist mein Gehirn viel weniger leistungsfähig ... oder?"*

Wenn das Ihre erste Reaktion ist – willkommen im Klub, denn das war auch meine. Ihr Gehirn ist tatsächlich genauso leistungsfähig wie meines – es wurde nur nicht mit der gleichen Software programmiert. Aber Sie und ich werden das alles ändern.

In den 1970er-Jahren gehörte einer meiner Freunde zu den Ingenieuren, die den fortgeschrittensten Computer für wissenschaftliche Zwecke bauten. Seine Augen leuchteten vor Stolz, als er mir sagte, dass er eine Milliarde Bits pro Sekunde verarbeiten konnte. Aber er schaute etwas irritiert, als ich ihn fragte, wie viele Bits er gleichzeitig verarbeiten könne. Er antwortete: „Nur eins." Obwohl der Computer eine Milliarde Bits pro Sekunde verarbeiten konnte, konnte er immer nur eines zur gleichen Zeit verarbeiten. Dann fragte ich ihn, wie viele Computer nötig wären, um vier Millionen Bits gleichzeitig zu verarbeiten. Er antwortete: Vier Millionen. Dann fragte ich ihn, wie viel Platz diese Computer benötigen würden. „Mehrere Hundert Hektar", antwortete er, „aber warum stellst du mir diese lächerlichen Fragen?" „Was würdest du sagen, wenn ich dir sagen würde, dass es einen solchen Computer schon gibt?", fragte ich. „Ich würde sagen, du spinnst!", antwortete er. Noch ungläubiger reagierte er, als ich ihm sagte, dass dieser Computer nur ein paar Kubikzentimeter Raum einnehme. Und schließlich ging meinem Freund, dem Ingenieur, ein Licht auf. Natürlich sprach ich vom menschlichen Gehirn.

Im Gegensatz zu Computern von Menschenhand verarbeitet Ihr Gehirn in einem gegebenen Moment nicht nur ein einziges Bit. Zum Beispiel jetzt, in diesem Augenblick, da Sie diesen Satz lesen, verarbeitet Ihr Gehirn gleichzeitig vier Millionen Bits, die aus Ihren beiden Augen kommen. Es ist schon erstaunlich, dass es die vier Millionen fotoelektrischen Binärsignale von den Augen sofort in ein Bild Ihrer Umgebung umwandelt, und zwar in drei Dimensionen, einschließlich Farbe, Tiefe und Bewegung. Und das alles passiert in einem winzigen Teil unseres

Gehirns. Zur gleichen Zeit empfängt und verarbeitet das Gehirn Hunderte Millionen weiterer Informationsbits von den anderen Sinnesorganen, sonstigen Organen und Geweben und sendet Millionen von Befehlen aus. All das tut es ohne einen bewussten Gedanken oder eine bewusste Anstrengung Ihrerseits. Und als wäre das nicht schon genug, gibt es noch all die anderen Aspekte dieses Supercomputers – Nachdenken, Kommunizieren und Emotionen. Wenn das noch keine Ehrfurcht bei Ihnen erregt, dann bedenken Sie, dass es fast all das 24 Stunden am Tag, sieben Tage die Woche – und das 70, 80 oder gar 100 Jahre lang – ohne technischen Ausfall und Wartung von außen macht. Kennen Sie irgendeine Maschine, die jemals Jahrzehnte lang rund um die Uhr ohne Wartung, Ersatzteile oder Ausfälle gelaufen ist?

Und warum erzähle ich Ihnen das alles? Weil ich Ihnen zeigen will, dass Sie diesen unglaublichen und Ehrfurcht gebietenden Computer aus gutem Grund bekommen haben. Das ist kein Zufall, und er wurde nicht in Ihrer Schädelhöhle platziert, um ein oberflächliches, mittelmäßiges oder unerfülltes Leben zu ermöglichen. Ganz im Gegenteil, *Sie wurden mit dem höchstentwickelten Computer der Welt ausgerüstet, damit Sie mit Ihren Bemühungen außergewöhnliche Ergebnisse erzielen, und zwar zu Ihrem eigenen Wohl wie auch zum Wohl anderer.* Wenn es Ihnen schwerfällt zu glauben, dass das wirklich wahr ist, dann will ich Ihnen eine Frage stellen. Glauben Sie, dass irgendein Team aus hervorragenden Ingenieuren den am höchsten entwickelten Computer der Welt nur dafür konstruieren würde, dass er einstellige Additionen und Subtraktionen ausführt? Natürlich nicht; das wäre Irrsinn. Das Gleiche gilt für Ihren Schöpfer. Er hat Ihnen den fortschrittlichsten Computer der Welt nicht gegeben, damit Sie in Mittelmäßigkeit von einem Tag auf den anderen leben. Das wäre, als wenn Sie Ihren Kindern einen

> **Das dritte Gesetz des außergewöhnlichen Erfolges**
> Unabhängig von der früheren Programmierung auf Mittelmäßigkeit kann jeder Mensch sein Gehirn auf außerordentliche Ergebnisse umprogrammieren.

Supercomputer für Millionen von Dollar kaufen würden, damit sie Tetris spielen können.

Das ist die erste Offenbarung, die mein Schicksal verändert hat, und der Grundstein für die Veränderung Ihres Schicksals. Da Sie mit dem höchstentwickelten Computer der Welt ausgestattet sind, haben Sie alles, was Sie brauchen, um an Ihrem Arbeitsplatz und zu Hause außer-

> ## Die vier Persönlichkeitstypen im Vergleich
>
> **Bummler**
> Haben einen Supercomputer an Bord, tauschen aber die alte Programmierung auf Mittelmäßigkeit nicht aus.
> **Zielstrebige**
> Haben einen Supercomputer an Bord, tauschen aber die alte Programmierung auf Mittelmäßigkeit nicht aus.
> **Erfolgsmenschen**
> Haben einen Supercomputer an Bord und ersetzen die alte Programmierung durch Erfolgsanstrengungen.
> **Überflieger**
> Haben einen Supercomputer an Bord und ersetzen die alte Programmierung durch Meisterstrategien für überragenden Erfolg.

gewöhnliche Ergebnisse zu erzielen. Aber wenn Ihr Privat- und Berufsleben diese Wahrheit nicht widerspiegeln, keine Angst! Das heißt nicht, dass Sie einen schlechteren Computer bekommen haben. Es heißt einfach nur, dass Sie Ihren Computer noch nicht auf außergewöhnliche Leistungen umprogrammiert haben.

Wie bei den meisten Menschen wurde Ihr Computer etwa mit dem Verlassen der Highschool auf Mittelmaß programmiert. Um auf das Bild mit dem Porsche zurückzukommen, selbst wenn er ab Werk mit dem höchstentwickelten Computer der Welt ausgerüstet ist, so wurde dieser doch so programmiert, dass er nur mit einer Höchstgeschwindigkeit von 25 Stundenkilometern gefahren werden kann. Bevor er nicht neu programmiert wird, entsprechen die Fahrleistungen des Autos nicht einmal annähernd den vorgesehenen Fähigkeiten. Sobald der Computer neu programmiert und die Drosselung der Geschwindigkeit aufgehoben ist, können Sie mit 290 Kilometern pro Stunde zu jedem Ihrer Träume fahren. Aber wenn Sie sich nicht die Zeit nehmen und sich die Mühe machen, ihn umzuprogrammieren, dann wird er immer von seinem Werksprogramm beherrscht werden, so dass ihr Privat- und Berufsleben wahrscheinlich ein Leben lang von Mittelmäßigkeit und Versagen geprägt sein werden. Die gute Nachricht ist, dass die Neuprogrammierung auf außergewöhnlichen Erfolg leicht ist – und dass ich Sie bei diesem Vorgang Schritt für Schritt anleiten werde.

## Wie wir fälschlicherweise auf Mittelmäßigkeit programmiert werden

Bevor wir mit dem Prozess der Neuprogrammierung beginnen, müssen Sie begreifen, wie Sie ursprünglich auf Mittelmäßigkeit programmiert wurden. Bei den meisten von uns war die Programmierung auf Mittelmäßigkeit etwa mit dem Verlassen der Highschool abgeschlossen. Wieso? Weil wir darauf programmiert wurden, uns anhand falscher Messlatten zu bewerten – namentlich anhand des akademischen Erfolges, anhand von Beliebtheit oder sportlichen Leistungen. Wenn Sie nicht regelmäßig Einsen geschrieben haben, nicht zum Homecoming King beziehungsweise zur Homecoming Queen gewählt wurden oder nicht Quarterback der Footballmannschaft waren, dann haben Sie sich wahrscheinlich für durchschnittlich gehalten, vielleicht auch für leicht überdurchschnittlich oder leicht unterdurchschnittlich. Vermutlich wurden Sie in Ihrem Urteil noch von den Lehrern, den Mitschülern und vielleicht sogar von Ihren eigenen Eltern bestärkt. Das Ergebnis dieser Art von Programmierung ist gewöhnlich ein Leben mit durchschnittlichen Leistungen (beziehungsweise ein bisschen besser oder schlechter als der Durchschnitt) im Beruf, in der Ehe und der Familie.

## Vor der Neuprogrammierung müssen Sie Ihre alte Programmierung in den Papierkorb werfen

Bevor Sie mit der Neuprogrammierung Ihres Gehirns auf außergewöhnliche Erfolge beginnen können, müssen Sie Ihre alte Programmierung auf Mittelmäßigkeit in den Papierkorb werfen. Das geschieht, indem Sie sich nach richtigen anstatt nach falschen Maßstäben beurteilen. Zu den falschen Kriterien, nach denen wir uns als Erwachsene beurteilen, gehören berufliche Titel, das Einkommen, der materielle Besitz und eine ewig junge sowie schlanke äußere Erscheinung. Keines dieser Kriterien spiegelt Ihren wahren Wert exakt wider. Die wahren Maßstäbe, anhand deren wir uns beurteilen sollten, umfassen das, was wir mit unserer Zeit, unseren Begabungen und Anstrengungen erreichen sowie das Maß an Glück, Erfüllung und Nutzen, die das Erreichte in unser Leben und in das Leben anderer bringt. Wenn die Zeit, die Begabungen und Anstrengungen einer Person ein enormes Maß an Erfüllung und Nutzen in das eigene Leben und das Leben anderer bringen, dann ist er oder sie außerordentlich erfolgreich, unabhängig von Beruf, Einkommen oder materiellen Gütern. Also bemessen wir Ihren Erfolg von jetzt an nicht mehr nach falschen Kriterien, sondern nach wahren Kriterien von echtem Wert.

„Moment!", sagen Sie jetzt. „Ich dachte, in diesem Buch würde es darum gehen, Millionen zu verdienen!" Das stimmt, aber es stimmt auch nicht. Die Strategien, die dieses Buch enthält, haben mir und unzähligen anderen Millionen von Dollar eingebracht, und wenn Sie sie auf Ihre Karriere und Ihre geschäftlichen Ziele anwenden, kann es Ihnen das Gleiche einbringen. Aber was bringt Ihnen der Besitz von Millionen Dollar, wenn Sie selbst, Ihre Frau und Ihre Kinder unglücklich und unerfüllt sind und wenn Sie wenig Gutes zum Leben anderer beitragen? Mein Ziel ist es, Sie für außergewöhnliche Erfolge zu rüsten. Wenn Sie diese Strategien auf Ihr Berufsleben anwenden, dann werden Sie außergewöhnliche berufliche Erfolge erzielen. Wenden Sie sie auf einem Gebiet an, das Erfolg mit Geld belohnt, und Sie haben gute Chancen, Millionen zu machen. Wenn Sie sie jedoch auf einem Feld anwenden, das Erfolg nicht mit Geld belohnt, dann verdienen Sie zwar keine Millionen, sind aber nicht weniger glücklich. Mein Sohn Mark hat kürzlich seinen Abschluss als Highschool-Lehrer für Englisch gemacht. Wenn er diese Strategien auf das Unterrichten von Schülern anwendet, wird er zwar wahrscheinlich einer der effektivsten Highschool-Lehrer Amerikas, aber er wird nicht reich. Mark ist außerdem Rockmusiker und Komponist, mit besonderer Begabung für Schlagzeug, Gitarre, Bass und Synthesizer. Wenn er die Strategien auf das Musikmachen und den Verkauf anwendet, kann er mehr Millionen verdienen als sein Vater. Aber ob er nun die Strategien auf den Unterricht oder auf die Musik anwendet, er muss immer das Gleiche tun, was Sie jetzt tun müssen – nämlich seinen Computer auf außergewöhnlichen Erfolg programmieren.

## Der dreistufige Prozess der Neuprogrammierung Ihres Gehirns und Ihrer Einstellung

### Schritt 1: Erkennen

Der erste Schritt der Neuprogrammierung Ihres Computers besteht darin, folgende Tatsachen zu erkennen:

- Ihr künftiger Erfolg beruht nicht auf Ihrem Wissen oder Ihren Ressourcen (Zeit, Talent, Geld) und wird auch nicht davon begrenzt.
- Ihr künftiger Erfolg wird nicht durch Ihre mangelhaften Erfolge in der Vergangenheit oder durch früheres Versagen begrenzt.
- Ihr künftiger Erfolg zu Hause und im Beruf *wird* dagegen auf der Tatsache beruhen, dass Ihr Computer mit einer speziellen Ansammlung von Strategien, Fähigkeiten und Techniken auf außergewöhnlichen Erfolg programmiert wird, deren Anwendung im täglichen Leben Sie in unseren Sitzungen lernen werden.

Anders gesagt besteht das Erwachen in der Erkenntnis, dass Sie schon jetzt alles haben, was Sie für das Erreichen außergewöhnlicher Erfolge benötigen – außer den konkreten Strategien, Fähigkeiten und Techniken, die Sie aber bald ebenfalls haben werden. In Computerbegriffen ausgedrückt haben Sie die Hardware, und wir brauchen nichts weiter zu tun, als die Software zu installieren und zu benutzen. Bis zum Abschluss der letzten Sitzung haben Sie die gesamte Software installiert und haben alle Fähigkeiten erlernt, die Sie für ihre Benutzung brauchen.

**Schritt 2: Sich darauf einlassen**

Nach der Erkenntnis kommt der zweite Schritt: Der entscheidende persönliche Einsatz. Wenn ich Ihnen sagen würde, dass ich 20 Millionen Dollar auf Ihr Bankkonto eingezahlt habe und Sie mir das nicht glauben würden, dann würden Sie davon keinen einzigen Scheck ausstellen, selbst wenn sich das Geld tatsächlich auf Ihrem Konto befände. Und wenn Sie keine Schecks darüber ausstellen würden, dann hätten Sie von den 20 Millionen auf Ihrem Konto nicht den geringsten Nutzen. Sie würden genau das gleiche Leben weiterleben wie immer. Wenn Sie mir dagegen glauben würden, dass ich 20 Millionen Dollar auf Ihr Girokonto eingezahlt habe, dann würden Sie wahrscheinlich sofort anfangen, Schecks darauf auszustellen. Alles in Ihrem Leben und in dem Leben Ihrer Lieben würde sich ändern. Ausbildung und Rente wären gesichert. Hypotheken, das Auto und die Kreditkartenschulden wären bezahlt. Die Geldsorgen wären verflogen, und hoffentlich könnten Sie dann auch das Leben vieler anderer Bedürftiger erleichtern. Und das alles, weil Sie mir geglaubt haben und beschlossen haben, die Mittel zu verwenden, die ich auf Ihr Konto getan habe.

Sie sind mit dem höchstentwickelten Computer der Welt ausgerüstet; Sie können das entweder glauben und sich dafür entscheiden, entsprechend zu handeln, oder Sie können sich dagegen entscheiden und weiter auf dem Erfolgsniveau bleiben, das Sie normalerweise erreichen. Ich werde Ihnen Strategien, Fähigkeiten und Techniken beibringen, die die erfolgreichsten Menschen der Welt zu ihren unmöglichen Träumen fliegen ließen. Sie können daran glauben und sie benutzen, oder Sie entscheiden sich dafür, sie weder zu glauben noch zu benutzen. Jedesmal, wenn Sie aufgefordert werden, etwas Neues zu glauben und sich darauf einzulassen, müssen Sie die gleiche Wahl treffen: Glauben Sie es und handeln Sie entsprechend, oder entscheiden Sie sich dafür, es nicht zu glauben und auf Ihrem jetzigen Weg weiter zu gehen? Wenn Sie Ihren Computer auf außergewöhnlichen Erfolg programmieren wollen, müssen Sie sich auf Folgendes einlassen: Sie müssen sich für den Glauben entscheiden, dass die Strategien den von mir behaupteten Unterschied bewirken, und sich dementsprechend verhalten, indem Sie anfangen, sie täglich zu benutzen.

### Schritt 3: Strategie

Der letzte Schritt der Neuprogrammierung Ihres Bordcomputers auf außerordentlichen Erfolg und auf die Fahrt zu Ihren Träumen mit 290 Stundenkilometern ist die Verwendung einer speziellen Meisterstrategie. Diese Strategie ist die mächtigste Möglichkeit, Ihren Computer auf außergewöhnlichen Erfolg zu reprogrammieren. Sie ist so mächtig, dass sie immer funktioniert, in 100 Prozent der Fälle. Ich bezeichne Sie als Vision Mapping, und sie bildet den Schwerpunkt der sechsten, siebten und achten Sitzung. Ich habe schon einmal gesagt, dass Ihre Träume wie Zielorte auf einer Landkarte sind – manche in der Nähe, manche weit entfernt, und andere auf der anderen Seite des Kontinents. Das Vision Mapping versetzt Sie in die Lage, klar zu sehen, wo sich die einzelnen Träume befinden, und bietet Ihnen eine genaue Straßenkarte, mit deren Hilfe Sie jeden einzelnen Traum weitaus schneller erreichen können als Sie sich je vorstellen konnten.

## Gang einlegen, Gas geben!

**So bringen Sie Ihre PS auf die Straße**

1. Wessen Gehirn ist größer – das von Thomas Edison, Bill Gates, Oprah Winfrey oder Ihres?
2. Wessen Gehirn erfüllt mehr Funktionen – das von Thomas Edison, Bill Gates, Oprah Winfrey oder Ihres?
3. Wer ist im geschäftlichen und privaten Leben am häufigsten gescheitert – Thomas Edison, Bill Gates, Oprah Winfrey oder Sie?
4. Welcher Faktor entscheidet am meisten über Ihren künftigen Erfolg – Ihre bisherige Ausbildung, Ihr jetziges Wissen, Ihre Begabungen, Ihre Ressourcen oder Ihre Beherrschung und Benutzung der Strategien und Techniken, die Sie in den folgenden Sitzungen erlernen werden?
5. Was werden Sie hauptsächlich tun, um ihr Gehirn auf außergewöhnliche private und berufliche Erfolge umzuprogrammieren?

Antworten: 1. Alle sind gleich groß. 2. Sie erfüllen gleich viele Funktionen. 3. Thomas Edison. 4. Die Beherrschung und Benutzung der Strategien und Techniken, die Sie in den folgenden Sitzungen erlernen werden. 5. Das Vision Mapping.

## Bonus-Kapitel: Aktivierung des fotografischen Gedächtnisses

Ich habe einmal mit einem Mann zusammengearbeitet, der ein fotografisches Gedächtnis hatte. Er konnte sich eine Ausgabe der Zeitschrift *Time* vom Titel bis zur letzten Seite so schnell einprägen wie er sie lesen konnte (etwa 30 Minuten). Er prägte sich innerhalb von Wochen sogar die ganze Bibel ein.

Was ist mit Ihnen? Haben Sie ein fotografisches Gedächtnis? Wenn ich Ihnen eine Liste von 15 Wörtern geben würde, die nichts miteinander zu tun haben, und Sie dürften sie nicht aufschreiben – könnten Sie sich die Wörter dann in der richtigen Reihenfolge merken, ohne sie auswendig zu lernen? Könnten Sie sie in höchstens drei Minuten auswendig lernen und sie jetzt, in sechs Wochen oder gar in sechs Monaten aufsagen?

Wir machen jetzt eine kleine Übung. Ich will nicht einmal, dass Sie sich die Wörter einzuprägen versuchen. Ich will nur, dass Sie sich die beschriebenen Ereignisse vor Ihrem geistigen Auge vorstellen. Machen Sie diese Übung nicht, wenn Sie möglicherweise unterbrochen werden könnten (Kinder, Telefon etc.). Wenn Sie nicht sowieso schon allein in einem Zimmer sind, dann gehen Sie zuerst allein in ein Zimmer, bevor Sie mit der Übung anfangen.

Ich gebe Ihnen jetzt eine kleine Reihe von Absätzen. Gehen Sie erst zum nächsten Absatz über, wenn Sie sich die gerade gelesene Aussage oder den Absatz bildlich vorgestellt haben.

Schauen Sie jetzt die Ihnen gegenüberliegende Wand an. Tun Sie so, als würden Sie hören, wie jemand auf der anderen Seite an die Wand klopft *(Bevor Sie zum nächsten Absatz gehen, schauen Sie auf die Wand und tun Sie so, als hätten Sie ein Klopfen gehört).*

Ganz plötzlich kommt ein **gelber Fisch** durch die Wand geschwommen und fliegt über Ihnen in dem Raum herum *(Hören Sie auf zu lesen, blicken Sie auf und malen Sie sich den Fisch aus, der durch die Wand kommt).*

Jetzt macht der Fisch das Maul auf, und es kommt eine riesige **Blase** heraus. Raten Sie mal, wer in der Blase ist: In der Blase befindet sich **Bill Clinton**; er schaut auf Sie herab, er lächelt und winkt *(Schauen Sie auf und beobachten Sie, wie die Blase aus dem Fischmaul herauskommt. Blicken Sie auf Bill in der Blase, winken Sie zurück und sagen Sie laut: „Hallo Bill.")*

Bill fasst in seine Hosentasche, zieht eine Hand voll leuchtend rote **Murmeln** hervor und wirft sie auf den Boden. Wie durch Zauberei nehmen sie die Form von **Sternen** an *(Schauen Sie auf, und sehen Sie zu, wie Bill die roten Murmeln aus seiner Tasche zieht und auf den Boden wirft. Dann blicken Sie nach unten und schauen Sie zu, wie sie sich in Sterne verwandeln).*

In jedem Stern ist ein **Wal-Mart-Supermarkt**. Sie denken: „Toll, ich muss sowieso einkaufen." Also gehen Sie in den Wal-Mart und schauen die Gänge entlang. Komischerweise sind alle Regale mit **Chips**-Tüten gefüllt. Überall Tüten mit Chips nichts als Chips in den Regalen *(sehen Sie sich die ganzen Chipstüten an).*

Sie denken bei sich: „Irgendwie habe ich Hunger." Sie nehmen eine Tüte Chips. Sie machen die Tüte auf, und sie ist mit **Broccoli** gefüllt. Hoppla, aber Sie sind so hungrig, dass Sie ein Broccoliröschen nehmen und ein Stück davon abbeißen. Erstaunlicherweise läuft aus den Broccoli **Schokolade** heraus und über Ihren **blauen** Trainingsanzug *(betrachten Sie sich selbst, wie Sie ein Broccoliröschen aus der Chipstüte nehmen, wie Sie* *hineinbeißen und die Schoklade über Ihren blauen Trainingsanzug strömt).*

Und jetzt überprüfen wir die ersten zehn Wörter. Was kommt durch die Wand? ____________
Was kommt aus seinem Maul? ____________
Wer ist in der Blase? ____________
Was zieht er aus der Tasche und wirft es auf den Boden? ____________
In was verwandeln sie sich wie durch Zauberei? ____________
Welcher Laden ist in dieser Form? ____________
Was ist in allen Regalen? ____________
Was ist in der Tüte, die Sie öffnen? ____________
Was läuft heraus, wenn Sie hineinbeißen? ____________
Auf was für ein Kleidungsstück läuft es? ____________

Jetzt machen wir uns an die nächsten fünf Wörter. Da auf Ihrem blauen Trainingsanzug überall Schokolade ist, nehmen Sie schnell einen **National Enquirer** aus dem Regal an der Kasse und versuchen, damit die Schokolade von Ihrem Trainingsanzug zu wischen. Da das nicht funktioniert, nehmen Sie eine Flasche **Coca-Cola**, schütten die Cola auf Ihre Jacke und versuchen wieder, die Schokolade wegzuwischen. Durch das Reiben verwandelt sich Ihr blauer Trainingsanzug in ein leuchtend rotes **Hemd** *(stellen Sie sich vor, dass Sie einen National Enquirer aus dem Regal nehmen, dass Sie die Schokolade wegwischen, dass Sie dann Coca-Cola auf Ihren blauen Trainingsanzug schütten und die Schokolade verreiben. Während Sie reiben, verwandelt sich Ihre blaue Trainingsjacke in ein rotes Hemd).*

Oh nein! Sie schauen den Gang hinunter und sehen einen wütenden, schnaubenden Stier, die Hörner direkt auf Ihr rotes Hemd gerichtet.

Ihr Herz rast. Ganz plötzlich stellt sich der **Stier** auf die Zehenspitzen, nimmt eine **Spielzeuggitarre** aus Plastik aus dem Regal und beginnt darauf zu spielen *(schauen Sie den Gang entlang, sehen Sie, wie der Stier Sie anblickt, wie er auf Zehenspitzen steht, die Spielzeuggitarre nimmt und darauf spielt).*

Was haben Sie zuerst genommen, um sich die Schokolade von der Jacke zu reiben? ______________

Als das nicht funktionierte, was haben Sie dann genommen, um an Ihrer Jacke zu reiben? ______________

Als Sie an Ihrer Jacke gerieben haben, in was hat sie sich wie von Zauberhand verwandelt? ______________

Als Sie in den Gang schauten, was haben Sie dann gesehen, das Sie ebenfalls angestarrt hat? ______________

Was hat er aus dem Regal genommen und zu spielen begonnen? ______________

Und jetzt beantworten Sie die folgenden Fragen, ohne den vorstehenden Text noch einmal gelesen zu haben. Wenn Sie bei einer Antwort stecken bleiben, rufen Sie sich die Geschichte ins Gedächtnis, die Sie gerade visualisiert haben.

Sie hören, wie jemand an die Wand klopft. Was kommt durch die Wand und schwebt durch die Luft? Ein riesiger gelber ______________. Was kommt aus seinem Maul? Eine ______________. Wer ist darin, schaut auf Sie herab und winkt Ihnen? ______________ Was zieht er aus seiner Tasche? ______________ Er wirft sie auf den Boden, und welche Form nehmen Sie dann wie durch Zauberei an? ______________ Was befindet sich in der neuen Form? ______________ Ein ______________ Supermarkt.

Sie gehen hinein, und womit sind alle Regale gefüllt? Tüten mit ______. Sie öffnen eine Tüte, und was ist darin? ______ Sie beißen hinein, und was läuft heraus? ______ Es läuft alles auf Ihren ______ Sie nehmen einen ______ aus dem Regal und reiben damit Ihren ______. Der Fleck geht nicht weg, und deshalb schütten Sie ______ auf den ______ und reiben weiter. Wie von Zauberhand verwandelt sich der ______ in ein ______. Sie schauen den Gang entlang und sehen einen ______. Er richtet seine Hörner auf Sie und schnaubt. Dann stellt er sich auf Zehenspitzen, zieht eine ______ aus dem Regal und fängt an zu spielen.

Meinen Glückwunsch! Sie haben sich 15 Wörter in der richtigen Reihenfolge gemerkt, und zwar ohne sie niederzuschreiben.

Was zeigt diese Übung? Als ich Sie vor ein paar Minuten fragte, ob Sie sich in weniger als drei Minuten 15 Wörter in der richtigen Reihenfolge einprägen könnten, ohne sie aufzuschreiben, dann hätten Sie mit der Antwort „nein" einen Lügendetektor-Test bestanden. Wenn ich Ihnen die gleiche Frage jetzt noch einmal stelle, dann bestehen Sie den Test mit der Antwort „ja". Was ist in diesen wenigen Minuten passiert? Ist Ihr IQ um 100 Punkte gestiegen? Nein. Haben sich Ihre geistigen Fähigkeiten im Nu verbessert? Nein: Sie haben bloß eine einfache, aber wirksame Gedächtnismethode gelernt, die Sie dazu zwingt, sich etwas mithilfe der rechten Gehirnhälfte (der visuellen und emotionalen Hälfte) anstatt mit der linken Gehirnhälfte (der analytischen Hälfte) einzuprägen. Wenn wir uns etwas merken, dann tun wir das normalerweise mechanisch mit der linken Hirnhälfte, was allerdings schwieriger und weniger effektiv ist.

Ich habe Sie diese Übung aus zwei Gründen machen lassen: (1) um zu demonstrieren, dass Sie und Ihr Bordcomputer Dinge schaffen können, die Sie nie für möglich gehalten hätten, und (2) um zu zeigen, dass das Erreichen unmöglicher Träume keine Frage eines höheren IQ oder höherer Bildung ist, sondern des Lernens und der Verwendung einfacher, hochwirksamer Strategien und Techniken. Diese Merktechnik gehört nicht zu den Meisterstrategien oder den notwendigen Fähigkeiten und Techniken, die Sie erlernen werden. Aber wenn Sie sich das nächste Mal eine Liste oder Aufzählung merken müssen, dann wissen Sie, wie Sie daraus eine visuelle Geschichte bauen können, in die Sie die Punkte der Liste einflechten. Durch das Üben und Anwenden dieser einfachen Technik hat sich Ihre Merkfähigkeit soeben mehr als verzehnfacht. Und das werden unsere späteren Übungen immer wieder tun – Ihnen bemerkenswert einfache Strategien und Techniken beibringen, die so wirksam sind, dass Sie Ihr Leben von Grund auf verändern werden und das Niveau Ihres persönlichen und beruflichen Erfolges weiter heben als Sie es je für möglich gehalten hätten. Ich gebe Ihnen einen Schlüsselbund in die Hand, und Sie werden sehen, dass ein winziger Schlüssel auch die schwerste und mächtigste Tür aufschließen und öffnen kann.

## Sitzung 2

# Finden Sie Ihren Persönlichkeitstyp heraus – Sie werden sich gefallen!

**Das Sprungbrett zum Ausspielen Ihrer Stärken, zur Stärkung Ihrer Schwächen und zur Wahl Ihrer Partner**

Welche Farbe hat Ihr Porsche? Ist er geschlossen oder offen? Keine zwei Porsches sind gleich. Abgesehen von den zahllosen Farben gibt es sie geschlossen oder als Cabriolet, mit unterschiedlicher Lederausstattung, verschiedenen Stereoanlagen, verschiedenen Felgen und Reifen und so weiter und so fort. Ihr Porsche ist einzigartig. Er ist nicht unbedingt besser als irgendein anderer Porsche Carrera Turbo, aber er ist anders. Jede Kombination von Farbe, Karrosserietyp, Innenausstattung und Extras hat ihre Vor- und Nachteile. Sie sind wunderbar einzigartig. Die Meisterstrategie dieser Sitzung versetzt Sie in die Lage, Ihre Stärken auszuspielen sowie ihre Schwächen zu stärken, und sie bereitet Sie auf produktive Partnerschaften vor.

Warum scheinen manche Menschen geborene Redner zu sein, während anderen das Zuhören leichter fällt als das Reden? Warum ergreifen manche Menschen in allen Situationen die Initiative, während anderen das Folgen leichter fällt? Warum sind manche Menschen optimistisch und andere von Natur aus pessimistisch? Warum interessieren sich manche mehr für Projekte als für Menschen, und warum sind andere von Natur aus empfänglicher für die Bedürfnisse von Menschen und kümmern sich weniger um Projekte? All diese und hundert andere Fragen über Sie und die Menschen, mit denen Sie zu tun haben, sind schnell beantwortet, wenn Sie verstehen, dass das alles eine Frage der Persönlichkeit ist. Es ist nicht verwunderlich, dass Ihnen Dinge schwer fallen, die anderen leicht fallen, und dass Dinge, die Ihnen leicht fallen, anderen schwer fallen.

Wir werden alle als ein bestimmter Persönlichkeitstyp geboren und zeigen innerhalb von Monaten nach der Geburt die entsprechenden

Neigungen, Stärken, Schwächen, Antriebe und Motivationen. Im Laufe der Jahre gleichen wir diese mit erlernten Verhaltensweisen aus.

Und doch, wenn es an das „Eingemachte" geht, ist unser Persönlichkeitstyp gewöhnlich der größte bestimmende Faktor für unser Verhalten, unsere Motivation und die Erfüllung unseres Lebens. Es ist entscheidend für Ihren Erfolg, dass Sie Ihren Persönlichkeitstyp und die Persönlichkeitstypen der Menschen verstehen, mit denen Sie leben und arbeiten. Das gilt sowohl für den Beruf als auch für Ihre wertvollsten Beziehungen.

## Sie sind ein nagelneuer Porsche Carrera Turbo, kein VW Käfer Baujahr 1957!

Ich werde nie vergessen, wie ich zum ersten Mal einen VW Käfer fuhr. Mein bester Freund auf der Highschool hatte sich einen gebrauchten 1957er-Käfer gekauft und mich auf eine Spritztour eingeladen. Als ich auf das Gaspedal trat, schienen wir uns kaum zu bewegen. Als ich Angst hatte, dass ich den Motor mitten auf der Kreuzung abwürgen würde, trat ich das Pedal bis zum Bodenblech durch. Zu meinem Erstaunen bewegten wir uns noch immer nicht. Mein Kumpel lächelte und sagte: „Aber mit einem Tank kommt man ewig weit." 25 Jahre später fuhr ich das Auto eines anderen Freundes zum ersten Mal. Dieses Mal war es ein nagelneuer 1991er-Porsche Carrera Turbo. Er gab mir die Schlüssel auf dem Parkplatz von Gladstone's Restaurant in Malibu, an der Ecke Sunset und Pacific Coast Highway. Ich rollte vom Parkplatz an die rote Ampel. Als sie grün wurde, trat ich das Gaspedal bis zum Bodenblech durch. Wow! Mir schien, wir hatten schon 100 drauf, als der Wagen auf der anderen Spur noch nicht einmal über die Kreuzung war. Die Beschleunigung erinnerte mich an meinen ersten Flug in einem Düsenjäger. Ich wurde in den Sitz gedrückt, als wenn der Nachbrenner eines Strahltriebwerks zündet.

Worin bestand also der Unterschied zwischen dem 57er-Käfer und dem 91er-Carrera? Abgesehen von der Beschleunigung, Geschwindigkeit und Kraft war der Porsche weitaus besser zu steuern, hatte eine schönere Karrosserie und Farbe, dazu Ledersitze, eine tolle Anlage und ein aufklappbares Dach. Beides – der Käfer und der Carrera – waren Autos. Beide konnten einen von Punkt A nach Punkt B bringen. Aber aufgrund ihrer Konstruktion waren sie in ihrem Wesen nach grundverschieden. Das eine war für einfache Fortbewegung entworfen und gebaut worden, das andere sollte das Höchste an Geschwindigkeit, Kraft und Schönheit bieten.

Genau wie der Porsche wurden auch Sie mit außergewöhnlichen serienmäßigen Funktionen entworfen und gefertigt, die ein Leben lang bleiben werden – Funktionen, die für maximalen Erfolg, Glück und Erfüllung gedacht sind. Aber wenn Sie Ihren Persönlichkeitstyp nicht kennen und begreifen, dann haben Sie aller Wahrscheinlichkeit nach das Gefühl, mit einem 57er-Käfer herumzufahren und haben nur geringe Erwartungen an die Leistung. Es ist tragisch, wenn man ein Porsche Turbo ist, aber so lebt, handelt und so viel Leistung bringt wie ein 57er-Käfer.

Zwar sind Sie und ich Porsches, aber wir können uns in unserem Persönlichkeitstyp grundlegend unterscheiden. Vielleicht sind Sie ein leuchtendes Cabrio, und ich bin ein kobaltblaues Hardtop. Die gute Nachricht ist, dass keiner der Typen besser ist als der andere; sie sind nur verschieden. Jeder Typ hat enorme natürliche Stärken und Schwächen.

# Meisterstrategie 2 – Spielen Sie Ihre Stärken aus, stärken Sie Ihre Schwächen und bereiten Sie sich auf die Zusammenarbeit mit Partnern vor

**Warum ist es so wichtig, dass Sie Ihren Persönlichkeitstyp und die Persönlichkeitstypen anderer verstehen?**

Zwar können Sie auch glücklich und erfolgreich werden, ohne etwas über Ihren Persönlichkeitstyp und die Persönlichkeitstypen anderer zu wissen, aber die Chancen für wachsenden Erfolg und zunehmendes Glück verbessern sich erheblich, wenn Sie dies durchschauen. Sie gewinnen fünf lebenslange Vorteile, wenn Sie Ihren eigenen Persönlichkeitstyp und die Persönlichkeitstypen der Menschen in Ihrer Umgebung kennen lernen:

**1. Der offensichtlichste Vorteil besteht darin, dass Sie dann Ihre Stärken ausspielen können.** Ihr Persönlichkeitstyp bringt ungeheure natürliche Stärken mit sich, und wenn Ihnen diese enthüllt werden, können Sie noch viel wirksamer davon zehren. Sie lernen außerdem, die Stärken und natürlichen Triebe zu kontrollieren und auszubalancieren, die in Ihrem Persönlichkeitstyp liegen. Was andere als unsere Fehler betrachten, sind häufig nur aus dem Gleichgewicht geratene Stärken. Auch wenn Ihr Porsche eine Bereifung für 2.000 Dollar hat – wenn die Reifen nicht ausgewuchtet sind, können Sie keine 110 Stundenkilometer ohne fürchterliche Vibrationen und ein höheres Unfallrisiko fahren. Wenn unsere Stärken nicht durch erlernte Verhaltensweisen ausgeglichen werden, können sie auf der Arbeit und in Beziehungen Stress und andere Schwierigkeiten erzeugen.

**2. Das Verständnis Ihres Persönlichkeitstyps wird Ihre angeborenen Schwächen enthüllen und klären.** Das ist nichts Schlechtes! Im Gegenteil, das ist sogar äußerst vorteilhaft. Wenn Sie sich Ihrer natürlichen

Schwächen erst einmal bewusst sind, dann können Sie sie stärken oder Ihre Stärken ausgleichend verwenden. Und was genauso wichtig ist, das Verständnis der Schwächen ist eine entscheidende Hilfe bei der Auswahl der richtigen Mentoren und Partner, die Sie für den erfolgreichen Abschluss eines Projekts oder die Erfüllung eines Traums benötigen. Zum Beispiel kann mein Persönlichkeitstyp sehr gut die Vision für ein Projekt erzeugen, ist aber schrecklich darin, die Myriaden von Details zu vollenden, die für die Erreichung dieser Vision erforderlich sind. Als Konsequenz engagierte ich für meine Fernsehproduktionen einen Partner, dessen Persönlichkeitstyp äußerst detailorientiert ist. Ohne ihn würden mir bei jeder Produktion Hunderte von Details im Wege stehen. Mit ihm brauche ich mir keine Sorgen zu machen, dass je auch nur ein einziges Detail übersehen wird. Die natürlichen Stärken seines Persönlichkeitstyps sind die perfekte Ergänzung für meine natürlichen Schwächen. Das führt dazu, dass meine Produktionen mit ihm unendlich viel besser sind als sie ohne ihn wären.

**3. Wenn Sie den Persönlichkeitstyp Ihres Ehepartners, Ihrer Kinder, Kollegen, Angestellten und Vorgesetzten kennen, verstehen und honorieren Sie ihre Stärken besser.** Sie werden dadurch auch viel toleranter für ihre Schwächen. Sie werden begreifen, dass die Menschen viele Dinge, die Sie ärgern, nur deshalb tun, weil es zu ihrem Persönlichkeitstyp gehört, und nicht aus Mangel an Liebe oder Respekt für Sie. Dieses Wissen ist auch extrem nützlich, wenn es um die Durchführung von Projekten geht, denn dann können Sie Projektaufgaben entsprechend den Persönlichkeitstypen zuweisen, so dass sie ihre individuellen Stärken und natürlichen Antriebe ausspielen können.

**4. Wenn Sie die Persönlichkeitstypen der Menschen kennen, mit denen Sie Beziehungen unterhalten, können Sie weitaus effektiver mit**

**ihnen kommunizieren, sie motivieren und ermuntern.** Jeder Persönlichkeitstyp sendet und empfängt Kommunikationssignale anders. Jeder wird von völlig anderen Faktoren motiviert und ermutigt als die anderen Persönlichkeitstypen.

**5. Die Kenntnis Ihres Persönlichkeitstyps und der Persönlichkeitstypen anderer kann Ihr tägliches Leben stressärmer, freudvoller und unendlich produktiver gestalten.**

### Erkennen Sie Ihren Persönlichkeitstyp samt all seinen unglaublichen Stärken und überwindbaren Schwächen – in fünf Minuten

In den nächsten paar Minuten machen Sie einen Test, bei dem Sie nicht durchfallen können. Eine Eins mit Sternchen ist Ihnen sicher. Sie erzielen ein großartiges Ergebnis, egal was Sie antworten, denn das Ergebnis versetzt Sie in die Lage, Ihren Persönlichkeitstyp zu bestimmen. Es gibt vier Grundtypen der Persönlichkeit. Niemand entspricht vollständig einem Typus, sondern jeder von uns ist eine einzigartige Kombination aller vier Persönlichkeitstypen, wobei gewöhnlich einer oder zwei stärker sind als die anderen. Der stärkste ist der dominante Persönlichkeitstyp, und der zweitstärkste der subdominante Typ. Nachdem Sie den Test gemacht haben, werten wir ihn aus und werfen einen ausführlichen Blick darauf, was das bedeutet.

## Der Fünf-Minuten-Persönlichkeitstest

Im Folgenden finden Sie eine Tabelle mit vier Begriffen in jeder Zeile, einen in jeder Spalte. Schreiben Sie in jeder Zeile die Zahl 4 hinter die Formulierung, die Sie in dieser Zeile am besten beschreibt. Setzen Sie dann eine 3 hinter die Formulierung, die Sie am zweitbesten beschreibt, eine 2 hinter die drittbeste und eine 1 hinter die am wenigsten zutreffende Beschreibung. Sie haben dann also in jeder Zeile eine 4, eine 3, eine 2 und eine 1. Tragen Sie innerhalb einer Zeile keine Ziffer mehr als einmal ein.

Ich zum Beispiel würde in der ersten Zeile Folgendes eintragen:

Hat gerne Autorität 3 Begeisterungfähig 4 Sensibel 2 Mag Anweisungen 1

**L**

Hat gerne Autorität ___
Ergreift Initiative ___
Entschlossen ___
Unternehmend ___
Wettbewerbsorientiert ___
Problemlöser ___
Produktiv ___
Mutig ___
Entscheider ___
Beharrlich ___
**Summe L** ___

**O**

Begeisterungsfähig ___
Geht Risiken ein ___
Visionär ___
Redet gerne ___
Gründernatur ___
Genießt Beliebtheit ___
Spaßorientiert ___
Mag Abwechslung ___
Spontan ___
Inspiriert ___
**Summe O** ___

**G**

Sensibel ___
Loyal ___
Ruhig und ausgeglichen ___
Genießt die Routine ___
Verabscheut Veränderungen ___
Gibt anderen gegenüber nach ___
Meidet Konflikte ___

**B**

Mag Anweisungen ___
Genau ___
Beständig ___
Vorhersehbar ___
Praktisch ___
Sachlich ___
Gewissenhaft ___

| | | | |
|---|---|---|---|
| mitfühlend | 3 | perfektionistisch | 4 |
| fürsorglich | 3 | detailorientiert | 4 |
| Friedensstifter | 1 | Analytisch | 3 |
| **Summe G** | 28 | **Summe B** | 34 |

### Testauswertung

Wenn Sie mit dem Test fertig sind, zählen Sie in jeder Spalte die Punkte zusammen. Wenn Sie in einer Spalte auf mehr als 40 oder weniger als 10 kommen, haben Sie sich verrechnet. Jetzt addieren Sie die Summen aller vier Spalten. Das sollte die Summe von 100 ergeben. Wenn nicht, sehen Sie nach, ob Sie in jeder Zeile wirklich nur eine 4, eine 3, eine 2 und eine 1 haben, und zählen Sie die Punkte dann noch einmal zusammen. Sie können in einer Spalte maximal 40 Punkte erreichen, und die Testsumme beträgt 100. Mein Ergebnis lautete beispielsweise L 36, O 30, G 14 und B 20. Zusammengezählt ergibt das 100.

### Was das Ergebnis bedeutet

Jeder Spaltenbuchstabe repräsentiert einen bestimmten Persönlichkeitstyp. Die Spalte mit der höchsten Punktzahl ist Ihr dominanter Persönlichkeitstyp, die Spalte mit der zweithöchsten Punktzahl Ihr subdominanter Typ. Sie sind zwar eine Kombination aller vier Persönlichkeitstypen, aber die zwei mit den höchsten Punktzahlen bieten das genaueste Bild Ihres Persönlichkeitstyps mit seinen zugehörigen natürlichen Neigungen, Stärken und Schwächen, Antrieben und Motivationen sowie seinen Verhaltensmustern in Kommunikation und Beziehungen. Je höher die Punktzahl in einer Spalte, desto dominierender sind die Stärken und Schwächen, die diesem Persönlichkeitstyp innewohnen. Dr. Gary Smalley vergleicht die vier Persönlichkeitstypen mit

Tieren, weil man sie leichter visualisieren kann und sie sich leichter merken kann als die Zahlen, Buchstaben, Farben oder Fachbegriffe, die man normalerweise für die Kennzeichnung von Persönlichkeitstypen verwendet. Ich bin der gleichen Meinung wie Gary, und deshalb verwende ich seine Tiervergleiche.

In welcher Spalte haben Sie die meisten Punkte? Wenn Sie die meisten Punkte in der Spalte L haben, dann ist Ihr dominanter Persönlichkeitstyp der Löwe. Wenn Sie in der Spalte O die meisten Punkte haben, dann sind Sie ein Otter. Haben Sie die meisten Punkte in der Spalte G, sind Sie ein Golden Retriever, und wenn Sie in der Spalte B die meisten Punkte haben, sind Sie ein Biber. Gehen Sie dann zu der Spalte, in der Sie die zweitmeisten Punkte erreicht haben. Das ist Ihr subdominanter Persönlichkeitstyp. Erinnern Sie sich, je mehr Punkte Sie bei Ihrem dominanten Persönlichkeitstyp haben, desto stärker sind dessen Eigenschaften, und desto mehr entsprechen Sie diesen Eigenschaften. Wenn Sie bei einem der vier Typen mehr als 30 Punkte haben, dann können Sie davon ausgehen, dass diese Eigenschaften in Ihrem Leben sehr stark sind. Ich bin eine Kombination aus Löwe und Otter, und meine Frau ist ein Otter/Golden Retriever. Da wir beide in unserem dominanten und subdominanten Persönlichkeitstyp jeweils mehr als 30 Punkte haben, erkennen wir die Eigenschaften des dominanten und des subdominanten Typs in unseren natürlichen Neigungen und Antrieben sehr deutlich.

Etwa zehn Prozent der Leser werden bei allen vier Persönlichkeitstypen so um die 25 Punkte erreichen und bei keinem Typus ein hohes Ergebnis (Ende 20 oder mehr) erreichen. Keine Panik! Das bedeutet, dass Sie sehr ausgeglichen sind und von den Stärken aller vier Typen gleichermaßen zehren können. Außerdem bedeutet es, dass Sie keine einzelne Gruppe von Stärken treibt und dass keine einzelne Gruppe von Schwächen in

Ihrem Leben zerstörerische Kraft hat. Als Larry King diesen Test machte, kam er auf 26, 24, 24 und 26. Kein Wunder, dass er ein so großartiger Interviewer ist. Er kann tatsächlich für alle Menschen alles sein. Das bedeutet, dass sich Freunde und Feinde in seiner Gegenwart gleichermaßen wohl fühlen können.

Werfen wir nun einen Blick auf die einzelnen Charakterzüge jedes Persönlichkeitstyps. Ich schlage vor, dass Sie nicht gleich alle vier Persönlichkeitstypen durchlesen, sondern zuerst Ihren dominanten und dann Ihren subdominanten Typ. Markieren Sie dabei jeweils die Eigenschaften, die auf Sie zutreffen. Erst wenn Sie Ihre Kombination aus Dominante und Subdominante klar verstanden haben, lesen Sie die anderen. Wenn Sie mit allen vier Typen vertraut sind, können Sie die Persönlichkeitstypen Ihrer Familie und anderer Menschen leichter herausfinden. Ich biete Ihnen zu jedem Persönlichkeitstyp zuerst eine Liste der Eigenschaften und dann ein paar kurze Anmerkungen.

## L = Löwe

**Natürliche Stärken**

- Entschlossen
- Zielgerichtet
- Erfolgsgesteuert
- Erzielt Ergebnisse
- Unabhängig
- Risikobereit
- Ergreift die Initiative
- Selbststarter
- Beharrlich
- Effizient

**Natürliche Schwächen**

- Ungeduldig
- Grob
- Schlechter Zuhörer
- Impulsiv
- Fordernd
- Nimmt möglicherweise Projekte wichtiger als Menschen
- Kann gegenüber den Gefühlen anderer unsensibel sein
- Überrollt andere, die langsamer

- Muss Projekte vollständig und effektiv durchführen
- Wettbewerbsorientiert
- Liebt Herausforderungen, Abwechslung und Veränderung
handeln oder sprechen
- Fürchtet Untätigkeit und Entspannung
- Durch Routine und mechanische Tätigkeiten schnell gelangweilt

**Grundkonstitution:** Schnell, aufgabenorientiert
**Motiviert durch:** Ergebnisse, Herausforderungen, Aktion, Macht, Anerkennung für das Geleistete
**Zeitmanagement:** Konzentriert sich mehr auf das Jetzt als auf die ferne Zukunft. Schafft in weniger Zeit mehr als Seinesgleichen. Hasst Zeitverschwendung und kommt am liebsten sofort zur Sache.
**Kommunikationsstil:** Kann sehr gut Gespräche anfangen; kann nicht gut zuhören (Einbahn-Kommunikator). Redet nicht gern um den heißen Brei herum, sondern kommt sofort zur Sache.
**Entscheidungsfindung:** Impulsiv; trifft schnelle Entscheidungen und hat dabei das Ziel oder das Endergebnis im Sinn. Ergebnisfixiert; braucht nur wenige Fakten für eine Entscheidung.
**Unter Druck oder Anspannung:** Übernimmt das Kommando und kann in gespannten Situationen diktatorisch werden.
**Größte Bedürfnisse:** Resultate. Will Abwechslung erleben und sich neuen Herausforderungen stellen. Muss Probleme lösen und will direkte Antworten.
**Was der Löwe begehrt:** Freiheit, Autorität, wechselnde schwierige Aufgaben, Aufstiegsmöglichkeiten.

Der Löwe ist der Persönlichkeitstyp, der etwas „anpackt und erledigt“. Löwen sind normalerweise entweder zu Hause oder auf der Arbeit der

Chef – oder zumindest benehmen sie sich so! Sie sind entschlossen, achten auf das, was am Ende herauskommt und sind Beobachter, keine Zuschauer oder Zuhörer. Sie lieben es, Probleme zu lösen, und zwar jetzt. Gewöhnlich sind sie Inividualisten auf der Suche nach neuen Abenteuern und Gelegenheiten. Löwen sind sehr zuversichtlich und selbstbewusst. Wenn in einer Gruppe niemand sonst schnell die Initiative übernimmt, dann tut es der Löwe. Wenn er die Vision eines Projekts vor Augen hat, will er es so schnell wie möglich realisieren und dann zur nächsten Vision übergehen. Er braucht sehr wenig Informationen für Entscheidungen, und bevor er einen Entschluss fasst, holt er wenig oder gar keinen Rat von anderen ein. Wenn man ihm Fragen stellt, fühlt er sich möglicherweise angegriffen oder bedroht. Er arbeitet hervorragend unter Druck. Für einen Löwen ist es wichtiger, ein Projekt schnell beziehungsweise pünktlich zum Abschluss zu bringen als alles perfekt zu machen. Wenn Löwen nicht lernen, ihre Aggression zu dämpfen, dann können ihre natürlichen dominanten Züge leider zu großen Problemen mit anderen Menschen führen. Die meisten echten Unternehmer sind ausgeprägte Löwen oder haben viel vom Löwen in sich.

Wenn Sie ein Löwe sind, dann können Sie in folgenden Bereichen mit Verbesserungen anfangen: Sie müssen lernen zu entspannen. Es ist kein Verbrechen, sich Urlaub zu nehmen, zu ruhen und Spaß zu haben. Auf diese Weise können Sie gesünder und länger leben. Auf diese Weise erfüllen Sie auch immens wichtige Bedürfnisse Ihres Ehepartners und Ihrer Kinder. Sie müssen sich dazu zwingen, anderen zuzuhören und sie zu ermuntern anstatt ihnen sofort Lösungen für ihre Probleme anzubieten. Zu Hause und am Arbeitsplatz müssen Sie mehr Geduld mit anderen haben und ihnen helfen, Projekte ihrem eigenen Rhythmus gemäß auszuführen anstatt einzuspringen und sie zu übernehmen oder die anderen einfach zu überrollen. Sie sollten mit Bibern zusammenarbeiten, denn diese können sich sehr gut auf die Einzelheiten von Projekten konzentrieren, die Sie leicht übersehen. Sie müssen anderen die Chance geben, in ihrem eigenen Tempo zu sprechen, und sie nicht drängen, zum Punkt zu kommen. Sie müssen begreifen, dass Sie lernen müssen, Ihre natürlichen Triebe mit Geduld, Freundlichkeit und dem Kümmern um die Bedürfnisse anderer auszugleichen, weil Sie sie sonst missachten und letztendlich als roh, achtlos und arrogant gelten. Sie haben ungeheure Kraft und Stärke in Ihrem Charakter, die Sie mit Liebe und Zartheit ausgleichen müssen. Wenn Sie wissen wollen, wie das geht, dann beobachten Sie die Golden Retriever in Ihrem Leben, denn diese Eigenschaften sind für sie so leicht und natürlich wie Ihre Stärken für Sie.

## O = Otter

**Natürliche Stärken**

- Begeisterungsfähig
- Optimistisch
- Gute Kommunizierer
- Emotional und leidenschaftlich
- Motiviert und inspiriert
- nach außen gerichtet
- Persönlich
- Dramatisch
- Lieben Spaß

**Natürliche Schwächen**

- Unrealistisch
- Nicht detailorientiert
- Unorganisiert
- Impulsiv
- Hören mehr auf das Gefühl als auf die Logik
- Reaktiv
- Reden manchmal zu viel
- Leicht erregbar
- Meiden stumpfsinnige Arbeiten

**Grundkonstitution:** Schnell, personenorientiert

 **Motiviert durch:** Anerkennung und Bestätigung durch andere Menschen

**Zeitmanagement:** Konzentriert sich auf die Zukunft und neigt dazu, zur nächsten aufregenden Sache zu hasten.
**Kommunikationsstil:** Begeistert und anregend, oft einseitig (mehr Reden als Zuhören), kann aber andere inspirieren und motivieren.
Entscheidungsfindung: Intuitiv und schnell. Liegt oft richtig – und oft auch falsch.
**Unter Druck oder Anspannung:** Angriff. Sorgt sich eventuell mehr um Beliebtheit als um das Erreichen greifbarer Ergebnisse.
**Größte Bedürfnisse:** Gesellschaftliche Aktivitäten und Anerkennung, Aktivitäten, die Spaß machen, Freiheit von Einzelheiten.
**Was der Otter begehrt:** Prestige, freundliche Beziehungen, die Gelegenheit, anderen zu helfen und sie zu motivieren, Gelegenheiten, seine Gedanken verbal mitzuteilen.

Otter sind begeisterungsfähige Cheerleader-Typen, die Spaß wollen und gerne reden. Sie sind eine Party, die darauf wartet, stattzufinden. Sie können andere Menschen großartig motivieren, ermutigen und sogar inspirieren. Sie brauchen ein Umfeld, in dem sie reden können und bei wichtigen Entscheidungen ein Mitspracherecht haben. Die nach außen gerichtete Natur des Otters macht ihn zu einem großartigen „Netzwerker". Otter kennen normalerweise viele Menschen, die viele andere Menschen kennen. Otter sind das Herz jeder Party, und die meisten Menschen haben sie wirklich gerne um sich. Sie haben den starken Wunsch, gemocht zu werden, und stehen gerne im Mittelpunkt der Aufmerksamkeit. Popularität und der Beifall der Menge sind ihnen oft wichtiger als Aufgaben und Fristen. Häufig achten sie sehr auf Aussehen und Kleidung. Otter bekommen zwar schnell den Blick für das Gesamtbild, aber die Kleinarbeit an Projekten langweilt sie schnell, und tendenziell meiden sie stumpfsinnige Routine-Arbeiten. Sie sind auch von Natur aus nicht dazu veranlagt, sich auf die Details und Kleinigkeiten von Projekten zu konzentrieren, und daher sollte man ihnen nicht die Verantwortung für Einzelheiten geben. Otter vernachlässigen oft die Gegenwart und konzentrieren sich auf die Zukunft, ob es nun das Essen am Abend ist, die Party am Wochenende oder der Urlaub im Sommer. Otter hassen die Konfrontation und vermeiden sie um jeden Preis. Aufgrund ihres Bedürfnisses nach Beliebtheit können Otter auf Druck von Gleichgestellten sehr empfindlich reagieren. Wenn sie unter Druck stehen oder in die Ecke gedrängt werden, greifen sie an. Als wichtigste Angriffswaffe setzen sie am ehesten ihre großen verbalen Fähigkeiten ein.

Wenn Sie ein Otter sind, dann können Sie in folgenden Bereichen mit Verbesserungen anfangen: Es gibt im Leben noch etwas anderes als Spaß, und Sie müssen lernen, mehr auf die Bedürfnisse anderer zu achten und die Befriedigung dieser Bedürfnisse ernst zu nehmen. Sie müssen lernen, Verpflichtungen und andere Dinge zügig zu Ende zu bringen, bevor Sie sich auf neue Projekte und Verpflichtungen einlassen. Sie können gut reden, aber Sie müssen auch zuhören lernen und Ihren Mitmenschen Beachtung schenken, indem Sie nicht nur mit den Ohren, sondern auch mit dem Geist hören. Außerdem müssen Sie Ihre natürliche Impulsivität ausgleichen, indem Sie sich die Zeit nehmen, Rat und Beistand von anderen einzuholen, bevor Sie wichtige Entscheidungen treffen. Sie müssen sich realistische Zeitziele setzen (Sitzung 10 über Beharrlichkeit und 14 über Zeit und Prioritäten helfen Ihnen, Projekte schneller und effektiver abzuschließen als Sie es sich je vorstellen konnten). Als Partner am Arbeitsplatz oder für Geschäfte sollten Sie definitiv Biber und Löwen wählen. Die Biber bewahren Sie davor, dass wichtige Einzelheiten unter den Tisch fallen, und die Löwen helfen Ihnen, Ihre wichtigen Projekte und Träume in einem vernünftigen Zeitrahmen zu vollenden.

## G = Golden Retriever

**Natürliche Stärken**

- Geduldig
- Gelassen
- Teamarbeiter
- Stabil
- Einfühlsam
- Mitfühlend
- Sensibel für die Gefühle anderer
- Enorm loyal
- Verlässlich
- Zuverlässig
- Unterstützend
- Gefällig

**Natürliche Schwächen**

- Unentschlossen
- Zu entgegenkommend
- Opfert möglicherweise Ergebnisse zu Gunsten der Harmonie
- Braucht lange, bis er anfängt
- Meidet die Konfrontation, selbst wenn sie nötig ist
- Eher nachtragend
- Angst vor Veränderungen
- Ignoriert oder opfert eigene Bedürfnisse

**Grundkonstitution:** Langsam, personenorientiert

**Motiviert durch:** Wunsch nach guten Beziehungen und Anerkennung durch andere

**Zeitmanagement:** Konzentriert sich auf die Gegenwart, verbringt viel Zeit damit, anderen zu helfen und Beziehungen aufzubauen

**Kommunikationsstil:** Zwei-Wege-Kommunikation, großartiger Zuhörer, reagiert einfühlsam.

**Entscheidungsfindung:** Trifft Entscheidungen eher langsam, will die Meinung Dritter hören und gibt dieser oft nach.

**Unter Druck oder Anspannung:** Gibt den Meinungen, Ideen und Wünschen Dritter nach. Häufig übertrieben tolerant.
**Größte Bedürfnisse:** Sicherheit, langsame Veränderungen mit genügend Zeit zur Anpassung, konfliktfreies Umfeld.
**Was der Golden Retriever begehrt:** Gute Beziehungen, Sicherheit und eine konsistente bekannte Umgebung, eigenes Revier oder Spezialgebiet; entspannte und freundliche Umgebung, die Freiheit, dem eigenen Rhythmus gemäß zu arbeiten.

Golden Retriever sind vor allem und in erster Linie loyal und wollen anderen Menschen gefallen. Ihre Loyalität geht so weit, dass sie mehr als jeder andere Persönlichkeitstyp in einer Beziehung die größten emotionalen Schmerzen und Bestrafungen aushalten und die Bindung trotzdem aufrecht erhalten. Sie sind großartige Zuhörer, unglaublich einfühlsame und mitfühlende, warmherzige Aufmunterer. Golden Retriever sind schnell im Verteidigen und langsam im Angreifen. Sie stellen Menschen über Projekte und können sehr negativ darauf reagieren, wenn Löwen Projekte über Menschen stellen. Sie sind die besten Freunde, die man haben kann. Sie finden immer Zeit zuzuhören, zu trösten und ermutigen, auch wenn es die Zeit nicht wert ist. Menschen, die mit Golden Retrievern verheiratet sind, sind oft die glücklichsten Menschen der Welt. Mein ältester Sohn ist ein Golden Retriever, und er ist ohne Zweifel einer der mitfühlendsten und liebevollsten Menschen, die ich je gekannt habe. Interessanterweise war sein Persönlichkeitstyp schon so deutlich sichtbar wie eine Neonreklame, als er noch ein Kleinkind war. Er teilte schon immer gerne und tröstete Kinder (oder Erwachsene) in Not. Inzwischen ist er 27 Jahre alt und mit einem anderen Golden Retriever verheiratet.



Der Golden Retriever ist der subdominante Persönlichkeitstyp meiner

Frau. Allerdings weist sie mit 36 Punkten alle Stärken und Schwächen eines Golden Retrievers auf. Auf der schwachen Seite sind Golden Retriever derart gefallsüchtig, dass sie eventuell große Schwierigkeiten haben, in einer Situation oder einer Beziehung eindeutige Aussagen zu treffen, selbst wenn es notwendig ist. Für Golden Retriever ist es wirklich schwer, ihren Kindern Disziplin beizubringen, auch wenn Disziplin dringend erforderlich ist. Wenn Sie ein Kind haben, das ein Löwe ist, dann sind sie verloren.

Golden Retrievern fällt es auch schwer, zu sich selbst zu stehen und ihre eigenen Bedürfnisse ihrem Ehepartner, ihren Freunden, Vorgesetzten oder Kollegen gegenüber zu vertreten. Sie hassen die Konfrontation. Sie brauchen dringend enge persönliche Beziehungen und begraben häufig ihre Nöte und Bedürfnisse, um die Harmonie ihrer Beziehungen aufrecht zu erhalten. Aber ihr mangelnder Wille, ihre Bedürfnisse oder Ärgernisse zu äußern, bedeutet nicht, dass ihnen ihre Bedürfnisse und Nöte nicht wichtig wären. Sie sparen sie einfach nur auf. Laut Dr. Smalley können Golden Retriever Bedürfnisse und Nöte für fünf bis sieben Jahre aufbewahren. Aber während sie sie aufschieben, werden sie von innen bei lebendigem Leibe aufgefressen. Schließlich explodieren sie, und die Beziehung kann ein katastrophales Ende finden. Dem Golden Retriever fällt es dann sehr schwer zu vergeben, und der Groll wird zur Automatik. Ähnlich wie der Hund, nach dem er benannt ist, kann er dann sehr stur auf dem beharren, was er für richtig hält. Wenn Sie jemals mit einem Golden Retriever, der sein Lieblingsspielzeug im Maul hatte, ein Tauziehen veranstaltet haben, dann haben Sie ein gutes Bild davon, wie starrköpfig dieser Persönlichkeitstyp sein kann.

Wenn Sie ein Golden Retriever sind, dann sind Sie wirklich übel dran. Aber in manchen Bereichen können Sie sich durch ein bisschen erlerntes

Verhalten verbessern. Zuerst müssen Sie lernen, dass es nichts Schlechtes ist, seine Meinungen, Bedürfnisse und Ärgernisse denjenigen mitzuteilen, mit denen Sie Beziehungen pflegen. Falls nötig, müssen Sie klare Aussagen treffen. Wenn Sie Ihre Meinungen, Bedürfnisse und Ärgernisse äußern, wird das schließlich Ihre Beziehungen stärken; wenn Sie es nicht tun, wird Sie das nicht nur verletzen, sondern am Ende wird es Ihre wertvollsten Beziehungen schwächen. „Nein" ist kein schmutziges Wort, und Sie müssen lernen, es öfter auszusprechen. Sie müssen lernen, öfter höflich nein zu den Fragen und Bitten anderer zu sagen, sei es Ihres Ehepartners, Ihrer Kinder oder gar derjenigen, denen Sie am Arbeitsplatz oder in der Kirche dienen. Wenn nicht, sind Sie irgendwann emotional und physisch leer. Sie müssen sich von den anderen abgrenzen und Ihre eigenen Bedürfnisse würdigen. Nichts davon liegt in Ihrer Natur oder fällt Ihnen leicht, aber um Ihretwillen und um Ihrer Lieben willen müssen Sie sich dazu entschließen. Sie müssen außerdem lernen zu vergeben statt nachtragend zu sein. Nicht zu vergeben macht Sie zum Gefangenen der Person, mit der Sie unzufrieden sind. Sie gewinnt, Sie verlieren. Wenn Sie vergeben, gewinnen Sie beide. Verzeihen ist zwar leichter gesagt als getan, aber in Sitzung 14 lernen Sie ein Verfahren, das ich „Schatzsuche" nenne und das es so leicht wie nie zuvor macht, anderen zu vergeben. In Sitzung 6 erlernen Sie zwei Kommunikationstechniken (emotionale Wortbilder und *Drive-In-Gespräch*), die es Ihnen leichter machen als je zuvor, Ihren Bedürfnissen Ausdruck zu verleihen.

## B = Biber

**Natürliche Stärken**

- Genau
- Analytisch

**Natürliche Schwächen**

- Zu hart gegen sich selbst
- Zu kritisch anderen gegenüber

- Detailorientiert
- Gründlich
- Fleißig
- Ordentlich
- Methodisch und erschöpfend
- Hoher Anspruch
- Intuitiv
- Kontrolliert
- Perfektionistisch
- Übertrieben vorsichtig
- Trifft keine Entscheidung, ohne alle Fakten zu haben
- Wählerisch
- Übertrieben sensibel

**Grundkonstitution:** Langsam, aufgabenorientiert

**Motiviert durch:** Den Wunsch, Recht zu haben und die Qualität beizubehalten.

**Zeitmanagement:** Arbeitet eher langsam, um sicherzugehen, dass alles genau stimmt und dass er die besten Entscheidungen trifft. Empfindet Fristen als Druck; würde lieber Recht haben und den Termin verpassen als Unrecht zu haben und den Termin einzuhalten.

**Kommunikationsstil:** Guter Zuhörer, vermittelt Details, normalerweise diplomatisch.

**Entscheidungsfindung:** Vermeidet Entscheidungen, benötigt viel Information, bevor er eine Entscheidung fällt.

**Unter Druck oder Anspannung:** Versucht Druck und angespannte Situationen zu vermeiden. Ignoriert Termine, wenn sie der besten Entscheidung oder der optimalen Abwicklung eines Projekts im Wege stehen.

**Größte Bedürfnisse:** Korrekt sein. Verspürt den inneren Drang, genau und korrekt zu sein.

**Was der Biber begehrt:** Klar definierte Aufgaben, Stabilität, Sicherheit, geringes Risiko, Aufgaben, die Präzision und Planung erfordern.

Danket Gott für die Biber! Ohne sie würden unsere Wolkenkratzer und unsere Brücken einstürzen, unsere Krankenhäuser wären sehr viel gefährlicher, und bankrotte Unternehmen wären eher die Regel als die Ausnahme. Sehen Sie, Biber sind die wundervollen Menschen, die alles richtig machen, egal was es kostet oder wie lange es dauert. Biber haben den Drang, alles lehrbuchmäßig und so perfekt wie möglich zu machen. Das ist eigentlich der einzige Persönlichkeitstyp, der Bedienungsanleitungen liest. Und im Gegensatz zu den anderen, die die Gebrauchsanweisung erst lesen, wenn es Schwierigkeiten gibt, lesen Biber sie, bevor sie ein Vorhaben angehen. Sie sind gut geeignet für die Qualitätskontrolle im Büro, in der Fabrik und in allen Situationen oder Bereichen, in denen Genauigkeit verlangt wird. Man findet sie häufig in Tätigkeitsfeldern wie Buchhaltung, Ingenieurwesen, Architektur, Medizin und anderswo, wo es auf Genauigkeit ankommt. Da Regeln, Beständigkeit und hohe Standards dem Biber so wichtig sind, ist er von anderen oft enttäuscht, die sich darum nicht so viele Gedanken machen. Sein starkes Bedürfnis, hohe (und manchmal unrealistische) Ansprüche zu erfüllen, kann seine Fähigkeit blockieren, in einer Beziehung Wärme zu geben. Er lann sich tatsächlich so sehr darauf versteifen, etwas richtig zu machen, dass er den Bedürfnissen und Sorgen seiner Umgebung gegenüber völlig unempfindlich wird.

Je mehr Punkte Sie in der Biberspalte haben, desto perfektionistischer sind Sie wahrscheinlich. Ihr Drang, alles so perfekt wie möglich zu machen, kann zu einem großen Stressfaktor in Ihrem Leben und zu einem Zerstörungsfaktor in Ihrem Verhältnis zu anderen werden. Die Frau eines meiner Freunde hat so starke Biberzüge, dass sie Ihren Kindern zwei Wochen lang grollt, wenn sie etwas nach Benutzung nicht aufgeräumt haben. Sie lässt sie ihre Betten nicht mehr selbst machen,

## Die vier Persönlichkeitstypen im Vergleich

**Der Umgang mit den eigenen Stärken und Schwächen**

**Bummler**

Tun das, was in ihrer Natur liegt. Sie meinen, alle müssten so handeln wie sie.

**Zielstrebige**

Spielen ihre Stärken aus, um ihre Projekte, Ziele und Träume zu verfolgen.

**Erfolgsmenschen**

Spielen ihre Stärken aus. Stärken ihre Schwächen. Gleichen Stärken und Schwächen mt erlernten Verhaltensweisen aus.

**Überflieger**

Spielen ihre Stärken aus. Stärken ihre Schwächen. Gleichen Stärken und Schwächen mit erlernten Verhaltensweisen aus. Tun sich mit Menschen zusammen, deren Stärken ihre eigenen Schwächen ergänzen.

weil sie es nicht so gut machen wie sie. Unnötig zu erwähnen, dass das Verhältnis zu ihren Kindern gelinde gesagt höchst angespannt ist.

Als Biber bestehen Ihre wundervollen Stärken in der Liebe zum Detail, dem Wert der Qualität, Ihrem analytischen Charakter und Ihrer Gründlichkeit. Unglücklicherweise neigen Sie vielleicht dazu, viele Projekte anzufangen und nur wenige zu beenden. Sie können sich selbst gegenüber äußerst hart sein. Sie können auch hart zu anderen sein, die nicht so sehr auf Details, Qualität und Korrektheit achten wie Sie. Sie sind ein Partner, den die anderen Persönlichkeitstypen bitter nötig haben, und Sie können Ihren Wert in allen Partnerschaften schon mit kleinen Korrekturen deutlich steigern. Zuerst müssen Sie sich selbst ermahnen, dass Perfektion nicht immer notwendig ist. Auch wenn es oft nur einen einzigen perfekten Weg gibt, so gibt es in vielen Situationen doch mehrere gute Wege. Sie müssen es mehr akzeptieren, dass andere Menschen Dinge auf ihre Weise tun, auch wenn Ihre Weise besser ist. Fangen Sie an, mit anderen offener umzugehen und versuchen Sie, flexibler zu werden. Sagen Sie sich immer den Satz vor: „Es ist in Ordnung, Fehler zu machen."

Von allen Persönlichkeitstypen sind Biber am anfälligsten für Depressionen. Wenn Sie Fehler machen, sind Sie wütend auf sich selbst und behalten diese Wut in Ihrem Inneren verschlossen. Nach innen gekehrte Wut ist eine der Hauptursachen von Frustration und Depressionen. Für Ihre emotionale und körperliche Gesundheit ist es entscheidend, dass Sie lernen, sich Ihre Fehler besser zu verzeihen. Sie müssen auch anderen leichter verzeihen und ihren Fehlern gegenüber toleranter werden. Das Geheimnis, wie man das macht, erfahren Sie in späteren Sitzungen, insbesondere in den Sitzungen 11 und 12. Für Sie ist es ganz natürlich, alles richtig zu machen – mit sich selbst und anderen zufrieden zu sein hingegen nicht. Aber in den späteren Sitzungen lernen Sie, dass sich das leicht beheben lässt.

## Freuen Sie sich über Ihren Persönlichkeitstyp

Wenn Sie sich mit Ihrem dominanten und subdominanten Persönlichkeitstyp beschäftigen, muss Ihnen unbedingt klar sein, dass diese Charakterzüge nur Ihre natürlichen Neigungen sind. Die Schwächen und die negativen Neigungen Ihres Persönlichkeitstyps können Sie stärken, ausgleichen und kompensieren – oder sogar beseitigen, indem Sie in jeder Situation bewusst entscheiden, was das Richtige und Beste ist, anstatt die natürliche Neigung Ihrer Persönlichkeit Ihr Verhalten diktieren zu lassen. In Sitzung 4 werden Sie erfahren, dass es unmöglich ist, die sehnlichsten Träume ganz allein zu erreichen. Wir müssen dafür die Ideen, die Begabungen, die Energie und die Ressourcen Dritter heranziehen. Die Kenntnis Ihrer natürlichen Schwächen wird Ihr größter Verbündeter bei der Bestimmung der Partner sein, die Sie für die Erreichung Ihrer wichtigsten Projekte und Träume gewinnen müssen. Wenn Sie die Persönlichkeitstypen Ihrer Familienmitglieder kennen, sind Sie in der Lage, von ihren natürlichen Stärken zu profitieren und ihren Schwächen mehr Toleranz und Verständnis entgegenzubringen. Wenn Sie die Eigenschaften aller vier Persönlichkeitstypen studieren, lernen Sie, wie Sie am besten mit ihnen kommunizieren und sie motivieren. Da ich die Persönlichkeitstypen meiner Frau und meiner sieben Kinder alle kenne, ist das Leben für uns alle wesentlich stressärmer und freudvoller.

## Gang einlegen, Gas geben!

**So bringen Sie Ihre PS auf die Straße**

**So erstellen Sie Ihr Persönlichkeitsprofil**

1. Listen Sie auf, welche Stärken Ihres dominanten und subdominanten Persönlichkeitstyps Ihrer Meinung nach bei Ihnen am wichtigsten sind.
2. Listen Sie die Ihrer Meinung nach wichtigsten Schwächen Ihres dominanten und Ihres subdominanten Persönlichkeitstyps auf.
3. Schreiben Sie die Ihrer Meinung nach besten Möglichkeiten auf, wie Sie Ihre größten natürlichen Schwächen stärken oder kompensieren können.
4. Listen Sie die Persönlichkeitstypen auf, die Ihrer Meinung nach auf Ihre Ehepartner, auf jedes Ihrer Kinder, auf Ihren Chef und Ihre engsten Mitarbeiter zutreffen.
5. Überlegen Sie sich und schreiben Sie auf, wie Sie unter Berücksichtigung ihrer Persönlichkeitstypen Ihre Familienangehörigen und Arbeitskollegen am besten motivieren, sie ermuntern und mit ihnen kommunizieren können.

## Sitzung 3

# Keine Zeit, kein Talent, kein Geld – kein Problem!

**Mangelndes Wissen und beschränkte Ressourcen werden Sie nie wieder einschränken!**

Die beiden Hindernisse, die schon immer zwischen Ihnen und Ihren Träumen stehen, sind für Ihren Porsche Carrera Turbo kein Problem. Jedem, der versucht, Amerika zu Fuß zu durchqueren, würde der Anblick der Rocky Mountains das Herz sinken lassen. Es gibt keinen leichten Weg über diese Kontinentalscheide. Für diejenigen, die ihre Träume zu Fuß verfolgen, ist dieses Gebirgsmassiv fast unüberwindlich, aber für Sie und Ihren Carrera Turbo mit seinen 415 PS ist es keine nennenswerte Hürde. Die zwei Meisterstrategien dieser Sitzung verleihen Ihnen die Macht, die beiden mächtigsten Hürden zu überwinden, die schon immer zwischen Ihnen und Ihren Träumen stehen.

„Das würde ich sehr gern tun, aber ich weiß nicht wie." „Das würde ich sehr gern tun, aber ich habe weder die nötige Zeit, noch das Talent oder das Geld dafür." Wie oft haben solche Gedanken Sie schon davon abgehalten, einer Gelegenheit oder einem Traum nachzugehen?

Ray Kroc war ein 52-jähriger Vertreter für Milchshake-Maschinen. Er hatte keine Ahnung, wie man ein Restaurant führt, eine Franchisegesellschaft gründet oder ein Großunternehmen leitet. Er hatte weder das Geld noch die Zeit oder das Knowhow, das man für die Gründung einer Restaurantkette braucht, und doch schuf er das erfolgreichste Restaurant-Franchise-System aller Zeiten – McDonald's.

Frank Phillips hatte nichts gelernt außer Frisör und Bankkaufmann. Er wusste absolut nichts über Geologie und über das Ölgeschäft. Er hatte weder die Zeit noch das Talent noch das Knowhow oder das Geld, das man braucht, um nach Öl zu suchen, um Öl zu finden oder um eine Ölfirma zu gründen. Und doch suchte er danach, fand welches und gründete eine der größten Ölgesellschaften aller Zeiten – Phillips Petroleum.

## Meisterstrategie 3 – Überbrücken Sie Ihr mangelndes Wissen

**„Was man nicht weiß, kann einen weiterbringen."**

Wir alle kennen die Weisheit: „Was man nicht weiß, kann einen umbringen." Das ist sicherlich richtig. Wenn man mich alleine in das Cockpit eines Segelflugzeugs gesteckt hätte, bevor ich fliegen gelernt hatte, dann hätte ich meinen ersten Flug auf keinen Fall überlebt. Für die überwältigende Mehrheit der Erwachsenen ist fehlendes Wissen oder fehlendes Knowhow ein derart unüberwindliches Hindernis, dass es genauso gut der Mount Everest sein könnte, der zwischen ihnen und ihren Träumen steht. Gewöhnlich geben sie den Traum dann sofort auf.

Manchmal beginnen sie vielleicht sogar mit dem Aufstieg, aber sobald sie in den ersten Sturm geraten, ziehen sie sich schnell wieder zurück und wählen einen erreichbareren Traum aus, der innerhalb ihres Knowhows beziehungsweise im Komfortbereich ihres Wissens liegt. Aber eines der größten Geheimnisse des außergewöhnlichen Erfolgs, das die erfolgreichsten Menschen der Welt kennen, ist die Tatsache, dass auch das Gegenteil der erwähnten Spruchweisheit zutrifft, nämlich: „Was man nicht weiß, kann einen weiterbringen." Tatsächlich kann das, was man nicht weiß, das Sprungbrett zu Erfolgen sein, die man sich nicht einmal vorstellen konnte.

Wie kann das sein? Wie kann das Hindernis, das die meisten Erwachsenen sofort zur Aufgabe zwingt, zur Abschussrampe für Überflieger werden? Wenn Überflieger mit ihrem Mangel an Knowhow konfrontiert sind, betrachten sie das nicht als unüberwindliches Hindernis, sondern einfach als ein Signal, ein grünes Licht, das ihnen sagt, dass sie in dieser Situation fremde Hilfe in Anspruch nehmen müssen. Als Steven Spielberg beschloss, einen Film über Dinosaurier zu machen, geriet er wegen seines fehlenden Wissens über Effekte und Modellbau nicht in Panik. Und was noch wichtiger ist, er belegte deswegen keine Kurse in Modellbau oder digitalen Bildeffekten. Anstatt in Panik zu geraten oder sein eigenes Wissen zu erweitern, engagierte er einfach den besten Modellbauer von Hollywood, Stan Winston, sowie die beste Firma für digitale Effekte in der Unterhaltungsindustrie, Industrial Light and Magic. Ergebnis: *Jurassic Parc* war der realistischste (und erschreckendste) Dinosaurierfilm, der je gedreht wurde.

**Das vierte Gesetz des außergewöhnlichen Erfolgs**

Mangelndes Knowhow ist nur scheinbar ein unüberwindliches Hindernis. Für Überflieger ist es ein Sprungbrett zu überragenden Leistungen.

Ich weiß schon, was Sie denken! „Steven Spielberg kann es sich leisten, alles zu engagieren, was er braucht – ich aber nicht!“ Die gute Nachricht ist, dass Sie für die Fremdressourcen, die Sie für die Verfolgung Ihrer persönlichen und beruflichen Träume brauchen, nicht unbedingt Geld benötigen. Als ich auf der Highschool war, wollte ich fliegen lernen, aber weder wusste ich etwas über Fliegerei noch hatte ich Geld für Flugstunden. Und doch machte ich mit 17 den Flugschein für Segelflugzeuge, ohne auch nur einen Cent dafür auszugeben. Als ich auf dem College war, wollte ich ein Ensemble für zeitgenössische Musik gründen. Leider hatte ich keine Ahnung von Musik. Und doch hatte ich nach weniger als einer Woche 17 Sänger und 18 Instrumentalisten zusammen, fast alle Musikstudenten an der Arizona State

University. Und dann beschafften wir ohne einen Pfennig in unseren Sparschweinen zu haben und ohne uns einen Cent zu leihen die Soundanlage im Wert von mehreren Tausend Dollar, die wir brauchten. Schließlich engagierten wir auch noch einen der besten Chor-Arrangeure und Chorleiter Amerikas. Nach einem Monat traten wir an Colleges im ganzen Staat sowie an anderen größeren Veranstaltungsorten auf. Das Ensemble blieb mehrere Jahre zusammen. Der entscheidende Schlüssel, durch den ich meinen kostenlosen Flugschein bekommen und ein erfolgreiches Musikensemble geschaffen hatte, war die Verwendung der Strategie, die wir in der nächsten Sitzung behandeln – der effektiven Partnersuche.

Als mein Mentor und ich mein jetziges Unternehmen starteten, gaben die landesweiten Werbefirmen für durchschittliche 30-sekündige Rcklamespots über 100.000 Dollar aus. Wir hatten für die Produktion unseres Zweiminutenspots nur 3.600 Dollar. Und da ich noch nie eine Fernsehwerbung geschrieben oder produziert hatte, hatte ich weder das Knowhow noch die Begabung dafür. Bei einem Budget von 3.600 Dollar hätte uns keine Werbeagentur auch nur die geringste Aussicht auf Erfolg eingeräumt. Und doch haben wir es geschafft (auch wenn ich unser winziges Budget um 600 Dollar überzogen habe). Wie schon erwähnt, erzeugte diese Werbesendung einen Umsatz von 20 Millionen Dollar und war der Startschuss für ein Milliardenunternehmen.

Solche Beispiele gibt es nicht nur in meiner persönlichen Erfahrung. Ich könnte Ihnen Hunderte von Männern und Frauen aus der gesamten Geschichte nennen, die ihr mangelnes Knowhow nicht davon abhielt, ihre unmöglichen Träume zu erreichen. So war Charles Lindbergh zwar einer der größten Flieger der Geschichte, aber er hatte weder eine medizinische Ausbildung noch Fachwissen über irgendwelche medizinischen

Geräte. Und doch erfand er zwei medizinische Geräte, die zu Eckpfeilern der modernen Medizin wurden: Die Blutzentrifuge, mit der man das Plasma von den Blutzellen trennt, und die Herz-Lungen-Maschine, mit der man Organe außerhalb des Körpers am Leben erhalten kann. Ohne diese Erfindungen und ihre Nachfolger gäbe es keine Herzchirurgie und keine wirksamen Behandlungen für viele Bluterkrankungen einschließlich der Leukämie.

**Fünf Tatsachen über Ihr mangelndes Knowhow, die Sie kennen sollten:**

Es gibt nur eine Art von Menschen, denen der Aufstieg in die Kategorie der Überflieger dauerhaft versperrt ist, und das sind die Allwissenden. Die Allwissenden wissen gar nicht alles; sie denken, reden und handeln nur so, als wüssten sie alles. Leider verhindert ihr Glaube, sie wüssten mehr als die Menschen ihres Umfelds und sie könnten alles, was sie ins Auge fassen, mit Links erreichen, die Erkenntnis der entscheidenden Notwendigkeit, fremde Ressourcen zu verwenden, um außergewöhnliche Ergebnisse zu erzielen. Und wenn es eine Gewissheit im Leben gibt, dann diejenige, dass niemand auf irgendeinem Gebiet außergewöhnliche Erfolge erzielen kann, ohne Ressourcen von außen in Anspruch zu nehmen. Wenn Sie in Ihren privaten oder beruflichen Bemühungen eine allwissende Haltung haben, dann bleiben Sie ein Leben lang auf Enttäuschungen oder bestenfalls auf Mittelmaß beschränkt. Ihre einzige Hoffnung auf außerordentliche Erfolge besteht darin, dass Sie auf den Boden der Realität kommen und anerkennen, dass Sie im gleichen Boot sitzen wie wir alle. Auch wenn Sie den höchstentwickelten Computer der Welt haben, so besteht ein entscheidender Teil seiner Neuprogrammierung auf außerordentlichen Erfolg in der Installation der Realitätssoftware über Ihr mangelndes Knowhow. Hier eine Liste von fünf Tatsachen, die wir alle als ersten Schritt zur Überwindung unseres mangelnden Knowhows akzeptieren müssen:

**1. Wir brauchen keine Genies zu sein, um außergewöhnliche Ergebnisse und unmögliche Träume zu erreichen.**

Unter den Dutzenden von Überfliegern, die ich kennen gelernt habe, weiß ich nur von einem, dass er einen IQ von über 140 hat. Aber ich kenne eine Reihe von Genies, die für Überflieger arbeiten, die jedoch selbst keine Überflieger sind. Thomas Edison, einer meiner Lieblings-Überflieger aller Zeiten, leugnete nicht nur, ein Genie zu sein, sondern definierte den Begriff des Genies neu, als er sagte: „Wahres Genie besteht zu einem Prozent aus Inspiration und zu 99 Prozent aus Transpiration." Wenn man statt der IQ-Messung diese Definition verwendet, dann sind alle Überflieger, die ich kenne, Genies. Und das Gute daran ist, dass nach Edisons Definition jeder zum Genie werden kann.

**2. Wir alle können etwas, aber vieles können wir nicht.** Es gibt nur ein paar Dinge, die ich richtig gut kann, aber Millionen von Dingen, die ich überhaupt nicht kann. Beim Produzieren einer Fernsehsendung gibt es Hunderte von Details, die effizient und effektiv erledigt werden müssen, und ich habe weder das Wissen, die Ausbildung noch die Fähigkeit, irgendeines davon zu erledigen. Ich weiß, wie man ein Script verfasst und wie man eine Mannschaft bei der Aufzeichnung leitet, und das war's. Ich kann nicht einmal eine Kamera führen oder einen Belichtungsmesser ablesen. Und doch sind meine Sendungen so gut, dass sie preisgekrönte Schauspieler wie Charlton Heston, Jane Fonda, Cher und ein Dutzend andere Film- und Plattenstars anziehen. Mein Geheimnis? Ich produziere preisgekrönte Sendungen, weil ich mit einem großartigen Producer zusammenarbeite; und dieser engagiert als Mannschaft die talentiertesten und fähigsten Arbeiter Hollywoods.

Damit will ich sagen, dass man nur wenig zu wissen braucht, denn was immer man auch nicht weiß, wird von anderen gewusst, die man häufig ganz einfach engagieren kann.

**3. Wir alle haben gewisse Kenntnisse und Fähigkeiten, aber die meisten Fähigkeiten haben wir nicht.** Auch hier bietet uns die Unterhaltungsbranche ein perfektes Beispiel für die Wahrheit der Aussage. Steven Spielberg ist unstrittig einer der größten Filmregisseure und Produzenten unserer Generation, aber achten Sie beim nächsten Film von ihm, den Sie sehen, einmal darauf, wie lang der Abspann ist. Steven ist zwar ein meisterlicher Geschichtenerzähler und Regisseur, aber fast alle 300 bis 600 erwähnten Mitarbeiter und Helfer stehen für jemanden, der etwas getan hat, das Steven nicht kann. Und wenn die entsprechenden Fähigkeiten nicht so glänzend eingesetzt worden wären, dann wäre der Film nicht so gut geworden. Wenn schon Steven Spielberg die meisten Fähigkeiten, die für die Erreichung eines seiner Träume nötig sind, nicht besitzt – warum sollten dann Sie oder ich glauben, wir hätten alle Fähigkeiten, die wir für die Erreichung unserer Träume brauchen? Die haben wir nämlich nicht. Das Tolle daran ist, dass jede Fähigkeit, die wir je benötigen könnten, um einen unserer Träume zu verwirklichen, bei jemand anderem vorhanden ist und uns daher theoretisch zur Verfügung steht.

**4. Wir brauchen nicht einmal zu wissen, wie man die Dinge tut, die für den Erfolg eines Projekts oder für die Erfüllung eines Traums entscheidend sind.** Was hat die Arbeit als Frisör oder als Bankangestellter mit Ölsuche und dem Aufbau eines Öl-Imperiums zu tun? Frank Phillips hatte die unabdingbaren Fähigkeiten für beides nicht, aber trotzdem hat er beides getan. Helen Keller konnte weder sehen noch hören, und doch wurde sie eine der anregendsten Schriftstellerinnen und Rednerinnen des 20. Jahrhunderts. Fast jeder, den ich je gekannt habe, dachte fälschlicherweise, um etwas zu vollbringen müsste man zumindest die Dinge können, die für den Erfolg des Projekts oder der Unternehmung entscheidend sind. Nichts könnte weiter von der Wahrheit entfernt sein. Ich weiß überhaupt nichts über den Verkauf von Fitnessgeräten an Endkunden, aber trotzdem habe ich mit meinen Partnern ein Fitnessunternehmen gegründet, das Geräte im Wert von einer Milliarde Dollar verkauft hat. Wenden Sie sich von einem Projekt, einer Gelegenheit oder einem Traum niemals nur deshalb ab, weil Sie die elementaren Dinge nicht können, die für das Gelingen des Projekts, das Ergreifen der Gelegenheit oder das Erreichen des Traums notwendig sind.

**5. Wir haben einige natürliche Begabungen und Fähgkeiten, aber die meisten haben wir nicht.** Das ist ein Gebiet, auf dem ich wirklich zu kurz gekommen bin. Ich habe keine sportlichen, künstlerischen, musikalischen oder handwerklichen Neigungen. Aber ich bin von Natur aus in der Lage, die Dinge in ihrer logischen Ordnung zu sehen und habe das Talent, komplexe Zusammenhänge zu vereinfachen und leicht verständlich zu machen. Ich habe die natürliche Fähigkeit zu sprechen und Menschen zu ermutigen. Abgesehen von diesen vier naturgegebenen Talenten oder Fähgkeiten habe ich alles, was ich kann, unter großen Mühen gelernt. Aber auf jede meiner natürlichen Begabungen und Fähigkeiten kommen Tausende oder sogar Millionen, die ich nicht habe. Das hat mich aber nie davon abgehalten, meine unmöglichen Träume zu erreichen. Ich bin zwar nicht sportlich, aber ich habe mehrere erfolgreiche Fitnessunternehmen aufgebaut. Ich bin nicht musikalisch, aber ich habe zwei erfolgreiche Musikensembles gegründet und eine landesweite Musiksendung geleitet. Ich bin nicht künstlerisch begabt, aber viele meiner Fernsehsendungen enthalten Szenen, die wahre Filmkunst sind. Dass Ihnen Talente und Fähigkeiten fehlen, braucht Sie von der Erreichung Ihrer unmöglichen Träume nie abzuhalten.

Ich teile diese fünf Tatsachen allen Habenichtsen mit, um die absolute Wahrheit zu betonen, dass jedem immens viel Knowhow fehlt, einschließlich jedes Überfliegers, der je gelebt hat. Sie brauchen keine Angst

## Die vier Persönlichkeitstypen im Vergleich

**Wie die Menschen in Bezug auf ihre angestrebten Gelegenheiten, Projekte und Träume mit ihrem Mangel an Knowhow umgehen.**

**Bummler**

Betrachten Hindernisse als unüberwindlich und geben Chancen, Projekte und Träume auf, wenn solche Hindernisse auftauchen.

**Zielstrebige**

Versuchen eine Lösung oder einen Alternativansatz zu finden, geben aber meist wieder auf, wenn die Lösung nicht schnell oder leicht genug gelingt.

**Erfolgsmenschen**

Versuchen ihr Wissen zu erweitern und Alternativlösungen zu finden; haben gelegentlich auch Erfolg, wenn sie mäßigen Erfolg anstreben.

**Überflieger**

Benutzen ihr mangelndes Kowhow und ihre mangelnden Ressourcen als Signal dafür, dass sie außer ihrer selbst suchen müssen und das Knowhow sowie die Ressourcen anderer heranziehen müssen, um großartigere außergewöhnliche Ergebnisse zu erzielen, als sie es alleine je gekonnt hätten.

zu haben, sich Ihrem Mangel an Kenntnissen zu stellen. Sie brauchen sich darum keine Sorgen zu machen, und vor allem brauchen Sie sich dafür nicht zu schämen. Es ist für die Erreichung außergewöhnlicher Erfolge in allen Situationen entscheidend, dass Sie Ihren Mangel an Kenntnissen anerkennen. Alles andere verhindert, dass Sie über sich hinauswachsen und die äußeren Ressourcen beschaffen, die für das Erreichen außergewöhnlicher Erfolge entscheidend sind.

Auch wenn sich Ihre mangelnden Kenntnisse vor Ihnen auftürmen wie ein riesiges Gebirge, das zwischen Ihnen und Ihren Träumen steht, ähneln sie in Wirklichkeit mehr einem Regen, der auf die Windschutzscheibe Ihres Porsche trommelt. Er beeinträchtigt zwar kurzfristig die Sicht, aber das ist schnell erledigt, wenn Sie den Hebel umlegen und den Scheibenwischer einschalten. Ihr fehlendes Wissen und Können von einem unüberwindlichen Hindernis in ein Sprungbrett zu außergewöhnlichen Leistungen zu verwandeln ist genauso leicht wie das Umlegen eines Schalters. Wenden Sie einfach den Blick weg von sich selbst und hin auf die äußeren Ressourcen, die Sie brauchen werden.

### Den Schalter umlegen

Seinen Mangel an Wissen und Können in ein Sprungbrett oder eine Startrampe für außergewöhnliche Leistungen zu verwandeln ist ein Prozess, der zwei spezielle Strategien umfasst. Zuerst müssen Sie Ihre eigenen allgemeinen Stärken und Schwächen genau einschätzen; dann müssen Sie insbesondere einschätzen, was diese Stärken und Schwächen für die Verfolgung eines bestimmten Projekts, einer Gelegenheit oder eines Traums bedeuten. Die exakte und ausführliche Bewertung Ihrer Stärken und Schwächen ergibt ein persönliches Profil, das als Fundament für den Aufbau der unabdingbaren Grundlagen für Erfolg und Glück dienen soll. Fundamente sind zwar weder attraktiv noch ansprechend, aber sie bieten die unentbehrliche Basis, auf der jede bedeutende Struktur aufbaut. In dem Abschnitt „Gang einlegen, Gas geben!" am Ende dieses Kapitels werde ich Sie auffordern, eine Reihe von Listen aufzustellen, die Ihnen alle Informationen liefern, die Sie für die ordentliche Grundlegung des Fundaments benötigen.

Die zweite Strategie, die Sie brauchen, um Ihren Mangel an Knowhow in ein Sprungbrett zum außergewöhnlichen Erfolg zu verwandeln, ist die Strategie der effektiven Partnerschaften. Sie müssen die richtigen Partner finden, engagieren und effektiv nutzen, so dass deren Stärken Ihre Schwächen mehr als kompensieren. Effektive Partnerschaft ist die allerwichtigste Strategie, die Sie in unseren Unterweisungs-Sitzungen lernen werden. Ohne diese Strategie wäre noch nie ein unmöglicher Traum verwirklicht worden, und es wäre niemals Außergewöhnliches vollbracht worden – von niemandem! Diese Strategie wurde von jedem Überflieger benutzt, der je gelebt hat, und bildet den Schwerpunkt unserer nächsten Sitzung. Bevor Sie jetzt die Hände ringen und ausrufen: „Aber wer will sich denn mit mir zusammentun?" oder „Ich kann es mir nicht leisten, Partner zu engagieren", lassen Sie mich klarstellen, dass sich meine Definition von Partner und Partnerschaft radikal von der Ihren unterscheidet und dass Sie mit meiner Definition effektive Partnerschaften bilden können – unabhängig von Ihren Lebensumständen und Ihren Ressourcen. Sie brauchen sich nur die Strategien und Fähigkeiten anzueignen, die Sie in dieser Sitzung lernen sollen. Aber bevor wir zu dieser Sitzung übergehen, müssen wir in der jetzigen noch einen weiteren Bereich abdecken – und zwar die beschränkten Ressourcen.

**„Aber ich habe weder die Zeit noch das Geld!" Na und?**

Wenn ich mit Menschen über das Erreichen ihrer sehnlichsten Träume spreche, nennen sie ein bestimmtes Hindernis immer schneller und häufiger als mangelndes Wissen oder Können – ihren Mangel an Ressourcen. Sie sagen, sie hätten nicht die Zeit oder nicht das Geld, ihre Träume zu erreichen. Wie ist das bei Ihnen? Wie oft haben Sie von einem Traum Abstand genommen, von einem tiefen Wunsch, einer Gelegenheit oder einem Projekt, nur weil Sie nicht genug Zeit oder Geld hatten? Wissen Sie was? Damit sind Sie nicht allein. Niemand hat genug Zeit und Geld, seine größten Träume zu verwirklichen. Wir haben nie genug. Selbst Milliardäre haben Träume, die sie mit ihrem Geld nicht kaufen können. Zum Glück gibt es zwei Möglichkeiten, Ihre begrenzten Ressourcen zu erweitern und zu vervielfachen. Fangen wir mit der wertvollsten und beschränktesten aller Ressourcen an – mit der Zeit.

## Meisterstrategie 4 – Beseitigen Sie die Grenzen Ihrer begrenzten Ressourcen

Die begrenzteste, unersetzliche und wertvollste Ressource, die wir haben, ist ohne Zweifel die Zeit. Sie ist die einzige Ressource, die wirklich unersetzlich ist. Wenn ein Tag vorüber ist, kann man ihn nicht mehr zurückrufen oder ersetzen. Verlorenes Geld kann ersetzt werden, und auch verloren gegangene Fähigkeiten können durch Ersatzfähigkeiten ersetzt werden, aber für Zeit gibt es keinen Ersatz. Wenn Menschen in Finanznot geraten oder ihre Arbeit verlieren, können sie ihre Ausgaben auf vielerlei Arten senken und so das Tempo reduzieren, in dem sie ihr Bares, ihre Ersparnisse und ihren Kredit „verbrennen". Aber im Gegensatz zum Geld gibt es bei der Zeit keine Möglichkeit, die „Verbrennungsgeschwindigkeit" zu reduzieren. Der durchschnittliche Amerikaner lebt nur 3.950 Wochen. Wenn Sie 30 Jahre alt sind, haben Sie davon schon 1.560 Wochen verbraucht. Wenn Sie 40 sind, haben Sie schon 2.080 verbraucht, und wenn Sie 51 Jahre alt sind, bleiben Ihnen nur noch 1.300 Wochen. Und das auch nur, wenn Sie die durchschnttliche Lebenserwartung erreichen. Vielleicht haben Sie noch viel mehr Jahre, vielleicht aber auch viel weniger. Aber unabhängig davon verlieren Sie alle sieben Tage eine weitere Woche, und Sie bekommen sie nie mehr zurück. Ein ehemaliger Bekannter vor mir war der Präsident des Fernsehsenders NBC. Als er 40 wurde, hatte er keine Ahnung, dass er nur noch 110 Wochen vor sich hatte. Als ich Michael Landons letztes Projekt filmte, fühlte er sich körperlich so fit wie noch nie. Er sah gut aus und fühlte sich großartig. Er hatte keine Ahnung, dass ihm nur noch 18 Wochen blieben.

So schlimm das alles klingen mag, es gibt noch etwas Schlimmeres: Die Zeit ist nicht nur unsere begrenzteste Ressource, sondern sie wird auch am wenigsten gewürdigt und am leichtsinnigsten vergeudet. Die meisten Menschen verschwenden sie genauso leichtfertig wie sie Wasser durch die Toilette spülen.

**Das war die schlechte Nachricht. Und jetzt die gute:**

Seien Sie nicht niedergedrückt. Ich sage Ihnen das alles nicht, um Sie herunterzuziehen, sondern vielmehr, um Sie in die Wirklichkeit zu holen. Zeit ist wirklich unser wertvollstes Gut, und man muss mit ihr klüger umgehen, als Sie mit einem Bankkonto oder einer Schatulle voller kostbarer Juwelen umgehen würden. Die gute Nachricht ist, dass Sie in dieser sowie in den folgenden Sitzungen lernen, Ihre Zeit produktiver als je zuvor zu nutzen, sie wesentlich auszuweiten und sie dafür zu benutzen, dass Sie Ihre wichtigsten Träume schneller erreichen, als Sie es je für möglich gehalten hätten.

Wenn Sie die vierte Meisterstrategie umsetzen und damit die Grenzen Ihrer begrenzten Ressourcen Zeit und Geld beseitigen wollen, müssen Sie drei Schritte unternehmen:

1. Die Ressourcen exakt einschätzen und bewerten.
2. Ihre Verwendung klug einteilen.
3. Sie erweitern.

Die gute Nachricht ist, dass diese drei Schritte mit allen begrenzten Ressourcen möglich sind. Auch wenn die Umsetzung der Schritte Ihrer menschlichen Natur widerstrebt, werden Sie bei der Umsetzung ihren unermesslichen Nutzen spüren; und dann werden Sie Ihnen zur zweiten Natur.

**Das fünfte Gesetz des außergewöhnlichen Erfolges**
Überflieger beseitigen die Grenzen ihrer begrenzten Ressourcen, indem sie ihre Ressourcen exakt einschätzen, sie klug einteilen und sie erweitern, indem sie Ressourcen von außen heranziehe

### Machen Sie das meiste aus Ihrer Zeit

#### 30 Stunden am Tag, zehn Tage in der Woche

Als ersten Schritt zur Beseitigung der Grenzen Ihrer begrenzten und schwindenden Zeitressourcen müssen Sie exakt feststellen, wie Sie sie momentan verbringen; und dann müssen Sie sie besser schätzen lernen, nämlich als das unschätzbare Gut, das sie ist. Die meisten Menschen schätzen ihre Zeit so gering, dass sie riesige Mengen davon verschwenden, ohne überhaupt darüber nachzudenken. Zum Beispiel würden die meisten Erwachsenen einen Lügendetektortest mit der Aussage bestehen, dass sie pro Woche weniger als 15 Stunden fernsehen. Und doch ist es eine Tatsache, dass der erwachsene Amerikaner zwischen 35 und 56 Stunden pro Woche fernsieht. In Sitzung 13 erkläre ich Ihnen eine einfache Übung, mit deren Hilfe Sie Ihre Zeit sehr genau abschätzen können. Die meisten von uns verschwenden ihre Zeit nicht mit schrecklichen Dingen, sondern wir verschwenden Sie mit guten und akzeptablen Dingen. Aber wenn wir nur Gutes und Akzeptables tun, berauben wir uns leider der Möglichkeit, in der Zeit das zu tun, was das Beste ist. Das kann enorme Nachwirkungen und Konsequenzen haben.

Stellen Sie sich vor, sie besäßen ein Grundstück in New York City, und Ihr einziges Einkommen für den Rest Ihres Lebens würde aus der Vermietung oder Verpachtung dieser Immobilie an ein Unternehmen stammen. Eine Kaufhauskette bietet Ihnen 50.000 US-Dollar Jahresmiete auf 50 Jahre. Das klingt nach einem guten Geschäft, und daher unterschreiben Sie den Mietvertrag und erhalten einen Scheck über die erste Jahresmiete. Am nächsten Tag klopft es an Ihrer Tür. Es ist Donald Trump, und er sagt Ihnen, er wolle das gleiche Grundstück von ihnen pachten und einen 90-stöckigen Büroturm bauen. Er will Ihnen 50 Jahre lang eine Million jährlich zahlen. Leider haben Sie das Grundstück schon verpachtet. Ihre gute Verwendung des Grundstücks hat Sie um die beste Verwendung und deren unglaublichen Nutzen gebracht. Das gleiche Prinzip gilt insbesondere für die Zeit. Jeder Zeitblock, den Sie verwalten, ist einem Grundstück vergleichbar. Sie können ihn nur einmal und nur auf eine bestimmte Weise verwenden. Wenn er einmal für einen Zweck bestimmt ist, dann kann er für keinen anderen mehr verwendet werden. Da Zeit unsere begrenzteste Ressource ist, kann ihre Benutzung für gute, akzeptable und mittelmäßige Zwecke uns um die besten Verwendungszwecke und um alle Vorteile bringen, die mit der besten Verwendung verbunden sind. In Kapitel 13 werden Sie eine einfache Methode erlernen, die Ihnen helfen wird, die Zeit in Bezug auf Ihre wichtigsten Ziele am besten zu nutzen. Sie versetzt Sie auch in die Lage, pro Tag mehr zu erreichen als Sie es je für möglich gehalten hätten.

Der zweite Schritt in der Beseitigung der Begrenzungen dieser begrenzten Ressource ist zu lernen, Ihre Zeit effektiver einzuteilen, damit Sie die Dinge erreichen, die für Sie am wertvollsten sind und die Sie sich am meisten wünschen. Ein großer Teil unserer Zeit wird aufgebraucht, weil wir auf die Bedürfnisse und Prioritäten Dritter oder auf die Anforderungen der momentanen Umstände reagieren. Eine der Techniken, die Sie in Sitzung 13 erlernen werden, verhilft Ihnen dazu, Ihre Zeit, Ihr Leben und Ihre Zukunft wie nie zuvor in den Griff zu bekommen, und zwar mittels der optimalen Zeiteinteilung.

Der dritte und letzte Schritt bei der Beseitigung der Grenzen der begrenzten Ressource Zeit ist die Erweiterung der Zeit. Eine Woche hat 168 Stunden, und die meisten Menschen verbringen mindestens 112 dieser Stunden im Wachzustand. Es gibt allerdings die Möglichkeit, die Anzahl der Stunden unserer Tage und Wochen zu erhöhen, indem wir einen Teil unserer Aufgaben an andere delegieren. Ich arbeite zwar nur acht Stunden am Tag, aber ich erweitere die tatsächliche Stundenzahl durch Delegieren und bewältige dadurch die Arbeit von mindestens 20 Stunden am Tag. Ich tue das, indem ich nur diejenigen Dinge tue, die nur ich tun kann. Die anderen Dinge, die ich in meinem Job erledigen muss und die von anderen gemacht werden können, delegiere ich an

## Die vier Persönlichkeitstypen im Vergleich

**Wie die Menschen ihre begrenzten Zeit- und Geld-Ressourcen gebrauchen beziehungsweise missbrauchen**

**Bummler**

Können den Wert ihrer begrenzten Ressourcen nicht richtig einschätzen und verplempern die Ressourcen, indem sie das tun, was sich ergibt. Ihre Ressourcen werden durch die Anforderungen des Augenblicks und durch ihre Fixierung auf sofortige Belohnung aufgebraucht anstatt durch die kluge Einteilung der begrenzten Ressourcen.

**Zielstrebige**

Schätzen ihre begrenzten Ressourcen und deren Wert richtig ein, schaffen es aber nicht, sie effektiv und strategisch zu erweitern.

**Erfolgsmenschen**

Schätzen ihre begrenzten Ressourcen und deren Wert richtig ein und tun ihr Bestes, die Ressourcen zu erweitern. Sie versuchen allerdings, die Resourcen von innen her zu erweitern, indem sie besser investieren, Geld vernünftiger ausgeben und sparen – anstatt Ressourcen von außen heranzuziehen.

**Überflieger**

Schätzen ihre begrenzten Ressourcen und deren Wert richtig ein. Suchen für die Verwendung ihrer Ressourcen Rat bei Dritten. Und was am Wichtigsten ist: Sie ziehen sehr schnell effektive und strategische Ressourcen von außen heran. Sie begreifen, dass dies der schnellste und effizienteste Weg ist, ihre begrenzten Ressourcen zu erweitern. Sie holen sich außerdem sehr viel Rat von außen, um sicherzustellen, dass sie ihre begrenzten Ressourcen auf die bestmögliche Weise nutzen anstatt einfach eine gute Verwendung der Ressourcen zu akzeptieren.

meinen Assistenten und an einen Projektmanager. Wenn Sie sich keinen Assistenten und keine Sekretärin leisten können, dann heißt das jedoch noch nicht, dass Sie nicht delegieren könnten. In Sitzung 13 lernen Sie, wie man sowohl auf der Arbeit als auch zu Hause Arbeit so delegieren kann, dass man wesentlich mehr Zeit hat.

**Beseitigen Sie die Begrenzung Ihrer begrenzten Ressource „Geld"**

Die gleichen drei Schritte der Einschätzung, Einteilung und Erweiterung, die die Grenzen der begrenzten Rssource Zeit aufheben, funktionieren genauso wirksam bei der begrenzten Ressource Geld. Ob Sie es glauben oder nicht, fast jeder Mensch, jedes Unternehmen und jede Nation der Welt hat nicht das Geld für alles, was er, sie oder es tun will. Aber Überflieger lassen sich durch ihren Geldmangel nicht davon abhalten, ihre unmöglichen Träume zu erreichen.

Ray Kroc hatte nicht das Geld, das er brauchte, um eine Restaurantkette zu eröffnen. Bill Gates und Paul Allen hatten nicht das Geld, das sie für die Gründung eines Softwareunternehmens brauchten. Thomas Edison hatte nicht das Geld, das er brauchte, um seine Forschungen an der elektrischen Glühbirne zu finanzieren. Und tatsächlich, wenn Sie sich die 1.000 größten Erfolgsstorys aller Zeiten anschauen würden, dann würden Sie feststellen, dass die Betreffenden in keinem einzigen Fall das Geld hatten, das sie brauchten, um vom Tellerwäscher zum Millionär aufzusteigen. Der vielleicht größte unmögliche Traum, den eine Hand voll Menschen je hatte, war ein unabhängiger demokratischer Staat. Aber obwohl Washington, Jefferson und die anderen Gründerväter den unabhängigen Staat verzweifelt wollten, hatten sie kein Geld, um einen Krieg gegen die größte Militärmacht der Welt zu finanzieren. Sie hatten nicht nur kein Geld, sie hatten auch keinen Kredit. Und doch waren sie durch die Umsetzung der Strategien dieser und der folgenden Sitzung in der Lage, so viel Geld und Kredit zu bekommen, wie sie brauchten, um ihren Krieg zu führen und ihre Unabhängigkeit zu erlangen. Wenn mir also jemand erzählt, er habe eine großartige Idee, er könne sie aber nicht verfolgen, weil er nicht genug Geld habe, dann sage ich gewöhnlich: „Na und?“ Und dann sage ich, dass eine wirklich großartige Idee fast immer eine Finanzierung findet, wenn man richtig danach sucht.

Genauso wie bei der Zeit besteht der erste Schritt bei der Beseitigung der Grenzen der begrenzten finanziellen Ressourcen in der exakten Einschätzung des Besitzes, des regelmäßigen Einkommens und der derzeitigen Ausgaben; dann müssen Sie anfangen, Ihr Geld höher zu schätzen und als begrenzte Ressource zu betrachten, die irgendwann vielleicht nur schwer zu ersetzen ist. So simpel das auch klingen mag, die meisten Menschen befolgen nicht einmal diesen Schritt. Wenn sie eine Ehescheidung aushandeln, sind sie schockiert, wenn sie ausrechnen, wie viel sie eingenommen und wie viel sie auf verschiedene Arten ausgegeben haben. Übrigens, wenn ich sage *Ihr Geld höher zu schätzen*, dann meine ich nicht, dass Sie es lieben, anbeten oder geizig horten sollen. Ich meine damit, dass Sie erkennen sollen, wie kostbar es ist. Sie müssen für jedes Monatsgehalt im wahrsten Sinne des Wortes schuften; es leichtsinnig auszugeben oder in umfangreiche Kreditkartenschulden zu stecken heißt, Ihre Zeit und Ihre Arbeit zu entwerten. Dieser Schritt der richtigen Einschätzung und Bewertung beseitigt zwar noch nicht die Grenzen der begrenzten Ressource an sich, aber es schafft die Basis für die beiden nachfolgenden Schritte, die die Grenzen beseitigen werden.

Wenn Sie erst einmal genau wissen, wie viel Geld Sie haben, was hereinkommt und wie es ausgegeben wird, dann besteht der zweite Schritt in der klugen Einteilung Ihres Geldes, Ihres Einkommens und Ihres

Vermögens. Wie bei der Zeit kann uns ein bloß guter Gebrauch des Geldes um einen besseren beziehungsweise den besten Gebrauch bringen. Im Jahre 1948 wurde ein Freund meines Vaters von einem wachsenden und gedeihenden Unternehmen eingestellt. Gegen Ende des Jahres hatte er genug gespart, um sich sein erstes nagelneues Auto zu kaufen. Während seiner Collegezeit hatte er eine alte Rostlaube gefahren, und jetzt konnte er 3.000 US-Dollar für einen Neuwagen ausgeben. Am Tage vor dem geplanten Autokauf erfuhr er jedoch, er könne Aktien des Unternehmens, bei dem er arbeitete, für fünf US-Dollar pro Stück kaufen und das Unternehmen würde auf jede gekaufte Aktie noch eine drauflegen. Der Freund meines Vaters stellte die kluge Überlegung an, dass jedes neue Auto, sobald es vom Band gelaufen ist, an Wert verliert, dass aber die Aktie andererseits auch an Wert gewinnen könnte. Sein Unternehmen wurde schon seit 1919 an der Börse gehandelt und hatte eine gute Vorgeschichte an Kursgewinnen. So schön auch ein neues Auto für seine junge Familie gewesen wäre, er entschied, dass er sein Geld mit dem Aktienkauf sinnvoller einsetzen würde. Als er viele Jahre später seine Aktien verkaufte, waren sie Millionen wert. Wenn er sich für die gute Verwendung seines Geldes entschieden hätte und ein neues Auto für seine Familie gekauft hätte, dann hätte er sich um den besten Gebrauch des Geldes gebracht, nämlich um den Kauf von Aktien des Unternehmens, in dem er arbeitete. Es ist zwar nicht immer die beste Verwendung von Geld, Unternehmensaktien zu kaufen (die Angestellten von Enron hätten sich besser Neuwagen kaufen sollen), aber im Falle des Freundes meines Vaters war es auf jeden Fall die beste.

Die meisten Menschen stellen sich die Frage: „Wie kann ich feststellen, ob ich mein Geld gut oder schlecht verwende?“ Da die Dinge bei jedem Menschen anders liegen, gebe ich darauf nur ungern eine allgemeine

Antwort. Auf diesem Feld benötigt fast jeder Rat von Dritten. Es gibt zahlreiche Bücher über Sparen, Ausgaben und Geldanlage. Ich kann alles empfehlen, was von Clark Howard stammt, beispielsweise *Get Clark Smart* (Hyperion 2001). Außerdem gibt es Anlageberater und Finanzberatungen, die Ihnen bei den Schritten eins und zwei helfen können.

Der dritte und wichtigste Schritt bei der Beseitigung der Grenzen Ihrer begrenzten Finanzmittel ist die Erweiterung Ihrer finanziellen Ressourcen. Sie können Ihre finanziellen Ressourcen auf drei Arten erweitern: gut anlegen, richtig sparen und Drittmittel heranziehen. Es ist schon lange die Vorzugsmethode von Überfliegern, die Finanzmittel Dritter heranzuziehen. Unsere Gründerväter wandten sich an Robert Morris, der ihnen nicht nur zwei Millionen Dollar von seinem eigenen Geld gab, sondern auch noch französische Kredite mitunterzeichnete. Frankreich wollte Washington das dringend benötigte Geld nicht leihen, außer wenn Morris persönlich für die Kredite bürgte. Ohne das Vermögen und die Bürgschaften von Robert Morris wäre der Unabhängigkeitskrieg niemals geführt, geschweige denn gewonnen worden. Was für Washington und die Gründerväter gilt, das gilt für alle Überflieger, die ich je kennen gelernt oder mit denen ich mich beschäftigt habe. Kein einziger und keine einzige von ihnen hat seine oder ihre unmöglichen Träume erreicht, ohne zuerst die finanziellen Ressourcen einer anderen Person heranzuziehen.

Ist Ihnen klar, was das für eine großartige Nachricht ist? Das bedeutet nämlich, dass das Ausmaß Ihres Erfolges niemals von Ihren persönlichen Finanzmitteln diktiert oder beschränkt werden muss. Das gilt für alles, was ich in meinem Leben erreicht habe. Mein Traum aus der Highschool, den Pilotenschein zu machen, wurde von der United States Air Force bezahlt. Meine Musikgruppe brauchte eine Soundanlage, und ein freundlicher Wohltäter stellte sie zur Verfügung. Das erste Produkt und die erste landesweite Fernseh-Werbekampagne meines Unternehmens wurden aus Krediten der landesweiten Fernsehsender finanziert. Damit stehen wir vor der Frage, wie eine Einzelperson die Finanzmittel Dritter bekommt, die sie für die Finanzierung einer Idee, eines Projekts oder eines Unternehmens braucht. Einfach gesagt müssen dafür im Allgemeinen sechs Schritte unternommen werden:

1. **Ihre Idee, Ihr Projekt oder Unternehmen muss wirklich eine gute Idee, ein gutes Projekt oder ein gutes Unternehmen sein.** Auf jede berechtigte, gute und förderungswürdige Idee kommen Tausende schlechter Ideen. Jedes Jahr präsentieren Erfinder meinem Unternehmen fast 1.000 Produkte in der Hoffnung, wir würden sie auf den Markt bringen. Die überwiegende Mehrheit dieser Produkte ist im besten Fall mittelmäßig und im schlimmsten Fall wertlos. Bevor Sie die finanziellen Ressourcen Dritter angehen, machen Sie Ihre Hausaufgaben und holen Sie viele Meinungen von außen über den tatsächlichen, wahren Wert Ihrer Ideen ein. Ziel ist es nicht nur, den Wert Ihrer Idee oder Ihres Projektes zu prüfen, sondern auch gute Ratschläge zu benutzen, um an Ihren Ideen zu feilen und sie zu verbessern.

2. **Sie müssen Ihre Ressourcen korrekt einschätzen und demonstrieren, dass Sie diese Ressourcen klug einteilen können.** Niemand, der bei Trost ist, würde seine Finanzmittel jemandem anvertrauen, der seine eigenen Ressourcen missbraucht, sie schlecht verwaltet oder gering schätzt. Eine Finanzquelle will sicherstellen, dass Sie Ihre eigenen Mittel klug und straff kontrollieren und dass Sie Ihre eigenen Ressourcen ausführlich und genau verfolgen. Sie können eine großartige Idee oder ein großartiges Projekt haben, aber wenn Sie nicht demonstrieren können, dass Sie ein fähiger Manager Ihrer eigenen Ressourcen sind,

dann wird niemand das Risiko eingehen, Sie seine oder ihre Ressourcen verwalten zu lassen. Wenn Sie in dieser Disziplin fürchterlich schlecht sind – keine Panik, mir geht es genauso. In diesem Fall gehen Sie über Ihr eigenes Knowhow hinaus und nehmen Sie sich einen Partner, der in dieser Sparte sehr gut ist. Wie man das macht, erfahren Sie in unserer nächsten Sitzung.

**3. Sie sollten die Strategien und Techniken aus der nächsten Sitzung benutzen, um die richtigen Finanzpartner zu finden, zu engagieren, einzusetzen und zu motivieren.** Sie haben vielleicht eine großartige Idee oder ein großartiges Projekt, und Sie führen Ihr Finanzschiff straff; trotzdem können potenzielle Finanzierungspartner Sie abweisen. Es reicht nicht, einfach auf die Straße zu gehen und nach Finanzquellen zu suchen. Wenn man erfolgreich äußere Ressourcen jedweder Art beschaffen will, braucht man eine erfolgreiche Strategie, um die richtigen Partner zu identifizieren, zu engagieren, einzusetzen und zu motivieren. Dazu gehört ein Block von Strategien, in denen ich Sie in unserer nächsten Sitzung unterweisen werde.

**4. Sie sollten die Methode des Vision Mapping aus Sitzung 7 verwenden, um eine klar definierte und kraftvolle Vision Ihrer Idee, Ihres Projekts oder Ihres Unternehmens zu schaffen.** Es verblüfft mich immer wieder, wie viele Menschen Ideen, Produkte und Projekte präsentieren, die sie nur teilweise durchdacht haben. Ich frage: „Und wie wollen Sie das machen?“ Anstatt einer klaren und detaillierten Antwort bekomme ich dann nur eine vage Idee zu hören. Egal wie gut ein Projekt auch ist, wenn Sie keinen präzisen und detaillierten Plan für jeden Aspekt des Projekts aufstellen, gehen die Chancen, Drittmittel zu bekommen, gegen null. In Sitzung 7 erlernen Sie eine Fähigkeit, die ich als Vision Mapping bezeichne und die Ihnen die Detailliertheit und Klarheit bietet, die Sie brauchen, wenn Sie eine Idee vorstellen und mitteilen wollen.

**5. Um Ihren potenziellen Finanzpartnern Ihre Vision zu vermitteln, sollten Sie die effektive und überzeugende Kommunikationsmethode verwenden, die Sie in Sitzung 5 erlernen werden.** Die meisten guten oder sogar großartigen Ideen kommen deshalb nicht aus den Startlöchern, weil die Person, die die Idee präsentiert, ihre Vision nicht wirkungsvoll vermittelt. Wenn Sie erst einmal die Kommunikations- und Präsentationstechniken der fünften Sitzung gelernt haben, brauchen Sie sich um dieses Problem nie wieder Sorgen zu machen.

**6. In Ihrem Geist und in Ihrer Präsentation sollte immer der Gedanke vorherrschen, dass Ihre eventuellen Finanzpartner (ob nun Ihr Chef, ein Investor, ein Unternehmen oder eine Bank) nur daran interessiert sind, was Ihre Chance für sie bringt – und nicht daran, was ihre Beteiligung Ihnen bringt.** Sie würden die Geschichten nicht glauben, die ich von Menschen zu hören bekomme, die wollen, dass mein Unternehmen ihre Projekte finanziert. In mindestens 60 Prozent der Fälle liegt der Schwerpunkt auf dem, was wir für sie tun können anstatt darauf, was ihre Idee oder ihr Projekt uns bringt. Der einzige Grund, aus dem ein eventueller Finanzpartner seine finanziellen Ressourcen für die Verwirklichung Ihrer Vision zur Verfügung stellt, besteht darin, dass Ihre Vision eine wunderbare Gelegenheit darstellt, seine eigene Vision für seine Ressourcen – namentlich einen großen Ertrag der Investition und die bestmögliche Ausnutzung der Vermögenswerte – weiter zu verwirklichen.

Diese Aufzählung soll Sie nicht verschrecken, sondern Sie vielmehr anleiten. Es gibt in den Vereinigten Staaten von Amerika Billionen von Dollar an ungenutzten Finanzressourcen. Wenn man richtig vorgeht, ist es leichter als man denkt, ein Stück von diesem Kuchen zu bekommen. Zum Abschluss dieser Sitzung möchte ich Sie noch einmal daran erinnern, dass die allerbeste Strategie, mangelndes Knowhow zu überwinden und die Grenzen Ihrer begrenzten Ressourcen zu beseitigen, die Strategie der effektiven Partnerschaft ist. Dies ist die Strategie, die alle Überflieger der Geschichte benutzt haben, um außergewöhnliche Erfolge zu erzielen und unmögliche Träume zu realisieren. Und deshalb steht die effektive Partnerschaft im Mittelpunkt unserer nächsten Sitzung.

## Gang einlegen, Gas geben!

**So bringen Sie Ihre PS auf die Straße**

**Erstellen Sie Ihr persönliches Profil für außergewöhnliche Leistungen:**

1. Listen Sie Ihre persönlichen Stärken auf. Beginnen Sie mit den persönlichen Stärken Ihres Persönlichkeitstyps und ergänzen Sie alle weiteren Stärken, Begabungen und Fähigkeiten, die Sie haben.
2. Listen Sie Ihre geschäftlichen beziehungsweise beruflichen Stärken auf (Verkaufstalent, administratives Geschick, Führungsqualitäten, Marketingfähigkeiten und so weiter).
3. Listen Sie auf, worin Ihrer Meinung nach Ihre persönlichen Schwächen bestehen – beispielsweise mangelnde Bildung, mangelnder Erfolg oder mangelnde Geduld. Sind Sie zu ruhig oder reden Sie zu viel? Sind Sie zu tolerant oder nicht tolerant genug? Und so weiter. Fangen Sie auch hier wieder mit den natürlichen Schwächen an, die der Persönlichkeitstest enthüllt, und ergänzen Sie die Liste.
4. Listen Sie auf, worin Ihrer Meinung nach Ihre geschäftlichen Schwächen bestehen. Vielleicht sind Sie ein fürchterlicher

Verkäufer. Vielleicht können Sie schlecht kommunizieren. Vielleicht achten Sie nicht auf Details, oder Sie verlieren sich in Details. Andere Schwächen können mangelnde Führungs-, Vermarktungs- oder Kommunikationsfähigkeit sein. Wenn es Ihnen schwerfällt, eine lange und zutreffende Aufzählung Ihrer Schwächen und Fehler aufzustellen, fragen Sie Ihren Ehepartner oder Ihre Arbeitskollegen. Die sehen sie oft klarer als wir selbst.

5. Listen Sie die Dinge auf, die Sie gerne tun (Leidenschaften, Hobbys, Arbeitsprojekte etc.).
6. Listen Sie auf, was Sie wirklich gut machen, sowohl persönlich als auch geschäftlich.

# Sitzung 4

# Steven Spielbergs meisterliche Strategie, möglichst viel in möglichst kurzer Zeit zu erreichen

## Methoden zur Beschleunigung Ihres Erfolges durch produktive Partnerschaften

Das Fünfganggetriebe Ihres Porsche ermöglicht es Ihnen, Ihre entferntesten Träume in Rekordzeit zu erreichen. So stark Ihr turbogeladener Motor auch sein mag, was bringt er Ihnen, wenn Sie nur im ersten Gang fahren können? Wie frustrierend – ein Auto, das eigentlich 290 Stundenkilometer schaffen würde, das aber nur im ersten Gang mit zehn bis 20 Stundenkilometern auf der Autobahn dahinrollen kann! Doch glücklicherweise hat Ihr Porsche ein Fünfganggetriebe, das die gesamten Pferdestärken des Turbomotors wirksam auf die Antriebswelle überträgt, die ihrerseits die Räder dreht. Die Meisterstrategie, die wir in dieser Sitzung behandeln, ist dieses Fünfganggetriebe. Ohne sie werden Sie Ihre unmöglichen Träume niemals erreichen – aber mit dieser Strategie erreichen Sie sie in Rekordzeit.

Wer waren Maurice Clark und Henry Flagler? Wer war Harry Sonneborn? Wer war Ubbe Iwerks? Wahrscheinlich kennen Sie keinen einzigen dieser Namen. Aber Sie kennen die Namen ihrer Partner, die ihre unmöglichen Träume wahr gemacht haben. Keiner der berühmten Partner hätte seinen Ruhm oder seine unmöglichen Träume erlangt, wenn er sich nicht mit diesen unbekannten Partnern zusammengetan hätte.

Wie Sie im letzten Kapitel gesehen haben, hätten George Washington und Thomas Jefferson ihren unmöglichen Traum, die Briten zu besiegen, ohne Robert Morris niemals erreicht. Es hätte keinen Unabhängigkeitskrieg gegeben, und es gäbe keine Vereinigten Staaten von Amerika. Ohne Maurice Clark und Henry Flagler hätte John D. Rockefeller niemals Standard Oil gegründet, das ihn zum reichsten Mann der Welt machte. Ohne Harry Sonneborn wäre Ray Krocs Traum von

McDonald's-Restaurants an Tausenden von Straßenecken schon nach dem Verkauf von 200 Franchisen einen schrecklichen Tod ohne Gewinn gestorben. Krocs McDonald's Corporation kam kaum über die Runden, bis Sonneborn Ray die Idee eingab, die McDonald's quasi über Nacht in ein Millionen-Dollar-Imperium verwandelte. Walt Disney kam mit 40 Dollar in der Tasche und einem Koffer mit Kleidern nach Hollywood. Wenn nicht Ubbe Iwerks und Walts anderer Partner, sein Bruder Roy, gewesen wären, dann hätte es nie eine Mickey Mouse gegeben – und ohne Mickey Mouse wäre das spätere Film- und Themenpark-Imperium niemals entstanden. Aber da Walt Disney, George Washington, John D. Rockefeller und Ray Kroc alle die unbegrenzte Macht der strategischen Partnerschaft entdeckten, wurden ihre unmöglichen Träume zu unvorstellbaren Erfolgsstorys.

**Das sechste Gesetz des außergewöhnlichen Erfolgs**

Es ist unmöglich, auf irgendeinem Gebiet ohne effektive Partnerschaften außergewöhnliche Erfolge zu erzielen. Jeder außergewöhnliche oder unmögliche Traum wurde mithilfe von Partnerschaften erreicht.

Diese Beispiele sind keine Ausnahmen, sondern eher die Regel. Jede Person, die im Laufe der Geschichte ihren unmöglichen Traum erreicht hat, hat dabei die gleiche Strategie wirksam eingesetzt. Wenn das bei Ihnen noch nichts auslöst, dann vielleicht Folgendes: Niemand hat im Laufe der Geschichte je seinen oder ihren unmöglichen Traum erreicht, ohne diese Strategie anzuwenden. Wenn also die größten Überflieger aller Zeiten ihre unmöglichen Träume nicht ohne effektive

Partnerschaften erreichen konnten, wie kämen Sie oder ich dann dazu zu glauben, wir könnten das? Tatsache ist, dass wir das nicht können. Wie ist es bei Ihnen? Wie viele Partner haben Sie für die Verfolgung Ihrer wichtigsten Träume angeheuert? Zeigen Sie mir Ihre vergangenen, gegenwärtigen und zukünftigen Partner (oder ihr Fehlen), und ich zeige Ihnen das Niveau Ihres vergangenen und das Niveau Ihres künftigen Erfolgs.

## Meisterstrategie 5 – Partner finden, engagieren und effizient nutzen

### Was ist produktive Partnerschaft?

Wenn Sie die fünfte Meisterstrategie bei der Verfolgung Ihrer wichtigen Ziele, Projekte und Träume verwenden wollen, müssen Sie zwei Begriffe verstehen :

Erstens müssen Sie verstehen, was ich mit dem Begriff *Partner* meine. Wenn ich von einem Partner spreche, dann meine ich nicht unbedingt ein juristisches Verhältnis zwischen zwei Personen oder Gesellschaften. Vielmehr bezeichne ich damit jede Person und jedes Unternehmen, das von jemandem zur Bewältigung von Aufgaben herangezogen werden kann, die für die optimale Verwirklichung eines wichtigen Projekts, Ziels oder Traums notwendig sind. Das können Anwälte, Fachberater, Anlageberater, Experten, Autoren, Freunde, entscheidende Mitarbeiter, Sponsoren, Investoren, Kreditgeber, Mentoren sowie tatsächliche oder juristische Partner sein. In unserer Sitzung soll es vor allem um die letzten beiden Gruppen gehen – Mentoren und echte oder juristische Partner.

Der zweite Begriff, der ganz klar sein muss, ist *effektive Partnerschaft*. Zur effektiven Partnerschaft gehören vier aufeinander folgende Kom-

## Die vier Persönlichkeitstypen im Vergleich

**Wie die Menschen ihre Partner sehen und benutzen**

**Bummler**

Tun alles, was sie können, selbst. Zur Partnerschaft greifen sie nur als letztes Mittel, wenn sie das, was sie wollen, nicht anders erreichen können. Da sie normalerweise mit dem Strom schwimmen, sehen sie keine Notwendigkeit für Partner.

**Zielstrebige**

Arbeiten hart und glauben fälschlicherweise, um das zu bekommen, was man will, müsse man einfach nur versuchen, härter und immer härter zu arbeiten. Deshalb verfolgen sie ihre Träume entweder allein oder mit minimalen beziehungsweise unproduktiven Partnerschaften.

**Erfolgsmenschen**

Setzen sich gemäßigte Ziele, die sie häufig ohne ausgedehnte und produktive Partnerschaften erreichen können. Schließen gelegentlich Partnerschaften, wenn sie die Notwendigkeit dafür sehen, betrachten aber Partnerschaft eher als Schwäche und nicht als Stärke.

**Überflieger**

Setzen sich außergewöhnliche Ziele, von denen sie wissen, dass sie ohne strategische Partner unmöglich zu erreichen sind. Betrachten Partnerschaft vom ersten Schritt ihrer Planung an als entscheidenden Teil ihrer Strategie. Produktive Partnerschaft ist die mächtigste Strategie, die sie einsetzen. Sie wird ihnen zur zweiten Natur.

ponenten: (1) die richtige Art von Partner für eine bestimmte Situation finden, (2) die richtige Person finden, die diesem Typ entspricht, (3) die richtige Person mit der passenden Art von Angebot anwerben und (4) den Partner für die Erzielung optimaler Ergebnisse effektiv nutzen. Wenn irgendeine dieser Komponenten fehlt, wird die Partnerschaft weitaus weniger effizient und möglicherweise sogar katastrophal.

Im Jahre 1899 warben die Gründer der neu geschaffenen Detroit Automobile Company Henry Ford von der Edison Illuminating Company als Führungskraft und Teilhaber ihrer neuen Gesellschaft ab. Die Gründer hatten drei der vier Komponenten der produktiven Partnerschaft erfüllt: Sie hatten den richtigen Typ von Partner identifiziert, den sie brauchten, sie hatten die richtige Person dafür gefunden und sie mit dem passenden Angebot angeworben. Aber nachdem sie Ford eingestellt hatten, setzten sie ihn trotzdem nicht produktiv ein. Stattdessen neutralisierten sie ihn mit Direktiven, die ihn daran hinderten, seinen Instinkten zu folgen. Das Ergebnis war, dass sie in den ersten zwei Jahren kein einziges Auto bauten und Henry Ford einfach kündigten. Innerhalb von zwei Jahren war die Detroit Motor Company erloschen, während Henry Ford die richtigen Partner gefunden hatte, die alle vier Kriterien erfüllten. Das Ergebnis war die Gründung der Ford Motor Company. Obwohl sich 250 verschiedene Automobilhersteller den neuen Markt teilten, war schon nach wenigen Jahren jedes zweite Auto auf der Welt ein Ford.

**Das siebte Gesetz des außergewöhnlichen Erfolges**

Produktive Partnerschaften lassen das Erfolgsniveau exponentiell steigen, beschleunigen den Erfolg kometengleich und reduzieren das Risiko enorm.

### Die unberechenbaren und unvergleichlichen Vorteile produktiver Partnerschaft

Die beiden Tatsachen, dass niemand in der Geschichte je außerordentliche Erfolge ohne produktive Partnerschaften erzielt hat und 100 Prozent aller außergewöhnlichen Leistungen mittels produktiver Partnerschaften erzielt wurden, bieten genügend Anreiz, diese Strategie bei allen unseren bedeutenden Unternehmungen zu verwenden. Wenn aber diese allgemeinen Fakten Sie noch nicht dazu motivieren, dann tut es vielleicht die folgende Aufzählung der spezifischen Vorzüge produktiver Partnerschaft.

### Die elf unvergleichlichen Vorteile produktiver Partnerschaft

**1. Sie ist die schnellste und nutzbringendste Art, mangelndes Knowhow zu überwinden.** Ich hatte keine Ahnung, wie man Fernsehwerbesendungen schreibt, leitet und produziert. Die Partnerschaft mit einem Mentor und Könner ermöglichte es mir, mehr als 800 landesweit ausgestrahlte Werbesendungen zu schreiben, dabei Regie zu führen und sie zu produzieren; diese Sendungen haben unseren Unternehmen einen Umsatz von zwei Milliarden US-Dollar und meinen Partnern und mir Einkünfte von 200 Millionen US-Dollar beschert. Im Gegensatz zu dem Lernprozess, der in einem einzigen Fachgebiet Jahre dauern kann, können Partnerschaften Hunderte von Fachgebieten abdecken und innerhalb von Stunden oder Tagen bessere Ergebnisse bringen.

**2. Sie ist der schnellste und nutzbringendste Weg, die Grenzen Ihrer begrenzten Ressourcen zu beseitigen.** Keine Person und kein Unternehmen hat je außergewöhnliche Erfolge erzielt, ohne die Zeit, die Fähigkeiten oder das Geld anderer Personen oder Unternehmen dafür heranzuziehen. Je erfolgreicher eine Person oder ein Unternehmen ist, desto mehr fremde Ressourcen verwendet es. Die schnellste und effektivste Möglichkeit, die Grenzen begrenzter Ressourcen aufzuheben, ist die Erweiterung der Ressourcen. Zeit erweitert man durch Delegieren; Fähigkeiten erweitert man, indem man die Fähigkeiten anderer einsetzt; Geld erweitert man, indem man das Geld von Kreditgebern oder Investoren verwendet.

**3. Sie erhöht die Erfolgschancen geometrisch.** In meiner Branche liegt die durchschnittliche Erfolgsquote der Konkurrenz unter fünf Prozent. Die Erfolgsquote unseres Unternehmens beträgt 50 bis 72 Prozent. Die meisten unserer Konkurrenten behalten ihre Projekte lieber zu 100 Prozent für sich als einen Teil davon abzugeben und strategische Partnerschaften zu schließen. Seit 27 Jahren ist der Schlüssel zu unseren Erfolgsquoten die Stärke unserer internen Partnerschaft und unsere ständigen Bemühungen, schnell enge strategische Allianzen mit Erfindern, Stars und Herstellern zu schließen. Bevor ich im Jahre 1976 meine Kräfte mit jenen meines Mentors und Partners vereinte, betrug meine persönliche Erfolgsquote der Firmengründungen null Prozent. Meine Erfolgsquote in Anstellungsverhältnissen betrug elf Prozent (ich hatte in acht von neun Fällen versagt). Seit ich mich mit meinen Partnern zusammengetan habe, bewegt sich meine persönliche Erfolgsquote je nach Jahr zwischen 50 und 90 Prozent, und der Durchschnitt über 27 Jahre liegt bei rund 70 Prozent. Bedenken Sie, dass ich vor und nach 1976 den gleichen Intelligenzquotienten und den gleichen Ausbildungsstand hatte. Und was hob meine Quote erfolgreicher Firmengründungen von null auf 70 Prozent? Zwei Wörter: produktive Partnerschaften.

**4. Sie erhöht das Erfolgsniveau exponentiell.** Manche Strategien steigern Ihren Erfolg arithmetisch, andere geometrisch. Aber die Bildung produktiver Partnerschaften ist die einzige mir bekannte Strategie, die das Erfolgsniveau exponentiell steigern kann.

Wie drastisch ist ein solcher Anstieg? Nehmen wir an, Sie fangen mit 10 US-Dollar an.

Eine arithmetische Steigerung wäre beispielsweise 10 USD + 9 USD = 19 USD.

Eine geomtrische Steigerung wäre beispielsweise 10 USD X 9 = 90 USD

Eine exponentielle Zunahme wäre beispielsweise $10^9$ USD = 1 Milliarde US-Dollar.

Das ist der Unterschied, den konstruktive Partnerschaft für das Erfolgsniveau beliebiger Unternehmungen bewirken kann. Das klingt zu schön, um wahr zu sein? Mit ineffektiven Partnern stellte Henry Ford keine Autos her und machte weder Umsatz noch Gewinn. Mit der richtigen Zusammenstellung von Partnern produzierte Ford an einem Tag mehr Autos als die meisten seiner Mitbewerber in einem Jahr, und im Jahre 1928 war jedes zweite Auto auf der Welt ein Ford. Das ist eine exponentielle Zunahme. Ich selbst habe zwei Unternehmen alleine gegründet. Das eine war ein Einzelunternehmen, das andere eine unproduktive Partnerschaft. Beide Firmen scheiterten. Mit dem einen erzielte ich einen Bruttoumsatz von 25.000 US-Dollar und einen Verlust von 2.000 US-Dollar. Das zweite Unternehmen nahm 20.000 US-Dollar ein und machte 10.000 US-Dollar Verlust. Mein jetziges Unternehmen basiert auf produktiver Partnerschaft. Wir haben mehr als zwei Milliarden Umsatz und einen Gewinn von 200 Millionen US-Dollar erzielt. 25.000 US-Dollar Umsatz ohne produktive Partnerschaft gegen zwei Milliarden mit produktiver Partnerschaft; 2.000 US-Dollar Verlust gegen 200 Millionen US-Dollar Gewinn – das ist die exponentielle Macht produktiver Partnerschaft.

**5. Sie beschleunigt die Erreichung des Erfolgsziels kometengleich.** Zu dem Zeitpunkt, zu dem Thomas Edison beschloss, das Konzept einer praxistauglichen elektrischen Glühlampe zu verfolgen, hatten renommierte Wissenschaftler schon seit 50 Jahren versucht, eine solche Lampe zu erfinden. Edison hatte weder die akademischen Titel noch das umfassende Wissen all dieser Wissenschaftler. Und doch war es ihm dank der Kraft seiner strategischen Partnerschaften mit einer Hand voll Angestellter und einer geduldigen Gruppe von Investoren möglich, in drei Jahren etwas zu tun, das qualifiziertere Wissenschaftler in 50 Jahren nicht geschafft hatten. Nach sechs Jahren harter Arbeit bewegte sich mein Einkommen im unteren Viertel des amerikanischen Durchschnitts, und mein Vermögen belief sich auf minus 15.000 US-Dollar. Sechs Monate nachdem wir unsere Partnerschaft im Jahre 1976 geschlossen hatten, generierte unser Unternehmen einen Wochenumsatz von einer Million US-Dollar, mein Vermögen war in den Millionenbereich gestiegen und mein Einkommen bewegte sich im obersten Prozent der Gehaltsempfänger.

**6. Sie vermehrt Ihr Wissen und erweitert Ihre Fachkenntnisse.** Walt Disney kehrte nach dem Ersten Weltkrieg in die Vereinigten Staaten zurück und arbeitete für eine Anzeigenagentur in Chicago als Illustrator. Er wusste absolut nichts über die Herstellung von Zeichentrickfilmen. Seine erste Partnerschaft schloss er mit einem Trickfilmzeichner aus der Agentur. Dadurch konnte er nicht nur innerhalb kürzester Zeit ein Trickfilmunternehmen aufbauen, sondern gleichzeitig von einem brillanten Trickfilmzeichner Handwerk und Kunst der Animation lernen. Und bevor ich Partnerschaften mit Regisseuren und Produzenten schloss, wusste ich absolut nichts darüber, wie man eine TV-Werbesendung leitet und produziert. Doch innerhalb von Monaten hatte ich mir von meinen Partnern die nötigen Fähigkeiten abgeschaut, damit ich selbst bei Werbesendungen Regie führen und sie produzieren konnte.

**7. Sie steigert Ihre Angriffstärke gegen konkurrierende Kräfte und macht sie weniger verwundbar durch deren Angriffe.** Seit 1976 hatte mein Unternehmen 70 berühmte Persönlichkeiten als Partner, die in meinen Commercials und Infomercials für unsere Produkte warben. Zu diesen Prominenten gehören Filmstars, die Oscars gewonnen haben, Emmy-Preisträger aus dem Fernsehen und Grammy-Gewinner aus der Schallplattenbranche. Ihre Offenheit, ihr Engagement und ihre Glaubwürdigkeit haben fast alle unsere Produkte unempfindlich gegen Konkurrenten und Plagiate gemacht. Auch wenn viele Wirtschaftsexperten anzweifeln, ob es klug von uns war, mehr als 100 Millionen US-Dollar Tantiemen an unsere Partner-Stars zu zahlen, kann ich Ihnen sagen, dass diese Partnerschaften absolut entscheidend für unseren Erfolg waren. Ohne unsere berühmten Partner wären fast alle Projekte unseres Unternehmens gescheitert, weil kein Verbraucher unsere Produkte den etablierten Markenprodukten vorgezogen hätte. Unsere Partnerschaften ermöglichen es uns, unseren Mitbewerbern Marktanteile abzugraben und unseren Marktanteil gegen aggressive Angriffe der Konkurrenz zu verteidigen. Nichts wirkt gegen einen guten Angriff besser als Angriff *und* Verteidigung, und genau das leisten produktive Partnerschaften.

**8. Sie verringert das Risiko zu scheitern.** Der weiseste (und der reichste) Mann, der je gelebt hat, schrieb im biblischen Buch der Sprüche: „Wo nicht Rat ist, da geht das Volk unter; wo aber viele Ratgeber sind, da geht es wohl zu.“ (Sprüche 11:14). Produktive Partnerschaft verringert das Risiko, mit irgendeiner Unternehmung oder in irgendeiner Situation zu scheitern, radikal. Die Gründe dafür sind einfach. In einer produktiven Partnerschaft werden die Schwächen jedes Partners durch die Stärken eines anderen ausgeglichen. Wenn ein Partner nicht mehr die Fähigkeit, die Energie oder den Willen hat durchzuhalten, dann hat ein anderer sie noch. Wenn der Blick eines Partners auf ein bestimmtes Thema getrübt oder blockiert ist, dann sieht ein anderer Partner von einem anderen Standpunkt aus klar. Und last but not least: Wenn die Partnerschaft von Konkurrenten oder widrigen Umständen belagert wird und ein Partner wehrlos ist, dann wehrt sich ein anderer. Als ich mit Chuck Norris und Christie Brinkley unseren ersten Infomercial über den Total Gym produzierte, dachte ich, wir hätten einen todsicheren Homerun geschafft. Das war die beste Sendung, die ich je produziert hatte. Aber als wir sie probeweise ausstrahlten, brachte sie maximal mittelmäßige Ergebnisse. An den Bestellzahlen nach dem Probelauf erkannten wir, dass wir das Produkt über eine landesweite Fernsehkampagne nicht einführen konnten.

Ich hatte mein absolut Bestes gegeben, aber das hatte nicht gereicht. Chuck und Christie hatten ihr Bestes gegeben, aber das hatte nicht gereicht. Und dann hatte einer meiner Partner die Idee, zwei scheinbar unbedeutende Änderungen vorzunehmen. Wir nahmen diese Änderungen vor, und schon wurde der Total Gym zu dem erfolgreichsten Produkt in der Geschichte unseres Unternehmens.

Unser Gesamtumsatz mit Total Gym nähert sich jetzt der Milliardengrenze und macht ihn zum erfolgreichsten Fitnessgerät in der Geschichte der Branche. Wenn ich Einzelunternehmer gewesen wäre, dann wäre das Produkt schon in der Testphase gestorben, und der Total Gym hätte nicht einmal die Marke von 10.000 US-Dollar erreicht. Die Beiträge und Standpunkte meiner Partner verwandelten einen Reinfall in den größten Grandslam, den unser Unternehmen je geschafft hat.

**9. Sie verringert die Anzahl und das Ausmaß Ihrer gescheiterten Projekte.** Nichts, auch nicht die produktive Partnerschaft, kann

Fehlschläge je vollständig verhindern. Aber derartige Partnerschaften verringern den Anteil der Fehlschläge und auch die Schwere der Fehlschläge, die Sie erleiden werden. Wenn ich ein Projekt produziere, baue ich eine emotionale Bindung an das Projekt, an die Erfinder und an die Stars auf, die mit uns zusammenarbeiten. Etwa 25 Prozent der Projekte, die wir erproben, rufen keine ausreichende Reaktion für eine landesweite Durchführung der Kampagne hervor. Wenn sich so ein Fehlschlag abzeichnet, drängt es mich innerlich, eine Reihe von Änderungen vorzunehmen, in der Hoffnung, dass wir aus dem Verlierer einen Gewinner machen können. In manchen Fällen bringen meine Partner großartige Ideen, die das Projekt zum Guten wenden, wie im Falle des Total Gym. Dadurch verringern sie die Anzahl unserer Fehlschläge. Und gleichzeitig erkennen sie sehr gut, wann es Zeit ist, nicht noch mehr Geld zum Fenster hinauszuwerfen und ein Projekt aufzugeben. Auf diese Weise begrenzen Sie die Schwere des Verlustes, den wir erleiden. Was Fehlschläge angeht, ist mir ein Verlust von einer Million jederzeit lieber als der Verlust von zwei Millionen.

**10. Sie verringert Ihre persönliche Arbeitsbelastung.** In den ersten zwölf Jahren unserer Firma zerriss ich mich sozusagen. Ich schrieb die Sendungen, arbeitete mit Künstlern an den Requisiten, mit Kulissenbauern am Set, kaufte mit den Kostümbildnern Kleider und hielt lange Castings für Haupt- und Nebenrollen ab. Dann führte ich beim Drehen Regie und war in allen Phasen des Schnitts bis zur Fertigstellung der Werbesendungen beteiligt. Ich hatte fast kein Privatleben, weil mein Leben von meinen Projekten vollkommen aufgezehrt wurde. Im Jahre 1986 tat ich mich dann mit einem anderen Produzenten zusammen. Nach und nach übernahm er 90 Prozent meines Arbeitspensums. Dadurch verdiente ich nicht nur mehr Geld (denn unsere Produktionen wurden sehr viel besser), sondern – und das ist noch wichtiger – ich hatte viel mehr Zeit für mich selbst und meine Familie. Heutzutage schreibe ich die Sendung, führe Regie und bin beim Schnitt dabei. Hunderte anderer Details, die früher fast jede wache Minute in Anspruch genommen hatten, werden jetzt von meinem Produzenten erledigt.

**11. Sie vermindert den persönlichen Stress.** Kein ernsthaftes geschäftliches Unternehmen ist ein Zuckerschlecken. Bei jedem Projekt gibt es Höhen und Tiefen, und wenn man mehr Höhen als Tiefen haben will, erfordert das viel Anstrengung und erzeugt viel Stress. Die Tatsache, dass produktive Partnerschaften die Aufteilung des Arbeitsaufwands und der Verantwortlichkeiten ermöglichen, vermindert das Maß an Stress, den man erlebt, radikal. Stress erzeugt sehr schädliche Hormone, die unsere Zellstruktur empfindlicher für Krankheiten und

***Wichtige Definitionen***

- ***Partner:*** *Anwälte, Fachberater, Anlageberater, Experten, Autoren, Freunde, entscheidende Mitarbeiter, Sponsoren, Investoren, Kreditgeber, Mentoren sowie tatsächliche oder juristische Partner, die zu dem Zweck herangezogen werden, Aufgaben zu übernehmen, die für die optimale Erreichung eines Ziels, Projekts oder Traums notwendig sind.*
- ***produktive Partnerschaft:*** *Eine Partnerschaft, die vier wesentliche Komponenten beinhaltet:*
  *1. Den richtigen Typ von Partner für eine bestimmte Situation identifizieren.*
  *2. Innerhalb dieses Typs die richtige Person finden.*
  *3. Die richtige Person mit dem passenden Angebot engagieren.*
  *4. Den Partner effektiv nutzen, um optimale Ergebnisse zu erzielen.*

lebensbedrohende Zustände wie Herzleiden, Schlaganfall und sogar Krebs machen. Wenn wir ein längeres, gesünderes und glücklicheres Leben wollen, müssen wir unbedingt Stress abbauen, und produktive Partnerschaften sind eine großartige Möglichkeit, das zu tun.

Eigentlich sollte jeder einzelne dieser elf Vorteile produktiver Partnerschaften Anreiz genug für Sie sein, bei jedem wichtigen Projekt Partner einzusetzen, aber zusammengenommen demonstrieren sie schlüssig den unschätzbaren Wert produktiver Partnerschaften. Jetzt, da Sie sehen, wie entscheidend produktive Partnerschaften für die Erreichung außergewöhnlichen Erfolges ist, wollen wir zwei wichtige Definitionen noch einmal betrachten und uns dann auf die wichtigen Anweisungen konzentrieren.

### Unproduktive Partnerschaften verhindern außergewöhnlichen Erfolg, erhöhen das Risiko und beschleunigen Fehlschläge

Genauso wie produktive Partnerschaften den Erfolg sichern und beschleunigen können, so können unproduktive Partnerschaften das Scheitern sichern und beschleunigen. Leider sind unproduktive Partnerschaften viel leichter zu schließen und durchzuführen als produktive. Wenn Sie die Schritte, zu denen wir gleich kommen werden, nicht befolgen, ist es in der Tat wahrscheinlicher, dass Sie unproduktive Partnerschaften bilden, als dass Sie „Glück haben" und produktive Partnerschaften bilden. Henry Ford hatte sich für seinen ersten Vorstoß in das Automobilgeschäft den falschen Partner herausgesucht; dadurch verschwendete er zwei Jahre seines Lebens, nach denen er nichts vorzuweisen hatte. Sein Partner, die Detroit Automobile Company, hatte sich in Henry Ford zwar den perfekten Partner ausgesucht, verpatzte aber den vierten Schritt der produktive Partnerschaft und verstand es nicht, ihn effektiv einzusetzen und zu motivieren. Sie hätte die größte Automobilgesellschaft des 20. Jahrhunderts werden können, aber stattdessen löste sie sich innerhalb von zwei Jahren in Luft auf.

Walt Disney hatte sich für seine erste Zeichentrickserie um eine Figur namens Oswald, the Lucky Rabbit, den falschen Vertriebspartner ausgesucht, nämlich Charles Mintz und ein Filmstudio. Disney hatte mit der Unterzeichnung eines Vertrages unwissentlich die Rechte an Oswald an das Studio abgetreten. Als Mintz und das Studio den Erfolg der Zeichentrickserie sahen, erneuerten sie Disneys Vertrag nicht um ein zweites Jahr, sondern ließen ihn fallen. Sie warben alle seine Trickzeichner bis auf einen ab und beschlossen, dass sie besser als Disney wüssten, wie sie die Unterhaltsamkeit der Zeichentrickfigur aufrecht erhalten konnten. Disney stand am Ende mit nichts da. Mintz und das Studio dachten, sie könnten Oswald ohne Disneys Beitrag zu einem Schlager machen; anstatt also produktiv und partnerschaftlich mit dem größten Unterhaltungsvisionär der Geschichte zusammenzuarbeiten, pressten sie ihn einfach aus und warfen ihn weg. Von Charles Mintz und Oswald, the Lucky Rabbit, haben Sie wahrscheinlich noch nie etwas gehört, von Disneys nächster Zeichentrickfigur und dem Unterhaltungsimperium, das Disney darauf aufbaute, dagegen schon. Der Unterschied zwischen dem kurzlebigen Erfolg von Oswald und dem nie endenden Erfolg von Disneys zweiter Figur (einer Maus namens Mickey), waren Disney selbst sowie die lebenslange Partnerschaft mit seinem Bruder Roy und dem Zeichner und Mitschöpfer von Mickey, Ubbe Iwerks. Ein guter Freund von mir gründete Anfang der 1980er-Jahre ein Unternehmen und baute daraus einen florierenden Konzern mit einem Wert von Hunderten Millionen US-Dollar. Nach dem Börsengang im Jahre 1997 kostete eine Aktie seines Unternehmens 27 US-Dollar. In jenem Jahr beschloss er, mit einem anderen Unternehmen zu fusionieren, das ihm in seinem Kerngeschäft Konkurrenz machen wollte. Über die Eigentümer der Gesellschaft wusste ich genug, damit ich meinen Freund drängte, die Fusion nicht durchzuführen. Dieses andere Unternehmen wurde von Harvard-MBAs geleitet, die hervorragende Theoretiker, aber schlechte Geschäftsleute waren. Leider drückte er seine Fusion durch, und die Harvard-MBAs brachten das Unternehmen fast unter die Erde. Während ich das vorliegende Buch schreibe, wird die Aktie des Unternehmens für 1,02 US-Dollar gehandelt. Wenn man im Jahre 1997 Aktien für 10.000 US-Dollar gekauft hätte, wäre die Investition heute nur noch 377 US-Dollar wert. Das ist die Macht der *unproduktiven* Partnerschaft.

Wie eben schon erwähnt, sind unproduktive Partnerschaften viel einfacher als produktive. Aus diesem Grund ist der Rest dieser Sitzung so wichtig. Wenn Sie die vier Schritte der produktiven Partnerschaft und die Strategien und Tipps zum Auffinden und Engagieren der richtigen Partner befolgen, werden Sie den ungeheuren Nutzen produktiver Partnerschaft erfahren und die schrecklichen Konsequenzen unproduktiver Partnerschaft vermeiden.

## Die Umsetzung der vier Schritte zur produktiven Partnerschaft

### Schritt 1 – Den richtigen Typ von Partner identifizieren, der für eine bestimmte Situation gebraucht wird

Um herauszufinden, welche Art Partner Sie für eine bestimmte Situation brauchen, müssen Sie fünf Aufgaben bewältigen.

**1. Sie müssen eine klare und präzise Vision dessen bekommen,** was Sie in dieser Situation erreichen wollen. Die Technik, die Sie dafür brauchen (das Vision Mapping) lernen Sie in den Sitzungen fünf und sechs.

**2. Sie brauchen eine korrekte Einschätzung** Ihrer Stärken und Schwächen sowie deren Auswirkungen auf Ihre Suche nach dieser bestimmten Vision. Dafür können Sie die Stärken und Schwächen aus den Listen nehmen, die Sie in den letzten beiden Sitzungen zusammengestellt haben. Bestimmen Sie, welche entscheidenden Elemente der Vision Sie aufgrund Ihrer Stärken erreichen können und welche kritischen Elemente Sie aufgrund Ihrer Schwächen, aufgrund mangelnder Kenntnisse oder fehlender Mittel nur schwerlich oder überhaupt nicht verwirklichen können. Schreiben Sie die entscheidenden Elemente ausführlich auf, für die Sie einen oder mehrere Partner benötigen, der Ihre Schwächen, Ihr mangelndes Knowhow und Ihre begrenzten Mittel kompensiert.

**3. Sie müssen die Art des Partners festlegen** (Anwalt, Berater, Experte, Geldgeber, Mentor, juristischer Partner etc.), den Sie als notwendige Ergänzung des exakten Profils benötigen, das Sie in Aufgabe zwei erstellt haben.

**4. Sie müssen die Rolle festlegen,** die der oder die Partner bei der Erreichung jedes entscheidenden Elementes spielen soll oder sollen. Sie müssen die Art des Beitrags festlegen, den Sie benötigen (Zeit, Fachwissen, Geld, Schulung etc.), und natürlich auch den Beitrag, den Sie im Gegenzug leisten wollen.

**5. Sie müssen ein Profil oder eine Beschreibung des idealen Partners oder der idealen Partner erstellen,** den Sie für jede Rolle benötigen (Persönlichkeitstyp, relevante Erfahrungen, Stärken, Engagement, Motivation, Charakter etc.).

**Schritt 2 – Finden Sie innerhalb dieses Typs die richtige Person**

Nehmen Sie das Profil des idealen Partners beziehungsweise der idealen Partner und notieren Sie Personen, die Sie kennen und die in dieses Profil passen. Dazu können bekannte Experten gehören, Menschen aus Ihrem Unternehmen oder sogar aus Konkurrenzunternehmen, Freunde, Bekannte und Verwandte. Legen Sie eine Rangfolge fest und fangen Sie dabei mit der Person Ihrer Wahl an. Wenn Sie keine Ahnung haben, wer Ihrem Profil des Idealpartners entsprechen könnte, dann machen Sie Ihre Hausaufgaben: Sagen Sie Ihren Freunden und Kollegen, wonach Sie suchen. Vielleicht kennen sie jemand Passenden. In der heutigen Zeit braucht man nur über zwei oder drei Bekannte zu gehen, und schon kennt man sozusagen jeden. Wenn die Person, die Sie brauchen, irgendeinem Berufsverband angehören sollte, dann sehen Sie im Internet nach, gehen Sie zu einem Verbandstreffen oder auf eine Messe. Es gibt Hunderte von Möglichkeiten, eine Liste potenzieller Partner zusammenzustellen. Wenn Ihnen nicht gleich konkrete Namen einfallen – keine Panik; nutzen Sie andere Kontakte und knüpfen Sie Netze. Zwei der Projekte, die mein Unternehmen in letzter Zeit angenommen hat, stammen von Eltern von Kindern aus der Football-Mannschaft meines Sohnes. Wenn sie ihre Suche nach einem Marketing-Partner auf die Geschäftspartner beschränkt hätten, die sie kennen, dann wäre ihnen eine große Gelegenheit entgangen. Aber so sind sie mit ihren Ideen zu „Ryans Papa“ gekommen.

Man darf auch nicht vergessen, dass Partnerschaft nicht unbedingt ein Vollzeitengagement des gewünschten Partners mit sich bringt. Wenn die persönliche Vision beispielsweise in der Verbesserung Ihrer Ehe besteht, dann ist das Auffinden eines guten Eheberaters, eines Freundes, der eine gute Ehe führt oder auch nur eines guten Ratgebers in Buchform, der einem Hilfe und Leitung gibt, eine Form der Partnerschaft.

**Schritt 3 – Die richtige Person mit dem richtigen Angebot engagieren**

Wenn Sie die Liste der Wunschpartner erst einmal haben, dann müssen Sie sie nur noch engagieren. Das ist der Schritt, bei dem die meisten Menschen fast immer versagen. Entweder gehen sie ihren Partner (1) vom falschen Standpunkt aus an, oder sie gehen (2) mit einer ineffektiven Präsentation oder (3) mit einem schlechten Angebot zu ihm. Es wäre zum Beispiel der falsche Standpunkt, wenn Sie dem potenziellen Partner sagen würden, was er oder sie für Sie tun kann. Die meisten Menschen sind dafür viel zu beschäftigt und haben genug mit ihren eigenen Sorgen zu tun. Sie wollen nicht jemand anderem nur um dessen Person willen bei der Erreichung eines Zieles oder Traums helfen. Sie stellen sich auf den richtigen Standpunkt, wenn Sie in einer wirksamen Präsentation darstellen, was Ihr Ziel, Ihr Projekt oder Ihre Vision dem Partner bringt. Wenn der künftige Partner in der Annahme Ihres Projekts genügend persönlichen Nutzen erkennt, dann ist er zumindest geneigt, das Angebot zu überdenken.

Der zweite häufig begangene Fehler bei der Rekrutierung eines Partners ist die ineffektive Übermittlung der Vision. Sie können der bewussten Person die beste Gelegenheit bieten, die sie je bekommen wird, aber wenn Sie diese Chance nicht wirksam und überzeugend vermitteln können, dann werden Sie mit Ihrem Versuch, diese Person für sich zu gewinnen, wahrscheinlich scheitern. Vor kurzem habe ich mich mit einem Professor von der Harvard Medical School getroffen. Er ist ein echtes Genie und hat einen großen Durchbruch bei der Früherkennung von Krankheiten erzielt. Und doch hat er es nicht geschafft, eine Finanzierung für sein Projekt zu bekommen – und das nicht etwa, weil das kein großartiges Projekt wäre, sondern weil er es nicht auf effektive und überzeugende Weise vermitteln kann. In der nächsten Sitzung werde ich Ihnen vier mächtige Kommunikationstechniken und die sechs Schritte zur Erstellung einer wirkungsvollen und überzeugenden Präsentation nahebringen. Wenn Sie diese Techniken erlernen und diese Schritte befolgen, brauchen Sie nie mehr zu befürchten, dass Sie wegen ineffektiver Kommunikation scheitern. Ich habe unter Anwendung dieser Kommunikationstechniken mehr als 25 Millionen Menschen dazu gebracht, sich von ihren Sofas zu erheben, den Telefonhörer in die Hand zu nehmen und meine Produkte zu bestellen. Bei Ihnen werden diese Methoden genauso gut funktionieren wie bei mir.

Der dritte Fehler, den bei der Bemühung um einen benötigten Partner fast jeder begeht, ist ein schlechtes Angebot. Vor kurzem habe ich eine Partnerschaft mit einem revolutionären Internet-Dienstleister geschlossen. Meiner Meinung handelt es sich dabei um das großartigste Geschäft, das in 27 Jahren über meinen Schreibtisch gegangen ist. Ich glaube, dass dieses Geschäft innerhalb von drei Jahren von null auf einen Umfang von einer bis fünf Milliarden US-Dollar wachsen kann. Zwei andere Unternehmen hatten schon die Chance, sich mit dem Unternehmen zusammenzutun, aber beide machten beleidigend schlechte Angebote.

Meiner Meinung entgeht ihnen dadurch die größte Finanzierungsgelegenheit, die sie je bekommen werden – und das nur, weil sie ihre Angebote zu niedrig angesetzt haben. Wenn Sie den idealen Partner für ein Projekt finden, dann machen Sie das beste Angebot, das Sie sich leisten können. Auf diese Weise bekommen Sie das totale Engagement dieser Person. Ein solches optimales Angebot muss nicht unbedingt etwas mit Geld zu tun haben. Manchmal engagieren sich Menschen in einer Partnerschaft wegen gemeinsamer Visionen oder wegen der Rolle, die sie darin spielen sollen. Vielleicht benötigen sie Autorität, Anerkennung oder andere subjektive und objektive Vorteile.

In meiner Collegezeit brauchten wir für unsere Musikgruppe dringend einen Arrangeur und Dirigenten. Ich kannte den Namen des besten Chorleiters und Arrangeurs des Staates, vielleicht sogar des ganzen Landes. Wir hatten kein Geld, das wir ihm hätten anbieten können. Unsere einzige Hoffnung ihn zu bekommen bestand also darin, ihm etwas anzubieten, das er höher schätzte als Geld. Glücklicherweise gelang es uns, ihm unsere Vision von der Gruppe, ihrer Mission und seiner Rolle auf eine Weise zu vermitteln, dass er sich schon nach einer einzigen Probe entschloss, Teil dieser Vision zu werden und sich der Gruppe anzuschließen.

Ich hatte mein Leben lang immer das unglaubliche Glück, wunderbare Mentoren zu haben. Keiner von ihnen hat mich je einen Penny gekostet, und trotzdem hat jeder von ihnen Werte in mein Leben gebracht, die in Dollars oder auf andere Art nicht zu bemessen sind. Auf den Seiten 36 ff. finden Sie zehn Strategien und Tipps, wie man Mentoren für die Verfolgung seiner Träume und Ziele findet.

### Schritt 4 – Den Partner produktiv einsetzen und optimale Ergebnisse erzielen

Auch bei dem letzten Schritt zur Bildung einer produktiven Partnerschaft scheitert die Mehrheit der Menschen. Wir haben schon gesehen, dass es der Detroit Automobile Company gelang, den größten Visionär in der Geschichte des Automobils zu engagieren, dass sie es aber nicht schaffte, während der zwei Jahre seiner Beschäftigung auch nur ein einziges Automobil herzustellen und zu verkaufen. Wir haben gesehen, dass Charles Mintz und ein Filmstudio Walt Disney engagiert haben, dass sie aber aus diesem geschäftlichen Verhältnis nie einen nennenswerten Nutzen gezogen haben.

Ich selbst arbeitete 1972 als Projektleitungs-Assistent für eine Mailorder-Versicherungsgesellschaft. Immer und immer wieder trug ich meinem Chef kreative Ideen für Werbekampagnen vor, aber jedesmal sagte er mir, das stünde nicht in meiner Stellenbeschreibung. Meine Ideen lehnte er darum rundweg ab. Das war der gleiche Chef, der zu mir sagte: „Sie sind die größte Enttäuschung in meiner gesamten Laufbahn. Sie werden im Marketing niemals Erfolg haben. Sie haben 20 Minuten, um Ihren Schreibtisch zu räumen." In den neun Monaten, die ich dort arbeitete, habe ich die mechanischen Aufgaben erledigt, die zu meinem Job gehörten, aber im kreativen Bereich und im Marketing gab mir das Unternehmen nie eine Chance. Vier Jahre danach begannen mein jetziger Partner und ich mit der Vermarktung von Produkten über zweiminütige Fernsehspots. Nach einem außerordentlich erfolgreichen ersten Jahr beschlossen wir, uns mit der Idee an die Versicherungsgesellschaft zu wenden, ihre Lebensversicherungspolicen mithilfe zweiminütiger Fernsehspots direkt zu verkaufen. Mein ehemaliger Chef wehrte sich zwar dagegen, aber der Gründer des Unternehmen entschied über seinen Kopf hinweg; und so organisierte ich die Gewinn bringendste Marketingkampagne in der Geschichte dieses Unternehmens. Die Kampagne brachte nicht nur der Versicherungsgesellschaft Millionen von Dollars, sondern auch unserem Unternehmen. Hätte mich mein ehemaliger Chef produktiv eingesetzt, dann hätte er die gleiche Kampagne für meine Gehaltskosten von 12.000 US-Dollar pro Jahr haben können. Aber nun musste er mein Unternehmen als externen Zulieferer bezahlen, und das kostete sein Unternehmen Millionen.

Das ist ein sehr gutes Beispiel dafür, wie ein Unternehmen jemanden unproduktiv nutzt. Mein Mentor ist dagegen ein perfektes Beispiel dafür, wie man einen Partner produktiv einsetzt. Als er mich 1976 engagierte, hätte ich mit Freuden gegen ein Gehalt für ihn gearbeitet. Aber da er die Macht produktiver Partnerschaft kannte, bot er mir einen prozentualen Anteil an den Marketinggesellschaften an, die wir gründen würden. Zu jener Zeit kam sein Unternehmen finanziell kaum über die Runden. Auch wenn Besitzanteile an Unternehmen, die erst noch geschaffen werden mussten, zu jener Zeit wertlos waren, wusste ich, dass mir die Teilhaberschaft möglicherweise außergewöhnlichen finanziellen Erfolg bringen würde, wenn wir irgendeines dieser künftigen Unternehmen zum Erfolg führen könnten. Diese Aussicht motivierte mich mehr als mich je zuvor etwas motiviert hatte.

Da mich mein Mentor produktiv einsetzte und da wir schließlich noch mehr Partner heranzogen, erzeugten meine Kampagnen einen Umsatz von mehr als zwei Milliarden US-Dollar. Die prozentualen Besitzanteile, die mir mein Mentor gegeben hatte, brachten nicht nur mir ein Millioneneinkommen, sondern auch ihm, seinen Kindern und seinen Enkeln. Denken Sie immer daran: Wenn man in Geschäftsdingen den finanziellen Lohn mit entscheidenden Personen teilt, dann bringt das mehr finanziellen Nutzen als Kosten. Mein Mentor verringerte seinen Besitzanteil um 20 Prozent, als er mir einen 20-prozentigen Anteil gab. In den nächsten zehn Jahren gab er 45 Prozent an weitere Partner ab und besaß am Ende selbst nur noch 35 Prozent des Unternehmens. Aber der Gewinn des Unternehmens stieg in dieser Zeit von null auf 200 Millionen US-Dollar. Das wäre nicht passiert, wenn er seinen Besitz nicht mit seinen wichtigsten Partnern geteilt hätte. Hätten Sie lieber 100 Prozent von null Dollar Gewinn oder 35 Prozent von 200 Millionen? Seinen Wohlstand mit anderen zu teilen ist eines der wichtigsten Elemente produktiver Partnerschaft.

## Vier unentbehrliche Komponenten für die effektive Verwendung von Partnern

Was muss für den effektiven Einsatz der Partner erfüllt sein, die man für eine bestimmte Situation heranzieht? Nach meiner Erfahrung gibt es vier wesentliche Komponenten, die bei der langfristigen Verwendung eines Partners entscheidend sind. Selbst wenn eine Person kein juristischer Partner ist, sollte man sie effektiv nutzen, weil sie für den letztlichen Erfolg entscheidend ist. Und dafür sind vier Elemente nötig:

**1. Schaffen Sie Gelegenheiten und verleihen Sie Befugnisse.** Wenn Partner produktiv eingesetzt werden sollen, müssen sie die Chance haben, sich voll in Ihr Vorhaben einzubringen, mit allem Wissen, allen Begabungen und aller Leidenschaft, die sie aufbringen können. Und was genauso wichtig ist, sie müssen genügend Befugnisse haben, damit sie ihren Auftrag erfüllen können. Die Detroit Automobile Company gab Henry Ford zwar die Gelegenheit, sein Wissen, seine Begabungen und seine Leidenschaft in die Produktion und den Verkauf von Automobilen einzubringen, aber sie gab ihm nicht die Befugnis, Entscheidungen zu treffen, die über die Richtung des Unternehmens und über seine Verpflichtungen bestimmen. Sie war eine Partnerschaft mit einem Visionär eingegangen, aber sie verlieh ihm nicht die Befugnis, seine Vision zu verwirklichen.

**2. Die richtige Umgebung schaffen.** Wenn Menschen möglichst viel produzieren sollen, benötigen sie ein Umfeld, das ihrer optimalen Produktivität förderlich ist. Dabei ist nicht die physische Umgebung das Wichtigste, sondern eher das mentale und emotionale Umfeld. Damit ist gemeint, dass Menschen ihre Gedanken, Ideen und Meinungen frei äußern können und keine Angst zu haben brauchen, dass sie unangemessen kritisiert oder ignoriert werden. Damit ist außerdem eine Umgebung gemeint, in der Partnerschaften gefördert werden und in der Partner ihrem persönlichen Arbeitsstil folgen können, in der sie nicht einer Stellenbeschreibung, einer Tradition oder dem Arbeitsstil anderer folgen müssen. Da ich an einer Aufmerksamkeitsstörung leide, arbeite ich gerne an mehreren Projekten gleichzeitig. Meine früheren Arbeitgeber fanden das meistens schrecklich (sie wollten, dass ich eine Sache beende, bevor ich mit der nächsten anfange), aber meinem Mentor und meinen jetzigen Partnern ist klar, dass ich so am besten arbeite. Ich beende nämlich mein Hauptprojekt normalerweise in Rekordzeit und bin zu diesem Zeitpunkt mit meinen Nebenprojekten schon ziemlich weit gekommen. Ein anderer würde den Verstand verlieren, wenn man ihn zwingen würde, an mehreren Projekten gleichzeitig zu arbeiten. Solchen Menschen muss man ihren Arbeitsstil lassen und sie ihre Projekte beenden lassen, bevor sie neue anfangen.

Es klingt riskant, ein solches Umfeld bereitzustellen, aber wenn man es Erfolgsmenschen und Überfliegern anbietet, erzielt man damit bessere Ergebnisse, als man voraussehen konnte. Der Lohn ist viel größer als das Risiko. Aber auch die physische Umgebung kann wichtig sein. Ich schreibe seit 27 Jahren Werbesendungen und Infomercials, aber ich habe noch keine einzige in meinem Büro geschrieben. Wenn ich etwas schreiben muss, ziehe ich mich an einen abgeschiedenen Ort zurück, der dem Schreiben sehr förderlich ist. In den ersten zehn Jahren unseres Unternehmens nahm ich mir dafür immer ein Hotelzimmer und blieb dort, bis ich mit dem Schreiben fertig war. Dann mietete unsere Firma ein Strandhaus, und dort schrieb ich in den nächsten sieben Jahren alles. Heute lebe ich in der Nähe des Gebirges, und ich flüchte in meine Berghütte. Wenn meine Partner darauf bestanden hätten, dass ich in meinem Büro schreibe, dann hätte ich wahrscheinlich keine einzige Werbesendung geschrieben und wir würden alle für andere Unternehmen arbeiten.

**3. Bieten Sie die richtigen Anreize.** Eine angemessene Belohnung ist für den produktiven Einsatz von Partnern unerlässlich. Dass mir mein Partner einen Teil des Unternehmens gab, war für mich ein größerer Anreiz, als ich mir je hatte vorstellen können. Wenn ich ein Projekt anging, gab ich dafür alles, was ich an Zeit, Anstrengung und Kreativität aufbieten konnte. Wenn meine Projekte Erfolg hatten, würde ich eine nie gekannte finanzielle Sicherheit bekommen. Wenn sie scheiterten, wäre ich genauso pleite wie mein Partner, der die Projekte finanzierte. Beförderungen, Titel und zusätzliche Befugnisse sind zwar in gewissem Maß Anreize, aber nichts motiviert mehr als Geld. Je größer die Verdienstmöglichkeit, desto größer sind Motivation und Engagement.

**4. Verwenden Sie die beste langfristige Motivationsstrategie.** Die zwei großen motivierenden Kräfte im Leben eines jeden Menschen sind die Angst vor Verlust und der Wunsch nach Gewinn. Dementsprechend gibt es zwei hauptsächliche Möglichkeiten, das Verhalten anderer Menschen zu beeinflussen: man kann mit Angst das Verhalten manipulieren oder mit Liebe das Verhalten motivieren. Damit meine ich keine romantische oder emotionale Liebe. Im Zusammenhang mit Partnern meine ich damit, dass man den Partnern Würde, Wert, Freundlichkeit und Sicherheit bietet. Das wichtigste dieser Wörter ist Wert. Wir geben Partnern einen Wert, wenn wir ihren Vorschlägen zuhören und in einer Weise darauf reagieren, dass ihre Würde gewahrt bleibt. Je mehr sich Menschen wertgeschätzt fühlen, desto mehr bringen sie ein. Natürlich zeigen wir den Wert durch finanziellen Lohn an, aber es ist genauso wichtig, dass wir die Meinungen der Menschen respektieren und ihnen die Befugnisse verleihen, die sie brauchen, um ihre Ideen umzusetzen. In vielen Unternehmen fehlt häufig gerade dieses Element weitgehend.

Eines meiner Lieblingsbeispiele für den unproduktiven Einsatz von Partnern, für zu geringe Wertschätzung ihrer Meinungen und Beiträge, ist die Xerox Corporation. Als viele Unternehmen begannen, an Einzelarbeitsplätzen Mainframe-Terminals zu installieren, befürchtete das Management von Xerox, der Fotokopierer könnte eines Tages überflüssig werden. Anstatt Kopien von Dokumenten auf Papier zu verschicken, könnten die Unternehmen ihren Mitarbeitern die Informationen über ein Unternehmensnetzwerk von Computerterminals übermitteln. Infolgedessen schuf Xerox eine Forschungseinrichtung, die unter dem Namen Palo Alto Research Center (PARC) bekannt wurde und in dem einige der glänzendsten Technologiezauberer der Welt arbeiteten. Diese Menschen bekamen eine großartige Arbeitsumgebung, die Kreativität und Produktivität förderte. Der erste technische Durchbruch, den die PARC-Forscher erzielten, war der erste Personal Computer der Welt.

Die Unternehmensleitung reagierte auf das Produkt vollkommen ablehnend. Ihr Gedankengang war folgender: „Warum sollte sich ein Unternehmen Personal Computer kaufen, wo man doch ganz einfach auf jeden Schreibtisch ein Terminal stellen kann, das mit einem Mainframe verbunden ist?" Außerdem dachte man, es gäbe keinen Konsumentenmarkt für Personal Computer, denn wer ist schon qualifiziert, zu Hause einen Computer zu benutzen? Und selbst wenn jemand dazu in der Lage wäre, wozu sollte er ihn denn bloß benutzen?

Der nächste Durchbruch dieses brillanten Forscherteams war die grafische Benutzeroberfläche oder GUI (*graphical user interface*). Die Forscher erklärten der Unternehmensleitung, dadurch würde sich das

Arbeiten mit dem Computer so vereinfachen, dass jedermann zu Hause oder auf der Arbeit einen Computer bedienen könnte. Anstatt komplizierte Befehle einzutippen konnte der User eine Maus benutzen, mit der er nur auf etwas zu zeigen und darauf zu klicken brauchte. Auch dieses Produkt lehnte das Management ab. Als dann Steve Jobs (der ein Computerunternehmen namens Apple gegründet hatte) bei den PARC-Forschern anfragte, ob er ihre GUI studieren und sich davon etwas abschauen dürfe, waren sie glücklich, dass jemand ihre Ideen wertschätzte. Deshalb gaben sie ihm bei der Untersuchung ihres Durchbruchs freie Hand. Und so wurde er nicht nur zur Grundlage von Jobs' größtem Durchbruch, nämlich des Macintosh, sondern auch zur Basis von Bill Gates' grafischer Benutzeroberfläche Windows.

So entmutigt diese brillanten Forscher auch waren, sie hörten nicht auf, den Personal Computer und die grafische Benutzeroberfläche weiter zu entwickeln. Der nächste Durchbruch war die Möglichkeit, unterschiedliche Computer miteinander zu verbinden. Sie nannten das Earthnet. Sie hatten die Vision, dass jeder Computer auf der Welt mit jedem anderen kommunizieren könnte und dass die User Informationen austauschen könnten. Und wieder wies die Unternehmensleitung von Xerox den Durchbruch zurück. „Alle Welt konkurriert miteinander; warum sollte jemand Informationen mit anderen teilen? Das ist doch verrückt!" Natürlich lieferte das Earthnet die Technologie, aus der das Internet entstand.

Wenn Xerox die Ideen und Durchbrüche seiner Forscher (eigentlich seiner Partner) wertgeschätzt hätte, dann hätte das Unternehmen jetzt Patente auf den Personal Computer, auf die grafische Benutzeroberfläche und auf das Internet. Ihm würde das alles sozusagen gehören. Es gäbe keine anderen PCs, keine Macs, kein Windows und kein AOL.

An ihrer Stelle gäbe es nur ein Unternehmen, und zwar Xerox. Wenn Sie im Gegensatz zu Xerox die vier Komponenten der effektiven Verwendung von Partnern anwenden, ernten Sie unschätzbaren Lohn.

## Ein Wort zur Manipulation mithilfe von Angst

Die effektivste Möglichkeit, das Verhalten Dritter so zu motivieren, dass langfristiger Erfolg und starke Bindungen entstehen, sind zwar Liebe, Wertschätzung und Würdigung, aber die einfachste und am häufigsten verwendete Motivationsmöglichkeit ist die Angst. Mit Angst erreichen Sie zwar das kurzfristige Ziel, dass etwas erledigt wird, aber sie kommt niemals langfristig einem Projekt zugute, das Sie in Angriff genommen haben. Sie führt zwar dazu, dass eine bestimmte Aufgabe oder ein bestimmtes Projekt pünktlich abgeschlossen wird, aber sie kann Beziehungen dauerhaft schädigen. Somit kann man damit zwar einen Partner oder eine andere Person so manipulieren, dass sie momentan Leistung bringt, aber sie schwächt das Engagement, das Vertrauen und die Motivation, auch in Zukunft Leistung zu bringen.

American Telecast wurde zum produktivsten Unternehmen Amerikas (*Forbes* definiert Produktivität als Gewinn pro Beschäftigten), weil unser Unternehmensgründer alle unsere Partner und Angestellten mit Liebe motivierte. Unser Umsatz und unser Gewinn pro Mitarbeiter sind doppelt so hoch wie bei den produktivsten Aktiengesellschaften Amerikas einschließlich Microsoft. Aber unser Unternehmen steht damit nicht allein. An der Spitze eines der erfolgreichsten Softwarefirmen der Welt (SAS) steht ebenfalls ein Mann, der seine Mitarbeiter eher durch Liebe als durch Angst motiviert. Das Gleiche gilt für eine der erfolgreichsten Fluggesellschaften unseres Landes (Southwest) und für zwei der erfolgreichsten Franchise-Restaurantketten (Wendy's und Chick-fil-A). Die Motivation mittels Angst ist zwar schneller und leichter, sie ist aber nicht so produktiv und bringt Ihnen, Ihren Unternehmungen und Ihren Partnern weniger Nutzen.

Zum Abschluss dieser Sitzung gebe ich Ihnen eine nützliche Liste mit Strategien und Tipps für die Rekrutierung von Partnern. Gehen Sie die Liste durch, machen Sie eine kleine Pause und machen Sie dann die Übungen in „Gang einlegen, Gas geben!". In der nächsten Sitzung befassen wir uns mit dem Schlüssel Ihres Porsches. Sie werden sehen, dass Sie damit nicht nur Ihren Porsche aufschließen und ihn anlassen können, sondern dass er Ihnen alle Türen der Welt öffnet, von der Tür Ihres Chefs bis hin zum Tresor Ihrer Bank.

## Strategien und Tipps: Wie man die richtigen Partner ausfindig macht und engagiert

1. **Schätzen Sie Ihre Stärken und Schwächen richtig ein.** Eine Kopie Ihrer selbst brauchen Sie auf keinen Fall als Partner.

2. **Identifizieren Sie die Begabungen, Fähigkeiten und Stärken, die Ihr Partner haben sollte, damit er Ihre Schwächen, Unfähigkeiten und mangelnden Interessen ausgleichen kann.**

3. **Suchen Sie eine Person, die die Vision Ihres geschäftlichen Unternehmens oder Ihres persönlichen Wunschtraums teilt.** Ihr Partner darf diese Vision nicht nur sehen, sondern er muss von ihr überwältigt sein. Wenn es momentan keine solche Person gibt, dann liegt es in Ihrer Verantwortung, Ihre Vision potenziellen Partnern wirksam und überzeugend mitzuteilen. (In den nächsten beiden Sitzungen gebe ich Ihnen die machtvollsten Kommunikations- und Überzeugungstechniken an die

Hand, die ich kenne. Dies wird Sie in die Lage versetzen, Ihre Vision wirksamer als je zuvor zu vermitteln).

**4. Betrachten Sie den Charakter und die Integrität Ihres eventuellen Partners.** Das ist viel schwerer zu bewerten als seine Talente, aber es ist auch viel wichtiger. Wenn die ethisch-moralische Einstellung Ihres Partners nicht extrem hohen Anforderungen genügt, wird er höchstwahrscheinlich früher oder später Sie, Ihr Unternehmen oder Ihre Kunden betrügen. In diesem Punkt habe ich wirklich versagt. Ich hatte mich so sehr in das Charisma, die Begabung und die Geschäftstüchtigkeit dreier Personen verliebt, dass ich ihren Charakter und ihre Integrität nicht überprüfte. Das Ergebnis? Drei schlechte Partnerschaften bescherten mir 7,5 Millionen US-Dollar Verlust.

**5. Suchen Sie einen Partner, der sich Ihrer Vision vom Erfolg vollständig hingibt.** Wenn Sie sich hundertprozentig engagieren, Ihr Partner aber nicht, dann kann ich Ihnen versprechen, dass die Partnerschaft nicht lange hält. Sehen Sie, was der Partner in anderen Situationen geleistet hat. Engagiert er sich nur kurzfristig, oder ist er treu bis zum Ende?

**6. Ist Ihr eventueller Partner eine positive oder eine negative Persönlichkeit?** Menschen, die im Allgemeinen negativ sind, eignen sich tendenziell eher schlecht als Partner. Der Partner braucht nicht so positiv und optimistisch zu sein wie Sie, aber wenn er andere schnell herunterziehen kann oder immer das Negative einer Situation sieht, dann springt er wahrscheinlich ab, wenn es brenzlig wird – oder noch schlimmer: Er steuert das Schiff in die falsche Richtung.

**7. Achten Sie mehr auf den natürlichen Antrieb und die Begabungen Ihres Partners als auf seinen Lebenslauf.** Ist er ein Theoretiker oder ein Macher? Woher weiß man das? Ganz einfach: Achten Sie auf das, was er oder sie selbst gemacht hat, und nicht auf das, was er oder sie andere hat machen lassen.

Produktive Partnerschaft ist die mächtigste Strategie, die Sie in Ihrem privaten oder beruflichen Leben je anwenden werden. In Sitzung 9 kommen wir zu einer Strategie, die ich *nach den Sternen greifen* nenne. Wenn Sie *nach den Sternen greifen,* ist produktive Partnerschaft die einzige Strategie, die Ihnen die Kraft dafür geben kann.

## Gang einlegen, Gas geben!

**So bringen Sie Ihre PS auf die Straße**

1. Welchen persönlichen oder geschäftlichen Bereichen, Träumen, Unternehmungen, Projekten oder Zielen würde es erheblich nützen, wenn Sie einen Partner oder einen Mentor finden würden? Ordnen Sie Ihre Liste absteigend nach der Wichtigkeit der Bereiche.
2. Identifizieren Sie die Arten von Partnern oder Mentoren, die zu bekommen Sie versuchen sollten und die Sie in die Lage versetzen würden, Ihre wichtigsten Träume oder Projekte schneller und effektiver zu erreichen. Neben Ihren Stärken und Schwächen sollten Sie dabei auch Ihren Persönlichkeitstyp mit seinen natürlichen Stärken, Schwächen und Antrieben berücksichtigen.
3. Stellen Sie für jede Art von Partner eine Liste konkreter Personen auf, die Ihren Kriterien entsprechen.
4. Legen Sie unter Verwendung der Methoden, die in dieser Sitzung skizziert wurden, schriftlich Ihren Plan nieder, wie Sie die Partner und Mentoren beschaffen wollen, die Sie für Ihre wichtigsten Träume brauchen.
5. Wie motivieren Sie im Moment Ihre Kollegen, geliebte Personen und Ihre Untergebenen? Motivieren Sie sie gewöhnlich durch Angst oder durch Liebe? Schreiben Sie die Namen mehrerer Personen auf, die Sie motivieren wollen. Schreiben Sie dann Ideen auf, wie Sie anfangen können, diese Personen durch Wertschätzung, Würde, Freundlichkeit und Sicherheit zu motivieren.

# Sitzung 5

# Es kommt nur darauf an, was Sie sagen und wie Sie es sagen!

## Das Fundament für effektive und überzeugende Kommunikation

Zu Ihrem neuen Porsche bekommen Sie den unglaublichsten Generalschlüssel, den es je gegeben hat. Ohne diesen Schlüssel kommen Sie mit Ihrem Porsche nirgendwohin. Ohne diesen Schlüssel sind Sie nicht anders als die anderen – Sie müssen Ihre Träume zu Fuß verfolgen. Und wenn Sie wie alle anderen nur die Möglichkeit haben, Ihre Träume zu Fuß zu verfolgen, dann können Sie nur die mittelmäßigen Träume verwirklichen, die am nächsten liegen und die Sie am leichtesten erreichen können. Wenn Sie außergewöhnliche private oder berufliche Träume haben, bleiben sie für immer in unerreichbarer Ferne. Zum Glück gebe ich Ihnen in dieser Sitzung den Schlüssel zu Ihrem Porsche.

Dieser Schlüssel ist der erstaunlichste Schlüssel, den Sie je in der Hand hatten. Sie können damit nicht nur die Tür Ihres Porsche aufschließen und den 415-PS-Motor starten, sondern Sie können damit jede Tür öffnen, die sich zwischen Ihnen und ihren größten Wunschträumen befindet. Er öffnet den Tresor Ihrer Bank und das Scheckbuch Ihrer Kunden. Sie können damit sogar die Tür zum Herzen Ihrer Ehefrau und zum Geist Ihres Kindes aufschließen. Bei diesem unglaublichen Generalschlüssel handelt es sich um die Fähigkeit, effektiv und überzeugend zu kommunizieren.

## Was dieser Schlüssel alles bewirken kann!

**Wenn Sie im Verkauf tätig sind:** Dieser Schlüssel kann bewirken, dass nicht nur fünf sondern 75 Prozent Ihrer Anläufe zu einem Verkauf führen, dass Sie schon beim ersten Termin verkaufen und nicht erst beim dritten und dass Sie für den Abschluss eines Geschäfts keine Stunden mehr brauchen, sondern nur noch Minuten.

**Wenn Sie auf der betrieblichen Karriereleiter aufsteigen wollen:** Dieser Schlüssel kann darüber entscheiden, ob Ihre Worte auf taube Ohren treffen oder ob sie mit Freude und Begeisterung aufgenommen werden, ob man wegen des Gesagten auf Sie herabschaut oder ob man Ihnen für das Gesagte Anerkennung zollt.

**Wenn Sie Abteilungsleiter, Manager, Führungskraft oder Unternehmer sind:** Dieser Schlüssel kann darüber entscheiden, ob Ihre Untergebenen glasige Augen bekommen, wenn Sie sprechen beziehungsweise sich am Kopf kratzen, wenn Sie Ihre Memos lesen – oder ob sie Ihre Vision erfassen und mitmachen.

**Wenn Sie in einer Beziehung leben:** Dieser Schlüssel kann darüber entscheiden, ob Ihr Partner für Ihre größten Bedürfnisse und Wünsche blind ist oder ob er diese Bedürfnisse und Wünsche begreift und erfüllt.

**Wenn Sie Kinder haben:** Dieser Schlüssel kann darüber entscheiden, ob sich Ihre Kinder nicht auf das konzentrieren oder auf das reagieren, was Sie sagen – oder ob Sie ihre ungeteilte Aufmerksamkeit bekommen und sie dazu motivieren, auf Ihre Worte so zu reagieren, wie Sie das möchten.

## Entweder beschleunigt Ihr Kommunikationsgeschick die Erreichung Ihrer Ziele, oder es zieht die Bremse

Obwohl sämtliche Menschen, die ich in meinem Leben getroffen habe, lesen und schreiben können, können sich nur zwei Prozent von ihnen effektiv mitteilen, und nur ein Prozent kann sich überzeugend mitteilen. Es ist tragisch, dass die meisten Menschen ihr Leben lang ineffektiv und ohne Überzeugungskraft kommunizieren, obwohl es gar nicht so schwer ist, effektive und überzeugende Kommunikation zu lernen. Ganz im Gegenteil, wirksame und überzeugende Kommunikation kann man lernen, und man braucht dazu nur eine Hand voll leicht erlernbarer Techniken. Unabhängig davon, wie effektiv und überzeugend Sie momentan sind, können Sie mithilfe der Methoden, die Sie in dieser Sitzung lernen, zu einem der überzeugendsten Menschen werden, die Sie kennen und sich äußerst effektiv mitteilen. Sie werden dadurch nicht unbedingt zu einem begnadeten Redner oder zu einem Pulitzer-verdächtigen Schriftsteller, aber Sie können damit so effektiv und überzeugend kommunizieren, dass Sie andere motivieren können, das zu tun, was Ihrer Meinung nach in deren Interesse liegt.

**Das achte Gesetz des außergewöhnlichen Erfolges**
Effektive und überzeugende Kommunikation führt schneller zum Ziel. Mangelhafte Kommunikation verzögert die Erreichung des Ziels.

Können einige wenige Kommunikationstechniken in Ihrem Privat- und Berufsleben wirklich so viel verändern? Hundertprozentig! Mir selbst haben die Fähigkeiten, die Sie in dieser und in der nächsten Sitzung lernen werden, zu außerordentlichen Erfolgen verholfen, die ich mir in meinen wildesten Träumen nicht vorstellen konnte.

Folgendes habe ich mithilfe dieser Kommunikationstechniken geschafft:

- Ich habe mehr als 80 berühmte Persönlichkeiten samt ihren Agenten, Managern und Anwälten dazu gebracht, mit meinen

Unternehmen zu kooperieren und Werbung für unsere Produkte und Dienstleistungen zu machen.
- Ich habe mehr als 25 Millionen Verbraucher dazu gebracht, dass sie sich von ihren Sofas erhoben haben, zum Telefon gegangen sind und bei meinen Unternehmen Waren und Dienstleistungen im Wert von über zwei Milliarden US-Dollar bestellt haben. Ohne diese mächtigen Kommunikationstechniken hätte ich kein einziges Stück verkauft.
- Nach einer dramatischen Trennung und Scheidung habe ich das Herz meiner Frau geheilt und wiedergewonnen.
- Ich habe meine Ehe so bereichert, dass sie einer der erfüllendsten Teile meines Lebens ist.
- Ich habe zu allen meinen Kindern wunderbare Beziehungen aufgebaut.
- Ich habe lebenslange Freundschaften geschlossen und gefestigt.

## Meisterstrategie 6 – Wie man effektiv und überzeugend kommunizieren lernt

Nach meinem Collegeabschluss im Jahre 1970 arbeitete ich zuerst bei einer Lebensversicherung. Diesen Job hatte ich zwar nur fünf Monate lang, aber zwei Dinge habe ich von meinem damaligen Chef gelernt: Erstens braucht ein guter Versicherungsvertreter im Durchschnitt drei einstündige Termine, bis er einem Kunden eine Police verkaufen kann. Das zweite war eine äußerst mächtige Kommunikationstechnik. Mein Chef war der erfolgreichste Vertreter in der 100-jährigen Geschichte der Gesellschaft gewesen, und er schrieb seinen Erfolg dieser einen Kommunikationstechnik zu. Stellen Sie sich das einmal vor: 100 Jahre lang verkaufen Tausende von Vertretern für diese Gesellschaft Lebensversicherungs-Policen, und mein Chef stellt einen Verkaufsrekord auf, an den niemand auch nur annähernd heranreicht. Leider konnte ich diese Technik nicht besonders gut anwenden und verkaufte in den fünf Monaten, die ich für das Unternehmen arbeitete, nur drei Policen. Damit ist die Geschichte allerdings noch nicht zu Ende. Sechs Jahre später lernte ich in meinem zehnten Job von meinen beiden Mentoren drei Kommunikationstechniken, die unendlich wirkungsvoller und überzeugender waren als die Methode, die ich von meinem ersten Chef gelernt hatte. Tatsächlich verhalten sie sich im Vergleich zu der ersten Methode wie eine Concorde mit Überschallgeschwindigkeit zu einem Flugdrachen: Beide können fliegen, aber sonst haben sie nichts miteinander gemeinsam. Hinsichtlich der Geschwindigkeit, der Kraft und der Nützlichkeit gibt es hier keinen Vergleich.

Das klingt vielleicht übertrieben, ist es aber nicht. Erinnern Sie sich, dass mir mein erster Chef beigebracht hatte, für den Verkauf einer einzigen Police brauche man im Schnitt drei einstündige Termine. Erinnern Sie sich, dass ich selbst unter Anwendung dieser Kommunikationstechnik nur drei Policen in fünf Monaten schaffte.

Mithilfe der Kommunikationstechniken, die ich von meinen Mentoren lernte, konnte ich dagegen in weniger als zwei Minuten Versicherungspolicen verkaufen. Innerhalb von zwei Jahren verkaufte ich fast eine Million Lebensversicherungspolicen, ohne mich auch nur ein ein-

***Zitate aus Der reichste Mann aller Zeiten***

*„Ein weises Herz redet klug und lehrt wohl."* Sprüche 16, 23

*„Der Weisen Zunge macht die Lehre lieblich."* Sprüche, 15, 2

ziges Mal persönlich mit einem Klienten zu treffen. Ich verkaufte sie in zweiminütigen Fernsehspots. Das war eine unfassbare Leistung. Als die führenden Lebensversicherer von den Medien zu unseren Zahlen befragt wurden, sagten sie: „Das ist unmöglich!" Sie litten unter der veralteten Programmierung, von der in unserer ersten Sitzung die Rede war.

Es ist verblüffend, aber diese Techniken funktionierten bei jeder Art von Produkten genauso gut. Ich habe damit Millionen von Videocassetten, Büchern, elektronischen Geräten, Tagesplanern, Kosmetik- und Pflegeprodukten, pädagogischen Artikeln sowie Fitness- und Diätprodukten verkauft. Außerdem konnte ich damit wichtige Prominente als Fürsprecher für meine Projekte gewinnen, unter anderem Tom Selleck, Charlton Heston, Chuck Norris, Michael Landon, Cher, Jane Fonda, Kathie Lee Gifford, John Ritter, Patricia Heaton, Della Reese und 80 weitere. Und was noch wichtiger ist: Sie waren der Schlüssel zur überzeugenden Kommunikation auf persönlicher Ebene mit meiner Frau und meinen Kindern. Ich habe keine dieser Techniken erfunden oder perfektioniert. Die größten Kommunikationsmeister der Geschichte haben sie benutzt, und ich habe sie einfach nur von meinen Mentoren gelernt.

### Der Unterschied zwischen Überzeugung und Manipulation

Immer wenn ich anfange, über effektive und überzeugende Kommunikation zu sprechen, reagieren einige Menschen negativ auf das Wort überzeugend, weil sie darin eine Form der Manipulation sehen. Deshalb ist es wichtig, dass ich den Unterschied zwischen beiden erkläre. Ich liebe die Kunst der Überzeugung, aber ich hasse den Einsatz von Manipulation. Manipulation ist die Verwendung jeglichen Mittels, um jemanden zu motivieren oder zu zwingen, etwas zu tun, das die eigenen Wünsche oder Bedürfnisse erfüllt. Unabhängig davon, ob es im Interesse der betreffenden Personen liegt oder nicht, geht es bei der Manipulation in erster Linie darum, dass man andere dazu bringt, das zu tun, was man von ihnen will, egal ob es zu ihrem eigenen Besten ist oder nicht. Adolf Hitler war nicht nur überzeugend, er war zweifellos einer der größten Manipulatoren, die die Welt je gesehen hat. Er hat es geschafft, die Menschen einer ganzen Nation so zu manipulieren, dass sie Dinge taten, die sie sich zehn Jahre zuvor nicht hätten träumen lassen.

Überzeugung hingegen ist eine Form der Kommunikation, die das Denken und Fühlen anderer Menschen über alle Hindernisse hinweg leitet. Sie lässt sie verstehen, was Sie sagen und fühlen, was Sie fühlen. Und schließlich bringt es sie dazu, so zu handeln, wie es Ihrer Meinung nach in ihrem besten Interesse oder im Interesse der Allgemeinheit liegt. Wenn Sie aber nur wollen, dass die Menschen etwas tun, das in Ihrem Interesse liegt und nicht in ihrem, dann wird Überzeugung zur Manipulation.

Unglücklicherweise wird man durch die Beherrschung der wirksamen und überzeugenden Kommunikation auch zum perfekten Manipulator. Die entsprechenden Techniken sind so mächtig und wirkungsvoll, dass man sie auch zur Manipulation missbrauchen kann. Deshalb muss man immer gut aufpassen, wie man sie einsetzt. Ich hoffe, dass Sie genug Moral, Urteilsvermögen und genug Interesse an anderen Menschen haben, dass Sie diese Techniken nicht für Manipulationen missbrauchen. Noch einmal: Wahre Überzeugung ist eine Form der Kommunikation, die das Denken und Fühlen anderer Menschen über alle Hindernisse hinweg leitet. Sie lässt sie verstehen, was Sie sagen und fühlen, was Sie fühlen. Und schließlich bringt es sie dazu, so zu handeln, wie es Ihrer Meinung nach in ihrem besten Interesse oder im Interesse der Allgemeinheit liegt.

### Der große Fehler, der große Ideen verschüttet, gute Absichten verdunkelt und persönliche Beziehungen entgleisen lässt

Jeden Tag haben Männer und Frauen gute Ideen, was sie für ihre Arbeit, für ihre Ehe und für ihre Familie Gutes tun könnten. Sie sind von den besten Absichten geleitet. Aber leider werden ihre Ideen ignoriert oder abgelehnt – nicht etwa, weil sie schlecht wären, sondern weil sie nicht wirkungsvoll mitgeteilt werden. Wenn jemand eine Idee hat oder etwas will, dann sagt er es normalerweise so, wie es ihm gerade einfällt. Er „schießt aus der Hüfte“. Er nimmt sich nicht die Zeit sich vorzubereiten und die Dinge so zu sagen, dass der Zuhörer klar und deutlich versteht, was er sagt, dass er empfindet, was er empfindet und dass er motiviert ist, entsprechend zu handeln. Die Chance, mit spontaner Rede überzeugend zu kommunizieren, ist ungefähr so groß

> ***Wichtige Definitionen***
>
> ***Manipulation:*** *Der Einsatz jeglicher erforderlichen Mittel, um jemanden zu motivieren oder zu zwingen, etwas zu tun, das Ihre eigenen Wünsche oder Bedürfnisse befriedigt, egal ob es im Interesse der Betreffenden liegt oder nicht.*
>
> ***Effektive Kommunikation:*** *Kommunikation, die es einer Person ermöglicht zu verstehen, was Sie sagen, und zu fühlen, was Sie fühlen.*
>
> *Überzeugende Kommunikation: Effektive Kommunikation, die eine Person dazu bringt, etwas zu tun, das Ihrer Meinung nach wirklich in ihrem Interesse oder im Interesse der Allgemeinheit liegt.*

wie die Chance, dass man einen Haken schlagenden Hasen mit der Schleuder trifft, während man ihm entgegenrennt. Wie gut Ihr Gedanke oder Ihre Idee auch sein mag, es gibt neun hauptsächliche Kommunikationsbarrieren, die verhindern, dass Ihr Zuhörer versteht, was Sie meinen und fühlt, was Sie fühlen. Wenn Ihre Kommunikation diese neun Barrieren nicht durchbricht oder überspringt, werden Ihre Hoffnungen zunichte, denn dann stößt Ihre Rede auf taube Ohren. Kein Wunder, dass laut Aussage von Eheberatern die Kommunikation das wichtigste Eheproblem ist.

### Die Barrieren durchbrechen

Es gibt neun Barrieren, die verhindern können, dass Ihre Zuhörer Ihre Botschaft empfangen und darauf reagieren. Wenn Sie diese Barrieren bei der Gesprächsvorbereitung berücksichtigen, dann können Sie die Kommunikationstechniken anwenden, die Sie in der nächsten Sitzung kennen lernen. Und damit können Sie die Barrieren überwinden, falls sie auftauchen. Hier die Barrieren:

**1. Der Bezugsrahmen des Zuhörers.** Dazu gehören Auffassungen und Gefühle des Zuhörers, vorgefasste Meinungen und Neigungen, seine eigenen Pläne, seine falschen Auffassungen, erlittene Verletzungen, Enttäuschungen und Fehlschläge, Hoffnungen und Ziele sowie seine Ängste.

**2. Das Ego des Zuhörers.** Vielleicht denkt Ihr Zuhörer, er sei im Allgemeinen oder auf einem bestimmten Fachgebiet schlauer oder besser bewandert.

**3. Geschlechtsunterschiede.** Gedanken und Worte, die für Männer die Bedeutung eines Kieselsteins haben, können für Frauen so wichtig wie ein großer Felsbrocken sein. Frauen sehen bestimmte Dinge so deutlich wie eine Leuchtreklame, aber für Männer sind sie unsichtbar. Bei den meisten Männern dominiert die linke Gehirnhälfte, bei den meisten Frauen die rechte, und das macht die Kommunikationsbarriere zwischen den Geschlechtern nur noch höher.

**4. Persönlichkeitstypen.** Die vier behandelten Persönlichkeitstypen vermitteln und empfangen Mitteilungen völlig unterschiedlich und reagieren auch unterschiedlich darauf. Außerdem werden sie von völlig anderen Faktoren motiviert.

**5. Semantik (unterschiedliche Definitionen).** Wenn man zehn verschiedenen Menschen gegenüber das gleiche Wort gebraucht, verstehen sie es wahrscheinlich auf zehn unterschiedliche Arten. (Wenn man sagt: „Sie ist billig." Heißt das, dass sie moralisch zweifelhaft ist oder dass sie sparsam ist?)

**6. Sie würden lieber sprechen als zuhören.** Oft werden unsere Worte deshalb überhört, weil die Zuhörer damit beschäftigt sind zu überlegen, was sie sagen wollen – anstatt zuzuhören, was gerade gesagt wird.

**7. Gegensätzliche Meinung.** Wenn Sie ein Gespräch beginnen, fällt den Zuhörern vielleicht eine gegensätzliche Meinung dazu ein (ihre eigene oder die eines anderen). Und dann widersprechen sie im Stillen dem, was Sie zu sagen versuchen.

**8. Zeit.** Die Zeit sorgt bei der Kommunikation für allerlei Probleme. Erstens ist der Geist des Zuhörers irgendwo anders, wenn Sie das Gespräch beginnen. Zweitens sind die Zuhörer vielleicht nicht der Meinung, dies sei der richtige Zeitpunkt dafür, mit Ihnen zu sprechen. Drittens sind sie vielleicht unruhig, weil Sie mehr Zeit brauchen als sie haben. Dadurch sind sie mehr daran interessiert, ihre Zeit freizubekommen als auf das zu hören, was Sie sagen.

**9. Sie selbst.** Es gibt vielleicht mehrere Dinge an Ihnen, mit denen der Zuhörer ein Problem hat. Das kann Ihre Person an sich sein, Ihre Art, Ihr Kommunikationsstil oder der subjektive Wert Ihrer Sachkenntnis beziehungsweise Ihrer Meinung.

### Schaffen Sie die Grundlage für effektive und überzeugende Kommunikation

Bevor Sie die speziellen Methoden der effektiven und überzeugenden Kommunikation erlernen, müssen Sie ein solides Fundament legen, auf dem diese Methoden ruhen können. Auch ohne die richtige Grundlage funktionieren diese Techniken in 60 bis 70 Prozent der Fälle, aber mit dem richtigen Fundament funktionieren sie in fast 100 Prozent der Fälle. Verfallen Sie bitte nicht in Panik und glauben Sie nicht, das sei zu schwer oder zu kompliziert. Machen Sie sich klar, dass diese Grundlage nicht für alle Gespräche geschaffen werden muss. Sie ist nur nötig, wenn Sie etwas in Ihren Augen Wichtiges zu sagen haben und wenn Sie wollen, dass es klar verstanden und begriffen wird – und wenn Sie eine positive Reaktion haben wollen. Das Fundament besteht aus vier Teilen: einer respektvollen Herangehensweise, einer rücksichtsvollen Haltung, einer umfassenden Perspektive und einer gründlichen Vorbereitung.

**Respektvolle Herangehensweise.** Als Erstes sind Sie verpflichtet, der Person, die Sie überzeugen wollen, Ehre und Respekt zu erweisen. Die Abwesenheit dieser Komponente macht die Wirkung der Kommunikation schneller und häufiger zunichte als alle anderen Faktoren. Es gibt Dutzende Möglichkeiten, die Ehre Ihres Zuhörers zu verletzen, und wenn Sie auch nur eine davon in den Dialog einfließen lassen, zieht sich der Zuhörer vielleicht sofort im Geiste oder im Herzen zurück und löst sich von allem los, was Sie sagen.

Nichtverbale Handlungen wie Augenrollen, Kopfschütteln, mit dem Finger zeigen, sind entehrend. Das Gleiche gilt für alle sonstigen Handlungen und Gesten, die Herablassung, Widerwillen, Enttäuschung, Langeweile, Ungeduld oder Unaufmerksamkeit ausdrücken.

Negative verbale Reaktionen wie „ja ja", „jetzt bin aber ich an der Reihe" oder sarkastische Äußerung sind verletzend. Ebenso ehrenrührig sind Leerformeln wie „Das macht man doch immer so" oder „Sowas macht man nie". Unterbrechen, verfrüht das Thema wechseln oder die Aussagen des anderen einfach abzutun, all das verletzt die Ehre. *Wenn Sie die Ehre Ihres Zuhörers verletzen – sei es Ihre Frau, Ihr Kind, Ihr Chef, Ihre Kollegen oder Ihre Freunde – dann zerstören Sie, und nur Sie, das Ziel der Kommunikation.* Auf der anderen Seite der Medaille gibt es zahlreiche Möglichkeiten, Ehre und Respekt für Ihren Zuhörer zu bezeigen. Wenn Sie diese Dinge nicht tun, dann geben Sie Ihren Gesprächspartnern möglicherweise das Gefühl, sie würden sie nicht würdigen oder respektieren. Hier ein paar Vorschläge:

**1. Zeit.** Wenn Sie etwas Wichtiges zu besprechen haben, bitten Sie Ihre Gesprächspartner, einen Termin zu wählen, der in ihren Zeitplan passt, anstatt zu erwarten, dass sie ihren Zeitplan Ihretwegen ändern. Wenn Sie sofort sprechen wollen und der andere sagt, der Zeitpunkt sei ungünstig, dann beharren Sie nicht darauf, sondern respektieren Sie den Einwand. Sagen Sie, wie viel Zeit Sie brauchen und nehmen Sie sich vor, nicht mehr Zeit zu brauchen als von beiden Seiten abgesprochen.

**2. Zuhören.** Vertreten Sie in dem Gespräch nicht sofort Ihre Sichtweise, sondern hören Sie sich die Sichtweise des anderen aufmerksam an. Unterbrechen Sie ihn nicht und verbessern Sie falsche Aussagen nicht sofort. Wechseln Sie nicht plötzlich das Thema von dem, was der andere sagt, zu dem, worüber Sie sprechen wollen. Warten Sie ab, bis Sie das Gefühl haben, Sie hätten wirklich alles gehört, was der andere zu sagen hat. Kommen Sie erst dann zu dem, was Sie sagen wollen. Widmen Sie während des Zuhörens Ihre Aufmerksamkeit erkennbar dem anderen.

**3. Reaktion und Würdigung.** Reagieren Sie auf jeden Fall auf das, was der andere sagt. Würdigen Sie seine legitimen Gefühle, Meinungen und Bedenken, bevor Sie zu Ihrer Tagesordnung kommen. Wenn jemand etwas Unzutreffendes sagt, korrigieren Sie ihn nicht sofort, sondern sagen Sie beispielsweise: „Ich verstehe, dass Sie das denken, aber Sie sollten auch wissen, dass ..." Indem Sie sich Notizen des Gesagten machen oder bestimmte Aussagen positiv kommentieren, zeigen Sie dem anderen, dass Sie seiner Meinung einen Wert beimessen. Dann fühlt er sich respektiert und geehrt.

**Rücksichtsvolle Haltung.** Wenn uns Menschen widersprechen, dann tun sie das häufig nicht, weil sie anderer Meinung sind, sondern sie reagieren damit auf unsere beleidigende Haltung. Es ist leichter, dem Zuhörer Herablassung zu zeigen, als ihm zu zeigen, dass man auf seine Meinungen, seine Gefühle und sein Selbstwertgefühl Rücksicht nimmt. Wenn der andere wahrnimmt, dass man herablassend oder achtlos ist, dann geht er in Verteidigungsstellung und verschließt seinen Geist vor Ihnen und Ihrer Sichtweise. Er will sich dann in erster Linie Ihrer Gegenwart entledigen. Unglücklicherweise sind wir häufig gerade den wichtigsten Menschen in unserem Leben gegenüber herablassend und rücksichtslos, vor allem unseren Ehepartnern und unseren Kindern gegenüber. Das schwächt ihr Selbstwertgefühl und schürt ihre Angst, Frustration, Verletztheit, Wut und schließlich ihren Groll. Ehepartner, Eltern, Vorgesetzte und Menschen, deren Persönlichkeitstyp der Löwe oder der Biber ist, müssen sich sehr bemühen, keine Herablassung zu zeigen. Genauso sehr müssen sie sich darum bemühen, Ehre, Respekt und Rücksicht zu zeigen, besonders gegenüber den Mitgliedern ihrer Familie.

**Umfassende Perspektive.** Wir gehen an jedes Gespräch automatisch mit unserem persönlichen Bezugsrahmen heran. Wenn wir allerdings den Bezugsrahmen unseres Gesprächspartners nicht verstehen, dann rammen wir diese Barriere wahrscheinlich schon zu Beginn des Gesprächs mit voller Wucht. Immer wenn Sie etwas Wichtiges mitzuteilen haben oder jemanden von etwas Wichtigem überzeugen wollen, dann müssen Sie unbedingt den Bezugsrahmen des anderen erfassen – entweder vor Gesprächsbeginn oder bevor Sie zu den entscheidenden Punkten kommen. Wenn Sie die Perspektive Ihres Geprächspartners nicht vor Beginn des Gesprächs kennen lernen können, dann versuchen Sie, sie so früh wie möglich im Gespräch herauszubekommen. Die beste Möglichkeit, den Bezugsrahmen hinsichtlich eines Themas oder in einer bestimmten Situation herauszufinden, ist die direkte Nachfrage. Wie denkt der andere über das Thema? Was hält er davon und warum? Wenn Sie nicht bereits vor dem Gespräch nachfragen können, fragen Sie einen Dritten, der die Meinung des oder der Betreffenden zu einem bestimmten Thema vielleicht aus erster Hand kennt.

Gestern wurden zwei eventuelle Partner für eines meiner Projekte vor lauter Frustration derart wütend, dass sie fast aus dem Projekt ausgestiegen wären. Beiden wären dadurch immense Kosten entstanden. Ich glaube, dass das Projekt die größte Chance ist, die sie in ihrem Leben je bekommen werden – eine Unternehmung, die ihnen wahrscheinlich zig Millionen Dollar einbringt. Einer der beiden stand unter enormem finanziellen Druck, und der andere wusste das nicht. Der zweite befand sich privat in einer katastrophalen Situation, und davon wusste der erste nichts. Da ich beider Bezugsrahmen kannte, konnte ich als Vermittler eingreifen und ihre Differenzen beilegen, bevor sie beide die Chance ihres Lebens verspielten. Hätte ich ihre Bezugsrahmen nicht gekannt, hätte ich das nicht tun können, und das hätte für beide verheerende Konsequenzen gehabt.

Eine der besten Möglichkeiten, den Standpunkt einer anderen Person kennen zu lernen, ist eine Gesprächsmethode, die Dr. Gary Smalley als *Drive-In-Gespräch (drive-through talking)* bezeichnet. Wie oft haben Sie schon am Drive-In-Schalter eines Fastfood-Restaurants gehalten und mit dem darin sitzenden Mitarbeiter hin- und hergeredet? Er wiederholt Ihre Bestellung, hat sie aber nicht richtig verstanden, dann wiederholen Sie sie noch einmal und versuchen dabei, das Missverständnis zu berichtigen. Sie wiederholen Ihre Bestellung immer und immer wieder – so lange, bis er oder sie sie richtig verstanden hat. Wenn Sie mit dieser Methode versuchen, Ihre eigene Auffassung und die Ihres Gesprächspartners zu begreifen, erreichen Sie möglicherweise ein kristallklares Verständnis der Gedanken und Gefühle. Das funktioniert so: Erst sagt Ihr Gesprächspartner, was er zu dem Thema denkt, und dann wiederholen Sie, was er Ihrer Meinung nach gesagt hat. Höchstwahrscheinlich stellt der Gesprächspartner dann Fehlinterpretationen Ihrerseits richtig. Dann wiederholen Sie immer und immer wieder, was er Ihrer Meinung nach gesagt hat, und er sagt dann entweder „Ja, stimmt“, oder er erklärt beziehungsweise korrigiert erneut. Nach wenigen Augenblicken haben Sie dann nicht nur begriffen, was der Gesprächspartner gesagt hat, sondern dieser weiß dann auch, dass Sie ihm so viel Wert beimessen, dass Sie sich Ihr Verständnis geduldig gemeinsam mit ihm erarbeitet haben. Danach tauschen Sie die Rollen. Sie erklären Ihre Gedanken und Gefühle, und der andere wiederholt, was Sie seiner Meinung nach gesagt haben. Wenn er es nicht ganz richtig verstanden hat, dann rücken Sie das Missverständnis zurecht. Dann wiederholt der andere nochmals, was Sie seiner Meinung nach gerade gesagt haben. Setzen Sie das Verfahren so lange fort, bis Sie beide sicher sind, dass Sie wirklich verstanden haben, was der andere gesagt und gedacht hat.

**Gründliche Vorbereitung.** Es gilt die einfache Regel: Je wichtiger das Thema ist, über das Sie sprechen wollen, desto besser müssen Sie sich vorbereiten. Der erste Schritt ist der Bezugsrahmen Ihres Gesprächspartners. Welche Meinungen hat er? Welche wahrscheinlichen Einwände oder Ausreden? Welche Wünsche, Hoffnungen und Ziele, Ängste und Frustrationen? Schreiben Sie vor wichtigen Gesprächen, Präsentationen oder schriftlichen Mitteilungen ein Konzept nieder und proben Sie es. Auf den Seiten 216 ff. erkläre ich detailliert, wie man sich auf effektive und überzeugende mündliche oder schriftliche Kommunikationssituationen vorbereitet. Wenn Sie sich auf wichtige Besprechungen oder Verkaufsgespräche nach diesem Schema vorbereiten, können Sie Ihre Erfolgsquote verhundertfachen. Es wäre eine Verschwendung Ihrer wertvollsten und am meisten begrenzten Ressource, so viel Vorarbeit in ein unwichtiges Gespräch zu investieren – Verschwendung Ihrer Zeit.

### Die entscheidenden Elemente effektiver und überzeugender Kommunikation

Da Sie nun die Elemente kennen, aus denen das Fundament wirksamer und überzeugender Kommunikation besteht, richten wir unser Augenmerk auf das, was geleistet werden muss, wenn man wirksam und überzeugend kommunizieren will. Sie erinnern sich, Kommunikation ist nur dann effektiv, wenn sie den Zuhörer in die Lage versetzt, deutlich zu verstehen, was Sie sagen und klar zu empfinden, was Sie empfinden.

## Die vier Persönlichkeitstypen im Vergleich

**Wie die Menschen in wichtigen Dingen kommunizieren**

**Bummler**

Kommunizieren in wichtigen Dingen genauso wie in unwichtigen Dingen. Sie schießen sozusagen aus der Hüfte; sie sagen oder schreiben das, was ihnen gerade in den Sinn kommt, genauso hin, wie es ihnen in den Sinn kommt.

**Zielstrebige**

In wichtigen Dingen denken sie nach, bevor sie etwas sagen oder schreiben. Häufig schreiben sie vorher eine Liste der wichtigsten Punkte zusammen, bevor sie schriftlich oder mündlich kommunizieren.

**Erfolgsmenschen**

Ordnen ihre Liste der wichtigsten Punkte nach Prioritäten und machen sich häufig ein Konzept, was sie sagen wollen und wie sie es sagen wollen. Vor einer mündlichen Präsentation proben sie wahrscheinlich ihre Rede, bevor sie sie halten.

**Überflieger**

Entweder setzen sie die entscheidenden Fähigkeiten für effektive und überzeugende Kommunikation ein, oder sie greifen auf Partner zurück, die diese Fähigkeiten haben. Sie informieren sich über den Bezugsrahmen ihrer Zuhörer, sehen deren Einwände und Ausreden voraus und formulieren ihre Äußerungen entsprechend.

Das klingt zwar einfach, ist es aber in Wahrheit nicht. Wir glauben oft, jemand hätte verstanden, was wir gesagt haben – und der Betreffende glaubt auch, er habe verstanden, was wir gesagt haben; aber Minuten, Stunden oder Tage später stellen wir fest, dass dieser Jemand etwas gesagt oder getan hat, das uns zeigt, dass er nicht verstanden hat, was wir gesagt haben. Vielleicht war er während des Gesprächs mit dem Kopf woanders und hat sich nicht richtig auf unsere Worte konzentriert. Vielleicht gab es ein semantisches Problem. Zum Beispiel habe ich einmal einem Partner gesagt, ich würde mir um ein bestimmtes Projekt Sorgen machen. Er dachte, das Projekt würde mich etwas nervös machen. In Wirklichkeit hatte ich aber gemeint, dass ich höchst beunruhigt war und kurz vor der Panik stand. Ein großer Unterschied!

Es gibt Dutzende von Möglichkeiten, unsere Worte vollkommen falsch zu verstehen. Und bei schriftlichen Mitteilungen sind Missverständnisse noch viel wahrscheinlicher, weil Tonfall und Körpersprache fehlen. Oberstes Ziel der effektiven mündlichen oder schriftlichen Kommunikation ist es also, ein klares und präzises Verständnis dessen in den Geist Ihres Zuhörers oder Lesers einzupflanzen, was Sie eigentlich meinen. Aber freuen Sie sich, denn mithilfe der Kommunikationstechniken, die Sie in der nächsten Sitzung kennen lernen, erreichen Sie dieses Ziel in Perfektion.

Das zweite Ziel effektiver Kommunikation besteht darin, Ihre Empfindungen in das Herz oder die Gefühlswelt Ihres Kommunikationspartners einzupflanzen. Wenn Sie über unbedeutende Dinge reden oder über Dinge, an denen Sie gefühlsmäßig nur minimal beteiligt sind, ist das nicht so wichtig. Es ist jedoch überaus wichtig, wenn Ihnen etwas sehr am Herzen liegt oder wenn Sie jemanden dazu bringen wollen, dass er auf eine bestimmte Weise denkt oder in einer bestimmten Weise handelt. Je wichtiger das Thema, desto mehr sind Sie normalerweise emotional daran beteiligt und desto notwendiger ist es, dass Sie Ihre Gefühle in das Herz Ihres Gesprächspartners einpflanzen. Je mehr sie das Gleiche empfinden wie Sie, desto wirksamer und überzeugender war Ihre Kommunikation. Gefühle stammen aus der rechten Gehirnhälfte. Wenn Sie einem Gesprächspartner Ihre Gefühle vermitteln wollen, müssen Sie also seine rechte Gehirnhälfte aktivieren und ansprechen. Ich kenne nur eine Kommunikationsmethode, die das kann, und das ist ohne jeden Zweifel die mächtigste Kommunikationsmethode, die je angewendet wurde. Gary Smalley bezeichnet diese Methode als „emotionale Wortbilder", und alle Kommunikationsgenies in Vergangenheit und Gegenwart beherrschten beziehungsweise beherrschen sie. Das ist die dritte Technik, in der Sie in der nächsten Sitzung unterwiesen werden.

## Die vier Herausforderungen, die effektive und überzeugende Kommunikation stellt

Im Jahre 1976 kündigte ich meine neunte Arbeitsstelle und schloss mich dem Startup-Unternehmen meines Mentors an. Wir hatten die Vertriebsrechte für ein Aknemittel erworben; alles, was wir hatten und zu bekommen hofften, ruhte auf diesem einen Projekt. Wenn es scheiterte, konnten wir alles verlieren, was wir hatten. Wenn wir Erfolg hatten, waren wir zusammen im Geschäft. Mir kam die Aufgabe zu, einen zweiminütigen Fernsehspot zu schreiben und zu produzieren, der die Fernsehzuschauer dazu bringen sollte, vom Sofa aufzustehen, zum Telefon zu gehen, eine 800er-Nummer* zu wählen und unser Produkt zu bestellen. Beim Schreiben des Spots wurde mir klar, dass ich vor vier Herausforderungen stand. Es stellte sich heraus, dass jeder vor diesen vier Herausforderungen steht, wenn er jemanden durch Überzeugung



* Mit Vorwahl 800 werden in den USA kostenfreie Telefongespräche angewählt, d. Übers.

dazu bringen will, etwas Bestimmtes zu tun. Wenn ich diese vier Herausforderungen in einer zweiminütigen Kommunikationssituation bewältigen würde, dann würde mein Projekt gelingen. Wenn nicht, würde es scheitern. Ich wendete die drei Techniken an, die Sie in der nächsten Sitzung lernen werden, und das Resultat brach alle Rekorde: 20 Wochen lang ließen sich jede Woche 25.000 Menschen dazu bewegen, auf die zweiminütige Werbesendung hin mein Produkt zu kaufen. Stellen Sie sich das einmal vor, Produkte im Wert von einer Million US-Dollar verkauft, und das nur mit einer zweiminütigen Botschaft an die Käufer! So mächtig sind die drei Kommunikationstechniken.

### Herausforderung 1: Die ungeteilte Aufmerksamkeit des Zuhörers gewinnen

Wenn Sie eine mündliche oder schriftliche Kommunikationssituation eröffnen, dann ist der Geist des Zuhörers oder Lesers am Anfang immer woanders. Wenn er mit Ihnen oder Ihrem Brief konfrontiert wird, hört er sofort auf, an das zu denken, woran er gerade gedacht hat. Er denkt nicht: „Aber hallo, wen haben wir denn da, ich kann es kaum erwarten zu hören, was er gleich sagt." Sie stören den anderen in seinen Gedanken und bei anderen Dingen. Dieser denkt vielleicht gerade an die Diskussion, die er am Vorabend mit seiner Frau hatte, an etwas, das vor ein paar Minuten auf dem Flur gesagt wurde, an ein Telefongespräch, das er in einer Stunde führen muss oder an eine Sitzung, auf die er sich vorbereiten muss. Eines ist jedenfalls sicher: Er oder sie denkt nicht an das Gleiche, an das Sie denken. Die erste Herausforderung besteht also darin, die ungeteilte und ungestörte Aufmerksamkeit zu erlangen und die Person in die Gegenwart zu holen, so dass sie sich exakt auf das konzentriert, was Sie ihr sagen wollen.

### Herausforderung 2: Das hohe Aufmerksamkeitsniveau während des gesamten Gesprächs halten

Wenn Sie die ungeteilte Aufmerksamkeit Ihres Zuhörers erst einmal erlangt haben, verlieren Sie sie normalerweise nach 30 bis 60 Sekunden nach und nach wieder. Sie verlieren sie nicht vollständig, aber sie schwankt während des Gesprächs auf und ab, je nach den eigenen ablenkenden Gedanken und der Ablenkung durch die Umgebung. Dadurch entsteht die zweite Herausforderung der effektiven und überzeugenden Kommunikation, nämlich die Aufrechterhaltung der ungeteilten Aufmerksamkeit Ihres Zuhörers über das gesamte Gespräch hinweg. Sie müssen etwas tun, um die Konzentration zu erhalten oder die Aufmerksamkeit wenigstens kurz vor den wichtigsten Punkten auf das Gespräch zurück zu lenken. Wie oft ist es Ihnen schon passiert, dass Sie angefangen haben zu reden und dass Sie die Person, mit der Sie gesprochen haben, schon nach wenigen Augenblicken unterbrochen hat und über etwas vollkommen anderes geredet hat? Sie denken: „Woran zum Teufel denkst du bloß?" Aber wissen Sie was? Das ist nicht der Fehler des anderen, sondern Sie haben einfach nicht seine ungeteilte Aufmerksamkeit. Sie haben sie verloren. Sie werden jedoch bald eine einfache Methode beherrschen, mit der Sie das Niveau der Aufmerksamkeit oben halten können. Damit fesseln Sie Ihren Chef genauso wie Ihre Kollegen und Ihre Kunden. Und zu Hause wirkt sie auf Kleinkinder, Teenager und Ehepartner gleichermaßen. Das ist eine der wirkungsvollsten Kommunikationstechniken, die ich verwende, und sie funktioniert jedes Mal.

### Herausforderung 3: Verständnis und Gefühl vermitteln und einpflanzen

Die dritte Herausforderung der effektiven und überzeugenden Kommunikation besteht darin, ihrem Gesprächspartner Verständnis und

Gefühle zu vermitteln sowie sie in seinem Geist beziehungsweise seinem Herzen einzupflanzen. Wir haben das schon einmal kurz angesprochen, weil es die beste Beschreibung und Definition der effektiven und überzeugenden Kommunikation ist. Wenn Ihr Zuhörer oder Leser nicht versteht, was Sie sagen und nicht empfindet, was Sie empfinden, dann ist ihre Kommunikation nicht wirklich wirksam und überzeugend. Beachten Sie auch, dass es nicht ausreicht, Verständnis und Gefühle mitzuteilen, sondern dass man sie auch fest einpflanzen muss. Die Mitteilung umfasst nur die Übertragung der Information und des Gefühls, wohingegen „einpflanzen" bedeutet, dass sie die Gedanken und Gefühle Ihres Gesprächspartners durchdringen und in seinem Geist und seinem Herzen Wurzeln schlagen. Sie bewältigen diese enorme Herausforderung spielend, wenn Sie emotionale Wortbilder benutzen.

**Herausforderung 4: Den Willen so beeinflussen, dass der Gesprächspartner aus dem richtigen Grund die richtige Entscheidung trifft.**

Die Beeinflussung des Willens des Empfängers, so dass er aus dem richtigen Grund die richtige Entscheidung trifft, ist das Wesen der wahren Überzeugung. Wenn Kommunikation wirkungsvoll sein soll, muss sie zweidimensional sein, sie muss also den Verstand und das Gefühl des Empfängers durchdringen. Wenn Kommunikation überzeugend sein soll, muss sie dreidimensional sein. Sie muss Verständnis im Geist der Zuhörer einpflanzen, sie muss Emotionen in ihre Herzen pflanzen und sie muss ihren Willen so beeinflussen, dass sie sich einen Glauben zu eigen machen oder in angemessener Weise handeln.

Das Schwierigste an dieser Herausforderung ist es, Manipulation zu vermeiden. Sie können den Willen eines Menschen manipulativ durch Angst und Drohungen oder durch emotionales Bitten und Flehen nach

Ihrem Willen formen. Ungeduldige Vorgesetzte (ganz zu schweigen von ungeduldigen Eltern und Ehepartnern) manipulieren den Willen anderer Menschen häufig, indem sie schnell auf diese Kontrollmechanismen zurückgreifen. Mit solchen Taktiken erreicht man zwar das kurzfristige Ziel, jemanden dazu zu bringen, dass er das tut, was man von ihm will, aber langfristig wirken sie auf Ihre Zuhörer und auf Ihre Beziehung zu ihnen zerstörerisch. Sie senken damit deren Selbstwertgefühl, demotivieren sie und schüren ihren Unmut, ihr Misstrauen und ihren Widerwillen gegen Sie. Wahre Überzeugung dagegen beeinflusst den Willen der Menschen vielmehr von innen heraus anstatt mit äußerem Druck. Die Menschen treffen dann die richtige Entscheidung aus dem richtigen Grund und fühlen sich dabei wohl. Damit erreicht man nicht nur sein kurzfristiges Ziel, sondern motiviert die Menschen langfristig und stärkt das Verhältnis zu ihnen eher, als dass man es sabotiert.

Während Sie lernen, die Kommunikationsbarrieren zu erkennen und die richtige Grundlage für effektive und überzeugende Kommunikation zu schaffen, werden Sie merken, dass die Menschen sofort anders auf Sie reagieren und mit Ihren Gedanken, Meinungen und Ideen umgehen. Ganz besonders wichtig ist es, dass Sie das Fundament schon vor wichtigen Gesprächen und Präsentationen legen, denn nur dann können Sie die Kommunikationstechniken umsetzen, die Sie in der nächsten Sitzung erlernen werden. Damit wird Ihre Kommunikation in fast 100 Prozent der Fälle wirkungsvoll und überzeugend.

## Gang einlegen, Gas geben!

**So bringen Sie Ihre PS auf die Straße**

1. Schreiben Sie Ideen, Meinungen, Hoffnungen und Ziele auf, die Ihr Chef, Ihre Mitmenschen oder Ihr Ehepartner bisher ablehnt.
2. Schreiben Sie einige der Barrieren von den Seiten 165 f. auf, die wahrscheinlich zu der Ablehnung beigetragen haben.
3. Notieren Sie, welche der vier grundlegenden Komponenten der Seiten 167 bis 171 gefehlt haben und wahrscheinlich zu der Ablehnung beigetragen haben.
4. Wenn es wichtige Themen gibt, über die Sie in den nächsten Wochen sprechen wollen, schreiben Sie sie auf.
5. Notieren Sie zu jedem Punkt auf der Themenliste die Barrieren (Seiten 165 f.), die Ihnen wahrscheinlich den Weg versperren werden.
6. Schreiben Sie zu jedem Punkt auf der Themenliste Ihre Ideen auf, wie Sie in dem bevorstehenden Gespräch beziehungsweise in der Präsentation die vier grundlegenden Komponenten jeweils umsetzen wollen.
7. Rufen Sie sich eine private oder berufliche Situation ins Gedächtnis, in der Sie versucht haben, jemanden zu etwas zu bringen, das Ihnen wichtig war. Und dann bearbeiten Sie folgende Aufgaben:
   a) Beschreiben Sie die Situation.
   b) Was hätten Sie sagen oder tun können, um der Person, die Sie überzeugen wollten, zu zeigen, dass Sie sie ehren und wertschätzen?
   c) Beschreiben Sie den Bezugsrahmen jener Person in Bezug auf Sie und die besagte Situation (Persönlichkeitstyp, Meinungen, frühere Erfahrungen, Bedenken etc.).

d) Was hätten Sie tun können, um den Bezugsrahmen jener Person besser zu verstehen?

e) Waren Sie ein guter Zuhörer?

# Sitzung 6

# Öffnen Sie mit dem Generalschlüssel alle Türen

## Drei Techniken für hervorragende und überzeugende Kommunikation

Ihr Generalschlüssel ist wertlos, wenn Sie nicht wissen, wie man ihn benutzt. Wie schon in der letzten Sitzung gesagt, haben mir drei Techniken dazu verholfen, dass ich pro Woche 25.000 Menschen davon überzeugen konnte, mein Produkt zu kaufen. War das nur ein Zufallstreffer, oder war mir da wirklich etwas gelungen? Es stellte sich heraus, dass es kein Zufallstreffer war. Seit meiner ersten Kampagne im Jahre 1976 setze ich die gleichen Techniken in allen Werbesendungen und Infomercials ein, die ich für Dutzende von Produkten und Dienstleistungen schreibe. Insgesamt habe ich mithilfe dieser Methoden mehr als 25 Millionen Menschen dazu gebracht, eine 800er-Nummer anzurufen und Produkte und Dienstleistungen im Wert von mehr als zwei Milliarden US-Dollar zu bestellen. Und was genauso wichtig ist: Ich habe diese Techniken genauso wirkungsvoll dafür benutzt, zu allen Mitgliedern meiner Familie sowie zu vielen Freunden wunderbare Beziehungen aufzubauen.

***Wichtige Tatsache:***

*Wenn sich Ihr Zuhörer nicht auf das konzentriert, was Sie sagen, nicht klar versteht, was Sie sagen und nicht fühlt, was Sie fühlen, dann ist das Ihr Fehler!*

Die erste Technik, der so genannte *Haken,* bewältigt die erste Herausforderung der effektiven Kommunikation. Sie weckt sofort die ungeteilte Aufmerksamkeit des Zuhörers. Die zweite Technik, das so genannte *Würzen,* bewältigt die zweite Herausforderung der effektiven Kommunikation, denn mit ihrer Hilfe halten Sie das Aufmerksamkeitsniveau Ihres Zuhörers während des gesamten Gesprächs aufrecht. Man kann damit auch kurzfristig die Aufmerksamkeit steigern oder sie wieder auf die wichtigsten Punkte lenken. Auf die dritte Methode habe ich bereits angespielt, die so genannten *emotionalen Wortbilder*. Damit bewältigen Sie die dritte Herausforderung der effektiven Kommunikation, denn sie vermittelt den Menschen Verständnis und Gefühle und pflanzt sie in ihre Herzen und Geister. Diese Technik bewältigt außerdem die vierte Herausforderung der überzeugenden Kommunikation, denn sie pflanzt Empfindungen in das Herz und das Gefühl Ihrer Zuhörer. Wenn sie verstehen, was Sie sagen, und wirklich empfinden, was Sie empfinden, dann lassen sie sich in den meisten Fällen von dem überzeugen, was richtig ist. Selbst wenn sie zu der Minderheit gehören, die sich nicht überzeugen lässt, haben Sie sie wenigstens 99,9 Meter weit über den Fußballplatz geschoben. Die letzten zehn Zentimeter schaffen Sie relativ leicht, wenn Sie die einzelnen Schritte für die Vorbereitung auf effektive und überzeugende Kommunikation befolgen, die ich Ihnen später an die Hand gebe.

**Das neunte Gesetz des außergewöhnlichen Erfolges**
Der Redende ist ganz allein dafür verantwortlich, dass er die ungeteilte Aufmerksamkeit des Zuhörers gewinnt, sie aufrecht erhält, ein klares Verständnis des Gesagten vermittelt und das Gefühlte in die Emotionswelt des Zuhörers einpflanzt.

## Die ungeteilte Aufmerksamkeit einer Person einfangen

Stellen Sie sich vor, es ist ein heißer Sommertag, und Sie haben gerade ein bisschen draußen gearbeitet. Ihre Frau ruft, weil das Essen fertig ist. Sie drehen sich zum Haus um, lenken Ihren Blick auf die Küche und gehen los. Sie denken sofort an den ersten Biss in einen großen, saftigen Hamburger. Zur gleichen Zeit steht ein Stück weit hinter Ihnen auf der anderen Seite des Zauns Ihr Nachbar und probiert gerade seine neue Angelrute aus. Beim ersten Versuch, die Angel auszuwerfen, fliegt der Haken über den Zaun, über Ihren Kopf und verhakt sich fest in Ihrer Nase. Was passiert dann? Denken Sie dann immer noch an den Hamburger? Ist Ihr Blick immer noch auf das Küchenfenster gerichtet? Gehen Sie immer noch in die gleiche Richtung? Nein, auf keinen Fall. Sobald Sie am Haken hängen, lässt Ihr Geist den Gedanken an den Hamburger sofort fahren. Sie drehen sich sofort zu Ihrem Nachbarn um und können nur noch an den Haken denken – alles andere zählt jetzt nicht mehr. Sie denken nicht an die Gewitterwolken, die von Westen heranziehen, an die Vögel in den Bäumen oder an die Party, auf die Sie am Abend gehen wollen. Ihre Aufmerksamkeit ist zu 100 Prozent auf den Angler, den Haken und Ihre Drehung in dessen Richtung gerichtet.

Und genau das Gleiche bewirkt ein guter mündlicher oder schriftlicher Haken in der Gedankenwelt anderer Menschen. Es ist egal, wo sie sind, woran sie gerade denken oder in welche Richtung sie sich bewegen. Ein guter Haken ändert von einem Moment auf den anderen alles. Er reißt die Menschen sofort aus ihren Gedanken, ändert ihre Richtung und konzentriert 100 Prozent ihrer Aufmerksamkeit auf Sie und auf das, was Sie gerade sagen. Ich habe mit der Zeit festgestellt, dass es drei Sorten von Haken gibt, die immer die ungeteilte Aufmerksamkeit einer Person einfangen.

### 1. Eine starke, griffige Aussage

Ich werde den Tag nie vergessen, an dem ich meinen ersten Fernsehspot schrieb. Das war im Juni 1976, und ich war damals 27 Jahre alt. Als ich mit Schreiben fertig war, sprang ich ins Auto und fuhr schnell zum Haus meines Mentors. Als ich bei Bob ankam, setzten wir uns an einen Tisch vor seiner Terrasse. Mein Herz raste, als ich ihm das Script gab (erinnern Sie sich, alles, was wir im Leben hatten und was wir hofften, ruhte auf der Effektivität dieser einen Werbesendung). Während er das Script schweigend durchlas, hoffte ich, dass ein Lächeln auf seine Lippen kommen würde und dass er sich genauso begeistern würde wie ich. Als ich den besorgten Ausdruck in seinen Augen sah, sank mir das Herz. Als er es fertig gelesen hatte, blickte er mich an und sagte zögernd: „Es ist gut... es gefällt mir ... aber eines fehlt ... es hat keinen Haken." Ich war am Boden zerstört. Ich hatte drei Tage an diesem Spot gearbeitet, und statt eines Begeisterungsausbruchs erntete ich einen enttäuschten Blick und eine Bemerkung dazu, was fehlte. Kleinlaut fragte ich ihn dann: „Was ist denn ein Haken?" Er sagte, ein Haken sei etwas, das ganz zu Anfang des Spots die Aufmerksamkeit der Zuschauer fesseln würde, die wir ansprechen wollten. Er gab mir das Script zurück, und ich las den ersten Absatz. Er hatte Recht. Da stand nichts, was die Aufmerksamkeit der potenziellen Käufer unseres Aknemittels fesseln konnte.

Ich dachte sofort an meine Jugendzeit zurück. Auf der Highschool hatte ich eine fürchterliche Akne, und es war mir jedes Mal höchst peinlich, wenn ein neuer Pickel in meinem Gesicht auftauchte. Ich ging jede Woche zum Hautarzt. Dieser quälte mich mit einer UV-Behandlung, die mir die Haut verbrannte, und er stach jeden neuen Pickel mit einem rasiermesserscharfen Skalpell auf. Als ich an die Verlegenheit und an die Schmerzen dachte, die mir die Akne in meiner Highschoolzeit Woche für Woche verursacht hatte, fragte ich mich sofort: „Was hätte sofort derart meine Aufmerksamkeit geweckt, dass ich alles hätte stehen und liegen lassen, wenn jemand in der Fernsehwerbung über Akne gesprochen hätte?" Dann fiel mir etwas ein. Ich bat Bob um seinen Stift, schrieb schnell zwei Sätze über das Skript und gab es ihm. Er las sie, und er lächelte. Er schaute mich an und sagte: „Siehst du, das ist ein Haken. Perfekt!" Wer nie Akne gehabt hatte, dem sagten die beiden Zeilen, die ich geschrieben hatte, überhaupt nichts. Aber wenn man selbst Akne hatte oder wenn man ein Kind mit Akne hatte, dann würden die beiden Aussagen sofort die ungeteilte Aufmerksamkeit wecken. Der Spot fing folgendermaßen an: „Akne tut weh, körperlich und seelisch. Mir ist es egal, ob Sie ein Erwachsener sind oder ein Teenager. Akne ist peinlich und beklemmend." Bob hatte Recht, das war ein Haken; in 20 Wochen fingen wir mit diesem Haken eine Million Menschen. Sie riefen unsere 800er-Nummer an und bestellten Ware im Wert von 20 Millionen US-Dollar.

Die erste Art von Haken ist also eine griffige Aussage, die die Aufmerksamkeit der Person oder Personengruppe einfängt, mit der Sie kommunizieren. Achten Sie darauf, dass Sie die Aussage auf die spezifischen Interessen, Sorgen, Bedürfnisse oder Wünsche dieser bestimmten Person oder Personengruppe zuschneiden.

### 2. Persönlicher Bezug

Die zweite Art von Haken ist eine persönliche Bezugnahme. Das heißt, man verwendet den Namen, das Image, die Glaubwürdigkeit oder die Worte einer Person, die Ihr Zuhörer kennt, die er schätzt und respektiert oder an der er irgendein Interesse hat. Denken Sie an einen Moment, in dem Sie auf einer Party waren oder an einem anderen Ort, an dem viele Menschen zusammenkommen. Sie haben sich vielleicht gerade unterhalten oder waren in ihre eigene Welt vertieft. Dann betrat jemand den Raum, den Sie wirklich mögen. Sie haben die Person nicht einmal gesehen, aber sie haben ihre Stimme gehört. Was passierte dann? Sie drehten sich sofort um, um zu sehen, wo die betreffende Person war. Sobald Ihre Augen ihn oder sie erblickten, fühlten Sie sich wohl. Egal ob es ein Freund war, ein Arbeitskollege oder gar Ihr Ehepartner – sobald Sie die Stimme hörten, drehten Sie sich sofort in ihre Richtung, weil Sie sie oder ihn kannten. Die gleiche mächtige Wirkung erzielen Sie, wenn Sie in Ihrem Gespräch Bezug auf jemanden nehmen, den Ihr Zuhörer oder Leser kennt.

Das können Sie mit jeder Person auf hundert verschiedene Arten machen. Ihren Kindern gegenüber können Sie zum Beispiel auf etwas hinweisen, das einer ihrer Freunde oder ein Elternteil eines ihrer Freunde getan oder gesagt hat. Einem Vorgesetzten gegenüber können Sie sich auf dessen Vorgesetzten beziehen, auf jemanden aus der Branche, den er oder sie respektiert, oder sogar auf etwas, das der geachtetste oder verhassteste Konkurrent gesagt oder getan hat.

Aber wie kann man einen persönlichen Bezug in eine Fernsehsendung einfließen lassen, wo man doch die Menschen gar nicht kennt, die den Spot sehen? Ich setze dafür Prominente ein, die der größte Teil der amerikanischen Bevölkerung gut kennt. Die Menschen haben tatsächlich oft das Gefühl, sie würden diese berühmten Persönlichkeiten kennen, weil sie sie seit Jahren immer wieder im Kino oder im Fernsehen sehen. Das Wichtigste dabei ist, dass man eine Berühmtheit aussucht, die für die Zielgruppe und für das Produkt glaubwürdig ist, für das geworben wird. Ich habe zum Beispiel im Jahre 1991 Michael Landon als Fürsprecher für einen Lernartikel eingesetzt. Meine Zielgruppe waren Eltern von Grundschülern, Sekundarschülern und College-Studenten. Meine Zielgruppe sahen sich Michael seit Jahren in Familienserien wie *Bonanza*, *Unsere kleine Farm* und *Ein Engel auf Erden* an. Daher hatten sie das Gefühl, ihn wirklich zu kennen, und sie dachten, er sorge sich ernsthaft um Kinder und Erziehung. Als er dann auf dem Bildschirm erschien und über Erziehung sprach, schauten sie sofort zum Fernseher – egal was sie gerade taten – und dachten sich: „Oh, das ist ja Michael Landon. Was hat er denn zu sagen?"

Für meinen ersten Akne-Spot nahm ich Pat Boone und seine Tochter Debby. Sie hatten mich als Erste auf das Produkt gebracht, und ich hatte einfach ihre Geschichte ausgeschlachtet. Sie denken vielleicht: „Wie glaubwürdig ist wohl Pat Boone für Akne-Patienten und deren Eltern? Wahrscheinlich hatte er nie im Leben auch nur einen einzigen Pickel." Wer das gedacht hat, der hatte Recht. Pat Boone hatte nie Ärger mit Pickeln, seine vier Töchter aber schon; und das war die zweite Aussage des Spots. Nach den beiden Eröffnungsstatements, die den Haken bildeten, kam die Glaubwürdigkeitsaussage: „Nun bin ich ja einer der Glücklichen; ich hatte nie Hautprobleme; aber ich habe vier Töchter, die haben daheim alle möglichen Mittel ausprobiert, und nichts hat richtig gewirkt ... stimmt's, Deb?"

Im Jahre 1976 wussten so gut wie alle Eltern in Amerika, wer Pat Boone ist, und sie glaubten zu Recht, dass er niemals lügen würde. Daher war es allein schon ein kräftiger Haken, dass sie ihn am Anfang der Werbung sahen. Sie hörten seine Stimme und konzentrierten ihre Aufmerksamkeit sofort auf das, was er sagte. Seine Aussagen fesselten die ungeteilte Aufmerksamkeit aller Aknepatienten und ihrer Eltern. Denjenigen, die nicht unter Akne litten, signalisierte die Aussage, dass sie auf diesen Spot nicht zu achten brauchten und dass sie zu ihren Gedanken zurückkehren konnten. Somit eröffnete dieser Spot eigentlich gleich mit zwei Haken, mit einer persönlichen Bezugnahme und mit einer starken, griffigen Aussage, die auf das Zielpublikum zugeschnitten war.

Wie wirkungsvoll ist die persönliche Bezugnahme? Sie ist der wichtigste Schlüssel zu den Rekord-Werbespots unseres Unternehmens. Ich habe Jane Fonda am Heimtrainer gezeigt, sowie Chuck Norris und Christie Brinkley am Total Gym. Cher machte Werbung für Haarpflege, Ali McGraw und Meredith Baxter für Kosmetik, Richard Simmons für Gewichtsabnahme und so weiter und so fort. Ich setze Prominente ein, die die Zuschauer zu kennen glauben oder an denen sie interessiert sind. Deshalb horchen sie bei jeder Werbesendung sofort auf, sobald sie auf dem Bildschirm erscheint.

### 3. Eine konkrete Frage

Der dritte und stärkste Haken ist eine konkrete Frage. Allgemeine Fragen wie „Wie geht es Ihnen?", „Wie war dein Tag?" oder „Wie fühlst du dich?" sind absolut keine Haken! Der Zuhörer kann eine allgemeine Frage beantworten, ohne geistig wirklich anwesend zu sein. Wenn ich Sie frage, wie es Ihnen geht, dann können Sie mit „Gut!" antworten, ohne ihren momentanen Gedankengang zu unterbrechen. Sie können weiter an eine Auseinandersetzung denken, die sie am gleichen Tag hatten, oder an etwas, das am Abend passieren wird. Damit habe ich Ihren Geist nicht in die Gegenwart und in die Kommunikation gebracht. Wenn eine Frage ein wirkungsvoller Haken sein soll, muss sie sehr spezifisch sein. Sie muss eine Antwort verlangen, die den Geist von den vorherigen Gedanken abzieht und ihn auf das Gespräch konzentriert. Das muss eine Frage sein, über die man nachdenken muss, bevor man eine Antwort ausspricht.

Wenn ich Sie zum Beispiel frage: „Was haben Sie heute gefrühstückt?" Dann können Sie nicht mehr an die Auseinandersetzung denken, die Sie am Morgen mit Ihrer Frau hatten, oder an den Telefonanruf, den

Sie in einer Stunde erledigen müssen. Stattdessen müssen Sie Ihren Geist in den jetzigen Augenblick holen und wirklich darüber nachdenken, was Sie zum Frühstück gegessen haben. Mein Haken hat Ihren Geist erfolgreich aus der Vergangenheit oder aus der Zukunft geholt und ihn mit dem jetzigen Augenblick sowie mit dem Gespräch verbunden. Ich habe Ihre ungeteilte Aufmerksamkeit.

Sie fragen sich vielleicht: „Was hat das Frühstück meines Gesprächspartners mit dem zu tun, was ich sagen will?“ Dazu ist zu sagen, dass der Eröffnungshaken nichts mit dem zu tun zu haben braucht, was Sie sagen wollen. Er kann etwas damit zu tun haben, muss aber nicht, denn der Zweck des Hakens besteht ja einfach nur darin, die Aufmerksamkeit der Menschen in eine andere Richtung zu lenken, sie aus ihrer jetzigen geistigen Beschäftigung in die Gegenwart und in das Gespräch zu holen. Wenn Sie eine konkrete Frage benutzen können, die auch noch relevant für das ist, was Sie sagen wollen, dann ist das zwar umso besser, aber es ist nicht notwendig.

In meinen Fernsehsendungen benutze ich solche Haken andauernd. In einer Sendung, die ich vor kurzem mit Chuck Norris und Christie Brinkley gedreht habe, ließ ich Christie gleich am Anfang folgende Fragen stellen: „Wenn Sie sich Ihren Körper aussuchen könnten, welche Art von Körper hätten Sie dann gerne? Den eines Turners, den schlanken Körper einer Ballerina oder eines Tänzers?“ Dann fragt Chuck: „Wie wär’s mit dem Körper eines Bodybuilders oder eines Weltklasse-Athleten?“

Was passiert, wenn sie diese Fragen stellen? Da fast jeder irgendwie seinen Körper verbessern will, ziehen diese Fragen die Aufmerksamkeit von dem ab, was die Menschen gerade tun, ob sie nun gerade abwaschen, durch das Zimmer laufen oder herumzappen. Sie denken sofort: „Welchen Körper wünsche ich mir eigentlich?“ Und schon hängen sie am Haken.

Eine Sendung fing damit an, dass Cher fragt: „War Ihnen beim Anblick Ihres Haars im Spiegel jemals zum Weinen zumute?" Die weiblichen Zuschauer erinnerten sich sofort zurück und beantworteten im Geiste diese Frage. Sie hingen am Haken und unsere Haarpflegeserie wurde sozusagen über Nacht ein 100-Millionen-Renner.

Welche der drei Arten von Haken erregt Ihrer Meinung nach wohl am wirksamsten die ungeteilte Aufmerksamkeit: eine griffige Aussage, eine persönliche Bezugnahme oder eine konkrete Frage? Das hängt von der Situation ab. Was glauben Sie, welche von den dreien ist wohl bequemer? Egal ob Sie nur eine Sorte benutzen oder eine Kombination aus mehreren, mit diesen Haken gewinnen Sie gleich zu Beginn der Kommunikationssituation die ungeteilte Aufmerksamkeit Ihres Zuhörers oder Lesers.

Nachdem Sie mit einem guten Haken die ungeteilte Aufmerksamkeit Ihrer Zuhörer bekommen haben, besteht die nächste Herausforderung darin, dieses Niveau der Aufmerksamkeit während der gesamten Unterhaltung oder Präsentation zu halten. Wenn Sie Haken über das gesamte Gespräch verteilen, trägt es dazu bei, die Aufmerksamkeit aufrecht zu erhalten, aber die beste Methode zur Bewältigung dieser Herausforderung ist das, was ich als *Würzen* bezeichne.

## Würzen Sie das Gespräch und erhalten Sie damit die Aufmerksamkeit Ihres Gesprächspartners aufrecht

Sie müssen wissen, dass die Aufmerksamkeit einer Person einer Achterbahn gleicht. Sie steigt auf, fährt eben geradeaus, wendet zur Seite, geht nach unten, dreht sich zur anderen Seite, fährt wieder hinauf und dann wieder nach unten. Wenn man sie sich selbst überlässt, setzt sich die Achterbahnfahrt während des gesamten Gesprächs, der Präsentation, der

Sitzung oder der schriftlichen Mitteilung fort. Während der weniger wichtigen Teile Ihres Gesprächs ist es in Ordnung, wenn die Aufmerksamkeit Ihres Zuhörers steigt, fällt und ein bisschen hin und her schwankt. Es ist aber nicht in Ordnung, wenn das passiert, während Sie die wichtigsten Punkte ansprechen. Indem Sie das Gespräch würzen, erreichen Sie drei Ziele. Wenn das Gespräch kurz ist, erhalten Sie damit die hohe Aufmerksamkeit Ihres Zuhörers während des gesamten Gesprächs aufrecht. Bei längeren Gesprächen oder Präsentationen können Sie damit die Aufmerksamkeit Ihrer Zuhörer immer wieder neu ausrichten und sie anheben, bevor Sie zu einem wichtigen Punkt kommen. Wenn eine Präsentation zahlreiche wichtige Punkte und zwei oder drei zentrale Punkte umfasst, können Sie die Aufmerksamkeit des Zuhörers für die entscheidenden Punkte auf ein noch höheres Niveau anheben.

Ich habe zwei Jahre lang an einem Buch mit dem Titel *The Richest Man Who Ever Lived: His Breakthrough Strategies for Wealth and Happiness* gearbeitet. In diesem Buch unterweise ich die Leser im Verständnis und in der Anwendung der Erkenntnisse und Strategien, die Salomo im Buch der Sprüche ausdrückt. Alle Strategien, die ich in unseren Sitzungen vorstelle, haben ihre Wurzel in den Sprüchen Salomos. Eine der Aussagen, die in meinem Buch enthalten sind, ist Sprüche 15, 2: „Der Weisen Zunge macht die Lehre lieblich." Die meisten Menschen übermitteln beim Reden und Schreiben bloß Informationen oder Wissen. Salomo lehrt, dass weise Männer und Frauen einen Riesenschritt darüber hinausgehen. Sie bieten ihren Zuhörern Informationen und Wissen auf eine Weise an, durch die sie annehmbar werden. Anders gesagt präsentieren sie die Informationen so, dass der Zuhörer sie begehrt, dass sie für den Zuhörer verständlich sind und dass er sie nutzen kann. Die Technik des Würzens führt dazu, dass der Gesprächspartner hören will, was Sie sagen, noch bevor Sie es aussprechen! Die nächste Technik, die wir behandeln (emotionale Wortbilder) macht die Informationen für den Zuhörer verständlich und nutzbar. Anscheinend war Salomo seiner Zeit weit voraus!

Kennen Sie das Sprichwort: „Man kann ein Pferd zur Tränke führen, aber zum Trinken zwingen kann man es nicht.“? Das mag auf Sie zutreffen, aber auf mich absolut nicht. Ich kann jedes Pferd der Welt zur Tränke bringen und es dazu bringen, dass es in Hundert von Hundert Fällen trinkt. Ich brauche ihm nur vorher etwas Hafer zu geben und den Hafer kräftig zu salzen. Auf Sie hat Salz die gleiche Wirkung. Denken Sie einmal daran, wie es Ihnen geht, wenn Sie im Kino die ersten paar Hände voll Popcorn gegessen haben. Schon nach wenigen Augenblicken greifen Sie nach dem Erfrischungsgetränk, das Sie im Getränkehalter abgestellt haben. Warum? Weil Salz durstig macht. Das Gleiche bewirkt diese Kommunikationstechnik bei Ihren Zuhörern: Sie dürsten danach zu hören, was Sie sagen wollen. Deshalb benutzen Sie diese Methode immer kurz bevor Sie zu einem wichtigen Punkt kommen. Oder Sie streuen etwas Salz in Ihre Unterhaltung, wenn Sie merken, dass die Konzentration Ihrer Zuhörer nachlässt; dann werden sie wieder durstig. Je mehr Salz Sie zugeben, desto mehr dürsten sie nach der Information, die Sie ihnen geben wollen.

Wie bringt man Salz in ein Gespräch? *Einfach ausgedrückt erzeugt man Neugier auf das, was man sagen will, bevor man es sagt.* Wenn ich Ihnen beispielsweise sage, dass es eine Methode gibt, mit der man die ungeteilte Aufmerksamkeit jeder beliebigen Person gewinnen kann – ob das nun Ihre dreijährige Tochter, Ihr heranwachsender Sohn, Ihr Ehepartner, Ihr Chef, Ihr Bankberater oder Ihr Kunde ist, dann salze ich Ihnen die Haken-Methode, bevor ich sie Ihnen wirklich erkläre.

Vor kurzem hatte ich eine Besprechung mit Patricia Heaton, die in der Fernsehserie *Alle lieben Raymond* mitspielt. Ich war gerade dabei, ein neues Produkt vorzustellen, und wollte, dass sie und Chuck Norris dafür Werbung machen. Bei dem Produkt handelte es sich um den ersten wirklich familien-geeigneten Internetprovider, MAX.com. Bevor ich Patricia die deutlichen Vorteile des Produkts erklärte, wollte ich, dass sie danach dürstete sie zu hören. Ich wusste, dass sie Mutter von vier Söhnen ist. Ich sagte: „Patty, wenn Ihre Kinder ins Internet gehen, werden sie sofort zu lebenden Zielscheiben für Pornografie-Anbieter. Diese Anbieter tun vier Dinge, um sicherzugehen, dass sie Ihre Söhne kriegen werden, und Ihre derzeitige elterliche Aufsicht kann Ihre Kinder nicht vor diesen vier Dingen schützen. Aber bevor ich Ihnen das näher erkläre, möchte ich Ihnen etwas zeigen." Patty beugte sich vor und sagte: „Warten Sie mal, welche vier Dinge sind das?" Sie wollte nicht, dass ich mit der Präsentation weitermachte, bevor ich ihr die vier Taktiken der Pornografen genannt hatte. Ich hatte ihr nur ein kleines bisschen Salz gegeben, aber sie wollte die Information auf der Stelle hören. Sie war bereit dafür, die vier wichtigen Punkte aufzunehmen, die sie hören und im Gedächtnis behalten sollte. Wenn die erste Aussage sie nicht durstig gemacht hätte, dann hätte ich eine weitere gesalzene Bemerkung hinzugefügt, etwa: „Die Pornografen haben heuzutage Methoden, mit denen sie schon an Achtjährige herankommen, und mithilfe der vier erwähnten Taktiken können sie jeden Teenager innerhalb von Tagen pornografiesüchtig machen. Laut Aussage von Therapeuten ist diese Sucht genauso schwer zu heilen wie die Sucht nach Crack." Aber schon die erste Prise Salz ließ sie derart nach der Information dürsten, dass ich mir diese gesalzenen Aussagen für später aufhob. Übrigens hat sie mitgemacht und tritt zusammen mit Chuck Norris in unserer landesweiten Fernsehkampagne für MAX.com auf.

Beim Würzen muss man eine wichtige Regel beachten: Verwenden Sie nur so viel Salz wie Sie brauchen. Versalzen Sie die Suppe nicht. Zu viel Salz wirkt störend und beleidigend. Wenn man in einer Unterhaltung zu viel Gebrauch davon macht, kann es seine Wirkung verlieren. Deshalb verwenden Sie Salz in erster Linie vor den wichtigsten Punkten, die Sie anbringen wollen. Darüber hinaus sollten Sie es einsetzen, wenn Sie merken, dass die Aufmerksamkeit Ihrer Zuhörer nachzulassen beginnt. Das Salz kann eine Frage sein, eine Beschreibung oder gar ein Vergleich beziehungsweise eine Geschichte.

Ein weiteres aktuelles Beispiel dafür, wie ich in Werbesendungen Salz verwende, ist Christie Brinkley, die den Zuschauern erzählt: „Medizinische Studien der Tufts University haben bewiesen, dass es etwas ganz Einfaches gibt, das man jeden Tag ein paar Minuten lang tun kann und das zehn hauptsächliche Zeichen der Alterung beseitigt." Neugierig geworden? Wenn nicht, dann gebe ich noch ein wenig Salz zu: „Diese eine Sache kann Ihre Energie um mehr als 100 Prozent steigern, Ihre Kraft um mehr als 200 Prozent erhöhen, Ihr Sexualleben erheblich beleben, Blutdruck und Cholesterinspiegel senken, den Stoffwechsel anregen, das Krebs- und Infarktrisiko senken, Ihr Leben um Jahre verlängern und die vor Ihnen liegenden Jahre wesentlich freudvoller machen." Wenn Ihnen das immer noch nicht genug ist, legen Sie das Buch beiseite und schlafen Sie eine Runde. Aber falls Sie nach der Antwort lechzen: Die Rede ist von Krafttraining, und die Tufts-Studie hat ergeben, dass man nur drei- bis viermal pro Woche 20 oder 30 Minuten lang zu trainieren braucht.

Nachdem Sie nun mithilfe eines Hakens erfolgreich die ungeteilte Aufmerksamkeit Ihrer Zuhörer gewonnen haben, die Konzentration aufrecht erhalten und durch Salzen fokussiert haben, können Sie zur dritten und schwersten Herausforderung der wirkungsvollen und überzeugenden Kommunikation übergehen, nämlich Ihre Gesprächspartner in die Lage zu versetzen, dass sie deutlich begreifen, was Sie sagen und dass sie das fühlen, was Sie fühlen. Die einzige mir bekannte Technik, die diese Herausforderung wirksam meistert, ist die Verwendung von emotionalen Wortbildern.

## Pflanzen Sie mit emotionalen Wortbildern Verständnis in den Geist und Gefühle in die Emotionen der Zuhörer

Kommen wir nun zu der dritten und gleichzeitig mächtigsten Methode, die ich je verwendet habe. Wie ich schon gesagt habe, wird sie seit Jahrhunderten verwendet. Jesus Christus verwendete sie immer und immer wieder, aber nicht um Menschen zu manipulieren, sondern damit sie deutlich verstanden, was er sagte und fühlten, was er fühlte.

Ronald Reagan war in dieser Disziplin ein Profi. Als Reagan im Jahre 1980 sein Amt antrat, waren die Vereinigten Staaten von Amerika geistig und moralisch am absoluten Tiefpunkt angelangt. Wir ertranken damals in einer Inflation von zwölf Prozent. Die Darlehenszinsen lagen bei 21 Prozent und die Zinsen für Eigenheimkredite betrugen mehr als 16 Prozent. Die Arbeitslosenquote belief sich auf acht Prozent. Zum Weihnachtsfest vor Reagans Amtsantritt sagte Präsident Carter, wir würden in ein neues Zeitalter eintreten – das Zeitalter der Einschränkungen. Er erklärte in seiner Rede, weshalb die Lichter des Weihnachtsbaums im Weißen Haus nicht angezündet wurden. Er sagte, die Nation werde nie wieder zu dem Wohlstand der 1950er- und 1960er-Jahre zurückfinden; vielmehr würden wir in eine Zeit der Opfer eintreten. Wir würden lernen müssen, mit den verschiedensten Dingen zurechtzukommen, unter anderem Warteschlangen an den Tankstellen, hohen Öl- und Strompreisen und so weiter. Ich war am Boden zerstört. Ich war 31 Jahre alt, unser Unternehmen war kaum vier Jahre alt, und da Geld so teuer war, hatten wir damit zu kämpfen, dass wir wenigstens unsere Mitarbeiter bezahlen konnten.

Dann übernahm Reagan das Amt des Präsidenten. Unter Verwendung von emotionalen Wortbildern überzeugte er die gesamte Bevölkerung davon, dass die besten Zeiten nicht hinter uns sondern vor uns lagen. Er veränderte den amerikanischen Geist. Auf einmal glaubten wir, dass noch Hoffnung bestand. Als Reagan aus dem Amt schied, hatten sich Inflation und Zinsen halbiert. Die Arbeitslosigkeit war unter sechs Prozent gefallen, die Preise für Öl und Strom waren wieder gefallen und Schlangen an den Tankstellen gab es keine. Präsident Carters Zeitalter der Einschränkungen hatte nur zwei Jahre gedauert und machte dem größten Wirtschaftsboom in der amerikanischen Geschichte Platz. So mächtig sind emotionale Wortbilder. Mit ihrer Hilfe veränderte sich der Geist eines ganzen Landes.

Das Gehirn besteht aus zwei Teilen: der linken Gehirnhälfte, also der analytischen Seite, und der rechten Gehirnhälfte, also der emotionalen und visuellen Seite. Emotionale Wortbilder sind deshalb so mächtig, weil sie die rechte Gehirnhälfte ansprechen. Sie bieten ein klares visuelles Bild und regen Gefühle zu dem betreffenden Sachverhalt an.

#### Was ist ein emotionales Wortbild?

Ein emotionales Wortbild ist ein Wort, eine Aussage oder eine Geschichte, die bei dem Zuhörer sofort ein geistiges Bild wachruft, das verdeutlicht, was Sie zu sagen versuchen, und das eine Empfindung in die Gefühlswelt des Zuhörers einpflanzt. Das kann ganz einfach ein

Wort oder eine Aussage sein, oder auch ein komplexer Vergleich beziehungsweise eine kleine Geschichte.

Zum Beispiel habe ich im ersten Kapitel dieses Buches geschrieben, dass unsere Träume wie Orte auf einer Landkarte von Amerika sind und dass die meisten Erwachsenen für die Erreichung ihrer Träume nur mit Schuhen ausgerüstet sind. Sie geben ihre sehnlichsten Träume allein deshalb auf, weil sie zu weit entfernt sind, als dass man sie mit einer kurzen und bequemen Wanderung erreichen kann. Dann schrieb ich, ich würde einen nagelneuen Porsche Carrera Turbo in Ihre Garage stellen, der Sie innerhalb von Stunden zu Ihren entferntesten Träumen bringen kann. In dieser Sitzung habe ich Ihnen gesagt, der Schlüssel des Porsche könne als Generalschlüssel nicht nur die Türen des Autos aufschließen und den Motor anlassen, sondern er werde Ihnen alle Türen der Welt öffnen. All diese Analogien sind Wortbilder. Ich benutze sie in allen Sitzungen, um Konzepte zu verdeutlichen und Verständnis zu vermitteln. Emotionale Wortbilder gehen noch einen Schritt weiter. Sie beziehen sich persönlich auf Sie und wirken deshalb auf Ihre Gefühle.

Kürzlich dachte ich an den 11. September zurück, einen der tragischsten Tage in der Geschichte Amerikas. Wenn ich Sie fragen würde, wie viele Menschen eigentlich an diesem schrecklichen Tag ums Leben gekommen sind, könnten Sie mir wahrscheinlich keine genaue Zahl sagen. Trotzdem repräsentiert jede Stelle dieser Zahl ein Menschenleben: Eine Mutter, einen Vater, einen Ehemann, eine Ehefrau, einen Sohn oder eine Tochter, die von einer Familie genommen wurde. Aber niemand kann sich an die genaue Zahl erinnern, weil Zahlen nur die linke Hälfte unseres Gehirns ansprechen.

Wenn ich Sie dagegen frage, wo Sie waren, als Sie zum ersten Mal hörten, dass die Türme des World Trade Center gerammt wurden, können Sie sich sofort den Ort vorstellen, an dem Sie waren, und Sie können sich daran problemlos erinnern. Wenn ich Sie bitte, sich daran zu erinnern, wie es aussah, als das zweite Flugzeug in den Südturm krachte, können Sie sich das mit Leichtigkeit bildlich vorstellen. Wenn ich Sie frage, wie Sie sich gefühlt haben, als Sie während des Tages und am Abend die Nachrichten verfolgt haben, können Sie sich ohne Schwierigkeiten an Ihre Gefühle erinnern. Ungläubigkeit, Schmerz, Wut und Angst sind wahrscheinlich nur einige der Gefühle, die Sie empfunden haben. Die Tatsache, dass Sie sich an all das so leicht erinnern können, veranschaulicht die Macht der rechten Gehirnhälfte. Die rechte Seite weckt Gefühle, und es ist eine Ungeheuerlichkeit, dass es tatsächlich eine Kommunikationstechnik gibt, die diese Gehirnhälfte wirklich anspricht. Und das ist nur eine der Wirkungen von emotionalen Wortbildern. Insgesamt habe ich sieben Dinge gefunden, die emotionale Wortbilder leisten können. Und deshalb sind sie nicht mit Gold aufzuwiegen.

### Warum emotionale Wortbilder so wirkungsvoll sind

**1. Sie können wie ein Haken sofort die Aufmerksamkeit einer Person wecken und lenken.**

**2. Sie sind in der Lage, das Denken und die Meinungen einer Person zu verändern.** Sie haben buchstäblich die Macht, das persönliche Leben eines Menschen zu verändern.

**3. Sie können jeder Kommunikation Leben einhauchen.** Hoffentlich finden Sie unsere Sitzungen interessant und unterhaltsam. Ich gestalte sie unter anderem dadurch interessant und unterhaltsam, dass ich Ihnen nicht einfach einen Haufen schwer verständliche Wörter vorsetze, an die man sich kaum erinnern kann, sondern Bilder und Geschichten, die man sich vor dem geistigen Auge sofort vorstellen kann. Das macht unsere Kommunikation lebendig.

**4. Sie verankern Verstehen und Gefühl im Gedächtnis eines Menschen, manchmal lebenslang.** Meine Mutter konnte im Alter von 86 Jahren und 60 Jahre nach Pearl Harbor noch bis in alle Einzelheiten erzählen, was sie am 7. Dezember 1941 erlebt hat, dem Tag des japanischen Luftangriffs auf Pearl Harbor. Das war ihrem Geist so gegenwärtig, als wäre es gerade erst passiert. Ich war schon auf der Welt, als John F. Kennedy erschossen wurde. Ich kann Ihnen sagen, was ich damals als Erstes gedacht habe; und ich kann Ihnen genau sagen, was ich zu den Menschen gesagt habe, die bei mir waren. Das ist 40 Jahre her, und damals war ich erst 14. Ich kann mich daran trotzdem genauso gut erinnern wie an den gestrigen Abend.

**5. Sie sind das Tor zu tieferen Beziehungen, denn sie machen es möglich, dass der Zuhörer das Gleiche empfindet wie Sie.** Emotionale Wortbilder können zu größerer Intimität mit denen führen, die uns am meisten bedeuten, weil wir unsere intimsten Gefühle und Gedanken miteinander teilen.

**6. Mit ihrer Hilfe können Sie andere wegen ihres Verhaltens oder ihrer Einstellung zurechtweisen oder rügen, ohne dass das negative Konsequenzen hat.** Wie oft haben Sie schon versucht, Ihre Lieben zurechtzuweisen, und sie reagierten darauf nur negativ? Sie nehmen eine Verteidigungshaltung ein und werden sogar wütend. Wenn Sie das richtige emotionale Wortbild benutzen, nehmen sie die Zurechtweisung an, anstatt dagegen zu halten. Das kann ihre Art zu fühlen, ihr Verhalten und sogar ihre Einstellung verändern.

**7. Einzig und allein mit dieser Kommunikationsmethode können Sie die Kluft zwischen Personen überwinden, bei denen die rechte Gehirnhälfte dominiert und Personen, bei denen die linke Gehirnhälfte dominiert.**

Frauen fragen sich immer, wie es sein kann, dass sie einem Mann etwas zehnmal sagen und dass er es trotzdem nicht begreift. Das Problem ist, dass sie versuchen, den links-dominierten Männern Gefühle der rechten Gehirnhälfte mitzuteilen. Bei 80 bis 90 Prozent der Frauen dominiert die rechte Gehirnhälfte, und bei 80 bis 90 Prozent der Männer dominiert die linke Gehirnhälfte. Emotionale Wortbilder sind die einzige Möglichkeit, bei links-dominierten Männern die rechte Gehirnhälfte anzuregen.

Wenn eine Frau ein gutes emotionales Wortbild benutzt, um mitzuteilen, wie sie sich fühlt, dann wird es der Mann endlich „begreifen". Und wenn er dann wirklich das Gleiche fühlt wie sie, wird er sein Verhalten zum Besseren ändern.

### Ein typisches Beispiel für die Macht emotionaler Wortbilder

Ich gebe Ihnen ein Beispiel aus dem wirklichen Leben. Jim Shaughnessy ist seit 30 Jahren mein bester Freund (abgesehen von meiner Frau). Jim war während des größten Teils seines Lebens Single. Im Alter von 40 Jahren verliebte er sich in einen Engel namens Patty Plant. Sie waren fünf Jahre lang zusammen, aber Jims Unabhängigkeit und seine weltweiten Geschäftsreisen machten es ihm unmöglich, sich zu verloben. Patty war die Verkörperung von Jims Traumfrau. Sie war bildhübsch, und was noch wichtiger war: Sie war wunderbar liebenswürdig, freundlich und mitfühlend, lustig und sanft, nachdenklich und rücksichtsvoll. Alle Freunde von Jim waren auf Pattys Seite und verzweifelten an Jims Widerwillen, sich zu binden.

Eines Tages setzte sich Patty mit Jim zusammen und verwendete ein emotionales Wortbild. Die Wirkung war so machtvoll, dass Jim zum ersten Mal seit fünf Jahren wirklich nachfühlte, welches Gefühl er Patty mit seiner Tatenlosigkeit vermittelt hatte. Der ehemalige All-American

Footballspieler war buchstäblich zu Tränen gerührt. Jetzt brauchte Patty nicht mehr zu warten. Sie verlobten sich noch am gleichen Tag und heirateten schon nach wenigen Wochen.

Das war keine Manipulation. Bevor Patty das emotionale Wortbild benutzte, sagte sie noch: „Ich will, dass du eines weißt: Auch wenn es ewig dauert, werde ich auf dich warten. Ich schaue keinen anderen mehr an. Du bist der Mann, den ich heiraten will."

In seinem letzten Jahr auf der Highschool war Jim einer von nur zwei All-American Footballspielern aus Pennsylvania. 35 der besten amerikanischen Universitäten boten ihm ein Football-Stipendium an. Auf Drängen seines Trainers schlug er die besten Football-Ställe aus und schrieb sich an der Arizona State University ein. Unglücklicherweise verbrachte er dort viel Zeit auf der Ersatzbank. Damals war Football Jims Leben. Er wusste, dass er exakt genauso gut war wie der Running Back der ersten Garde, aber zu seinem Missfallen und zu seiner Enttäuschung saß er Spiel um Spiel auf der Bank. Wenn ihn sein Trainer dann doch einmal spielen ließ, vollbrachte er Wunder. Tatsächlich ist sein Durchschnitt von 6,9 Yards pro Carry bis heute der ungebrochene Rekord der Arizona State University.

Als Patty Jim begreiflich machen wollte, was sie empfand, brachte sie das perfekte Wortbild. Sie sagte: „Jim, weißt du noch, wie du dich während der Spiele gefühlt hast, als du wusstest, du hättest da unten sein können, Yards und Spiele gewinnen? Aber trotzdem ließ dich Frank Kush auf der Ersatzbank sitzen? Wie hast du dich damals gefühlt?"

Als Jim darüber zu reden begann, stellte ihm Patty konkrete Fragen, die ihn immer tiefer in seine Gefühle eintauchen ließen. Er sprach fast eine halbe Stunde darüber. Ihm stiegen sogar die Tränen auf, als er von seiner Verletztheit und seiner Frustration erzählte.

Und dann sprach Patty die magischen Worte: „Jim, ich sitze seit fünf Jahren auf der Ersatzbank und warte darauf, dass ich mitspielen darf. Ich will deine Frau werden. Ich will alles tun, was Eheleute tun, ohne Ausnahme. Ich will Kinder mit dir haben. Aber Monat um Monat und Jahr für Jahr lässt du mich warten. Ich sitze auf der Bank! Ich gehöre in deinem Leben nicht zur ersten Garnitur!"

Wow! Jim haute es richtig um. Dieses emotionale Wortbild ließ ihn nicht nur empfinden, was Patty empfand, sondern es hatte noch eine zweite Wirkung. Er erinnerte sich daran, wie gut er sich fühlte, wenn er sich von der Bank erhob und am Spiel teilnahm. Also dachte er: „Ich habe sie auf der Bank gelassen, und sie fühlt sich so, wie ich mich damals gefühlt habe. Jetzt hole ich sie von der Bank und schicke sie in das Spiel, ich steige auch in das Spiel ein und wir haben die schönste Zeit unseres Lebens." Sie spielten das Spiel gemeinsam. Jim erzählte mir: „Alles wurde aufregend und alles machte Spaß, als wir anfingen, unsere Hochzeit und unsere Flitterwochen zu planen." Das war vor zwölf Jahren. Zwölf Jahre und drei Kinder später kann ich Ihnen sagen, dass Jim und Patty eines der glücklichsten Paare sind, die ich je gesehen habe.

Für Frauen sind emotionale Wortbilder der Schlüssel, mit dem sie bei jedem Mann Verständnis wecken – sei es bei einem Kunden, einem Vorgesetzten, einem Angestellten oder einem Ehemann – und mit dem sie ihn fühlen lassen, was sie fühlt. Ihr Männer, für euch ist das genauso wichtig! Es gibt Zeiten, in denen sich die Frau, mit der Sie arbeiten, oder die Frau, mit der Sie leben, mit vielen Dingen, die Sie erleben, nicht recht identifizieren kann. Sie glaubt, sie würde Sie verstehen, aber sie empfindet es nicht wirklich nach. Ein emotionales Wortbild kann dazu führen, dass eine Frau sofort fühlt, was Sie fühlen; und somit kann es ihre Meinung ändern. Das ist die einzige Kommunikationstechnik, die eine Brücke vom Geist eines typischen links-dominierten Mannes zu dem Geist einer typischen rechts-dominierten Frau bauen kann.

### Sechs Schritte zur Erzeugung wirksamer emotionaler Wortbilder

Es gibt sechs Schritte, mit denen Sie in wichtigen Situationen wirksame emotionale Wortbilder erzeugen können. Sie können sie in jedem Gespräch spontan einsetzen. Ihnen fällt sofort ein Vergleich oder ein Bild ein, das die betreffende Person das begreifen lässt, was Sie sagen. Wenn Sie etwas wirklich Wichtiges mitteilen wollen, dann sollten Sie die folgenden sechs Schritte zur Erzeugung eines wirksamen emotionalen Wortbildes befolgen.

**1. Legen Sie eine bestimmte Zeit für die Erzeugung des Wortbildes fest.** Versuchen Sie nicht, sich in eine wichtige Situation zu begeben und einfach spontan ein Wortbild zu bringen. Das ist nämlich sehr schwer, und vielleicht teilen Sie dann das Falsche mit. Patty hatte sich ein paar Stunden für die Planung ihres Wortbildes für Jim genommen. Wenn Sie glauben, Sie müssten jemandem etwas Wichtiges mitteilen, dann nehmen Sie sich extra Zeit für die Schaffung eines wirksamen Wortbildes.

**2. Denken Sie an die Interessen der anderen Person.** Je genauer Sie das Wortbild auf den Bezugsrahmen der anderen Person zuschneiden, desto wirksamer wird es. Patty war in Indiana aufgewachsen, wo Basketball alles ist, aber ein emotionales Wortbild über Basketball hätte Jim nicht viel gesagt, und er wäre vielleicht heute noch Junggeselle.

**3. Schöpfen Sie Ihr Wortbild aus einer der folgenden unerschöpflichen Quellen.**

- Leidenschaften, Hobbys oder Interessen der Person, mit der Sie kommunizieren. Wenn er oder sie Golf spielt, dann finden Sie vielleicht etwas Gutes aus dem Golfsport. Wenn er oder sie ein Workaholic ist, verwenden Sie vielleicht etwas, das mit der Leidenschaft für die Arbeit zu tun hat.

- Denkwürdige Ereignisse aus der Vergangenheit der Person oder aktuelle Ereignisse, in die er oder sie verwickelt ist.
- Alltägliche Dinge, mit denen die Person vertraut ist. Zum Beispiel war eines Tages das Fahrrad meines fünfjährigen Sohnes zwischen meinem nagelneuen Auto und der Garagenwand eingezwängt. Wild entschlossen, das Fahrrad aus der Garage zu holen, schob er es kräftig an meinem Auto entlang, und die Lenkstange verursachte einen langen und tiefen Kratzer in der Autotür. Am nächsten Tag erzählte ich auf der Arbeit meinen Partnern die Geschichte. Alle konnten meinen Schock und meinen Ärger verstehen, denn sie hatten alle teure Autos. Einen Monat später sagte einer meiner Partner zu mir: „Weißt du noch, wie du dich gefühlt hast, als Sean mit seinem Fahrrad deine Autotür zerkratzt hat?" Natürlich kam das unvergessliche Gefühl wieder hoch. Dann fuhr er fort: „Naja, gestern hast du etwas getan, das bei mit das Gleiche ausgelöst hat." Und was sagte ich dazu? „Heiliger Strohsack! Was habe ich denn getan?" Das war ein großartiges Wortbild, denn ich erinnerte mich genau daran, was ich empfunden hatte. Deshalb konnte ich nicht nur nachfühlen, was mein Partner fühlte, sondern ich wollte auch alles Nötige tun, um ihn von diesem Gefühl zu erlösen. Er hatte mein Gehör, meine Aufmerksamkeit, mein Herz und meinen Willen, alles Erforderliche zu tun ... und das alles nur wegen eines einfachen Wortbildes.
- Bilder aus der Natur, zum Beispiel Ozeane, Seen, Flüsse, Berge

und so weiter. Ich lebe auf einem wirklich Ehrfurcht gebietenden Berg. Früher habe ich am Strand von Malibu gewohnt. Wenn meine Partner ein Wortbild aus der Natur benutzen wollen, können sie es vom Strand oder vom Gebirge ableiten; dann kann ich mir sofort bildlich vorstellen und fühlen, was sie fühlen.

- Fantasiegeschichten können die Punkte darstellen, die Sie klären möchten. Sie können eine eigene Geschichte erfinden und die andere Person in die Geschichte hineinnehmen, so dass sie selbst die einzelnen Punkte darstellt.

**4. Üben Sie die Verwendung des Wortbildes, bevor Sie es tatsächlich mit der betreffenden Person teilen.** Wenn Sie es gebildet haben, sprechen Sie darüber vor einem Spiegel. Wenn Sie es in Anwesenheit Dritter proben können, ohne dadurch das Vertrauen anderer Personen zu brechen, dann tun Sie das. Wenn allerdings die Gefahr besteht, dass Sie etwas Persönliches oder Verletzendes über die Person enthüllen, mit der sie kommunizieren wollen, dann proben Sie nur allein.

**5. Wählen Sie für die Mitteilung Ihres Wortbildes einen Zeitpunkt, zu dem Sie so ungestört wie möglich sind.** Wenn Sie es mit einem Kunden zu tun haben, dann trinken Sie mit ihm nach Möglichkeit irgendwo Kaffee oder gehen Sie mit ihm irgendwo essen, weil Sie dann eher nicht unterbrochen oder gestört werden. Das Gleiche gilt zu Hause. Wenn die Kinder noch auf sind und Lärm machen, ist das nicht der richtige Zeitpunkt. Wenn das Telefon klingelt oder Ihre Frau erschöpft ist, lassen Sie es auch lieber. Suchen Sie sich einen Zeitpunkt, zu dem Sie möglichst wenig gestört werden und zu dem auch genug Energie vorhanden ist.

**6. Übertreiben Sie es nicht, benutzen Sie emotionale Woertbilder in gewissen Abständen und vorsichtig.** Zu viel des Guten kann eine gute Sache bedeutungslos und unwirksam machen. Verwenden Sie emotionale Wortbilder zu Vermittlung von Dingen, die Ihnen wirklich wichtig sind. Benutzen Sie für weniger wichtige Dinge Analogien, die nur aus einem Wort oder einem Satz bestehen. Achten Sie darauf, dass Sie sich bei der Präsentation eines Wortbildes nicht herablassend verhalten. Salomo hat geschrieben: „Eine sanfte Antwort vertreibt den Zorn, aber bittere Worte erregen Wut." Eine herablassende oder arrogante Haltung führt dazu, dass der Zuhörer eher auf diese Haltung reagiert anstatt auf Ihr Wortbild anzusprechen.

Wenn Sie Haken verwenden, Ihre Mitteilungen salzen und emotionale Wortbilder verwenden, stellen Sie sicher, dass Ihre Zuhörer verstehen, was Sie meinen und empfinden, was Sie empfinden. Dann kommunizieren Sie effektiv. In vielen Fällen sind die Zuhörer überzeugt, sobald Sie fühlen, was Sie fühlen, und dann handeln sie so, wie Sie es sich erhofft hatten. Und in den wenigen Fällen, in denen sie nicht zu Handlungen bewogen werden, haben Sie sie immerhin 99,90 Meter über den Fußballplatz in Richtung Ihres Überzeugungsziels geschoben. Die letzten 10 Zentimeter schaffen Sie mit zwei Dingen: Erstens müssen Sie an einen der drei großen Motivationen der menschlichen Natur appellieren, und zweitens müssen Sie überzeugende Präsentationen angemessen vorbereiten, bevor Sie sie halten.

## Die Verwendung der drei größten Motivationsfaktoren zur Mobilisierung des Willens

Laut den Psychologen gibt es drei hauptsächliche Faktoren, die Menschen zum Handeln motivieren: (1) Gewinnstreben, (2) Verlustangst und (3) das Bedürfnis zu lieben und geliebt zu werden. Wenn die Menschen deutlich verstehen, was Sie sagen, und wenn sie wirklich fühlen, was Sie fühlen und wenn sie dann immer noch nicht motiviert sind, so zu handeln, wie es Ihrer Meinung nach zu ihrem Besten ist, dann müssen Sie einen oder mehr der drei genannten Faktoren ansprechen. Am einfachsten und wirkungsvollsten ist normalerweise die Anregung des Strebens nach Gewinn. Fast alle Werbesendungen und Infomercials, die ich je geschrieben habe, konzentrieren sich auf das Verlangen der Zuschauer nach Gewinn. Meine Fitnessprodukte konzentrieren sich auf ihren Wunsch nach besserer körperlicher Verfassung und nach einem besser aussehenden Körper. Meine Kosmetikprodukte sprechen den Wunsch nach einem attraktiveren und jugendlicheren Gesicht an. Meine pädagogischen Artikel richten sich an den Wunsch der Eltern, dass ihre Kinder in kürzerer Zeit mit weniger Stress mehr lernen und bessere Noten bekommen.

Über die Jahre haben mir viele Menschen Ideen und Produkte präsentiert und haben versucht, mich für ihre Projekte zu gewinnen. Ob Sie es glauben oder nicht, der Schwerpunkt ihrer Anfragen lag immer auf der Frage, wie viel sie durch meine Beteiligung an ihren Projekten gewinnen würden, und nicht, wie viel ich dadurch gewinnen würde. Das ist genau das Gegenteil dessen, was man tun müsste, um das Gewinnstreben des Gesprächspartners anzusprechen; das motiviert überhaupt nicht. Wenn Sie jemanden dazu bringen wollen, irgendetwas zu tun, dann müssen Sie unbedingt betonen, was er oder sie konkret gewinnt, wenn er so handelt, wie Sie es wünschen.

Der zweite motivierende Faktor ist die Angst vor Verlust. Als Eltern appellieren wir regelmäßig an diese Angst, wenn wir mit dem Entzug von Privilegien drohen. Als Ehepartner appellieren wir mit offensichtlichen und leicht verhüllten Drohungen an diese Angst. In der Mehrzahl der Fälle handelt es sich dabei eher um eine Form der Manipulation als um Überzeugung. Das Ansprechen der Verlustangst ist nur dann ein legitimes Mittel der überzeugenden Kommunikation, wenn es dabei um eine klar definierte und legitime negative Konsequenz geht. Mein Vater war im Zweiten Weltkrieg Bomberpilot. Vor jedem Einsatz teilte der Kommandant ihm und den anderen Piloten kurz den Inhalt der Mission mit. Zu jedem Einsatzbefehl gehörten strikte Anweisungen und Warnungen, die die Piloten in Angst versetzten. Das war keine Manipulation, weil das Fehlen solcher Warnungen zum Tode der Piloten und ihrer Mannschaften hätte führen können. Immer wenn eine Warnung präzise die Konsequenzen beschreibt, die mit einer vernünftigen Wahrscheinlichkeit eintreten können, ist das Ansprechen der Verlustangst eine legitime Form der Überzeugung und keine Manipulation. Die Kampagne „Hold on to Dear Life", mit der die Menschen aufgefordert werden, Sicherheitsgurte anzulegen, appelliert an ihre Verlustangst, weil jeden Tag Menschen die genannten Konsequenzen tragen müssen, weil sie keine Sicherheitsgurte und keine Kindersitze benutzen. Wenn also Konsequenzen drohen, ist das ein starker motivierender Faktor, den man ansprechen kann. Passen Sie nur auf, dass Sie das nicht ungehemmt tun, um schnelle Reaktionen hervorzurufen. Das ist nämlich eher Manipulation als Überzeugung.

Der dritte motivierende Faktor ist der Wunsch zu lieben oder geliebt zu werden. Auch hier ist es entscheidend, dass Sie diesen Faktor auf legitime Weise und nicht manipulativ ansprechen. Leider wird dieser Faktor häufiger für Manipulationen als für legitime Überzeugung benutzt. Wenn jemand sagt, „Wenn du mich wirklich lieben würdest, dann ließest du mich...", dann ist das normalerweise nichts anderes als Manipulation. Wenn dagegen jemand sagt, „Ich möchte dich noch mehr lieben, aber dafür musst du absolut ehrlich sein", dann ist das ein legitimer Appell an den Wunsch nach Liebe, denn die betreffende Person beschreibt exakt eine grundlegende Voraussetzung dafür, dass er in eine wahre Liebesbeziehung eintreten kann. Wenn natürlich die Werbeanzeige eines Juweliers so tut, als würden Sie mehr geliebt werden, wenn Sie Ihrer Frau zum Valentinstag ein Diamantarmband kaufen, dann nutzt Sie Ihren Wunsch nach Geliebtwerden manipulativ.

Gehen Sie bei der Vorbereitung eines wichtigen Gesprächs oder einer Präsentation noch einmal alle Punkte durch und überprüfen Sie, ob Sie damit irgendeinen der motivierenden Faktoren eindeutig und angemessen ansprechen. Falls ja, sollte dann der Appell verstärkt oder abgeschwächt werden? Ist der Appell überzeugend oder manipulativ? Sie sollten diese Fragen beantworten, bevor Sie in das Gespräch gehen oder die Präsentation halten. Das bringt uns zu dem zweiten Schritt, mit dem Sie sicherstellen, dass Ihr Gespräch beziehungsweise Ihre Präsentation überzeugend ist – nämlich zu der Vorbereitung.

## Die Vorbereitung einer überzeugenden Präsentation

Sie werden sich aus der letzten Sitzung noch daran erinnern, dass die vierte Komponente der Grundlage für effektive und überzeugende Kommunikation die Vorbereitung ist. Es gilt die einfache Regel: Je wichtiger das Thema, über das Sie sprechen oder schreiben wollen, desto mehr Vorbereitung brauchen Sie. Auf den Seiten 222 bis 224 finden Sie eine Anleitung für die Vorbereitung einer logischen und überzeugenden Präsentation. Auf den Seiten 225 bis 233 finden Sie ein Arbeitsblatt für Präsentationen, das dafür optimal geeignet ist.

Sie sollten auch Folgendes bedenken: Je mehr Sie die Kommunikations-Strategien, -Fähigkeiten und -Methoden benutzen, die wir in den letzten beiden Sitzungen besprochen haben, desto geübter werden Sie in deren Anwendung zur wirkungsvollen und überzeugenden Kommunikation. Wie andere Fähigkeiten auch, mögen diese anfangs etwas kompliziert und schwierig erscheinen. Aber je öfter Sie sie benutzen, desto leichter gehen sie Ihnen von der Hand, und am Ende werden Sie sie nicht einfach nur beherrschen, sondern sie werden Ihnen zur zweiten Natur.

Noch eine Warnung: Wenn Sie alle Fähigkeiten und Techniken anwenden, die wir besprochen haben, und trotzdem Ihre Gesprächspartner nicht dazu bringen, gemäß Ihren Ideen zu handeln, dann kann das zwei Gründe haben: (1) Ihre Idee ist vielleicht für diese spezielle Situation nicht die Ideallösung, und Sie sollten sich vielleicht noch einmal hinter die Planung klemmen, um sie zu verbessern und abzuwandeln; oder (2) Ihr Gesprächspartner hat vielleicht Probleme, die über Ihre Idee hinausreichen – vielleicht so etwas Einfaches wie sein Ego, falsche Werte oder Prioritäten, vielleicht aber auch etwas so tief reichendes wie Halsstarrigkeit oder Voreingenommenheit.

Zum Glück ist das bei den meisten Menschen, mit denen wir zu tun haben, nicht der Fall. Die Werkzeuge, die ich in Ihre Hand lege, geben Ihnen die nötige Macht, mit normalen Menschen in normalen Situationen effektiv und überzeugend zu kommunizieren. Ich hoffe, dass Sie diese mächtigen Werkzeuge klug und geschickt nutzen werden.

## Die Vorbereitung einer logischen und überzeugenden Präsentation

In diesem Abschnitt lernen Sie Schritt für Schritt, wie man eine überzeugende mündliche oder schriftliche Präsentation erstellt. Danach sind die gleichen Präsentations-Arbeitsblätter abgedruckt wie im vorgefertigten Vision Mapping Journal. Sie können die Vordrucke auf meiner Internetseite (www.stevenkscott.com) oder unter der Telefonnummer (800) 246-1771 bestellen. Wenn Sie das Vision Mapping Journal nicht kaufen wollen, dann können Sie gerne die Seiten 225 bis 233 fotokopieren.

**Vorbereitende Schritte**

1. Beschreiben Sie Ihre Zuhörer oder Leser.
2. Erstellen Sie eine Liste ihrer Bedürfnisse und Wünsche, insofern sie für Ihre Idee oder Ihr Produkt relevant sind.
3. Erstellen Sie eine Liste ihrer Bedenken und Ängste im Hinblick auf Ihre Idee oder Ihr Produkt.
4. Schreiben Sie hin, warum Ihre Idee oder Ihr Produkt ihre Bedürfnisse und Wünsche besser erfüllt als alle anderen verfügbaren Ideen oder Produkte.
5. Schreiben Sie hin, warum Ihre Idee oder Ihr Produkt ihre Bedenken und Ängste besser zerstreut als alle anderen verfügbaren Ideen oder Produkte.
6. Erstellen Sie eine Liste aller Einwände und Ausflüchte, die sie gegen Ihre Idee, Ihr Produkt oder die von Ihnen gewünschte Handlungsweise vorbringen könnten und ordnen Sie sie nach Wichtigkeit.
7. Schreiben Sie auf, wie Ihre Idee oder Ihr Produkt jeden einzelnen Einwand und jede einzelne Ausrede entkräftet.

**Die eigentliche Vorbereitung der Präsentation**

1. Achten Sie darauf, dass Sie den Zuhörer oder Leser mit allem, was Sie in Ihrer Präsentation sagen oder schreiben, ehren- und respektvoll behandeln. Vermeiden Sie Herablassung.

2. Sprechen Sie – falls möglich – einen oder mehrere der größten inneren Motivationsfaktoren der betreffenden Person(en) an (Gewinnstreben oder Verlustangst insofern Ihr Produkt darauf wirkt).
3. Bauen Sie Ihre Präsentation folgendermaßen auf:

- Schreiben Sie eine Eröffnung, die mit dem stärksten Haken, den Sie finden können, sofort die Aufmerksamkeit des Zuhörers weckt (verwenden Sie gegebenenfalls ein emotionales Wortbild).
- Beschreiben Sie das Problem, das Ihre Idee oder Ihr Produkt lösen soll.
- Würzen Sie Ihre Präsentation mit Aussagen oder Fragen, die Neugier wecken, und zwar so oft wie nötig, um die ungeteilte Aufmerksamkeit der betreffenden Person aufrecht zu erhalten.
- Verwenden Sie emotionale Wortbilder, um Ihre zentralen Punkte kristallklar und unvergesslich zu vermitteln. Benutzen Sie für den Hauptteil der Präsentation die Liste der Vorteile Ihrer Idee beziehungsweise Ihres Produkts mitsamt Ihren Entgegnungen auf eventuelle Einwände und Ausflüchte.
- Benutzen Sie die Aussagen anderer Personen, die von ähnlichen Ideen oder von Ihrem Produkt profitiert haben. Verwenden Sie bei einer Verkaufspräsentation die Äußerungen zufriedener Kunden, von Branchenfachleuten oder anderen glaubwürdigen Quellen, um die Glaubwürdigkeit Ihres Produkts und Ihrer Behauptungen zu steigern.
- Vergleichen Sie Ihre Idee oder Ihr Produkt mit anderen Ideen, Produkten und Preisen so, dass die anderen Ideen beziehungsweise Produkte erheblich aufwändiger oder teurer erscheinen.
- Fassen Sie abschließend (wenn es die Zeit erlaubt) noch einmal

die Vorteile Ihrer Idee oder Ihres Produkts zusammen. Stellen Sie die Risiken den Chancen gegenüber, begründen Sie klar, warum der andere handeln muss und rufen Sie ihn schließlich zum Handeln auf.

## Gang einlegen, Gas geben!

**So bringen Sie Ihre PS auf die Straße**

**Wichtige Definitionen**

**Haken:** Eine starke und griffige Aussage, eine persönliche Bezugnahme oder eine konkrete Frage, die sofort die ungeteilte Aufmerksamkeit des Zuhörers erregt.

**Salz:** Eine Aussage, Frage oder Geschichte, die neugierig macht, was Sie sagen wollen, bevor Sie es gesagt haben.

**Emotionales Wortbild:** Ein Wort, eine Aussage oder eine Geschichte, die im Geiste des Zuhörers sofort ein Bild erzeugt, welches verdeutlicht, was Sie sagen wollen und das eine Emotion in ihre Gefühlswelt einpflanzt.

1. Beschreiben Sie irgendeine private oder berufliche Situation, in der Sie versucht haben, jemanden dazu zu bringen, etwas zu tun, das Ihnen wichtig war.
2. Schreiben Sie mehrere verschiedene Haken auf, mit denen Sie die ungeteilte Aufmerksamkeit des Zuhörers hätten gewinnen können.
3. Notieren Sie Aussagen oder Fragen, die Sie als Salz hätten benutzen können, um die Neugier der betreffenden Person

während der gesamten Unterhaltung oder während des ganzen Schreibens aufrecht zu erhalten.

4. Schreiben Sie ein oder mehrere emotionale Wortbilder nieder, mit denen Sie es Ihrem Zuhörer oder Leser hätten ermöglichen können, besser zu verstehen, was Sie sagten, und zu fühlen, was Sie fühlten.
5. Notieren Sie, wie Sie einen oder mehrere der drei großen Motivationsfaktoren hätten ansprechen können (Verlustangst, Gewinnstreben, den Wunsch zu lieben oder geliebt zu werden).

## Präsentations-Arbeitsblatt

1. Beschreiben Sie die Person, der Sie Ihre Idee oder Ihr Produkt vorstellen, und notieren Sie die Wünsche beziehungsweise Bedürfnisse, die Ihre Idee oder Ihr Produkt erfüllt:

Beschreibung des Zuhörers

Wünsche oder Bedürfnisse, die Ihr Produkt erfüllt

2. Schreiben Sie auf, warum Ihre Idee oder Ihr Produkt diese Bedürfnisse BESSER erfüllt als alle anderen Ideen oder Produkte, die Ihrem Zuhörer/Leser zugänglich sind.

Vorteile und Nutzen der Idee beziehungsweise des Produkts

2a. Inwiefern spricht Ihre Idee oder Ihr Produkt das „Gewinnstreben" oder die „Verlustangst" Ihres Zuhörers an?

Gewinnstreben

Verlustangst

3. Erstellen Sie eine Liste aller denkbaren Einwände und Ausflüchte, mit deren Hilfe man es vermeiden könnte, Ihre Idee oder Ihr Produkt anzunehmen. Ordnen Sie die Liste nach Wichtigkeit.

Einwände und Ausflüchte

4. Schreiben Sie Punkt für Punkt auf, wie Ihre Idee oder Ihr Produkt die Einwände und Ausflüchte entkräftet. Ordnen Sie die Liste nach Wichtigkeit.

Einwand:

Antwort:

Einwand:

Antwort:

Einwand:

Antwort:

Einwand:

Antwort:

5. Verfassen Sie eine Einleitung, die SOFORT die ungeteilte Aufmerksamkeit des Zuhörers weckt. Verwenden Sie dafür den stärksten Haken, der Ihnen einfällt.

Aussagen und Fragen für die Einleitung

6. Nennen Sie die Probleme, die Ihre Idee oder Ihr Produkt lösen soll.

Probleme, die gelöst werden sollen

7. „Salzen" Sie Ihre Präsentation so oft mit Neugier weckenden Aussagen oder Fragen, wie es für die Steigerung der Aufmerksamkeit Ihres Zuhörers nötig ist.

„Salzende" Fragen und Aussagen

8. Verwenden Sie „emotionale Wortbilder", damit Ihre wichtigsten Punkte kristallklar und unvergesslich werden. Notieren Sie die größten Vorteile, die Sie bieten, und Ihre Antworten auf Einwände; illustrieren Sie sie mit Wortbildern.

Wortbilder, die meine wichtigsten Punkte illustrieren.

9. Verwenden Sie das Zeugnis anderer Menschen, die von Ihrer Idee oder Ihrem Produkt profitiert haben.

Etwaige Zeugenaussagen

10. Verwenden Sie Vergleiche mit anderen Ideen, Produkten und Preisen, damit ein „subjektiver Wert" entsteht, der weit über die Kosten der Idee oder des Produkts hinausgeht.

Vergleiche oder subjektiver Wert

11. Beenden Sie die Präsentation mit einer kurzen Zusammenfassung der wichtigsten Nutzeffekte, einem Risiko-/Lohn-Vergleich (geringstes Risiko bei größtem möglichen Gewinn) und einem triftigen Grund, zur Tat zu schreiten.

Schluss

# Sitzung 7

# Mit dieser Methode werden Sie zum Überflieger – ohne sie nicht!

**Eine präzise und praxistaugliche Vision dessen, was Sie erreichen wollen**

Ihr Porsche hat zwar das beste GPS-System der Welt, aber Sie müssen zuerst noch die Software aufspielen. Sie haben Ihren Bordcomputer neu programmiert. Mit dem Schlüssel haben Sie die Tür aufgesperrt und den Motor angelassen. Aber wenn Sie nicht wissen, wo Sie hin wollen, dann bringt Sie der Porsche nirgendwo hin. Zum Glück ist Ihr Porsche mit einem unglaublichen Global Positioning (GPS) System ausgestattet. Sie brauchen nur die Landkartensoftware aufzuspielen und Ihr Reiseziel einzugeben, dann bringt Sie das System in Rekordzeit zu all Ihren Träumen.

Ein Freund von mir hat mir einmal sein Ferienhaus auf Hawaii angeboten. Dabei handelte es sich um ein palastartiges Anwesen mit einem eigenen Privatstrand und mit hektarweise tropischen Gärten. Das Haus hatte eine Wohnfläche von über 1.300 Quadratmetern. Das war eines der schönsten Stückchen Paradies, die ich je gesehen hatte. Stellen Sie sich vor, ich würde Ihnen zwei Wochen kostenlosen All-Inclusive-Urlaub für zwei Personen auf dem Anwesen meines Freundes in Hawaii anbieten. Dazu gehören zwei Erster-Klasse-Flugtickets nach Hawaii, die Benutzung des roten Ferrari-Cabrios meines Freundes im Wert von 200.000 US-Dollar und 1.000 Dollar Taschengeld pro Tag. Aber das ist noch nicht alles. Wenn Sie ankommen, finden Sie auf dem Küchentisch einen an Sie adressierten Umschlag. Darin befindet sich eine Million US-Dollar – und die gehören Ihnen! Die Sache hat nur einen einzigen Haken: Ich gebe Ihnen das alles nur, wenn Sie das Anwesen meines Freundes selbst finden. Wenn Sie es nicht finden, geben Sie mir die 3.000 Dollar für die Flugtickets zurück und sind in Hawaii auf sich gestellt: kein Haus, kein Auto, kein Taschengeld und keine Million.

Als erstes stellen Sie dann vielleicht die Frage: „Wie lautet die Adresse?“ Wenn ich darauf antworte: „Ich habe Ihnen doch schon gesagt, es ist in Hawaii.“ – Dann fragen Sie als Nächstes vielleicht: „Ja, aber auf welcher Insel?“ Dann würde ich antworten: „Auf einer der sieben.“ Dann wären Sie vielleicht etwas verärgert und würden fragen: „Wie um alles in der Welt soll ich das denn finden?“ Darauf würde ich Ihnen sagen: „Fliegen Sie einfach nach Hawaii und fangen Sie an zu suchen. Ich gebe Ihnen einen ganzen Tag Zeit.“ Mit nur einem Tag Zeit für das Absuchen der Küste von sieben Inseln, ohne irgendeinen Hinweis auf das Aussehen des Anwesens, ohne Adresse und ohne Landkarte – wie groß wären wohl Ihre Chancen, in dem gegebenen Zeitraum an der richtigen Adresse anzukommen? Gleich null!

Auch wenn Sie wissen, dass Sie selbst bezahlen müssen, wenn Sie das Anwesen meines Freundes nicht am Ankunftstag finden, würden Sie es überhaupt versuchen? Natürlich nicht! Obwohl eine Million Dollar auf Sie wartet, würden Sie es nicht versuchen, denn ganz egal wie groß die Belohnung ist, Sie haben absolut keine Chance, ein bestimmtes Haus in dem Zeitraum zu finden, der Ihnen zur Verfügung steht.

Was müssen Sie wissen, damit Ihre Chancen zu gewinnen steigen? Als Erstes müssten Sie wissen, auf welcher Insel sich das Anwesen befindet; dann könnten Sie schon einmal einen Flug zu dieser bestimmten Insel buchen. Zweitens brauchen Sie die genaue Adresse. Und drittens brauchen Sie eine Straßenkarte mit Anweisungen, wie Sie vom Flughafen zu dem Haus gelangen.

Nehmen wir also an, ich gebe Ihnen eine sehr genaue Wegbeschreibung vom Flughafen über mehrere Highways und ein halbes Dutzend Nebenstraßen bis vor das Tor des Anwesens. Ich würde Ihnen auch die sechsstellige Zahlenkombination geben, mit der Sie das Tor öffnen können, aber ich würde Ihnen die Adresse, die Wegbeschreibung und die Zahlenkombination nur einmal sagen. Würden Sie versuchen, sich alles zu merken, oder würden Sie sich alles aufschreiben? Mit der Wegbeschreibung in der Hand brauchen Sie vom Flughafen aus nur 30 Minuten, um das Haus zu finden, die Reise zu gewinnen und die Million zu bekommen. Wie groß ist Ihre Erfolgschance jetzt? Theoretisch 100 Prozent. Innerhalb weniger Minuten sind Ihre Erfolgschancen von null auf 100 Prozent gestiegen. Ihre unmögliche Reise ist nicht nur möglich, sondern sogar sicher geworden.

Nun raten Sie einmal, wie mehr als 97 Prozent der erwachsenen Amerikaner durch ihre Tage, Wochen, Monate, Jahre und traurigerweise durch ihr ganzes Leben gehen? Was ihre Träume angeht, so wissen sie nicht einmal, auf welcher Insel sie sich befinden. Sie haben keine einzige Adresse. Sie haben weder eine Straßenkarte noch eine Wegbeschreibung. Und leider ist die Zeit, die ihnen für die Erreichung ihrer Träume bleibt, viel knapper bemessen als sie denken. Und wie ist das bei Ihnen? Eines ist klar: Wenn Sie keine klare Vorstellung von Ihrem Reiseziel und keine genaue Landkarte dazu haben, dann kommen Sie niemals an. Dann erreichen Sie keinen einzigen größeren Traum, egal wie sehr Sie sich anstrengen und wie groß der Lohn dafür wäre.

Ich hoffe, Sie haben das Bild so langsam begriffen. Wenn Sie sich die Zeit nehmen würden, nach dem Weg zu fragen und ihn aufzuschreiben, wenn Sie dafür einen vierzehntägigen Urlaub bekämen – um wie viel wichtiger sind dann die Adressen Ihrer privaten und beruflichen Träume und eine Landkarte, mit deren Hilfe Sie sie rechtzeitig erreichen und genießen können? Wie viel wichtiger als ein Urlaub ist Ihnen Ihre Karriere? Wie viel wichtiger ist Ihnen das Verhältnis zu Ihrem Ehepartner, zu Ihren Kindern und Ihren Freunden? Und doch ist die Wahrscheinlichkeit hoch, dass Sie zu den 97 Prozent der erwachsenen Bevölkerung gehören, die nie einen Anfahrts- oder Zeitplan aufgestellt haben, mit denen sie ihre Träume in den wichtigsten Lebensbereichen erreichen könnten.

## Meisterstrategie 7 – eine klare und präzise Vision dessen, was Sie erreichen wollen

Wie mächtig ist diese Meisterstrategie? Als John 17 Jahre alt war, fing er als Buchhalter in einem Textilgeschäft in Cleveland, Ohio, an. Er verdiente vier Dollar die Woche. Nach ein paar Wochen nahm die Vision einer eigenen Firma Gestalt an. Drei Jahre lang sparte und lieh er so viel Geld zusammen wie er nur konnte. Dann beschaffte er sich einen Partner, und mit weniger als 2.000 US-Dollar Startkapital gründeten sie ihren eigenen Textilhandel. Im gleichen Jahr wurde in Amerika zum ersten Mal nach Öl gebohrt, und in den nächsten paar Jahren schaute John zu, wie gewisse Geschäftsleute in Cleveland dadurch viel Geld verdienten, dass sie kleine Erdölraffinerien aufbauten. Sein Partner und er beschlossen, 4.000 US-Dollar in den Bau einer Kleinraffinerie zu investieren und einen dritten Partner zu engagieren, der dafür zuständig wäre. Als die Ölbranche zu boomen begann, herrschte hoffnungsloses Chaos, aber John hatte mitten in dem Chaos laut einem Autor „eine klare Vision davon, wohin sich die Branche entwickeln würde und von der Schlüsselrolle, die sein Unternehmen in dieser Entwicklung spielen könnte.“ (*John D. Rockefeller: The Heroic Age of American Enterprise*, C. Scribner's Sons, 1941)

Beachten Sie, dass John keinen Anfangsvorsprung hatte, denn in Wirklichkeit war er spät dran. Er hatte auch keinen Größenvorteil, denn seine

Raffinerie war eine der kleinsten Clevelands. Ihm fehlten die dicken Brieftaschen und die Unterstützung einer Investorengruppe, die ihm einen finanziellen Vorteil verschafft hätte. Tatsächlich arbeitete er praktisch mit nichts. Alles was John hatte, war die klare Vision davon, wohin sich die Erdölindustrie entwickeln würde und welche Schlüsselrolle sein Unternehmen dabei spielen könnte.

**Wie würden Sie entscheiden?**

Überlegen Sie sich einmal Folgendes: Wenn Sie in einer aufstrebenden Branche, die noch in den Kinderschuhen steckt, ein Unternehmen gründen würden und die Wahl zwischen folgenden beiden Möglichkeiten hätten: 1. Die finanzielle Unterstützung von wohlhabenden Investoren und ein Arsenal von Dollarmillionen. 2. Nur ein paar Tausend Dollar, zwei Partner und eine klare Vision von der Zukunft der Branche sowie der Schlüsselrolle, die Ihr Unternehmen darin spielen könnte. Für welche der beiden Möglichkeiten würden Sie sich entscheiden? Genauso wie alle Menschen, die ich kenne, würden Sie sich für die erste Möglichkeit entscheiden. Ich würde das auch tun. Aber damit würden wir uns alle falsch entscheiden. Finanzkraft ist zwar wichtig, aber nichts ist mächtiger als ein Mensch mit einer klaren und präzisen Vision.

Nun zurück zu unserer Geschichte. John bewies, dass nichts mächtiger ist als ein Mann mit einer klaren Vision. Innerhalb weniger Jahre wurde John D. Rockefeller zu einem der reichsten Männer der Welt. Seinem Unternehmen Standard Oil gehörten 25 Prozent aller Ölquellen in den Vereinigten Staaten, 80 Prozent der Raffinerien und 90 Prozent der Erdölpipelines. Vergleichen Sie diese Geschichte eines Mannes mit einer Vision und wenig Finanzkraft einmal mit der Geschichte der Dot-com-Unternehmen in den 1990er-Jahren. Diese hatten Milliarden von US-

Dollar im Rücken, aber keine echte Vision. John D. Rockefeller hatte am Ende das wertvollste Unternehmen aller Zeiten; die Dot-com-Unternehmen dagegen lösten sich fast genauso schnell in Luft auf wie sie entstanden waren.

Wenn man die Biografien der erfolgreichsten Menschen der Welt liest, ergibt sich immer wieder die gleiche Moral. Ich habe schon in unserer dritten Sitzung erwähnt, dass Ray Kroc ein 52-jähriger Vertreter für Milchshake-Maschinen war. Die Maschinen, die er verkaufte, konnten fünf Milchshakes gleichzeitig mixen. Ein durchschnittliches Café bestellte vielleicht eine Maschine, ein größeres Restaurant vielleicht auch einmal zwei. Als Kroc von einem einzigen Restaurant eine Bestellung über acht Milchshake-Maschinen erhielt, konnte er es kaum erwarten, nach San Bernardino in Kalifornien zu fahren, weil er sehen wollte, was das für ein Restaurant war, das die Möglichkeit brauchte, 40 Milchshakes gleichzeitig zu machen.

Als Ray das achteckige Restaurant zum ersten Mal betrat, war er zuerst überrascht, wie klein es war, und er war schockiert davon, dass eine Warteschlange aus dem Restaurant heraus um das Gebäude herum und bis auf den Parkplatz reichte. In seiner Autobiographie „Grinding It Out“ (Regnery, 1977) schreibt er: „An jenem Abend dachte ich in meinem Motelzimmer schwer über das nach, was ich während des Tages gesehen hatte. Bilder von McDonald's-Restaurants an allen Straßenecken im ganzen Land geisterten durch meinen Kopf.“

An einem einzigen Tag hatte Kroc eine klare und präzise Vision davon gewonnen, was aus diesem kleinen Restaurant werden könnte, und er konnte nicht mehr aufhören, darüber nachzudenken. Die Brüder McDonald, die das Restaurant gegründet hatten, erlebten zwar aus erster Hand den phänomenalen Erfolg ihres Konzepts, aber sie hatten keine klare

Vision davon, was aus diesem Restaurant werden könnte. Sie glaubten nicht einmal an Rays Vision, und deshalb verkauften sie überglücklich alle ihre Ideen, Speisekarten, ihren Namen und die weltweiten Franchise-Rechte für nur zwei Millionen US-Dollar. Aus der Macht seiner Vision heraus schuf Ray Kroc die erfolgreichste Restaurantunternehmung der Geschichte mit 25.000 McDonald's-Restaurants auf der ganzen Welt. Seine Vision bescherte nicht nur seiner Familie auf Generationen hinaus ein unschätzbares Vermögen, sondern auch seinen Franchisenehmern und Aktionären ein Einkommen in Milliardenhöhe.

**Das zehnte Gesetz des außergewöhnlichen Erfolges**

Außergewöhnliche Leistungen sind ohne klare, präzise Vision und ohne detaillierten Plan für die Erreichung der Vision nicht zu schaffen.

### Wovon träumen Sie?

Vor einiger Zeit hielt ich eine Rede auf einem Kongress und fragte ein Publikum von 3.000 Menschen: „Wovon träumen Sie?" Ich sah keine 3.000 Hände nach oben schnellen, sondern nur 3.000 ausdruckslose Gesichter. Hinterher signierte ich Bücher und fragte die Menschen persönlich nach ihren wichtigsten Träumen. Darauf folgte immer eine Minute peinlichen Schweigens, während der Befragte in den hintersten Winkeln seines Geistes nach einer Antwort suchte. So ungefähr nach einer Minute nannte er beziehungsweise sie mir dann eine höchst allgemeine Antwort: „Ich will erfolgreich sein." „Ich will Millionär werden." „Ich will finanziell unabhängig werden, damit ich meinen Job kündigen kann." Während sie antworteten, lächelten die Menschen, wie wenn sie endlich die Antwort auf eine Quizfrage gefunden hätten. Das Lächeln verwandelte sich allerdings schnell in einen entsetzten Blick, als ich fragte: „Und wie wollen Sie diesen Traum verwirklichen?" Diese Menschen waren weder ungebildet noch unkultiviert. Die meisten hatten ein College besucht, und viele von ihnen hatten einen Universitätsabschluss. Einige davon waren hoch qualifizierte Ingenieure oder Wissenschaftler, die bei der NASA arbeiteten. Und doch hatte keiner von ihnen seine Träume klar definiert geschweige denn einen Handlungsplan gefasst, wie er sie erreichen könnte.

Was ist mit Ihnen? Wovon träumen Sie? Wenn Sie alles bekommen könnten, was Sie wollen, was würden Sie sich dann wünschen? Außergewöhnliche Erfolge, Reichtum, eine erfüllte Ehe, einen perfekten Körper, ein langes Leben oder vielleicht alles zusammen? Was wollen Sie wirklich?

Unabhängig von Ihrer Antwort möchte ich, dass Sie mir Ihren schriftlichen Plan zeigen, wie Sie Ihre wichtigsten Träume erreichen wollen. Ach, Sie haben keinen Plan? Machen Sie sich nichts daraus, denn das heißt nur, dass sie mit 97 Prozent der erwachsenen Bevölkerung im gleichen Boot sitzen. Sie träumen, aber sie erreichen ihr wichtigsten Träume nie.

**„Wo keine Weissagung ist, wird das Volk wild und wüst." (Sprüche** 29:18)

König Salomo stand in der ganzen Welt in dem Ruf, der weiseste Mann auf Erden zu sein. Könige und Königinnen aus nah und fern bezahlten Unsummen für seinen Rat. Im Buch der Sprüche schrieb Salomo: „Wo keine Weissagung ist, wird das Volk wild und wüst". Für Salomo war eine Weissagung oder Vision nichts Mystisches, Vages oder Abstraktes, sondern ein präzise und klar definiertes Ziel. In dieser Aussage steckt enorm viel Weisheit. Salomo sagt damit, dass Menschen, die keine klare und präzise Vision dessen haben, was sie in irgendeinem Bereich ihres Lebens erreichen wollen, in diesem Bereich langsam absterben. Dieses Sterben ist kein körperlicher, sondern vielmehr ein mentaler und emotionaler Vorgang. Wenn Sie für Ihre Ehe, Ihre Elternschaft, Ihre Arbeit, Ihr Geschäft, Ihre Karriere oder irgendein bestimmtes Projekt keine Vision haben, dann verlieren Sie den Antrieb, die Motivation, die Hingabe, die Energie und schließlich jegliche Hoffnung, in diesem Bereich oder mit diesem Projekt etwas Wesentliches zu erreichen oder glücklich zu werden. Das war die schlechte Nachricht.

## Die vier Persönlichkeitstypen im Vergleich

**Bummler**

Träume sind nicht definiert oder nicht existent.

Hoffnungen sind bestenfalls vage.

**Zielstrebige**

Träume sind vage oder allgemein gehalten. Keine genauen „Adressen", keine Pläne, keine Zeitpläne, aber viele Hoffnungen.

**Erfolgsmenschen**

Träume sind vage, aber kurzfristige Ziele sind definiert und haben Zieltermine. Verfolgen kurzfristige Ziele energisch und erreichen sie häufig auch rechtzeitig.

**Überflieger**

Große, klar definierte Träume, detaillierte Planung mit Zwischenzielen; Zeitplan mit Fristen für alle Aufgaben, Ziele und Träume. Verfolgen Träume energisch, erreichen sie und korrigieren sie häufig nach oben.

Die gute Nachricht ist, dass das Gegenteil von Salomos Spruch genauso wahr ist wie die eigentliche Aussage: *Wo eine Vision ist, da leben die Menschen auf!* Wenn Sie also in irgendeinem Bereich oder für irgendein Projekt eine klare und präzise Vision dessen bekommen, was Sie erreichen wollen, dann wird dieser Bereich beziehungsweise dieses Projekt mit Leben erfüllt. Neues Leben bedeutet mehr Antrieb, größere Motivation, mehr Einsatz, mehr Energie und wahre Erfüllung. Es ist verblüffend, wie Visionen jeder Unternehmung Leben einhauchen können – einem beruflichen Projekt oder der beruflichen Laufbahn im Allgemeinen, der Beziehung zu Ihrem Ehepartner und den Beziehungen zu Ihren Kindern. Wenn man außergewöhnliche Ergebnisse erzielen will, ist eine klare und präzise Vision unabdingbar. Ohne Vision gibt es keine außerordentlichen Erfolge, sondern nur Sterben und Tod.

**Das elfte Gesetz des außergewöhnlichen Erfolges**
Eine Vision haucht jedem Projekt und jeder Unternehmung Leben ein; das Fehlen einer Vision läutet das Sterben ein.

### Was für eine Vision soll das sein?

Wenn Sie vorhätten, drei Wochen Urlaub zu nehmen und quer durch Amerika zu fahren, würden Sie dann einfach mit Ihrem Auto in irgendeine Richtung losfahren, ohne eine Vorstellung von einem Zielort zu haben, oder würden Sie sich vor Antritt der Reise ein Ziel aussuchen? Natürlich würden Sie vor Antritt der Fahrt ein Ziel auswählen. Warum? Weil Sie wüssten, dass Sie nur drei Wochen haben und weil Sie aus Ihrer Reise auf jeden Fall das Beste machen wollen würden. Und wenn Sie sich Zielorte ausgesucht hätten, würden Sie dann einen Straßenatlas nehmen und die Highways heraussuchen, auf denen Sie zu Ihren Zielen fahren müssten? Selbstverständlich! Wieso? Weil Sie immer den besten Weg nehmen wollen, denn Sie wollen Ihre Reiseziele ja ohne Irrfahrten und Umwege erreichen. Würden Sie versuchen festzulegen, an welchen Tagen Sie an welchem Zielort ankommen und wie viel Zeit Sie dort verbringen wollen? Selbstverständlich! Wieso? Weil Sie genug Zeit haben wollen, alles zu besichtigen, was Sie unbedingt sehen wollen und allen Aktivitäten nachzugehen, die Sie am liebsten betreiben – und Sie wissen ja, dass Sie dafür nur drei Wochen zur Verfügung haben. Würden Sie auf die Idee kommen, ohne genaue Straßenkarte loszufahren? Selbstverständlich nicht! Die Straßenkarte ist der Schlüssel zu allen Zielen, die Sie sich für diese Reise gesetzt haben.

#### Was ist wichtiger?

Was ist Ihnen wichtiger, ein dreiwöchiger Urlaub oder eine Karriere, in der Sie die persönliche Erfüllung und Ihre finanziellen Ziele erreichen? Was ist wichtiger, ein dreiwöchiger Urlaub oder eine erfüllte Ehe, in der die tiefsten körperlichen, emotionalen und religiösen Bedürfnisse beider Ehepartner erfüllt werden? Was ist wichtiger, ein dreiwöchiger Urlaub oder das Glück und das Wohlergehen Ihrer Kinder? Die Antworten auf all diese Fragen liegen klar auf der Hand. Aber trotzdem: Wenn Ihre Antwort auf meine erste Frage („Wovon träumen Sie?") genauso allgemein und vage ausfällt wie die Antworten meiner Zuhörer, dann sagt mir das, dass Sie der dreiwöchigen Urlaubsreise eine größere Bedeutung beilegen als den genannten viel wichtigeren Bereichen des Lebens. Für Ihren Urlaub schaffen Sie eine klare und präzise Vision; Sie planen alle Zielorte und Straßen im voraus. In den wichtigsten Bereichen Ihres Lebens jedoch sind Sie mit Ihrem Auto einfach in irgendeine Richung losgefahren; auf den wichtigsten Reisen Ihres Lebens fahren Sie blind!

**Was sind Visionen, und wie bekommt man sie?**

Für unsere Zwecke brauchen wir uns nicht mit der Wörterbuch-Definition von „Vision" zu beschäftigen. Wir halten uns lieber an das, was Salomo meinte, wenn er dieses Wort benutzte. Für Salomo war eine Vision ein klar definierter Traum, eine Idee oder ein Ziel; dazu gehört auch die Planung der einzelnen Schritte, die für die Verwirklichung notwendig sind.

***Wichtige Definition***

*Salomos Vision: Ein klar definierter Traum, eine Idee oder ein Ziel sowie ein Plan, der die einzelnen Schritte enthält, die für die Verwirklichung notwendig sind.*

Henry Ford hatte eine vielversprechende Karriere als Ingenieur bei der Edison Electric Company vor sich. Während er bei Edison arbeitete, verliebte er sich in den neuesten Spleen der Reichen – in die pferdelosen Kutschen. Von Edisons Beispiel und seinen Worten ermutigt, baute er in seiner bescheidenen Werkstatt den Prototyp eines Automobils. Er war ganz besessen von den Möglichkeiten, die er sah; er kündigte seine Arbeitsstelle und ging zu der neu gegründeten Detroit Automobile Company. Während alle Autohersteller der Welt Wagen produzierten, die sich nur die Superreichen leisten konnten, hatte Ford die Vision von einem Auto, das für alle erschwinglich wäre. Seine Vorgesetzten bei der Detroit Automobile Company teilten seine Vision keineswegs und bestanden darauf, dass er Autos für den erprobten Markt entwerfen sollte – die Superreichen. Da er gezwungen war, seine Vision beiseite zu schieben, machte Ford das Sterben durch, das Salomo beschrieben hat. Er verlor seine Motivation, seine Energie, seine Hingabe, seine Kreativität, seine Produktivität und schließlich auch seinen Arbeitsplatz.

Als er im Jahr danach seine eigene Firma gründete, wandte sich Ford seiner ursprünglichen Vision zu – ein Automobil zu schaffen, das so wenig kostete, dass es sich jede Familie in Amerika leisten konnte. Zu diesem Zeitpunkt gab es 250 Automobilhersteller in den Vereinigten Staaten, und in Europa noch viel mehr. Diese Hersteller produzierten zwischen 12 und 300 Autos pro Jahr. Von seiner Vision beflügelt entwickelte Ford neue Herstellungsmethoden, mit deren Hilfe er die Stückzahlen aller anderen Hersteller in den Schatten stellte. Nach einigen Jahren – als die meisten Konkurrenten weniger als 1.000 Autos pro Jahr produzierten, stellte er 1.000 Autos pro Tag her! Im Jahre 1928 war jedes zweite Auto auf der Welt ein Ford.

Wenn Sie jetzt von der Macht der Vision immer noch nicht überzeugt sind, betrachten Sie doch einmal die Erfindung der elektrischen Glühbirne: Wissenschaftler und Ingenieure, Mathematiker, Physiker und Chemiker hatten seit mehr als 50 Jahren versucht, eine elektrische Glühbirne zu bauen. Hinter diesen Männern standen die besten wissenschaftlichen Institute der Welt, aber trotzdem schafften sie es nicht. Thomas Edison dagegen hatte nur eine dreimonatige formale Ausbildung genossen. Er gab selbst zu, dass er keine ausreichende naturwissenschaftliche oder mathematische Bildung besaß und dass er auch nicht den genialen IQ eines Wissenschaftlers hatte. Aber trotzdem erreichte er sein Ziel, eine brauchbare und erschwingliche Glühbirne herzustellen, in weniger als drei Jahren. Wie schaffte er das? Indem er exakt das gleiche Verfahren anwendete, das Sie gleich kennen lernen werden, und indem er noch eine weitere Strategie anwendete, die Sie in einer späteren Sitzung kennen lernen werden. Es ist schon erstaunlich: Mithilfe dieser Strategie schuf er mehr als 1.000 bahnbrechende Produkte, auf die Patente ausgestellt wurden. Seine Erfindungen schufen völlig neue Industriezweige, unter anderem die Tonaufzeichnung und den Film. Und vor allen Dingen gelangen ihm die Erfindungen in Rekordzeit. Wie? In jedem einzelnen Fall stand am Anfang eine klare und präzise Vision dessen, was er erreichen wollte.

Und noch ein wichtiger Punkt: Keiner dieser Männer – Edison, Ford, Kroc und Rockefeller – verließ sich auf sein Gedächtnis. Alle legten ihre Visionen schriftlich nieder. Schon ganz am Anfang schrieben sie ihre Vision auf ein oder zwei Seiten auf, einschließlich des Weges, auf dem sie sie verwirklichen wollten, und einschließlich der Schritte, die sie dafür unternehmen müssten. Außerdem notierten sie für jede Aufgabe und für jeden Schritt ein zeitliches Ziel.

### Visionen aufschreiben – ist das wirklich so wichtig?

Wenn es die größten Überflieger aller Zeiten für nötig hielten, ihre Träume schriftlich zu definieren und die Ausführung zu skizzieren, warum sollten Sie oder ich dann glauben, wir könnten ohne schriftliche Niederlegung auskommen? Erinnern Sie sich an den Urlaub auf Hawaii, von dem wir vorhin gesprochen haben. Wie wichtig war es da, die Adresse und die Wegbeschreibung zu notieren, damit Sie das Anwesen finden und den kostenlosen Urlaub gewinnen konnten? Es war nicht nur wichtig, sondern unerlässlich! Wenn Sie versucht hätten, sich die Adresse, die Wegbeschreibung und die sechsstellige Zahlenkombination für das

Tor zu merken, dann hätten Sie keine Chance gehabt, das Anwesen in der vorgegebenen Zeit zu finden und durch das Tor zu kommen. Dann hatten wir die dreiwöchige Autoreise. Sie würden eine Durchquerung des Landes doch niemals anfangen ohne vorher ein Ziel festzulegen und eine Straßenkarte zu studieren. Wie viel wichtiger als Urlaub und Reisen ist Ihnen Ihr Leben? Wie viel wichtiger sind Ihre Ehe und die Zukunft Ihrer Kinder? Wie viel wichtiger ist Ihre berufliche Karriere oder das Schicksal Ihres Unternehmens? Wollen Sie nichts weiter als eine bedeutungslose Zahl in einer Statistik sein, oder wollen Sie Ihr Leben so führen, dass Sie selbst und die Menschen, die Sie lieben, produktiv sind und Erfüllung finden? Wollen Sie etwa zu den 97 Prozent der erwachsenen Bevölkerung gehören, die jedes Jahr ziemlich genau an der gleichen Stelle anfangen, an der schon im letzten Jahr angefangen haben? Sie gehen zu Fuß zu ihren entferntesten Träumen, und dabei drehen sie sich oft genug im Kreis, so dass sie die Träume irgendwann aufgeben. Wollen Sie es genauso machen wie sie, oder wollen Sie lieber in Ihren Porsche Carrera Turbo steigen und mit 290 Stundenkilometern zu Ihren Träumen fahren, wobei alle Zielorte und Straßenkarten im GPS-System gespeichert sind? Es macht einen riesigen Unterschied, ob Sie Ihre Lebensträume planen oder nicht.

## Vision Mapping – das GPS-System Ihres Porsches

Ganz egal wie gut Ihr Porsche ausgestattet ist und wie viel PS der Motor hat: Ohne Zielort und Karte kommen Sie nie an einem fernen Ziel an. Sie müssen Ihre Reiseziele und den Weg zu jedem einzelnen Ziel festlegen. Den ersten Schritt dieses Verfahrens gehen wir genau jetzt. Ich bezeichne dieses Verfahren als *Vision Mapping*. Das ist eines der mächtigsten Konzepte, die Sie erlernen werden, und es bildet die Grundlage, auf der andere Meisterstrategien aufbauen.

Für den Rest des vorliegenden Abschnitts und für die nächste Sitzung brauchen Sie den zweiten Loseblatt-Ordner, den ich am Ende der ersten Sitzung erwähnt habe. Ich bezeichne ihn als „Vision Mapping Journal". Wenn Sie einen dafür vorbereiteten Ordner mit Trennblättern und passenden Vordrucken haben wollen, dann können Sie ihn unter (800) 246-1771 bei meiner Sekretärin oder auf meiner Internetseite www.stevenkscott.com bestellen. Sie können zwar genauso gut einen eigenen Ordner mit Trennblättern benutzen, aber das vorgedruckte Journal ist übersichtlicher, so dass Sie Ihre Träume schneller und einfacher planen können.

***Wichtige Definition***

*Vision Mapping*

1. *Den Traum oder die Vision schriftlich definieren und beschreiben.*
2. *Die Vision oder den Traum in einzelne Ziele umwandeln.*
3. *Jedes Ziel in einzelne Schritte zerlegen.*
4. *Jeden komplexen Schritt in einfache Teilschritte zerlegen.*
5. *Für jeden Teilschritt, jeden Schritt und jedes Ziel einen geplanten Abschlusszeitpunkt festlegen.*

## Vision Mapping – Vorbereitende Schritte

Das Vision Mapping an sich besteht zwar nur aus fünf Schritten, aber vor Beginn des Verfahrens müssen Sie mehrere vorbereitende Aufgaben bewältigen:

**1. Erstellen Sie eine Liste Ihrer wichtigsten Lebensbereiche.** Das ist bei jedem Menschen anders. Ich kenne Menschen, die nur zwei wichtige Bereiche aufschreiben, und andere, die zwölf Bereiche aufschreiben. Meine eigene Liste besteht aus sieben wichtigen Bereichen: meiner Beziehung zu Gott; der Beziehung zu meiner Frau; der Beziehung zu meinen Kindern; der Gesundheit, dem Glück, der Sicherheit und der Erfülltheit meiner Familie; meiner Gesundheit; meinen Geschäften; meinen außerplanmäßigen Aktivitäten.

Bei mir gibt es sieben wichtige Bereiche, aber Sie haben vielleicht mehr oder auch weniger. Die Anzahl ist nicht von Bedeutung. Wichtig ist nur, dass Sie eine Liste der wichtigsten Bereiche Ihres Lebens aufstellen, egal ob diese lang oder kurz ist.

**2. Sortieren Sie die Liste nach Wichtigkeit.** Wenn Sie die Liste vor sich liegen haben, sortieren Sie sie nach Wichtigkeit. Aber bringen Sie die einzelnen Punkte in die Reihenfolge, die wirklich Ihrem Herzen und Ihrem Geist entspricht – nicht in eine Reihenfolge wie sie Ihrer Meinung nach „sein sollte" oder von der sie glauben, dass sie anderen Personen gefällt. Es könnte zum Beispiel sein, dass der religiöse Bereich bei Ihnen die siebte Stelle einnimmt. Setzen Sie ihn dann nicht deshalb an die erste Stelle, weil Sie wollen, dass Ihre Frau und andere Menschen wissen, dass Sie ein gläubiger Mensch sind. Setzen Sie ihn an die Stelle, an die er gehört. Vergessen Sie nicht, dass dieses Journal nicht für andere gedacht ist. Sie brauchen den Inhalt mit niemand anderem zu teilen. Das ist Ihre private Straßenkarte, die für niemand anderen bestimmt ist. Deshalb müssen Sie unbedingt in allen Bereichen ehrlich sein.

**3. Legen Sie in Ihrem Ordner mithilfe von Trennblättern für jeden wichtigen Bereich Unterordner an.** Die erste Seite jeder Abteilung bekommt die Überschrift „Traumverzeichnis". Das wird die Liste Ihrer

Träume in diesem Bereich. Hier als Beispiele meine aktuellen Listen für meine geschäftlichen Unternehmungen und meine außerplanmäßigen Aktivitäten:

**Beispiel: Geschäft und Projekte – Traumverzeichnis**

1. Eine neue Sendung für Gary Smalley schreiben und produzieren.
2. Eine neue Sendung für den Total Gym schreiben und produzieren.
3. Eine Sendung für den Verkauf von MAX.com schreiben und produzieren.
4. Eine Sendung für den Verkauf des Wassermax schreiben und produzieren.
5. Eine neue Sendung für den Verkauf von Zero F. schreiben und produzieren.

**Beispiel: Außerplanmäßige Aktivitäten – Traumverzeichnis**

1. Mein Buch „Der Masterplan" fertig stellen.
2. Ein Buch über die Weisheit und die Strategien schreiben, die Salomo im Buch der Sprüche formuliert hat.
3. Das Drehbuch für eine TV-Komödie mit dem Titel *Dirty Tricks Incorporated* mit Aaron und Chuck Norris schreiben.
4. Einen Science-Fiction-Roman mit dem Titel *Total Eclipse* schreiben.

Versuchen Sie nicht, Ihre Liste schon beim Aufschreiben zu sortieren, denn das verkompliziert den Denkprozess unnötig. Besser ist es, wenn Sie nach Fertigstellung der Liste für einen Bereich die Prioritäten dadurch anzeigen, dass Sie neben jeden nummerierten Traum einen Buchstaben schreiben. Der wichtigste Traum bekommt den Buchstaben A, der zweitwichtigste ein B und so weiter.

Ich weiß, dass das alles sehr einfach klingt und dass Sie sich vielleicht fragen, ob Ihnen das wirklich viel bringen soll. Aber vergessen Sie nicht, dass dies nur die Vorbereitungen für die Erstellung einer Landkarte der wichtigsten Träume und Projekte sind. In der nächsten Sitzung arbeiten wir den eigentlichen Prozess Schritt für Schritt durch. Das verspreche ich Ihnen: Wenn Sie diese Übung machen und Ihr eigenes Vision Mapping Journal zusammenstellen, dann erreichen Sie mehr Träume in kürzerer Zeit als Sie sich je vorstellen konnten. Träume, die sie ansonsten vielleicht aufgeben würden oder für deren Erreichung Sie normalerweise Ihr Leben lang brauchen würden, können Sie durchaus innerhalb von Monaten verwirklichen. Bedenken Sie, dass Edison in weniger als drei Jahren etwas gelungen ist, das Hunderte von Wissenschaftlern in 50 Jahren nicht geschafft hatten.

Hier geht es nicht darum, Ihre Produktivität um 20 bis 30 Prozent zu steigern oder Ihre Ehe und die Beziehung zu Ihren Kindern ein bisschen zu verbessern. Wir wollen Ihren Erfolg in allen wichtigen Lebensbereichen unendlich vergrößern. Das ist das Ziel unserer Sitzungen, und wenn Sie die Verfahren, Strategien und Fähigkeiten einsetzen, die Sie in den Sitzungen lernen, dann ergeben sich von ganz alleine bahnbrechende Ergebnisse.

Ich möchte diese Sitzung mit einer wahren Definition von außergewöhnlichem Erfolg abschließen. In der ersten Sitzung haben wir die falschen Bewertungsmaßstäbe betrachtet, die üblich sind: Beschäftigung, Titel, Einkommen und so weiter. Das sind keine geeigneten Messlatten für Erfolg. Man kann daran sicherlich Fortschritte messen, aber man kann nach diesen Maßstäben kein Leben beurteilen. Außergewöhnlicher Erfolg in allen Lebensbereichen bemisst sich nach dem Ausmaß und nach der Menge der bedeutsamen und Erfüllung bringenden Errungenschaften, die Sie in einem begrenzten Zeitraum erlangen – insoweit sie Ihre wichtigsten persönlichen Werte verkörpern. Wenn Sie zum Milliardär werden, Sie aber ein fürchterliches Familienleben haben, dann bringt Ihr außerordentlicher geschäftlicher Erfolg kein Glück und keine Erfüllung in Ihr eigenes Leben und in das Leben der Menschen, die Sie am meisten lieben. Wenn Ihre Kinder rebellieren, wenn Sie alles Mögliche tun, das ihrem eigenen Leben und dem Leben anderer schadet – was für einen außergewöhnlichen Erfolg haben Sie dann erreicht?

Nach vielen gängigen falschen Maßstäben würde Mutter Teresa als absolute Versagerin gelten. Sie hatte wahrscheinlich weniger Geld auf ihrem Bankkonto als Ihre Kinder. Sie hatte keinen beruflichen Titel. Sie hatte kein hübsches Büro, von dem aus sie arbeiten konnte. Aber ich kann Ihnen versichern: Als ihr Leben dem Ende zuging, war sie glücklich, und das Erreichte brachte ihr Erfüllung.

Darauf wollen wir also achten. Behalten wir immer im Blick, was wahrer Erfolg ist. Wenn er nicht Ihre persönlichen Werte, Ziele und Träume widerspiegelt, dann hat er nichts mit Erfüllung zu tun.

## Gang einlegen, Gas geben!

**So bringen Sie Ihre PS auf die Straße**

Die folgenden Übungen sollten Sie in Ihrem „Vision Mapping Journal" machen. Vordrucke dafür bekommen Sie im Buchhandel, auf meiner Internetseite (www.stevenkscott.com) oder in meinem Büro unter der Telefonnummer (800) 246-1771.

1. Eröffnen Sie mithilfe von Trennblättern eine eigene Abteilung für jeden wichtigen Bereich Ihres Lebens. Nummerieren Sie die Abteilungen und sortieren Sie sie nach ihrer Wichtigkeit.
2. Legen Sie für jeden Bereich eine Liste Ihrer Träume an, beginnend mit dem wichtigsten.
3. Legen Sie in allen Abteilungen für jeden Traum eine eigene Seite an. Diese Übung ist die erste Phase des Vision Mapping Prozesses. Mit den Übungen am Ende der folgenden Sitzungen kommen immer neue Informationen zu den angelegten Seiten hinzu.

Sitzung 8

# Ohne Landkarte ist eine Vision wertlos!

## Visionen dank Vision Mapping Wirklichkeit werden lassen

Der 415-PS-Motor Ihres Porsches bringt Sie überall hin, wohin Sie wollen. Die klare und präzise Vision des Fahrtziels ist die Software für das GPS-Navigations-System Ihres Porsches. Das Vision Mapping-Verfahren ist der kraftvolle Motor Ihres Porsches, der genügend Kraft bietet, Ihre wichtigsten Träume zu erreichen.

Ray Kroc hatte eine klare und präzise Vision, wie er das winzige Restaurant der McDonald-Brüder an alle Straßenecken Amerikas verlegen konnte. John D. Rockefeller hatte die Vision eines Unternehmens, das die Raffinierung und den Vertrieb von Erdöl beherrschen würde. Thomas Edison hatte die Vision, eine elektrische Glühbirne herzustellen und damit alle Wohnungen, Büros und Fabriken Amerikas zu erleuchten.

Drei Männer, drei Visionen; drei von drei verwandelten ihre Vision in Wirklichkeit. Jedes Jahr haben Millionen von Erwachsenen Visionen von Dingen, die sie wirklich wollen, privat oder beruflich. Und doch verwandelt nur ein Prozent dieser Menschen seine Visionen in Wirklichkeit. Was ist der Unterschied zwischen den drei Männern einerseits (einem Vertreter für Milchshake-Maschinen, einem Buchhalter mit 10 Cent Stundenlohn und einem Grundschulversager) und 99 Prozent der erwachsenen Bevölkerung Amerikas?

Stellen Sie sich einmal kurz vor, Sie hätten eine Vision von etwas, das Sie wirklich wollen und das 3.000 Meilen von Ihrem Wohnort entfernt ist. Stellen Sie sich vor, es gäbe eine schöne geradlinige, freie Autobahn ohne Geschwindigkeitsbegrenzungen zu diesem Zielort. Wenn Sie Ihren Traum ausschließlich zu Fuß erreichen könnten, dann würden Sie es wahrscheinlich gar nicht erst versuchen. Wenn Sie sieben

Tage die Woche acht Stunden am Tag wandern würden, bräuchten Sie bis zu Ihrem Bestimmungsort mindestens sechs Monate.

Wenn Sie allerdings Ihren neuen Porsche Turbo mit seinen 415 PS benutzen dürften, dann würden Sie einen Schnitt von 250 Stundenkilometern schaffen. Sie bräuchten nicht einmal einen ganzen Tag, um Ihr Ziel zu erreichen. Die meisten Erwachsenen sind auf ihre Füße angewiesen, aber eine kleine Elite kann zu ihren Zielen fahren. Die Fußgänger bewegen sich selten mehr als ein paar Meilen auf ihre persönlichen und beruflichen Träume zu. Dann ersetzen sie sie entweder durch leichter erreichbare Träume, oder sie hören ganz und gar auf zu träumen. Diejenigen dagegen, die 415 PS unter der Haube haben, treten die Reise zu ihren fernen Träumen nicht nur an, sondern sie vollenden sie auch und haben noch viel Zeit für die Verfolgung anderer Träume übrig. Der Prozess des Vision Mapping ist der Motor, der alle nötige Kraft bietet, um in einem annehmbaren Zeitrahmen zu jedem einzelnen Traum zu fahren.

## Meisterstrategie 8 – Wie man sich mit Vision Mapping Ziele setzt und sie erreicht

Seit 30 Jahren bringen immer wieder Menschen ihre Produkte und Ideen in der Hoffnung zu meinen Partnern und mir, dass wir die Produkte mit unserem Vermarktungs-Knowhow in einer Fernsehkampagne verkaufen. Jane Fonda kam mit ihrer Idee eines Laufbandes ohne Antrieb. Cher und Kristie Brinkley wollten, dass wir Haut- und Haarpflege-Serien entwickeln und verkaufen. Richard Simmons wollte, dass wir zusammen mit ihm ein Programm zum Abnehmen und eine Tanztraining-Videoreihe entwickeln und vermarkten. Und das sind nur einige der berühmten Perönlichkeiten, die an uns herangetreten sind. Es kamen noch Hunderte von Menschen zu uns, deren Namen Ihnen nichts sagen würden. Sie alle hatten Visionen von dem, was sie erreichen wollten. Manche Visionen waren vage, andere dagegen präzise und klar. Aber die Vision allein reicht nicht.

Eine Kosmetikerin hatte aus ihrer Vision ein Produkt gemacht, aber in acht Jahren fast nichts verkauft. Richard Simmons' Plan zur Gewichtsabnahme bestand aus einer einzigen Schreibmaschinenseite mit Anweisungen und einer Plastiktüte mit ein paar Pappschnipseln. Ein Freund von mir war baptistischer Pfarrer und wollte schon seit zehn Jahren ein Buch über die Ehe schreiben, mit dem er Eheleuten in ganz Amerika helfen wollte, aber er hatte dafür noch überhaupt nichts getan.

Diese Menschen hatten Visionen, aber sie drehten sich nur im Kreis (einige seit Jahren). Sie hatten nicht die Kraft, diese entfernten Träume tatsächlich zu erreichen und sie Wirklichkeit werden zu lassen. Als ich mich mit ihnen zusammensetzte und mir ihre Visionen anhörte, stellte ich ihnen eine Reihe von Fragen. Ihre Antworten lieferten mir alles, was ich brauchte, um mich in mein Hotelzimmer zurückzuziehen und den Prozess des Vision Mapping zu beginnen. In allen Fällen wurde dieser Prozess zu dem 415-PS-Motor, der diese Menschen dank seiner Kraft zu ihren sehnlichsten Träumen brachte. Das Vision Mapping machte aus dem einen Produkt der Kosmetikerin eine Serie von 160 Produkten mit einem Umsatz von 300 Millionen US-Dollar. Aus Richard Simmons' Pappschnipseln machte es sein *Gewichtsabnahme-Programm „Deal-A-Meal"* und seine Videoreihe *Sweatin' to the Oldies* – ein Millionengeschäft. Der Baptistenpfarrer wurde dadurch zu einem weltweiten Bestsellerautor für Beziehungsfragen. Millionen von

Menschen haben seine 15 Bücher und seine 18 Videos gekauft. Millionen von Ehen auf der ganzen Welt wurden durch sein Werk gerettet oder wieder belebt. Das sind nur einige der Dutzenden von Beispielen, wie ich Menschen mithilfe des Vision Mapping die Kraft gegeben habe, ihre „unmöglichen Träume" zu erreichen.

Letztes Jahr kam ein Nachbar mit der Vision eines wirklich familientauglichen Internetproviders zu mir; Familien auf der ganzen Welt machen sich Sorgen und wollen ihre Kinder vor Pornografen und anderen Haien retten, die durch das Internet junge Menschen erfolgreich in die Falle locken. Mir gefiel die Vision sehr gut, aber ich hatte dafür keine Landkarte. Unter Anwendung des Vision Mapping haben wir inzwischen einen Internetservice geschaffen, über den sich Eltern freuen können. Mein Freund und Partner Chuck Norris und Patricia Heaton aus *Everybody Loves Raymond*, werden weltweit für diesen neuen Dienst namens MAX.com werben.

### Die dreifache Kraft des Vision Mapping

Der Prozess des Vision Mapping bringt Ihnen drei Vorteile, die andere Menschen nicht haben. Erstens können Sie damit vage, verschwommene und abstrakte Träume in vollkommen klare und definierte Visionen verwandeln. Zweitens macht er Ihre unmöglichen Träume möglich und Ihre möglichen Träume wahrscheinlich. Ohne dieses Verfahren bleiben die meisten Ihrer Träume einfach nur Träume. Drittens können Sie mit diesem Verfahren Ihre Träume erweitern und sie schneller erreichen als ohne Vision Mapping.

In unserer letzten Sitzung haben wir die beiden vorbereitenden Schritte zum Vision Mapping unternommen. Wir haben die wichtigsten Bereiche Ihres Lebens festgelegt und dann Ihre derzeitigen Träume für diese Bereiche nach Wichtigkeit sortiert. Diese vorbereitenden Schritte geben Ihnen die ungefähre Lage Ihrer Träume an und sagen Ihnen, wie wichtig die Erreichung jedes einzelnen Traums für Sie ist. Machen Sie sich keine Gedanken darüber, wie viele oder wie wenige Träume Sie für jeden Bereich momentan haben. Es ist egal, ob Sie 20 oder nur einen einzigen Traum haben. Im Laufe der Monate und Jahre fallen einige Ihrer Träume mit geringer Priorität einfach weg. Sie werden sich gar nicht mehr dafür interessieren. Dafür tauchen andere Träume auf und gewinnen irgendwann höhere Priorität. Ihr Vision Mapping Journal ist ein Buch, das sich durch Ihr ganzes Leben zieht. Wenn Ihre Träume wechseln, brauchen Sie sie nur schriftlich niederzulegen und ihnen die richtige Priorität zuzuweisen.

**Schritt eins – Träume in spezifische Ziele verwandeln**

Der erste Schritt des Vision Mapping ist die Verwandlung des Traums in spezifische Ziele. Wenn Sie unser vorgefertigtes Vision Mapping Journal verwenden, finden Sie in der Abteilung „Ziele" Seiten mit der Überschrift „Träume werden Ziele". Wenn Sie nicht unsere Vordrucke benutzen, dann können Sie (nach diesem Muster) Ihre eigenen Seiten gestalten. Legen Sie für jeden Ihrer Träume eine solche Seite an.

Um Ihnen jeden Schritt dieses Prozesses klarzumachen, geleite ich Sie Schritt für Schritt durch meine persönlichen Vision Maps. Das erste Beispiel ist der dritte Traum für meine geschäftlichen Projekte „Eine Sendung für den Verkauf von MAX.com schreiben und produzieren". Das zweite Beispiel nehme ich aus meinen außerplanmäßigen Aktivitäten, und zwar den zweiten Traum: „Ein Buch über die Weisheit und die Strategien schreiben, die Salomo im Buch der Sprüche formuliert hat."

***Beispiel 1:** Traum – Eine Sendung für den Verkauf von MAX.com schreiben und produzieren.*

**Spezifische Ziele, die erreicht werden müssen**

1. Prominente für die Werbung engagieren
2. Die Sendung schreiben
3. Drehorte festlegen
4. Produktionstermine planen
5. Dreharbeiten
6. Dreharbeiten des zweiten Filmteams
7. Offlinebearbeitung
8. Onlinebearbeitung

In diesem ersten Schritt nehmen wir den Traum und zerlegen ihn in die Ziele, die für seine Erfüllung erreicht werden müssen. In dem vorliegenden Beispiel sehen Sie, dass ich für jede Sendung immer nur acht Ziele erreichen muss. Allerdings müssen für die Erreichung jedes Ziels mehrere bestimmte Aufgaben erfüllt werden. Das zweite Beispiel betrifft meinen Traum von einem Buch über die Strategien aus dem Buch der Sprüche, die ich schon seit Jahren anwende. In diesem Fall brauche ich sogar nur fünf Ziele zu erreichen. Aus den Beispielen können Sie ersehen, dass es im ersten Schritt des Vision Mapping nur darum geht, Ihren Traum in eine Gruppe von grundsätzlichen Zielen zu verwandeln, die für die Erfüllung des Traums erreicht werden müssen.

***Beispiel 2:** Traum – Ein Buch über die Weisheit und die Strategien schreiben, die Salomo im Buch der Sprüche formuliert hat: „Der reichste Mann aller Zeiten“*

## Träume werden Ziele

Traum-Nr. ______ Traum ______

Ziele

1. ______
2. ______
3. ______
4. ______
5. ______
6. ______
7. ______
8. ______
9. ______
10. ______
11. ______
12. ______
13. ______
14. ______
15. ______

Nach den Sternen greifen, neue Einschätzung/neue Zieleinschätzung

Meine wichtigsten Stärken

Meine wichtigsten Schwächen

Erforderliche Ressourcen von außen

Tatsächliche oder potenzielle Hürden und Stolpersteine

Kreative Alternativen oder Ressourcen für die Überwindung der Hürden

Erforderliche Partner oder Mentoren

**Spezifische Ziele, die erreicht werden müssen**

1. Ein Treatment schreiben, das den Umfang des Buches beschreibt und jedes Kapitel kurz zusammenfasst.
2. Das Treatment an Verlage schicken.
3. Einen Vertriebsvertrag aushandeln.
4. Die erste Rohfassung des Buches schreiben.
5. Buch für die Veröffentlichung vorbereiten, Endfassung fertigstellen.

### Schritt 2 – Ziele in einzelne Schritte verwandeln

Der zweite Schritt des Vision Mapping ist die Umwandlung jedes Ziels in die einzelnen Schritte, die für die Erreichung des Ziels unternommen werden müssen. Wenn Sie unser vorgefertigtes Vision Mapping Journal benutzen, finden Sie in der Abteilung „Schritte" Seiten mit der Überschrift „Ziele werden Schritte". Wenn Sie keine Vordrucke benutzen, können Sie (nach dem Vorbild der nächsten Seiten) Ihre eigenen Seiten gestalten. Legen Sie für jedes Ziel eine solche Seite an.

Das zweite Ziel innerhalb meines Traums in dem ersten Beispiel ist das Schreiben der Sendung. Ich habe mehr als 800 Werbespots und etwa 50 Infomercials geschrieben. Wie Sie sehen gehört zum Schreiben einer Fernsehsendung mehr als sich mit dem Laptop hinzusetzen und ein Skript zu tippen. Dieses spezifische Ziel habe ich in 14 Schritte aufgeteilt.

***Beispiel 1:*** *Traum – Eine Sendung für den Verkauf von MAX.com schreiben und produzieren*

***Ziel 2*** *– Sendung schreiben*

**Spezifische Schritte, die unternommen werden müssen**

1. Hintergrundinformationen über Gefahren im Internet zusammentragen.
2. Informationen über Kontrollmöglichkeiten für die Eltern bei den wichtigsten Internetprovidern zusammentragen, unter anderem AOL, MSN, Earthlink und Juno.
3. Die Stärken und Vorteile von MAX.com auflisten und nach Wichtigkeit sortieren.
4. Die Stärken von MAX.com den Schwächen von AOL, MSN und Juno gegenüberstellen.
5. Eine Liste von Einwänden und Ausreden schreiben, weshalb die Verbraucher nicht zu MAX.com gehen könnten.
6. Zu jedem Einwand und zu jeder Ausrede Entgegnungen aufschreiben.
7. Die Sendung entwerfen.
8. Innenraumszenen entwerfen.
9. Rohfassung des Skripts schreiben.
10. Rohfassung mit Chuck Norris durchgehen.
11. Rohfassung mit Patricia Heaton durchgehen.
12. Endgültige Fassung schreiben.
13. Endgültige Fassung mit Chuck Norris durchgehen.
14. Endgültige Fassung mit Patricia Heaton durchgehen.

Bei dem zweiten Beispiel, dem Buch über die Weisheit und Strategien im Buch der Sprüche, ist das erste Ziel ein Treatment, das mein Literaturagent an Verlage weitergeben kann. Normalerweise sind meine Treatments nicht länger als 30 bis 40 Seiten. Aber wie Sie sehen werden, besteht die Erreichung dieses einfachen Ziels aus sieben Schritten. Für

## Träume werden Ziele

Traum-Nr. ____________ Traum ______________________________

Ziele

1. ______________________________
2. ______________________________
3. ______________________________
4. ______________________________
5. ______________________________
6. ______________________________
7. ______________________________
8. ______________________________
9. ______________________________
10. ______________________________
11. ______________________________
12. ______________________________
13. ______________________________
14. ______________________________
15. ______________________________

Nach den Sternen greifen, neue Einschätzung/neue Zieleinschätzung

Meine wichtigsten Stärken

Meine wichtigsten Schwächen

Erforderliche Ressourcen von außen

Tatsächliche oder potenzielle Hürden und Stolpersteine

Kreative Alternativen oder Ressourcen für die Überwindung der Hürden

Erforderliche Partner oder Mentoren

die ersten zwei Schritte waren mehrere Hundert Stunden an Recherchen erforderlich. Die Schritte sechs und sieben waren dagegen viel einfacher; sie dauerten nur etwa 40 Stunden.

> ***Beispiel 2:*** *Traum – Ein Buch über die Weisheit und die Strategien schreiben, die Salomo im Buch der Sprüche formuliert hat: „Der reichste Mann aller Zeiten“*
> ***Ziel 1*** *– Ein Treatment schreiben, das den Umfang des Buches beschreibt und jedes Kapitel kurz zusammenfasst.*

**Spezifische Schritte, die unternommen werden müssen**

1. Die Lehren des Buches entsprechend den Strategien, Fähigkeiten und Methoden einordnen, auf die sie sich beziehen.
2. Die Kategorien entsprechend der praktischen Anwendung im privaten und beruflichen Bereich organisieren.
3. Festlegen, welche Kategorien in dem Buch vorkommen sollen.
4. Die Kategorien in Kapitel ordnen.
5. Alle Kapitel entwerfen.
6. Zu jedem Kapitel ein ein- bis zweiseitiges Beispiel und eine Zusammenfassung schreiben.
7. Eine drei- bis siebenseitige Zusammenfassung des Buches schreiben.

Sie sehen an diesen Beispielen, dass Vision Mapping ein einfaches Verfahren ist, wenn man sich nur Zeit dafür nimmt. Falls Sie glauben sollten, dass das nur für geschäftliche Dinge aber nicht unbedingt für das Privatleben gilt, dann täuschen Sie sich. Im persönlichen Bereich ist das Verfahren genauso wichtig und wirkungsvoll. Wenn es zum Beispiel Ihr Traum ist, die Beziehung zu Ihrem Ehepartner erfüllender zu gestalten, dann sehen Sie hier, wie man das Verfahren auf diesen Traum anwenden könnte:

***Beispiel 3 (hypothetisch):*** *Traum – eine erfüllendere Beziehung zu meinem Ehepartner*

**Ziele**

1. Alles in meiner Macht Stehende tun, um die wichtigsten Bedürfnisse meines Ehepartners (körperlich, emotional, religiös, finanziell etc.) und seine Träume zu erfüllen.
2. Meinen Ehepartner dazu bringen, dass er im Interesse unserer Beziehung auch meine wichtigsten Bedürfnisse und Träume erfüllt.

***Ziel 1*** *– Alles in meiner Macht Stehende tun, um die wichtigsten Bedürfnisse meines Ehepartners (körperlich, emotional, religiös, finanziell etc.) und seine Träume zu erfüllen.*

Als Nächstes müssten Sie dann die Ziele in einzelne Schritte auflösen:

**Schritte**

1. Von meinem Ehepartner und von anderen Experten (Beratern, Autoren etc.) erfahren, worin seine beziehungsweise ihre wichtigsten Bedürnisse und Träume bestehen.
2. Die besten Möglichkeiten bestimmen, wie ich all diese Bedürfnisse und Träume erfüllen kann.
3. Einen Plan aufstellen, wie ich die Bedürfnisse regelmäßig befriedigen und die Träume rechtzeitig erfüllen kann.

4. Die Bedürfnisse konsequent erfüllen und die Träume unter Verwendung des Vision Mapping aktiv verfolgen.

***Ziel 2** – Meinen Ehepartner dazu bringen, dass er im Interesse unserer Beziehung auch meine wichtigsten Bedürfnisse und Träume erfüllt.*

**Schritte**

1. Meine wichtigsten Bedürfnisse und Träume im Rahmen der Beziehung klar definiert aufschreiben.
2. Unter Zuhilfenahme des Präsentations-Arbeitsblatts eine Präsentation meiner Bedürfnisse und Träume erstellen.
3. Nachdem ich die Bedürfnisse und Träume meines Ehepartners erfahren habe und nachdem ich zusammen mit ihm einen Plan für die Befriedigung der Bedürfnisse und für die Erfüllung der Träume aufgestellt habe, einen Zeitpunkt für die Präsentation meiner Bedürfnisse und Träume bestimmen.
4. Aktiv mit meinem Ehepartner daran arbeiten, dass meine Bedürfnisse befriedigt und meine Träume für die Beziehung erfüllt werden.

### Schritt 3 – Komplexe Schritte in Aufgaben zerlegen

Aus unseren drei Beispielen geht hervor, dass dieser Prozess durchaus etwas Zeit und Mühe erfordert, aber halten Sie einmal das Ergebnis dagegen. Damit haben Sie zunächst einmal die genaue Lage Ihres Traums bestimmt; und indem Sie Ihren Traum in bestimmte Ziele aufgeteilt haben, haben Sie konkrete Zielorte für Ihre Reise festgelegt. Indem Sie die Ziele in spezifische Schritte zerlegt haben, haben Sie schon die wichtigsten Autobahnen festgelegt, die Sie auf dem Weg von Ihrem momentanen Standort bis zum endgültigen Ziel der Reise – der Erreichung Ihres Traum –

nehmen müssen. Aber trotzdem fehlt noch ein Schritt. Wenn Sie am Westrand von Philadelphia wohnen und Ihr Traum am Eingang von Disneyland im kalifornischen Anaheim liegt, dann reicht die Kenntnis der großen Highways zwischen Philadelphia und Anaheim für die Reise von Ihrer Einfahrt bis zum Eingang von Disneyland nicht aus. Sie müssen die ganzen kleineren Straßen kennen, die von Ihrer Einfahrt zu der Auffahrt auf den Highway führen; dann brauchen Sie die Straßen für die Durchquerung der Städte, die am Weg liegen; und am Ende müssen Sie alle Straßen kennen, die Sie vom Golden State Freeway direkt zum Eingang von Disneyland bringen. Im Vision Mapping zerlegt man zu diesem Zweck jeden komplexen Schritt (jeden Schritt, der aus mehr als einer Aufgabe besteht) in die einzelnen Aufgaben, die dafür bewältigt werden müssen.

Falls Sie unser vorgefertigtes Vision Mapping Journal benutzen, dann suchen Sie in der Abteilung „Aufgaben" die Seiten mit der Überschrift „Schritte werden Aufgaben". Falls Sie unser Journal nicht benutzen, legen Sie unter Zuhilfenahme des hier abgedruckten Musters eigene Seiten an, und zwar für jeden komplexen Schritt eine.

Im ersten Beispiel zerlege ich meinen ersten Schritt in acht Aufgaben, die abgeschlossen sein müssen, damit dieser Schritt erledigt ist. Dann weiß ich ganz genau, was zu tun ist, und ich muss nur noch für mich selbst oder für die Person, an den ich die Aufgabe delegieren kann, einen Zeitplan aufstellen.

***Beispiel 1:*** *Traum – Eine Sendung für den Verkauf von MAX.com schreiben und produzieren.*

***Ziel 2*** *– Die Sendung schreiben*

***Schritt 1*** *– Hintergrundinformationen über Gefahren im Internet zusammentragen.*

## Träume werden Ziele

Traum-Nr. ____________ Traum ______________________________

Ziele

1. ______________________________
2. ______________________________
3. ______________________________
4. ______________________________
5. ______________________________
6. ______________________________
7. ______________________________
8. ______________________________
9. ______________________________
10. ______________________________
11. ______________________________
12. ______________________________
13. ______________________________
14. ______________________________
15. ______________________________

Nach den Sternen greifen, neue Einschätzung/neue Zieleinschätzung

Meine wichtigsten Stärken

Meine wichtigsten Schwächen

Erforderliche Ressourcen von außen

Tatsächliche oder potenzielle Hürden und Stolpersteine

Kreative Alternativen oder Ressourcen für die Überwindung der Hürden

Erforderliche Partner oder Mentoren

**Spezifische Aufgaben, die dafür erfüllt werden müssen**

1. Im Internet Informationen über die Nutzung des Internets nach Altersgruppen suchen.
2. Im Internet Informationen über sexuellen Missbrauch von Kindern im Internet suchen.
3. In den Archiven von Nachrichtenmedien Berichte über Missbrauch im Internet suchen.
4. Informationen über die Nutzung von Internetseiten suchen, die nur für Erwachsene geeignet sind, Statistiken und Untersuchungen über den Zugriff Jugendlicher auf Seiten nur für Erwachsene, auf Gewalt-Seiten, auf Glücksspiel-Seiten und so weiter.
5. Recherchieren, inwiefern und in welchem Ausmaß sich pornografische Emails und entsprechende Chatrooms an Jugendliche richten.
6. Offizielle Untersuchungen und Statistiken zu diesem Thema suchen.
7. Medienberichte zu dem Thema auswerten, unter anderem *Dateline, 20/20, 48 Hours, 60 Minutes, The John Walsh Show, USA Today,* Cox Newspapers und AP.
8. Die Fakten und die wichtigsten Ergebnisse aus Studien und Berichten auf einem Blatt zusammenfassen.

Nachdem ich im zweiten Beispiel die ersten beiden Schritte des Ziels „Treatment schreiben" erledigt hatte, ordnete ich die Strategien, die im Buch der Sprüche enthalten sind, in 46 Kategorien ein. Den dritten Schritt dieses Ziels musste ich in fünf Aufgaben aufteilen.

***Beispiel 2:** Traum – Ein Buch über die Weisheit und die Strategien schreiben, die Salomo im Buch der Sprüche formuliert hat: „Der reichste Mann aller Zeiten"*

*__Ziel 4__ – Ein Treatment schreiben, das den Umfang des Buches beschreibt und jedes Kapitel kurz zusammenfasst.*

*__Schritt 3__ – Festlegen, welche Kategorien in dem Buch vorkommen sollen.*

**Spezifische Aufgaben, die erfüllt werden müssen**

1. Die Kategorien danach sortieren, was die Leser meiner Meinung nach am meisten interessiert.
2. Meinen Agenten die Kategorien vorlegen und sie bitten, sie da nach zu sortieren, was sie am liebsten lesen möchten.
3. Die Kategorien Freunden und Bekannten mit unterschiedlichen Berufen vorlegen und sie bitten, sie danach zu sortieren, was sie am liebsten lesen möchten.
4. Die Kategorien verheirateten, alleinstehenden und geschiedenen Hausfrauen vorlegen und sie bitten, sie danach zu sortieren, was sie am liebsten lesen möchten.
5. Die Ergebnisse der vier Aufgaben auswerten und dann endgültig entscheiden, welche Kategorien in das Buch kommen.

### Schritt 5 – Für jede Aufgabe, jeden Schritt und jedes Ziel Termine setzen, zu denen sie abgeschlossen sein sollten

Sie sehen, wenn Sie die Schritte in spezifische Aufgaben zerlegt haben, dann haben Sie eine detaillierte Straßenkarte, die Ihnen hilft, von Ihrem jetzigen Standort zur endgültigen Erreichung Ihrer Ziele und Träume zu reisen. Bleibt nur noch eines zu tun – einen Zeitplan aufstellen. Die meisten Menschen treten keine Reise ohne Zeitplan an. Denn wenn man das täte, dann käme man in der verfügbaren Zeit auf keinen Fall überall hin, wo man hinwill. Das Gleiche gilt für die Verfolgung Ihrer Träume und Projekte. Sie müssen allerdings bei der zeitlichen Planung der Verfolgung Ihrer Träume zwei wichtige Regeln beachten. Erstens fangen Sie von unten an. Das heißt, Sie setzen zuerst Zieltermine für Aufgaben, dann für die Vollendung der einzelnen Ziele und schließlich für die endgültige Erfüllung des Traums. Wenn Sie an einem Ziel oder Projekt arbeiten, für das es eine bestimmte Frist gibt, dann fangen Sie von oben an – mit dem Fertigstellungstermin des Projekts oder des Ziels – und arbeiten sich dann nach unten, indem Sie sich Termine für jedes Ziel, jeden Schritt und jede Aufgabe setzen. Die zweite Regel lautet: Seien Sie flexibel und realistisch. Setzen Sie Termine nicht so knapp, dass Sie sie höchstwahrscheinlich verfehlen. Und wenn Sie merken, dass Sie bezüglich eines Zieldatums hoffnungslos im Hintertreffen sind, dann beschaffen Sie entweder Hilfe von außen oder verschieben Sie Ihren Zieltermin.

**Das zwölfte Gesetz des außergewöhnlichen Erfolges**

Träume ohne klar definierte Ziele und Ziele ohne klar definierte Schritte können nicht schnell und effizient erreicht werden. Sie werden überhaupt nur selten erreicht.

## Muss ich das alles wirklich so detailliert aufschreiben?

Diese Frage kommt immer, wenn ich den Prozess des Vision Mapping erkläre. Die Antwortet lautet auf jeden Fall ja und auf jeden Fall nein! Wenn Sie einen wichtigen Traum wirklich in einem vernünftigen Zeitrahmen erreichen wollen, dann lautet die Antwort ja. Wenn Sie ein relativ unwichtiges oder leicht erreichbares Ziel verfolgen, lautet sie nein. Es wäre Zeitverschwendung, so viel Energie in ein einfaches oder unbedeutendes Projekt beziehungsweise einen Traum zu investieren. Aber für alle Träume und Projekte, die Ihnen wichtig sind und die nicht so einfach zu erreichen sind, ist diese Methode unabdingbar.

Häufig höre ich auch diese Frage: „Was passiert, wenn ich ein Ziel nicht in einzelne Schritte zerlege?" Wenn Sie ein Ziel nicht in spezifische Schritte aufteilen, dann unternehmen Sie diese Schritte nicht. Und wenn Sie die Schritte nicht unternehmen, erreichen Sie das Ziel nicht. Sie erreichen ein Ziel, das Sie nicht in Schritte zerlegt haben, genauso wahrscheinlich wie Sie auf einer Leiter ohne Sprossen auf das Dach Ihres Hauses gelangen. Wenn Sie Ihre Ziele, Schritte und Aufgaben nicht aufschreiben, dann haben Sie sie nicht ständig vor Augen. Und wie wir schon wissen, ist die Visualisierung für den Erfolg unerlässlich. Denken Sie sich jetzt vielleicht: „Aber ich habe doch schon Ziele erreicht, ohne sie niederzuschreiben oder sie in Schritte zu zerlegen!" Ich gebe zu, das viele Menschen einfache und leicht erreichbare Ziele verwirklichen, ohne sie niederzuschreiben oder in Schritte zu zerlegen. Aber wenn sie auf diese Projekte das Vision Mapping anwenden würden, dann würden sie in viel kürzerer Zeit viel höher gesteckte Ziele erreichen. Um auf eine 60 Zentimeter hohe Mauer zu kommen, brauchen Sie keine Trittleiter. Aber versuchen Sie einmal, eine vier Meter hohe Mauer ohne Leiter zu erklimmen! Denken Sie daran, dass unsere Unterweisungs-Sitzungen nicht dazu gedacht sind, Ihr Leben ein kleines bisschen zu verbessern, sondern dazu, Ihren Erfolg und Ihre Erfüllung auf ein außerordentliches Niveau zu heben.

In der nächsten Sitzung befassen wir uns mit dem Turbolader Ihres Porschemotors. Diese Kraftquelle sorgt dafür, dass Ihr Porsche anders beschleunigt als ein Golf-Caddy. Im Baseball-Jargon ausgedrückt geht es um den Unterschied zwischen einem Walk und einem Grand Slam.

Wenn Sie den Turbolader auf den Prozess des Vision Mapping anwenden, erreichen Sie Bestimmungsorte, von denen Sie nicht einmal zu träumen wagten, und zwar schneller als Sie sich vorstellen können. Er ist das strategische Geheimnis der erfolgreichsten Menschen der Welt. Erstaunlicherweise lernt man diese Strategie nicht an der Highschool, auf dem College oder der Universität – im Gegenteil: Auf allen Ebenen des Bildungssystems wird genau die umgekehrte Strategie gelehrt, und Motivationstrainer bringen sie einem ebenfalls bei. Trotzdem haben alle Überflieger, die ich kenne oder mit denen ich mich beschäftigt habe, diese bahnbrechende Strategie angewendet. Sie werden das auch tun. Aber bevor wir damit anfangen, sehen Sie sich erst einmal die Übungen in „Gang einlegen, Gas geben!“ an.

## Gang einlegen, Gas geben!

**So bringen Sie die PS auf die Straße**

1. Falls Sie es noch nicht getan haben, dann schreiben Sie unter der Überschrift „Träume werden Ziele“ Ihre Träume für die wichtigsten Bereiche Ihres Lebens auf, immer beginnend mit dem jeweils wichtigsten. Schreiben Sie dazu alle Ziele auf, die Ihrer Meinung nach für die Erfüllung des Traumes erreicht werden müssen. Wenn Sie alle Ziele für einen Traum aufgeschrieben haben, gehen Sie zum nächsten Traum über und immer so weiter. Sie können entweder zuerst nur einen Traum angehen oder so viele wie Ihnen wirklich wichtig sind.
2. Legen Sie für jedes der notierten Ziele eine Seite mit der Überschrift „Ziele werden Schritte“ an. Notieren Sie auf dieser Seite alle Schritte, die für die Erreichung des entsprechenden Ziels notwendig sind. Fangen Sie auch hier wieder mit den Träumen an, die die höchste Priorität haben.
3. Legen Sie für jeden Schritt eine Seite mit der Überschrift „Schritte werden Aufgaben“ an. Schreiben Sie auf dieser Seite die Aufgaben auf, die für die Durchführung des jeweiligen Schrittes erledigt werden müssen. Wenn Sie alle Aufgaben aufgeschrieben haben, die zu einem Schritt gehören, legen Sie für alle Aufgaben Termine fest, zu denen sie abgeschlossen sein sollen.
4. Gehen Sie die Aufgaben durch, die für die Erreichung aller Schritte aller Ziele erforderlich sind und kreisen Sie diejenigen ein, die Sie nicht alleine bewältigen können, weil Ihnen Knowhow, Ressourcen (Zeit, Talent, Geld), die Möglichkeit oder bestimmte Charakterzüge fehlen.

5. Schreiben Sie zu jeder eingekreisten Aufgabe auf, welche Art von Person, Unternehmen oder sonstiger Fremdressource Sie benötigen, um sie zu bewältigen. Die spezifischen Strategien und Methoden, mit deren Hilfe Sie diese Ressourcen bekommen können, werden Sie noch lernen.

Sitzung 9

# Die geheime Strategie der erfolgreichsten Menschen der Welt

**Erträumen Sie sich mehr, als Sie je erreichen können**

Der Turbolader Ihres Porsches bringt eine unvergleichliche Beschleunigung. Als ich im ersten Jahr die Arizona State University besuchte, mussten alle Studenten im ersten und im zweiten Jahr dem Reserve Officer Training Corps (ROTC) beitreten. Ich entschied mich dabei für das ROTC der Air Force, weil ich gerne flog und mit dem Gedanken spielte, eine Laufbahn bei der Air Force einzuschlagen. Ich benutzte die Strategie, die wir in dieser Sitzung behandeln, und wurde damit Kadett des Jahres. Die Belohnung dafür war ein zweistündiger Flug in einem der modernsten Überschalljäger der US-Luftwaffe. Beim Start fühlte sich die sanfte Beschleunigung etwas stärker an als bei einem Passagierflugzeug. Aber dann passierte etwas Erstaunliches: Ein paar Sekunden nachdem das Fahrwerk den Kontakt zur Startbahn verloren hatte, zog der Fluglehrer den Steuerknüppel nach hinten und richtete damit die Nase des Flugzeugs steil nach oben. Gleichzeitig zündete er den Nachbrenner. Das fühlte sich an, als hätte er eine Rakete gezündet. Ich wurde in meinen Sitz gepresst, und in Sekundenschnelle hatten wir eine Höhe von über 6.000 Metern erreicht. Es war unglaublich. Ich hatte schon öfter Beschleunigungen erlebt, aber so eine noch nie.

Der Porsche in Ihrer Garage hat einen Turbolader, der so kräftig ist, dass die Beschleunigung mit der eines Düsenjet-Nachbrenners vergleichbar ist und dass Sie zu abgehobenen Träumen fahren können, die sich bisher Ihrem Blickfeld entzogen. Zwar trägt Sie Ihr Porsche auch ohne Turbolader zu Ihren derzeitigen Träumen, aber dank des Turboladers rücken noch entferntere Träume in Ihr Blickfeld, größer als Sie sich je vorstellen konnten. Darüberhinaus erreichen Sie diese abgehobenen Träume schneller als Sie sonst Ihre viel kleineren Träume erreicht hätten. Das ist Meisterstrategie Nummer 9 – das strategische Geheimnis der erfolgreichsten Menschen der Welt. Und damit meine ich nicht die obersten drei Prozent, sondern ein Hundertstel des obersten einen Prozent.

In unserer letzten Sitzung habe ich ja schon erwähnt, dass Thomas Edison beschloss, eine brauchbare elektrische Glühbirne zu bauen, an der sich weitaus intelligentere Wissenschaftler 50 Jahre lang versucht hatten. Als Henry Ford seine eigene Automobilfirma gründete, gab es in den Vereinigten Staaten ungefähr 250 Autohersteller, die alle einen erheblichen Vorsprung hatten. Als Bill Lear beschloss, ein kleines Düsenflugzeug für Unternehmen zu bauen, hatte der Luftfahrtgigant General Dynamics diese Idee schon wieder verworfen, weil der Bau eines Prototyps 100 Millionen US-Dollar gekostet hätte und weil nach Meinung des Unternehmens ohnehin kein wesentlicher Absatzmarkt für Firmenjets existierte.

Denken Sie über diese Beispiele einmal einen Moment nach. Wenn qualifiziertere Wissenschaftler schon 50 Jahre erfolglos an der Erfindung der Glühbirne gearbeitet haben, wie lange braucht dann wohl jemand ohne entsprechende Ausbildung dafür? Mit Sicherheit nicht weniger als 50 Jahre, und eigentlich sollte man der Vernunft halber annehmen, dass es länger als 50 Jahre dauern würde.

Als Henry Ford seine Automobilfirma gründete, produzierten die 250 anderen Autohersteller der Vereinigten Staaten zwischen 12 und 300 Automobile pro Jahr. Welches Produktionsziel hätte sich Henry Ford wohl sinnvollerweise setzen sollen? Ein vernünftiges Ziel wäre es gewesen, wesentlich mehr als der langsamste Hersteller und ein bisschen weniger als der schnellste Hersteller zu produzieren. Vielleicht wären 150 Wagen pro Jahr vernünftig gewesen. Wenn er Nummer eins werden wollte, hätte sich Ford vielleicht ein Produktionsziel von 400 bis 500 Autos pro Jahr setzen sollen. 650 Autos pro Jahr (mehr als doppelt so viel wie der produktivste Hersteller) wären sicher ein außerordentlich hohes Ziel gewesen und 1.000 Stück pro Jahr wäre völlig überzogen gewesen. Fords Konkurrenten hätten diese Zahl als unmöglichen Traum bezeichnet. Wenn Sie Henry Ford gewesen wären, welches Ziel hätten Sie sich vermutlich gesetzt?

Und was ist mit Bill Lear? Wenn die besten Luftfahrtingenieure bei General Dynamics zu dem Schluss gekommen sind, dass es 100 Millionen US-Dollar kosten würde, den Prototyp eines kleinen Firmenjets zu bauen – welche Kosten hätte Bill Lear dafür veranschlagen sollen? Und da General Dynamics zu dem Schluss gekommen war, dass solche Jets zu kostspielig wären, als dass Unternehmen sie sich leisten könnten – dass es also dafür keinen Markt gäbe –, auf welchen Markt sollte Lear dann abzielen?

## Meisterstrategie 9 – Erträumen Sie sich mehr als Sie je erreichen können

Gott sei Dank hat keiner dieser Männer vernünftige und erreichbare Ziele ins Auge gefasst. Edison setzte sich für die Erfindung der Glühbirne den unmöglichen Zeitraum von höchstens drei Jahren und schaffte es in kürzerer Zeit. Ford setzte sich zum Ziel, ein Auto in jede Garage Amerikas zu stellen; innerhalb weniger Jahre erreichte er nicht nur den unerfüllbaren Traum von 1.000 Autos pro Jahr, sondern er stellte 1.000 Wagen pro Tag her! Obwohl Bill Lear das Autoradio und den Autopiloten erfunden hatte, besaß er keine 100 Millionen US-Dollar für den Prototyp eines Firmenjets. Er hatte nicht einmal 20 Millionen. Er setzte sich zum Ziel, den Prototyp für den unmöglichen Betrag von 10 Millionen US-Dollar zu bauen – und er schaffte es für weniger!

### Eine der größten Unwahrheiten, die je verkauft wurden

Eine der größten Unwahrheiten, die Motivationstrainer, Autoren und Schulungsleiter je verbreitet haben, ist das lähmende Konzept, das ihren Lehren zum Thema Zielsetzung zu Grunde liegt. Kurz gesagt erzählen uns diese wohlmeinenden Experten, wir sollten uns nur vernünftige und zeitlich erreichbare Ziele setzen. Sie befürchten, dass wir zu hoch gesteckte Ziele nicht erreichen können, dass wir deshalb die gesteckten Ziele aufgeben und uns schließlich überhaupt keine Ziele mehr setzen. Diese Überlegung ist richtig, wenn bei dem Prozess der Zielsetzung mehrere entscheidende Elemente fehlen: zum Beispiel die Arbeit mit Partnern, die Neuprogrammierung, die Überwindung diverser Hindernisse wie mangelndes Wissen oder begrenzte Mittel; außerdem muss man die Angst vor dem Versagen überwinden. Wenn jedoch diese Elemente wie im Vision Mapping integrale Bestandteile des Zielsetzungsprozesses sind, dann ist diese Angst unbegründet. Die Setzung von vernünftigen und erreichbaren Zielen beschränkt und lähmt die Fähigkeit einer Person, außergewöhnliche Ergebnisse zu erzielen.

Wenn Sie nur darauf aus sind, einen bestimmten Bereich Ihres Lebens oder eine bestimmte Unternehmung mäßig oder mittelmäßig zu verbessern, dann bringen Ihnen vernünftige und erreichbare Ziele genau diese Verbesserung. Aber mehr erreichen Sie dann auch nicht. Edison, Ford und Lear erreichten ihre unmöglichen Träume, weil sie die nukleare Energie der überzogenen Träume entdeckt hatten.

Vor nicht langer Zeit arbeitete ich gemeinsam mit dem besten Schulungsleiter des Unternehmens Franklin Covey an einem Projekt.

In den vergangenen 18 Jahren hat dieser Mann Manager und Führungskräfte buchstäblich aller Fortune-500-Unternehmen in den Bereichen Zeitmanagement und persönliche Produktivität geschult. Als ich ihm diese Strategie erklärte, verhielt er sich erst etwas abwehrend, aber dann kam plötzlich die Erleuchtung. Als er es begriffen hatte, hatte er es *wirklich* begriffen. Begeistert sagte er: „Das ändert natürlich alles ... *alles*!" Dann fragte er: „Ist Ihnen klar, dass das allem widerspricht, was wir lehren und was alle Motivationstrainer lehren, von denen ich je gehört habe? Das was Sie mir da sagen, habe noch nie von jemandem gehört."

Oberflächlich betrachtet ähnelt der Prozess des Vision Mapping anderen Zielsetzungsmethoden, denn auch hier werden Träume in definierbare Ziele, Ziele in spezifische Schritte und diese wiederum in einzelne, erreichbare Aufgaben unterteilt. Aber an dieser Oberfläche endet die Ähnlichkeit mit anderen Zielsetzungsmethoden auch schon, denn unter der Oberfläche schlägt ein vollkommen anderes Herz – eines, das dem Anwender Erfolgsmöglichkeiten eröffnet, die er sich vorher nicht einmal vorstellen konnte. Es verändert buchstäblich alles! Es hebt das Zentrum Ihres Blickfelds von der Straße direkt vor Ihnen zu den Sternen am Himmel. Es verlagert Ihre Träume vom Erreichbaren zum Unmöglichen. Es hebt die Messlatte für all Ihre Ziele und baut Stufen, die unmöglich zu bewältigen zu sein scheinen. Ich nenne dieses Verfahren *nach den Sternen greifen*. Es beinhaltet unsere neunte Meisterstrategie: größere Träume als man je erreichen kann.

### Nach den Sternen greifen – die geheime Strategie der erfolgreichsten Menschen der Welt

„Nach den Sternen greifen" ist die zentrale Strategie, die für mich alles verändert hat. Sie versetzte mich in die Lage, mein Jahreseinkommen nicht etwa um 30 oder 40 Prozent zu erhöhen, sondern um 70.000 Prozent! Sie versetzte mich in die Lage, Fernsehsendungen zu schreiben, zu leiten und zu produzieren, in denen Produkte im Wert von Milliarden Dollar verkauft wurden, obwohl ich davor keine Erfahrung im Schreiben, Leiten und Produzieren von Sendungen hatte. Dieses Verfahren hat aber nicht nur für mich alles auf den Kopf gestellt. Als ich mir das Leben anderer Menschen anschaute, die ihre unerfüllbaren Träume erreicht hatten, stellte ich fest, dass genau diese Strategie sie zu den Sternen katapultiert hatte. Als Steven Spielberg und ich uns 18 Jahre nach der Highschool wieder begegneten, stellte ich fest, dass auch er bei jedem seiner Projekte nach den Sternen gegriffen hatte. Jeder Mensch auf der Welt, der je außergewöhnliche Ergebnisse oder seine unmöglichen Träume erreicht hat, tut das mithilfe dieser Strategie.

So machtvoll diese Strategie auch sein mag, 99,99 Prozent der erwachsenen Bevölkerung benutzen sie nicht. Warum? Erstens wird sie an Colleges, Universitäten, in Motivations- oder Erfolgsseminaren nicht vermittelt. Zweitens wird auf jeder Ebene der schulischen und beruflichen Ausbildung genau das Gegenteil gelehrt. Drittens ist „nach den Sternen greifen" ohne die 14 anderen Strategien, die wir in unseren Sitzungen behandeln, völlig wirkungslos; es bringt dann nicht mehr als Wunschdenken und Tagträume. Wenn man es aber zusammen mit den 14 anderen Strategien betreibt, kann es Leben verändern und Geschichte schreiben.

**Das dreizehnte Gesetz des außergewöhnlichen Erfolges**

Niemand hat je außerordentlichen Erfolg gehabt, ohne dass er nach den Sternen gegriffen hätte. Jeder, der je seine „unerfüllbaren Träume" erreicht hat, hat das geschafft, indem er nach den Sternen gegriffen hat.

## Die vier Persönlichkeitstypen im Vergleich

Wie sich die Menschen Ziele setzen, um das zu erreichen, was sie vom Leben erwarten

**Bummler**

Wenden keine bestimmte Methode der Zielsetzung an. Sie tun einfach das, was sich anbietet und erreichen nur das, was sie ihrer Meinung nach schaffen können.

**Zielstrebige**

Setzen sich manchmal allgemeine Ziele, verwandeln sie aber normalerweise nicht in einzelne Schritte und klar definierte Aufgaben.

**Erfolgsmenschen**

Wenden die konventionelle Methode der Zielbestimmung an. Sie setzen sich vernünftige Ziele, die in einem bestimmten Zeitrahmen erreichbar sind und erreichen diese gemäßigten Ziele auch.

**Überflieger**

Benutzen Vision Mapping und versuchen, nach den Sternen zu greifen. Damit setzen sie sich außerordentliche und unmögliche Ziele, die sie dann auch erreichen.

### Der entscheidende Unterschied zwischen Ray Kroc und den Gebrüdern McDonald

Die McDonald-Brüder waren mit den 100.000 US-Dollar glücklich und zufrieden, die ihnen ihre Hamburgerbude einbrachte. Sie hatten es auch schon einmal mit Franchising versucht und zwei Franchisen verkauft, eine nach Phoenix und eine nach Sacramento. Dann hatten sie jedoch beschlossen, dass damit nicht so viel Geld zu verdienen sei, als dass es den Aufwand lohnen würde. Schon nach einem flüchtigen Blick auf das kleine Unternehmen hatte Ray Kroc eine echte Vision dessen, was aus diesem Geschäft werden könnte. Als er den Gebrüdern McDonald seinen Traum beschrieb, schreckten sie davor zurück und sagten: „Wir haben es auch schon mit Franchising probiert, das ist kein besonders gutes Geschäft. So viel verdient man damit nicht. Tatsächlich geht es unseren Franchise-Nehmern gar nicht gut." Obwohl Kroc zum damaligen Zeitpunkt schon 52 Jahre alt war, wagte er es, einen größeren Traum zu träumen. Er hatte einen unmöglichen Traum und versuchte, nach den Sternen zu greifen. Die McDonald-Brüder waren glücklich, dass sie ihm ihre Anteile später für nicht einmal drei Millionen US-Dollar verkaufen konnten. Sie dachten, sie würden damit ein Supergeschäft machen. Heute, lange nachdem Ray Kroc seinen unmöglichen Traum geträumt und nach den Sternen gegriffen hat, wäre ihr Anteil an dem Unternehmen nicht Millionen, sondern Milliarden wert.

> ***Wichtige Definition***
>
> ***Nach den Sternen greifen:*** *Träume definieren und Ziele setzen, die von einer Person alleine nur sehr schwer oder überhaupt nicht erreicht werden können. Diese Methode ist ohne die anderen Meisterstrategien vollkommen wirkungslos, aber in Verbindung mit diesen Strategien entfaltet sie ihre volle Macht.*

**Wie funktioniert das, „nach den Sternen greifen"?**

Das Greifen nach den Sternen steht am Anfang des Vision Mapping. Anstatt Träume zu definieren und sich Ziele zu setzen, die vernünftigerweise erreichbar erscheinen, fasst man Träume ins Auge und setzt man sich Ziele, die eine einzelne Person augenscheinlich unmöglich erreichen kann. Diese Träume und Ziele repräsentieren jedoch das, was Sie sich wünschen würden, wenn Sie alles erreichen könnten, egal wie unmöglich oder möglich es scheinen mag. Wenn ich beispielsweise mit einem neuen Projekt anfange, mache ich mir als Erstes eine Liste von Prominenten, die dazu am besten passen würden. Wenn ich das übliche Zielsetzungsverfahren benutzen würde, dürfte ich mir nur diejenigen Berühmtheiten aufschreiben, die ich mit hoher Wahrscheinlichkeit engagieren kann und die ich mir mit dem Budget, das für das Projekt zur Verfügung steht, auch leisten kann. Wenn ich bei irgendeinem Projekt diese Methode anwenden würde, bekäme ich eine sehr kurze Liste mittelmäßig bekannter Persönlichkeiten. Aber stattdessen greife ich nach den Sternen. Ich überlege mir: „Wenn ich mir auf der ganzen Welt irgendjemanden als Repräsentanten für dieses Produkt aussuchen könnte, wer wäre das dann?“ Ganz oben auf meiner Liste steht die optimale Person, ganz egal, wie verschwindend gering die Wahrscheinlichkeit ist, dass ich sie oder ihn unter Vertrag nehmen oder mir finanziell leisten könnte. Dann überlege ich mir: „Wenn ich diese Person nicht bekomme, wer wäre danach die beste Wahl?“ Diese Person steht dann als zweite auf meiner Liste. Ich führe die Liste nach diesem Prinzip weiter, bis ich zu Menschen komme, von denen ich weiß, dass ich sie mir leisten kann und dass ich sie auch engagieren kann. Diese stehen ganz unten auf meiner Liste.

Wenn es daran geht, jemanden zu engagieren, fange ich oben an und gehe erst zur nächsten Person auf der Liste über, wenn ich von der ersten Wahl eine Absage habe. Ich habe in 27 Jahren über 90 Prominente engagiert, und kein einziges Mal bin ich in den unteren Teil meiner Liste vorgedrungen, wo die Namen der Erreichbaren und Erschwinglichen stehen, von denen ich weiß, dass ich sie bekommen kann! Nein, ich habe sogar in vielen Fällen die erste Person auf der Liste bekommen, obwohl ich sie mir unmöglich leisten konnte und obwohl sie unmöglich mitmachen würde. Für meine Haarpflegeprodukte habe ich Cher bekommen, für meine pädagogischen Artikel Michael Landon, John Ritter und Hugh Downs, und für meine Fitnessprodukte Chuck Norris, Kristie Brinkley und Jane Fonda. Da ich nach den Sternen gegriffen habe, habe ich es außerdem geschafft, dass Präsident Reagan, Charlton Heston und Tom Selleck in meiner Werbesendung für meine politische Lieblingszeitschrift aufgetreten sind. Das war nicht nur das erste Mal, dass ein amtierender Präsident in einer Werbesendung aufgetreten ist, sondern das war das erste Mal, dass Charlton Heston überhaupt in einer Werbesendung aufgetreten ist und das erste Mal, dass Tom Selleck in einer Werbesendung aufgetreten ist, seit er berühmt wurde. Und was noch beeindruckender ist, alle machten kostenlos mit! Wenn ich die normale Zielfestlegungsmethode benutzt hätte, die von Ausbildern und Motivationstrainern gelehrt wird, hätte ich in 27 Jahren TV-Marketing keine einzige echte Berühmtheit gewinnen können; und ich hätte auch nicht Produkte und Dienstleistungen im Wert von mehreren Milliarden US-Dollar verkauft, sondern nicht einmal im Wert von 100 Dollar.

Der Fairness halber muss ich sagen, dass man mit dem üblichen Verfahren des Setzens von erreichbaren Zielen seine beruflichen Leistungen tatsächlich erheblich verbessern kann. Man kann damit innerhalb relativ kurzer Zeit sein Einkommen verdoppeln. Man kann damit auch seine Ehe und seine Freundschaften verbessern. Wenn man allerdings nach den Sternen greift und höher hinaus träumt als man je gelangen kann, dann sind die Veränderungen und Verbesserungen nicht nur erheblich, sondern atemberaubend. Damit verbessern Sie Ihre Beziehungen nicht nur, sondern Sie erfüllen sie mit neuem Leben und krempeln sie vollständig um. Sie verdoppeln damit Ihr Einkommen nicht nur, sondern Sie heben es auf ein Niveau, das Sie sich vorher nicht vorstellen konnten. Als ich meine zehnte Arbeitsstelle seit dem College antrat, verdiente ich 10.000 Dollar im Jahr. Wenn mir meine Ziele nach der konventionellen Methode gesetzt hätte, dann hätte ich mein Einkommen vielleicht innerhalb von ein oder zwei Jahren auf 20.000 Dollar verdoppelt. Aber da ich ab meinem ersten Projekt nach den Sternen gegriffen habe, konnte ich mein Einkommen innerhalb eines Jahres nicht nur verdoppeln, sondern auf 150.000 Dollar verfünfzehnfachen. Nach wenigen Jahren verdiente ich im Jahr eine Million, dann zwei Millionen und schließlich mehr als sieben Millionen Dollar. Seit ich begonnen habe, nach den Sternen zu greifen, ist mein Einkommen nicht um ein paar Hundert Prozent gestiegen, sondern um mehr als 70.000 Prozent! Ich habe dieses Ziel nicht dadurch erreicht, dass sich das „nach den Sternen greifen" auf die Steigerung meines Einkommens angewendet hätte, sondern dadurch, dass ich es in allen meinen Projekten angewendet habe. Diese Methode ermöglichte es meinen Partnern und mir, von Null an Unternehmen aufzubauen, die Jahresumsätze von mehr als 100 Millionen US-Dollar erzielen. Die meisten davon machen zwischen 100 und 200 Millionen Umsatz, eines etwa 300 Millionen und eines überschreitet demnächst die Schwelle von einer Milliarde.

### In welchen Lebensbereichen und für welche Projekte sollte ich diese Methode anwenden?

Das Greifen nach den Sternen können Sie auf alle Träume, Ziele und Projekte in Ihrem Leben anwenden, egal ob beruflich oder privat. Sie sollten es auf jeden Traum, jedes Projekt und jede Unternehmung anwenden, die Sie als wichtig erachten. Als meine älteste Tochter in die siebte Klasse ging, erträumte sie sich, dass ihre Softball-Mannschaft Klassenmeister werden sollte, obwohl sie im Vorjahr die schlechteste Bilanz in der Geschichte der Liga zu verzeichnen hatte (alle Spiele verloren, kein einziges gewonnen). Mithilfe dieser Methode und des Vision Mapping verwandelte sich ihre Softballmannschaft wie durch ein Wunder von der schlechtesten in der Geschichte der Liga in den Meister – alle Spiele gewonnen, kein einziges verloren).

In meinem ersten Studienjahr an der Arizona State University im Jahre 1966 trat ich in das ROTC der Luftwaffe ein. Damals war es für alle männlichen Studenten im ersten und zweiten Jahr verpflichtend, einem ROTC beizutreten. Da das Korps aus 40 Kompanieabteilungen bestand, aber nur 39 Offiziere mit Kommandobefugnis vorhanden waren, durfte ich die 40. Abteilung kommandieren. Es bestand überwiegend aus missgelaunten Eigenbrötlern, die größtenteils knapp davor standen durchzufallen. Die 39 anderen Züge bestanden größtenteils aus Studenten mit besseren Manieren und Noten, und sie wurden von Offizieren im dritten Dienstjahr kommandiert.

Zuerst wollte ich nur vermeiden, dass ich mit diesen 30 Kadetten im ersten und zweiten Studienjahr vollkommen scheitern würde, aber dann beschloss ich, nach den Sternen zu greifen. Ich wollte mit meinem Zug den alljährlichen Ausbildungswettkampf gewinnen. In der Geschichte des Air Force ROTC hatte noch nie ein Studienanfänger das Kommando über eine Abteilung bekommen, geschweige den den Wettbewerb gewonnen. Ich erstellte eine Vision Map und begann mit der Umsetzung der Schritte und Aufgaben, die für die Erreichung dieses Ziels nötig waren. Anstatt die Angehörigen meiner Abteilung in der üblichen herablassenden Weise zu behandeln, beschloss ich sie als Partner zu betrachten.

Es gelang mir, ihnen meine Vision einzupflanzen, und das Resultat war sensationell. Im ersten Teil des Wettbewerbs erzielten wir genug Punkte, so dass wir mit drei anderen Zügen ins Finale kamen. Mitten in den Finalwettkämpfen wurde mir befohlen, meine Abteilung zu stoppen, während die anderen weitermachten durften. Hinterher erfuhr ich, dass unsere Leistung derart überdurchschnittlich war, dass die Kampfrichter die anderen Züge und ihre Befehlshaber nicht zu sehr demütigen wollten und uns deshalb befahlen abzubrechen. Von den theoretisch möglichen 300 Punkten erreichten wir 287 und brachen damit sämtliche Rekorde. Die Abteilung auf dem zweiten Platz hatte nur 167 Punkte. Wegen dieser Leistung wurde ich zum Kadetten des Jahres ernannt; ich bekam ein dreijähriges Flugstipendium der Air Force und den bereits erwähnten unvergesslichen Flug in einem F-100-Kampfflugzeug. All das, weil ich nach den Sternen gegriffen hatte.

### Wie benutzt man das Greifen nach den Sternen für die Erreichung von Träumen und Zielen?

Als ich sah, was mir diese Methode im ROTC gebracht hatte, benutzte ich sie auch für andere Projekte und hatte damit den gleichen Erfolg. Leider wandte ich es auf meine beruflichen Projekte erst in meinem zehnten Job an, als ich mich mit meinem Mentor zusammengetan hatte. Seit ich es bei unserem ersten Projekt benutzt und den Erfolg gesehen habe, wende ich es auf alle beruflichen Projekte an. Das heißt nicht, dass ich mit jedem Projekt bis zu den Sternen gelangt wäre, nein. Aber wenn man nach den Sternen greift und es nicht schafft, dann ist man trotzdem schon weit gekommen. Als ich die Lebensgeschichten anderer Menschen studierte, die ihre unerfüllbaren Träume erreicht hatten, stellte ich fest, dass jeder einzelne von ihnen dieser Methode gefolgt war. Bleibt also nur noch die Frage, wie man diese Methode auf die wichtigsten Träume, Ziele und Projekte seines Lebens anwendet.

Am Anfang steht eine Entscheidung. Wenn man etwas angeht, das eine gewisse Anstrengung erfordert, steht man immer vor einer Entscheidung. Im Baseball-Jargon ausgedrückt: Will man nur einen Strikeout (der Schläger verfehlt den Ball, der Fänger fängt ihn) vermeiden und das erste Base erreichen („a walk's as good as a hit" [ein Walk ist so gut wie ein Treffer]), will man einen Treffer landen oder will man den Ball aus dem Feld schlagen? Als ich anfing, als Schläger in der Little League zu spielen, schrie mir mein Trainer immer hinterher, während ich auf Position ging: „Und denk' dran, Scotty, ein Walk ist so gut wie ein Treffer!" Er hoffte, ich würde mich mehr darum kümmern, zum ersten Base zu kommen, als es auf einen Treffer anzulegen. Unglücklicherweise war seine Auffassung, ein Walk sei so gut wie ein Treffer, eine falsche Auffassung. Es stimmt, mit einem Walk wäre ich zum ersten Base gekommen, mehr aber auch nicht. Mit einem Treffer dagegen kam ich auf jeden Fall zum ersten Base, aber vielleicht auch noch weiter. Das ist aber noch nicht alles. Ein Treffer würde mir und meinen Mannschaftskollegen einen Adrenalinstoß versetzen. Er würde mir den Mut geben, mir beim nächsten Mal, wenn ich auf die Schlägerposition gehen würde, kräftigere und bessere Schläge zuzutrauen. Ein Treffer würde meinen Mannschaftskollegen zeigen, dass der Werfer nicht annähernd so schnell und gefährlich war, wie sie gedacht hatten. Es stellte sich heraus, dass ein Treffer viele Vorteile mit sich brachte, die ein Walk nicht hatte. Auch wenn man in beiden Fällen nur zum ersten Base kommt, steigert ein Treffer das Selbstwertgefühl; er erweitert den Horizont und hebt die Chancen, öfter zum Base zu kommen. Insgesamt betrachtet ist ein Walk also nicht annähernd so gut wie ein Treffer. Genauso ist ein Base Hit (ein Treffer, der einen bis zum ersten Base kommen lässt) nicht so gut wie ein Double (Treffer, zum zweiten Base), und nichts ist so gut wie ein Homerun.

So einfach und logisch das klingen mag – die traurige Wahrheit ist, dass die meisten Menschen in ihrem Leben bloß versuchen, zum ersten Base zu gelangen. Sie glauben ernsthaft, ein Walk sei so gut wie ein Treffer. Sie wollen bloß nicht danebenschlagen. Wenn sie sich überhaupt Ziele setzen, dann nur solche, die derart leicht zu erreichen sind, dass ein Scheitern fast ausgeschlossen ist.

Babe Ruth war unbestritten einer der besten Baseballspieler aller Zeiten. Die meisten Baseballfans wissen wohl, dass er einige Rekorde aufgestellt hat: Er hat die meisten Homeruns in einer Saison erzielt und die meisten Homeruns in einer Spielerlaufbahn. Die meisten wissen aber nicht, dass er noch andere Rekorde erzielt hat: Obwohl er nur in zwei World Series Werfer war, stellte er in der Saison 1918 einen phänomenalen Rekord auf, der 43 Jahre lang ungebrochen stand und damit seine Homerun-Rekorde überdauerte. Trotzdem ist der Name Babe Ruth seit Generationen das Synonym für eine einzige Sache: Homeruns, Homeruns und noch einmal Homeruns. Als Babe zum ersten Mal an die New York Yankees verkauft wurde, hatten diese noch nicht einmal ein eigenes Baseball-Feld. Sie spielten im Polo Grounds, der Heimat der New York Giants. Im ersten Jahr, in dem Ruth für die Yankees spielte, kamen trotzdem mehr als eine Million Zuschauer, die den „Sultan of Swat" sehen wollten. Sie kamen nicht in Scharen geströmt, weil sie sehen wollten, wie er Singles und Doubles schlägt, sondern sie wollten Homeruns sehen. Bevor er in der Welt des Baseball erschien, kamen Homeruns eher selten zustande. Die höchste Anzahl von Homeruns, die ein Spieler in der American League in einer Saison erzielt hatte, lag damals bei 16. Diesen Rekord brach Babe im Jahre 1919, als er noch Werfer bei den

Red Sox war; er schaffte 29 Homeruns. In jenem Jahr warf er bei 20 Spielen, von denen er 13 gewann. Im Jahr darauf, als er bei den Yankees spielte, kam er zum ersten Mal nicht als Werfer zum Einsatz. In jenem Jahr erzielte er 54 Homeruns, eine Leistung, die damals über die wildesten Vorstellungen hinausging. Wieder ein Jahr später schaffte er 59 Homeruns, und die Yankees konnten sich ein eigenes Stadion leisten.

Eine Sache unterscheidet Babe von allen anderen Spielern seiner Zeit. Jedes einzelne Mal, wenn er auf Position ging, traf er eine Entscheidung. Er wollte nicht nur den Ball berühren. Er wollte nicht nur zum Base kommen. Jedes Mal, wenn er zum Mal ging, nahm er sich etwas Bestimmtes vor: Er wollte über den Zaun schlagen. Er wollte den Ball so hart treffen, dass von dem Moment an, als der Ball den Schläger berührte, jedermann im Stadion wusste: Der Ball fliegt über den Zaun. Er liebte es, zum lautstarken Jubel der Menge das dritte Base zu umrunden. Jedes Mal, wenn er einen Homerun schlug, jubelten die Zuschauer, seine Mannschaftskollegen sprangen in die Luft und empfingen ihn begeistert, wenn ins Ziel lief, und er fühlte sich dabei großartig. Seine Homeruns motivierten seine Mannschaft, besser zu spielen als alle anderen Baseballteams. Egal wie sehr sie sich anstrengten – wenn er einen Homerun geschlagen hatte, legten sie sich noch mehr ins Zeug. Das ist die Wirkung von Homeruns: Sie führen uns nicht nur um alle Bases herum, sondern sie motivieren auch alle Menschen im Umkreis, mehr zu leisten als sie für möglich gehalten hätten.

Das „nach den Sternen greifen" fängt bei jedem beliebigen Projekt mit dem Entschluss an, über den Zaun zu schlagen anstatt nur zu versuchen, das erste Base zu erreichen. In einer Ehe bedeutet das, eine großartige Beziehung anstatt einer nur erträglichen Beziehung anzustreben. Es bedeutet, dass man die wichtigsten emotionalen, körperlichen und geistigen

Bedürfnisse seines Ehepartners erfüllt, selbst wenn das bedeutet, dass Sie sehr vieles lernen müssen, das Sie noch nicht wissen. Auf der Arbeit bedeutet es, dass Sie sich Ziele setzen und erreichen, die weit über Ihre eigenen Erwartungen und über die Erwartungen Ihrer Vorgesetzten hinausgehen. Für alle wichtigen Bereiche Ihres Lebens, für jeden wichtigen Traum, für jedes wichtige Ziel, jedes wichtige Projekt und jede wichtige Unternehmung bedeutet es, dass Sie Ihren Blick weit über die Grenzen Ihrer Fähigkeiten und Mittel hinaus richten. Aber diese Entscheidung ist nur der erste Schritt. Wir wollen ja nicht nur nach den Sternen greifen, sondern sie auch wirklich ergreifen! Die Methode des „nach den Sternen greifen" besteht aus fünf Schritten. Um den Baseball-Vergleich fortzuführen: Es bringt nichts, über den Zaun schlagen zu wollen, wenn man nicht geübt und trainiert hat, den Ball wirklich zu treffen.

Im zweiten Schritt nach dem Entschluss, nach den Sternen zu greifen, nimmt man die Vision Map für alle wichtigen Träume, Ziele und Projekte zur Hand und verschiebt alle Träume, Ziele und Projekte nach oben, um die Entscheidung deutlich zu machen.

Im dritten Schritt notiert man die Hürden und Stolpersteine, die einen daran hindern könnten, den Traum oder das Ziel zu erreichen – oder sogar einen einzelnen Schritt beziehungsweise eine Aufgabe durchzuführen. Zu den Hindernissen gehören mangelnde Ressourcen (Zeit, Talent, Geld) und mangelndes Wissen. Aus früheren Sitzungen wissen Sie ja schon, dass man solche Hindernisse überwindet, indem man die richtigen Partner, Berater, Mentoren, Fachleute und Sponsoren herausfindet, engagiert und effektiv nutzt. Es gibt noch zwei Hindernisse, die wir bis jetzt nicht besprochen haben, aber das werden wir in den Sitzungen 11 und 12 tun. Dabei handelt es sich um unsere bewusste oder unbewusste Angst vor dem Versagen und um unsere bewusste oder unbewusste

Vermeidung von Kritik. Wenn diese Hürden nicht überwunden werden, setzen Sie Ihre Ziele viel zu niedrig an.

Wenn Sie die potenziellen Hürden aufgelistet haben, die Sie daran hindern könnten, die Sterne zu erreichen, dann identifizieren Sie im vierten Schritt die Art der äußeren Ressourcen, die Sie für die Überwindung jedes einzelnen Hindernisses brauchen. Wenn Sie wissen, welche Ressource Sie benötigen, dann identifizieren und engagieren Sie unter Beachtung der früher besprochenen Schritte die Partner, die Sie brauchen. Der fünfte Schritt ist die konkrete Mobilisierung der Ressourcen und die Erfüllung der Aufgaben und Schritte, die Sie in Ihrer Vision Map eindeutig festgelegt haben.

***Nach den Sternen greifen – Zusammenfassung der einzelnen Schritte***

1. *Entscheiden Sie sich dafür, mit einem bestimmten Traum, einem Ziel, einem Projekt oder einer Unternehmung nach den Sternen zu greifen.*
2. *Listen Sie die Hürden und Stolpersteine auf, die Sie daran hindern könnten, mit diesem speziellen Traum, Ziel oder Projekt zu den Sternen zu gelangen oder die Sie daran hindern könnten, spezifische Schritte und Aufgaben zu bewältigen, die für die Erreichung eines Ziels erforderlich sind.*
3. *Identifizieren Sie die Art des Partners oder der äußeren Ressourcen, die Sie brauchen, um die aufgelisteten Hindernisse aus dem Weg zu räumen.*
4. *Identifizieren Sie die konkreten Personen und Mittel, die Sie beschaffen wollen.*
5. *Engagieren Sie die nötigen Partner oder beschaffen Sie die nötigen*

*Mittel und beginnen Sie mit der Bewältigung der Schritte und Aufgaben, die Sie in Ihrer Vision Map aufgelistet haben.*

Im Jahre 1975 las Paul Allen etwas über ein kleines Unternehmen in New Mexico namens MITS, das einen Microcomputer für 400 US-Dollar gebaut hatte. Dieser Computer, der Altair 8800, war für Amateure und Elektronikfreaks gedacht. Er hatte weder Tastatur noch Bildschirm, und wenn man ihn irgendeiner Weise praktisch nutzen wollte, musste man ihn an einen Fernschreiber anschließen. Paul rief Bill Gates an, einen Schulkameraden aus der Highschool, der gerade in Harvard studierte. Er schlug vor, dass sie gemeinsam eine Betriebssprache für den Altair 8800 entwickeln könnten. Obwohl sie noch nicht einmal einen Prozessor hatten, beschlossen sie nach den Sternen zu greifen, riefen den Chefingenieur von MITS an und sagten ihm sie hätten eine Betriebssprache für seinen Prozessor entwickelt. Er lud sie zu einem Vorführungstermin nach Albuquerque ein. Nun, nachdem sie das Interesse des Ingenieurs geweckt hatten, begannen Sie, mit aller Macht die Sprache zu kreieren, die sie versprochen hatten. Nach acht Wochen fieberhafter Arbeit dachten sie, sie hätten es geschafft. Obwohl sie nicht wussten, ob es funktionieren würde, flog Allen nervös nach New Mexico und traf sich mit der Firmenleitung. Zur Freude aller funktionierte die Sprache, und MITS erwarb darauf eine Lizenz für 30 US-Dollar pro Computer. Bill brach sein Studium in Harvard ab und zog mit Paul nach New Mexico, wo sie ein Unternehmen mit dem Namen Micro-Soft gründeten. Den Bindestrich schafften sie später ab und siedelten nach Seattle über.*

Das war nicht das einzige Mal, dass Bill und Paul nach den Sternen griffen. Als IBM im Jahre 1980 beschloss, den Markt für Personal Com-



* Lesen Sie hierzu über Paul Allens und Microsofts Geschichte in: „Milliardär aus Zufall", erschienen im Verlag Börsenmedien AG

puter zu betreten, wusste man dort, dass man für den PC ein Betriebssystem benötigen würde. Anstatt ein oder zwei Jahre Zeit in die Entwicklung eines eigenen Betriebssystems zu investieren, beschloss der 30-Milliarden-Riese herauszufinden, ob es irgendwo in der Außenwelt ein Betriebssystem gab, das man an seine Maschine anpassen könnte. Die Unternehmensleitung hatte von den Wunderknaben in Seattle gehört, die schon Sprachen für verschiedene Prozessoren entwickelt hatten. Sie bestellte Gates und Allen zu einem Treffen, auf dem die Möglichkeiten besprochen werden sollten. Microsoft erzielte mittlerweile zwar einen Jahresumsatz von vier Millionen US-Dollar, verkaufte aber ausschließlich Programmiersprachen. Die beiden hatten noch nie versucht, ein Betriebssystem zu entwickeln.

Kurz nach Beginn des Treffens wurden Bill und Paul gefragt, ob sie denn ein Betriebssystem hätten, das man auf IBMs PC zuschneiden könnte. Man sagte ihnen, das System sollte innerhalb von 90 Tagen lauffähig sein. Bevor Paul Allen sagen konnte, Microsoft habe kein Betriebssystem, habe noch nie eines gehabt und könne auf keinen Fall in 90 Tagen eines entwickeln, beschloss Bill, nach den Sternen zu greifen. Er antwortete: „Ja!" Paul war von Bills Antwort zwar schockiert und entsetzt, aber er nickte trotzdem dazu. Bill verpflichtete sich vertraglich, das Betriebssystem in spätestens 90 Tagen zu liefern.

Wenn es Bills Art gewesen wäre, sich nur in dem vertrauten und sicheren Bereich zu bewegen, in dem sich sein Unternehmen fachlich auskannte und wenn er sich nur erreichbare Ziele gesetzt hätte, dann hätte er vermutlich geantwortet: „Nein, wir haben kein Betriebssystem, das ist nicht unser Bereich. Und selbst wenn wir in diesem Bereich tätig wären, könnten wir unmöglich in 90 Tagen ein Betriebssystem entwickeln." Das Schicksal von Microsoft wäre völlig anders verlaufen. Es wäre ein kleines bis mittleres Unternehmen geblieben und hätte am Ende vielleicht 25 oder 50 Millionen Umsatz pro Jahr erzielt. Aber Bill sagte nicht nein. Er griff nach den Sternen und sagte ja, auch wenn es absolut keine Möglichkeit gab, das gesteckte Ziel zu erreichen und seine Verpflichtung zu erfüllen. Bill forderte im Gegenzug, dass die Rechte an dem Betriebssystem vollständig bei Microsoft verbleiben müssten und dass IBM eine nicht-exklusive Nutzerlizenz dafür erwerben sollte. Wie konnte ein winziges Vier-Millionen-Unternehmen erwarten, dass der 30-Milliarden-Riese dieser verwegenen Forderung nachgeben würde? Wieder einmal griff Bill Gates einfach nach den Sternen. Aber Bill griff nicht nur danach, er ergriff sie auch tatsächlich. Die IBM-Manager waren von der Forderung zwar etwas vor den Kopf gestoßen, aber sie stimmten trotzdem zu, weil sie sich einbildeten, das große Geld liege im Hardware-Geschäft. Was machte es da, wenn man sich ein paar Pennys entgehen ließ? Sie dachten, in der relativ unbedeutenden Softwarebranche wäre nicht viel zu verdienen.

Bill erreichte die Sterne nicht nur insofern er diese Zugeständnisse erwirkte, sondern er erreichte sie auch konkret, denn er lieferte das Betriebssystem tatsächlich innerhalb der Frist von 90 Tagen. Aber wie? Auf genau die gleiche Art und Weise, auf die Sie die Sterne erreichen können, wenn Sie danach greifen. Bill, Paul und ihr Vizepräsident Steve Ballmer fanden eine äußere Ressource und nutzten sie: Ein kleines Unternehmen ganz in der Nähe namens Seattle Computer Products hatte das PC-Betriebssystem 86-DOS entwickelt, das möglicherweise so verändert werden konnte, dass es auf dem IBM-PC lief. Allen kaufte eine Lizenz für die Benutzung von 86-DOS, ohne das Unternehmen darüber zu informieren, wofür er sie benutzen wollte. Microsoft-Ingenieure arbeiteten das System auf den IBM-PC um und lieferten es innerhalb der

90-Tages-Frist. Kurz bevor IBM der Welt seinen PC vorstellte, erwarb Allen von Seattle Computer Products für lumpige 50.000 Dollar die vollständigen Rechte an 86-DOS.

Da Bill Gates mit IBM eine nicht-exklusive Lizenz vereinbart hatte, war er mit dem Verkauf von MS-DOS nicht auf die PCs beschränkt, die IBM verkaufte, sondern er konnte das Betriebssystem an jeden beliebigen PC-Hersteller der Welt lizenzieren. IBM hatte ein goldenes Ei bekommen, aber Microsoft besaß das Huhn, das schon bald in der ganzen Welt Millionen von goldenen Eiern legen würde. Wie alle anderen Überflieger auch, griff Bill Gates nicht nur ein- oder zweimal nach den Sternen, sondern machte sich diese Methode zur Gewohnheit und zur Lebensauffassung.

### Nach den Sternen greifen – im Privatleben

Jetzt haben Sie vielleicht einen Begriff davon, wie man das Greifen nach den Sternen im Berufsleben anwendet, aber es ist genauso wichtig zu wissen, wie man diese Methode im Privatleben benutzt.

Vor Jahren beriet ich bei mir zu Hause gelegentlich junge Paare. Eines Abends sagte mir eine Frau (nennen wir sie Jenny): „Mein Mann treibt mich noch in den Wahnsinn. Ich will die Ehe, aber ich kann Ihnen sagen, er macht mich fertig. Er hat an allem etwas auszusetzen. Egal was ich mache, es ist nie gut genug. Ich weiß nicht, wie ich ihn dazu bringen soll, dass er damit aufhört." Ich fragte sie: „Wenn Sie bei ihm alles erreichen könnten, was Sie wollen, was wäre das dann?" Sie sagte: „Ich will nur, dass er mich weniger kritisiert." Das ist ein greifbares, erreichbares Ziel. Weniger Kritik. Mehr wollte sie von ihrer Ehe nicht.

Ich sagte: „Das ist ein schöner Traum, aber es geht doch auch noch besser. Wie wäre es denn, wenn er vollkommen aufhören würde, Sie zu kritisieren?" Sie sagte sofort: „Das wird es nie geben." Ich sagte: „Okay, wir kommen der Sache schon näher. Dieser Traum ist also unerfüllbar?" Sie antwortete: „Ja." Dann sagte ich: „Gehen wir noch einen Schritt weiter. Er wird Sie nicht nur nicht mehr kritisieren, sondern er wird anfangen, Sie zu loben. Er wird nicht nur ermunternde Worte für Sie haben, sondern er wird alles Nötige tun, um Sie zu ermutigen." Sie sagte: „Tom?" Ich antwortete: „Ja, Tom." Darauf sie: „Unmöglich!" Und ich: „Wunderbar, jetzt haben wir es fast geschafft. Wie wäre es damit: Er wird Sie nicht nur loben und ermuntern, sondern er will der beste Ehemann der Welt sein und Ihre tiefsten Wünsche erfüllen. Das wird sein wichtigster Lebensinhalt sein." Sie sagte: „Das wird niemals passieren." Ich sagte: „Na großartig. Jetzt greifen wir nach den Sternen, und das ist Ihr unerfüllbarer Traum."

Innerhalb von Minuten hatten wir ihren ursprünglichen Traum so weit nach oben geschraubt, dass sie wirklich nach den Sternen griff. Der neue Traum besagte, dass ihr Mann die Erfüllung ihrer tiefsten emotionalen, religiösen und körperlichen Bedürfnisse zu seinem wichtigsten Lebensinhalt machen würde. Sie wollte einen gläubigen Ehemann, aber ihr Partner war Atheist. Völlig unmöglich also! Wie konnte ihr Ehemann ihre religiösen Bedürfnisse erfüllen, wenn er nicht einmal an Gott glaubte? Wir hatten einen greifbaren und erreichbaren Traum genommen und ihn in einen wahrhaft unmöglichen Traum verwandelt. Mit diesem Traum zielte Jenny nicht nur über den Zaun, sondern sogar auf den Parkplatz.

Ein halbes Jahr später saß sie zusammen mit Ihrem Mann bei mir. Mit Tränen in den Augen sagte sie: „Ich komme mir vor wie Aschenputtel. Ich bin die glücklichste Frau, die ich kenne. Ich bin so dankbar für Tom." Tom sagte: „Ich bin der glücklichste Mensch der Welt, weil ich mit Jenny verheiratet bin. Sie ist alles, was ich von einer Frau je erwartet habe, und ich kann es kaum glauben, dass sie mich so lange ertragen konnte." Heute, 30 Jahre später, sind die beiden immer noch eines der glücklichsten verheirateten Paare, die ich kenne.

### Wie ein Lehrer in einer der ärmsten Städte von Texas die Macht des „nach den Sternen greifen" entdeckte

Letzte Woche las ich einen erstaunlichen Artikel, der wieder einmal demonstriert, wie unglaublich wirkungsvoll es ist, nach den Sternen zu greifen. Die texanische Stadt Elsa ist eine der ärmsten Kommunen der Vereinigten Staaten. Sie ist 15 Meilen von der mexikanischen Grenze entfernt, und 75 Prozent der Haushalte haben ein Jahreseinkommen unter 10.000 US-Dollar. Viele Schüler wohnen in Hütten ohne elektrischen Strom und fließendes Wasser. Frank Guajardo, der Sohn eines mexikanischen Landarbeiters, kehrte 1991 nach Abschluss seines Studiums nach Elsa zurück und unterrichtete an der dortigen Highschool Englisch. Er spornte seine besten Schüler an, sich um Studienplätze an Elite-Colleges zu bewerben. Um ihnen seine Vision einzupflanzen, trieb er 12.000 Dollar auf und machte mit neun Schülern in geliehenen Vans eine Tour durch mehrere Eliteschulen. Seine Vision fiel auf fruchtbaren Boden, und in jenem Herbst wurden fünf der neun an den besten Colleges Amerikas aufgenommen. Guajardos Vision wurde größer, und mitlerweile haben es 51 seiner Highschool-Abgänger auf die Top-Universitäten unseres Landes geschafft. Im vergangenen Jahr gingen 65 Prozent der Absolventen der Edcouch-Elsa Highschool auf Colleges. Mithilfe der Meisterstrategie der Partnerschaft greift Guajardo auch in anderer Hinsicht nach den Sternen und erreicht sie. Im Jahre 1997 schuf er das Llano Grande Center for Research and Development, in dem die Schüler speziell auf das College vorbereitet werden und das auch schaffen. Er beschaffte dafür sogar die Finanzierung von 500.000 US-Dollar jährlich.

Funktioniert diese Methode wirklich? Absolut! Sie funktioniert aber nur in Verbindung mit den Meisterstrategien, über die wir schon gesprochen haben und über die wir noch sprechen werden. Ich erlebe es auf fast allen Gebieten, die man sich vorstellen kann, zum Beispiel was das Abnehmen betrifft. Ich habe es erlebt, dass Männer und Frauen mit 50 bis 100 Kilogramm Übergewicht ihre überflüssigen Pfunde vollständig verloren haben und ihre Körperform wiedergefunden haben, obwohl sie dachten, diese sei für immer verschüttet – und all das, weil sie Vision Mapping betrieben und nach den Sternen gegriffen haben.

Wie schon gesagt, die wichtigste Strategie, mit deren Hilfe man nach den Sternen greifen kann, ist die effektive Partnerschaft. Die zweitwichtigste ist die Strategie, die wir in der nächsten Sitzung behandeln werden. Das ist die Strategie, die es Thomas Edison ermöglichte, mehr bahnbrechende Erfindungen zu machen als je ein Mensch vor oder nach ihm. Sie verleiht Ihrem Schlag eine enorme Kraft, und Sie erzielen damit mehr Treffer und Homeruns.

# Gang einlegen, Gas geben!

**So bringen Sie Ihre PS auf die Straße**

Nach den Sternen greifen – Zusammenfassung der einzelnen Schritte

a. Entscheiden Sie sich dafür, mit einem bestimmten Traum, einem Ziel, einem Projekt oder einer Unternehmung nach den Sternen zu greifen.
b. Listen Sie die Hürden und Stolpersteine auf, die Sie daran hindern könnten, mit diesem speziellen Traum, Ziel oder Projekt zu den Sternen zu gelangen oder die Sie daran hindern könnten, spezifische Schritte und Aufgaben zu bewältigen, die für die Erreichung eines Ziels erforderlich sind.
c. Identifizieren Sie die Art des Partners oder der äußeren Ressourcen, die Sie brauchen, um die aufgelisteten Hindernisse aus dem Weg zu räumen.
d. Identifizieren Sie die konkreten Personen und Mittel, die Sie beschaffen wollen.
e. Engagieren Sie die nötigen Partner oder beschaffen Sie die nötigen Mittel und beginnen Sie mit der Bewältigung der Schritte und Aufgaben, die Sie in Ihrer Vision Map aufgelistet haben.

1. Gehen Sie die wichtigsten Träume, die Sie in Ihrem Vision Mapping Journal definiert haben, durch und verschieben Sie sie nach oben, so dass Sie damit nach den Sternen greifen.*
2. Nehmen Sie alle dafür nötigen Veränderungen an Ihren Zielen, Schritten und Aufgaben vor.
3. Benutzen Sie die in der Zusammenfassung aufgezählten Schritte, um Hindernisse zu erkennen und die Partner zu engagieren, die

Sie für die Überwindung der Hindernisse brauchen, damit Sie mit Ihren wichtigsten Träumen die Sterne auch wirklich ergreifen können.

* Wenn Sie ein vorgefertigtes Vision Mapping Journal benutzen, sehen Sie, dass die erste Unterüberschrift „Nach den Sternen greifen, neue Einschätzung" heißt. Korrigieren Sie in diesen Zeilen Ihre Träume nach oben. Außerdem finden Sie auf der Rückseite der Blätter „Träume werden Ziele", „Ziele werden Schritte" und „Schritte werden Aufgaben" einen Abschnitt, in dem Sie Ihre Ziele, Schritte und Aufgaben den Träumen angleichen können, die Sie zu den Sternen gehoben haben.

Sitzung 10

# Der Milliarden-Unterschied … besser als ein Sechser im Lotto!

**Edisons Techniken machten meinen Millionen-Verlierer zum Milliarden-Gewinner**

Der Allrad-Antrieb Ihres Porsches bringt Sie an jeden beliebigen Ort, auf der Straße oder im Gelände. Im Herbst 1992 zog ich mit meiner Frau von Südkalifornien nach Utah in die Berge. Meine Frau fuhr damals ein kobaltblaues Porsche-Carrera-Cabriolet. Eine Woche nach unserer Ankunft in Utah erlebten wir unseren ersten Schneesturm. In Kalifornien war Shannons Porsche ein wunderbares Auto gewesen, aber wir stellten schnell fest, dass er im Schneetreiben von Utah völlig nutzlos war. Der starke Motor und die höchste Ingenieurskunst brachten uns in unserer schneebedeckten Einfahrt keine drei Meter weit. Der Zweck unseres Porsches ist es ja, uns schnell und sicher zu unseren sehnlichsten Träumen zu bringen. Da sich manche Träume auf zerklüfteten Berggipfeln befinden, ist ein Porsche wie der meiner Frau für die Erreichung der Träume nicht geeignet. Aber Sie können sich freuen, denn Ihr Porsche ist anders als der meiner Frau. Er hat den besten Allradantrieb, der je in ein Automobil eingebaut wurde. Mit diesem Allradantrieb können Sie zu den schwierigsten und entlegensten Zielen und Träumen gelangen. Ohne ihn kommen Sie nur zu leicht zugänglichen Träumen. Sie kommen nicht auf Berggipfel und nicht an Träume, die hinter einem Schneesturm liegen. Dieser Allradantrieb ist für die Erzielung außergewöhnlicher Erfolge bei allen Projekten, Unternehmungen, Zielen und Träumen unentbehrlich.

Im Jahre 1995 gründeten meine Partner und ich eine Kosmetikfirma, und Kathie Lee Gifford warb für uns. Bei diesem Projekt begingen wir drei entscheidende Marketing-Fehler, die es zu einer Katastrophe machten. Innerhalb weniger Monate verloren wir Millionen von Dollar und standen kurz vor der Geschäftsaufgabe. Bis zum Ende des Jahres hatten wir gerade noch genug Geld für die Probevermarktung eines letzten Produktes. Dafür kamen mehrere in Frage, und meine Partner stellten mir die 64.000-Dollar-Frage: „Unter den Produkten, die zur Auswahl stehen, für welches würde sich Steve Scott entscheiden?" Sie wollten alles, was uns noch blieb, meiner Entscheidung überlassen. Ich überlegte mir die Möglichkeiten und sagte: „Wenn ich Chuck Norris und Kristie Brinkley für den Total Gym bekäme, dann würde ich dieses Projekt machen. Wenn ich sie nicht bekäme, würde ich ein anderes Projekt machen." Meine Partner waren einverstanden, und ich machte Termine mit Chuck und Kristie aus. Chuck benutzte den Total Gym seit 18 Jahren täglich, und er glaubte wirklich daran. Kristie hatte noch nie einen Total Gym gesehen und musste erst ausprobieren, ob er hält, was er verspricht. Er gefiel ihr dann sehr gut. Zu unserer Freude waren Chuck und Kristie bereit, für uns zu werben; ich schrieb und produzierte ein Infomercial und dachte, das würde ein absoluter Volltreffer werden.

Nachdem wir uns die Sendung gemeinsam angeschaut hatten, waren meine Partner genauso begeistert wie ich. Es sah so aus, als wären unser Geschäft und unser Lebensunterhalt gesichert. Aber wir wussten alle, dass es nicht maßgeblich war, ob die Sendung *uns* gefiel. In unserem Business zählt nur, wie die Fernsehzuschauer auf unsere Infomercials reagieren, wenn sie ausgestrahlt werden. Erheben sich viele Zuschauer von ihrem Sofa, gehen zum Telefon und bestellen unser Produkt, oder sehen sie sich die Sendung einfach nur an und sagen sich: „Das ist nichts für mich." Am Wochenende des 7. September 1996 wurde unser Infomercial zum Total Gym auf einigen landesweiten Kabelsendern und einer Hand voll Lokalsendern erstmals ausgestrahlt. Zu unserem Missfallen war das Ergebnis nur mittelmäßig, auf jeden Fall nicht gut genug, dass sich eine landesweite Kampagne lohnte. Es sah so aus, als müssten wir unser Geschäft aufgeben. Für meine Partner und mich bestand außerdem die Gefahr, dass wir den größten Teil unseres Privatvermögens verloren. Aber dann passierte etwas Unglaubliches. Wir benutzten eine bestimmte Methode und verwandelten damit einen katastrophalen Fehlschlag in den Volltreffer unseres Lebens – am Ende machten wir mit dem Total Gym eine Milliarde Umsatz. Das Verfahren lässt sich in zwei Worten zusammenfassen: *kreative Beharrlichkeit* ...

## Wahre Ausdauer – keineswegs das, was Sie denken

Eine Professorin für Unternehmenskunde an der UCLA wurde einmal gefragt: „Was haben alle erfolgreichen Unternehmer gemeinsam?" Sie antwortete darauf: „Enormes Durchhaltevermögen ... sie geben einfach nicht auf." Damit hat sie zwar absolut Recht, aber die meisten Menschen haben eine gefährlich falsche Auffassung davon, was Hartnäckigkeit oder Ausdauer bedeutet. Sie denken dabei an den Spruch: „Wenn du es beim ersten Mal nicht schaffst, versuche es einfach immer wieder." Diese Form der Ausdauer ist genauso, als würde man gegen eine Backsteinmauer rennen, hinfallen, wieder aufstehen und immer wieder dagegenrennen. Das ist nicht Hartnäckigkeit, das ist Dummheit. Leider ist der zitierte Ratschlag unter Umständen tödlich, wenn man nicht bei jedem neuen Versuch kreative Änderungen vornimmt.

Als ich in meiner Jugend einmal eine Flugschau besuchte, versuchte ein Kunstflieger, einen niedrigen Looping zu fliegen. Er flog steil nach unten und beschleunigte dadurch auf knapp 300 Stundenkilometer. Etwa 15 Meter über dem Boden zog er die Maschine hoch und begann damit den Looping. In der oberen Hälfte des Loopings begann sein Motor zu stottern. Anstatt abzubrechen und sich einfach aus dem Kreis kippen zu lassen, flog er den oberen Halbkreis weiter und richtete dann die Nase wieder Richtung Boden. Das Stocken des Motors hatte ihn lediglich 15 bis 30 Meter Höhe gekostet, und er dachte, er könnte die zweite Hälfte dank seines Durchhaltevermögens noch schaffen. Leider fehlten ihm am unteren Ende knapp zehn Meter, und er krachte mit fast 250 Stundenkilometern auf die Erde. Seine Hartnäckigkeit hatte ihn sein Leben gekostet. Das war tragisch, denn eine einfache Alternative hätte ihm das Leben gerettet. Er hätte sich nur aus dem Looping herauskippen lassen müssen, landen, kurz seinen Motor checken und den Looping ein oder zwei Stunden später noch einmal fliegen. Stattdessen hielt er bis zum Absturz durch. War nun die Ausdauer schuld an seinem Tod oder eine falsche Auffassung von Ausdauer? Die Antwort lautet: Eine übliche, aber tödlich falsche Auffassung von Ausdauer verursachte seinen Tod.

***Der entscheidende Unterschied***

***Was Durchhaltevermögen nicht ist:*** *Wenn man kurz vor dem Scheitern steht, heißt durchhalten nicht, dass man um jeden Preis weiter macht. Wenn man tatsächlich gescheitert ist, heißt hartnäckig sein nicht, dass man einfach nicht aufgibt und das Gleiche immer und immer wieder versucht, bloß nachdrücklicher, intensiver oder öfter.*

***Was wahres Durchhaltevermögen bedeutet:*** *Wenn man kurz vor dem Scheitern steht, bedeutet durchhalten, dass man auf halbem Weg die nötigen Änderungen vornimmt, die das Risiko vermindern und die Erfolgschancen erhöhen. Wenn man tatsächlich gescheitert ist, heißt hartnäckig sein, dass man die verschiedenen Faktoren analysiert, die das Scheitern verursacht oder dazu beigetragen haben könnten; dann probiert man Alternativen aus, die Verbesserungen und schließlich den gewünschten Erfolg bringen sollen.*

Wenn ich meine eigenen Erfahrungen der letzten 30 Jahre und die Lebensgeschichte vieler der erfolgreichsten Menschen der Welt be-

## Die vier Persönlichkeitstypen im Vergleich

**Wie die Menschen mit Problemen, Rückschlägen und möglichen beziehungsweise tatsächlichen Fehlschlägen umgehen**

**Bummler**

Ändern schnell die Richtung, ziehen sich zurück, geben auf und gehen zum nächsten Projekt über.

**Zielstrebige**

Wenn sie die Hoffnung haben, ein Problem zu überwinden oder einen Fehlschlag abzuwenden, strengen sie sich mehr an und machen noch mehrere Versuche, bevor sie aufgeben.

**Erfolgsmenschen**

Geben sich alle Mühe, Probleme und Rückschläge zu überwinden; kämpfen sich durch Fehlschläge irgendwie zum Erfolg durch. Geben sich erst geschlagen, wenn sie wissen, dass sie es nicht schaffen können.

**Überflieger**

Rechnen bei jedem wichtigen Projekt von vornherein damit, dass Probleme, Rückschläge und ein etwaiger Fehlschlag den Weg zum Erfolg blockieren können. Aufgrund ihrer Fähigkeit, effektiv mit Partnern zu arbeiten, nutzen sie kreative Vorschläge und Ressourcen Dritter, um jedwedes Problem kreativ ausdauernd anzugehen, bis sie auf irgendeine Art zum Erfolg gelangen.
Wenn sie feststellen, dass ein Projekt ein „dreibeiniges Pferd“ ist, „erschießen“ sie es eher als weiterzureiten.

trachte, erkenne ich eine absolute Wahrheit: Wer mit irgendeiner Unternehmung außerordentlich erfolgreich ist, sei es privat oder beruflich, hat gelernt, kreativ durchzuhalten. Er analysiert die möglichen Ursachen des Scheiterns und reichert seine Hartnäckigkeit mit kreativen Alternativen an, die die negative Wirkung der Ursachen des Scheiterns vermindern, beseitigen oder umkehren. Das beste Beispiel, das ich dafür kenne, ist Thomas Edison. Er erlebte in fast jedem Jahr mehr Fehlschläge als die meisten anderen Menschen in ihrem ganzen Leben. Auf jeden Fall erlebte er ein paar Tausend Fehlschläge mehr als jeder Erfinder der Weltgeschichte. Aber da er seine Fähigkeit, kreative Ideen hervorzubringen, mit seiner Fähigkeit kombiniert hatte, ausdauernd zu sein, kämpfte er sich durch Tausende von Fehlschlägen und schuf daraus mehr gelungene Erfindungen als je ein Erfinder oder ein Erfinderteam vor oder nach ihm. Diese Fähigkeit funktionierte nicht nur bei Edison, sondern auf wundersame Weise funktioniert sie auch bei mir. Ich nenne diese Fähigkeit *kreatives Durchhaltevermögen., kreative Ausdauer oder kreative Beharrlichkeit.*

## Kreative Beharrlichkeit – Edisons ultimatives Erfolgsgeheimnis

Leider ist kreatives Durchhaltevermögen keine angeborene Fähigkeit. Von den vier Persönlichkeitstypen fällt einem das Durchhalten etwas leichter als den anderen, und zwar dem Löwen. Dem starken Löwen ist die Ausdauer schon vom Mutterleib her mitgegeben. Dieser angeborene Trieb erleichtert es dem Löwen zwar, die Fähigkeit des kreativen Durchhaltens einzusetzen, aber genauso wie die anderen drei Persönlichkeitstypen muss auch er diese Fähigkeit zuerst einmal lernen, bevor er sie anwenden kann. Erst wenn er gelernt hat, ausdauernd zu sein, fällt es ihm leichter, diese Fähigkeit regelmäßig zu benutzen. Den anderen drei Persönlichkeitstypen ist der Drang zum Durchhalten nicht angeboren. Das war die schlechte Nachricht. Die gute Nachricht ist, dass kreative Ausdauer erlernbar ist und dass jedermann sie entwickeln und beruflich wie privat einsetzen kann, unabhängig vom Persönlichkeitstyp. Diese Fähigkeit zu erlernen und einzusetzen ist nicht schwerer als die anderen Fähigkeiten zu erlernen und einzusetzen, die wir schon behandelt haben – Haken setzen, würzen, emotionale Wortbilder und Vision Mapping. Sogar ausgeprägte Otter, die eher dazu neigen, Anstrengungen zu meiden als durchzuhalten, können kreative Ausdauer lernen und anwenden. Tatsächlich sind Jim Shaugnessy und Henry Marsh die ausgeprägtesten Otter, die ich kenne. Beide haben es geschafft, schon in früher Jugend bei ihren sportlichen Aktivitäten kreatives Durchhaltevermögen zu lernen. Das Ergebnis? Jim wurde All-American Footballspieler, Henry nahm als Langstreckenläufer an Weltmeisterschaften und viermal an Olympischen Spielen teil. Henrys amerikanischer Rekord blieb 25 Jahre lang ungebrochen.

## Warum kreatives Durchhaltevermögen für Ihren Erfolg unerlässlich ist

Vielleicht denken Sie jetzt: „Warum in aller Welt brauche ich die Fähigkeit zur kreativen Ausdauer? So schwer ist das Leben doch gar nicht." Das stimmt; um mittelmäßige Ergebnisse zu erzielen, den Status Quo aufrecht zu erhalten oder leichte Verbesserungen zu erzielen, braucht man keine kreative Ausdauer. Wenn Sie aber in irgendeinem

Bereich Ihres Lebens außergewöhnlichen Erfolg haben wollen, egal ob auf der Arbeit oder zu Hause, dann ist diese Fähigkeit unentbehrlich. Warum? In meinen früheren Büchern habe ich drei Erkenntnisse formuliert, die für sich selbst sprechen: 1. Wenn es bergab geht, braucht man keine Ausdauer, sondern nur wenn es bergauf geht. 2. Außergewöhnliche Errungenschaften und lohnende Träume findet man immer auf Berggipfeln und nicht in Talsohlen. 3. Lohnende Träume findet man nie, ohne dass man zahllose Fehlschläge, Kritik, Hürden, Hindernisse und gescheiterte Versuche überwinden muss. Die kreative Ausdauer macht den entscheidenden Unterschied zwischen einer guten und einer außerordentlichen Karriere, einer erträglichen und einer großartigen Ehe sowie zwischen einem Einkommen aus, das gerade zum Leben reicht und einem Einkommen, das extremen Überfluss bedeutet.

Träume, die in Talsohlen liegen, sind zwar leichter erreichbar, aber sie bringen weniger Erfüllung. Jedoch allein schon die Tatsache, dass Sie das vorliegende Buch gekauft und bis hierher gelesen haben, sagt mir eindeutig, dass Sie viel mehr vom Leben wollen als eine Arbeit, die nur die grundlegenden Bedürfnisse deckt oder eine Ehe, die vegetiert anstatt zu blühen. Aus diesem Grund ist kreatives Durchhaltevermögen eine Fähigkeit, ohne die Sie eigentlich nicht leben können.

**Das vierzehnte Gesetz des außergewöhnlichen Erfolges**

Außerordentliche Erfolge werden nie erreicht, ohne dass man auf außerordentliche Hindernisse trifft sowie Rückschläge und Fehlschläge einstecken muss. Diese kann man nur mit kreativem Durchhaltevermögen überwinden.

## Meisterstrategie 10 – durchschlagende Methoden für kreative Ausdauer

Stellen Sie sich einmal vor, alles was Sie besitzen, alles was Ihre Partner besitzen sowie die Arbeit und das Auskommen aller Ihrer Beschäftigten wären in Gefahr und würden verloren gehen, wenn Ihr letzter Versuch zur Unternehmensrettung misslingen würde. Wenn Sie beim letzten Wurf danebenschlagen, verschwindet mit einem Mal buchstäblich alles, wofür Sie ein Leben lang gearbeitet haben. Genau in dieser Situation befanden sich meine Partner und ich an jenem schicksalhaften Wochenende im September 1996, als unser Infomercial zum Total Gym zum ersten Mal gesendet werden sollte. Wenn die Fernsehzuschauer unsere Sendung sehen und viele von ihnen unser Produkt bestellen würden, dann wollten wir mit der Sendung eine landesweite Kampagne starten, die unser Unternehmen, unsere Mitarbeiter und uns selbst vor dem finanziellen Ruin retten würde. Wenn jedoch die Zuschauer nicht ausreichend darauf ansprechen würden, dann wäre alles hoffnungslos verloren. Wenn Sie sich diese Situation vergegenwärtigen, dann können Sie sich ungefähr vorstellen, wie wir uns vor der Erstausstrahlung fühlten. Dann können Sie auch verstehen, wieso wir schockiert und entsetzt waren, als nach der Erstausstrahlung unserer Werbesendung nur eine Hand voll Menschen unser Produkt bestellte. Am Tag nach der Erstsendung herrschte bei mir und meinen Partnern düstere Untergangsstimmung. Das Projekt, mit dem wir gehofft hatten, unser Unternehmen zu retten, trieb in Wirklichkeit den letzten Nagel in unseren gemeinsamen Sarg.

Als wir uns um den Konferenztisch versammelt hatten, sagte einer unserer Partner: „Die Sendung ist zu gut für diese schwache Reaktion. Irgendetwas stimmt da nicht. Es gibt einen Grund dafür, dass die Zuschauer nicht darauf ansprechen, und wir müssen herausbekommen, was dieser Grund ist. Irgendwo haben wir einen großen Fehler gemacht, deswegen klappt es nicht. Wir brauchen Zeit; wir müssen an der Sendung etwas ändern, die Neufassung senden und sehen, ob sie dann funktioniert."

Alle waren der Meinung, dies sei der richtige Weg, aber dabei gab es ein großes Problem. Die Verträge mit den prominenten Fürsprechern ließen uns nur wenige Wochen für Probesendungen. Nach Ablauf der vereinbarten Frist würde jede weitere Sendung als landesweite Kampagne gelten und uns zur jährlichen Zahlung von Millionenbeträgen an Chuck und Kristie verpflichten. Wenn diese Klausel zum Tragen käme und die Veränderungen der Sendung die Zuschauerresonanz nicht verbessern würden, dann stünden wir vor einem noch größeren Desaster als ohnehin schon. Dieses Risiko konnten wir auf keinen Fall eingehen. Wir wollten trotz des Rückschlags mit aller Macht durchhalten und eine Erfolggsendung kreieren, aber die Verträge mit den Prominenten schlossen diese Möglichkeit aus.

**Wenn es hart auf hart kommt, werden die Starken erfinderisch!**

Von Thomas Edison ist der Satz überliefert: „Was uns nicht umbringt, macht uns nur noch stärker!" Er meinte damit, dass ihr Engagement, ihre Intensität und vor allem ihre Kreativität größer werden. Und genau das passierte an unserem Konferenztisch. Einer unserer Partner hatte eine einfache, aber geniale Idee: „Warum fragen wir nicht einfach Chuck und Kristie, ob sie ihre Garantiesummen zurückstellen und ob wir die Sendung nicht nach und nach auf das ganzen Land ausweiten dürfen, wenn sie dann doch funktioniert?" Das einzige Problem dabei war die Tatsache, dass in der 20-jährigen Geschichte unseres

Unternehmens, in der wir mit mehr als 80 Prominenten zusammengearbeitet hatten, noch nie jemand daran gedacht hatte, auf die jährlichen Garantiesummen zu verzichten. Ich glaube, ich kann guten Gewissens sagen, dass in der Geschichte Hollywoods noch nie eine größere Berühmtheit auf ihre jährlichen Zahlungen verzichtet hat. Der erste Schritt bestand also darin, eine kreative Alternative zu finden, damit wir mit unserem ungewöhnlichen Vorschlag an Chuck und Kristie herantreten konnten. Wir hatten Glück, denn Chuck verzichtete auf seine Gage, und das verminderte unser Risiko ausreichend für den nächsten Schritt der kreativen Ausdauer, nämlich für die Analyse der möglichen Ursachen dafür, dass unsere Sendung keine spürbare Resonanz hervorrief.

Mein Partner Dave Marsh war der erste, der uns auf den Preis aufmerksam machte. Er machte einen simplen kreativen Vorschlag, wie wir in der Sendung den Preis anders darstellen konnten, so dass mehr Menschen anrufen und weitere Auskünfte verlangen würden, ohne dass wir den Preis reduzierten. Wir nahmen diese ganz einfache Änderung vor, und ein Wunder geschah: Die Resonanz verdreifachte sich. Zu unserem Leidwesen ging allerdings trotz der höheren Zahl von Anrufern die Anzahl der tatsächlichen Käufer zurück.

Daraufhin schlug Dave zwei kreative Alternativen vor, die unseren Telefonauskunftsdienst und die vorgegebenen Formulierungen für unseren Telefonvertrieb betrafen. Diese Veränderungen verdreifachten den Anteil der Anrufer, die unser Produkt kauften. Mit zwei kreativen Vorschlägen hatte Dave einen Millionen-Verlierer in den größten Gewinner unserer Unterehmensgeschichte verwandelt. In diesem Jahr überschreitet der Gesamtumsatz des Total Gym die Milliarden-Dollar-Grenze, und damit ist er das erfolgreichste Direktvermarktungsprodukt in der Geschichte des Fernsehens. Das ist die gewaltige Macht der kreativen Ausdauer.

Dieses Beispiel illustriert zwar die mächtige Wirkung der kreativen Beharrlichkeit, aber es zeigt nicht die einzelnen Elemente, die die kreative Ausdauer zu einer wirksamen Strategie für Ihre Projekte, Ihre Unternehmungen und die Verfolgung Ihrer Träume machen. Zu diesem Zweck kommen wir lieber wieder auf Thomas Edison zurück, der die Kunst des kreativen Durchhaltens schon im Alter von 16 Jahren fast bis zur Perfektion entwickelt hatte. Später in seinem Leben schrieb Edison: „Die drei wichtigsten und unentbehrlichen Voraussetzungen für Erfolg sind gesunder Menschenverstand, harte Arbeit und Zähigkeit. [...]

Viele Menschen, die in ihrem Leben scheitern, merken gar nicht, wie nahe sie dem Erfolg waren, als sie aufgegeben haben. Ich habe mehr Respekt vor einem Menschen mit einer einzigen Idee, der diese Idee umsetzt, als vor einem Menschen mit tausend Ideen, der damit nichts anfängt." Edison befolgte konsequent sechs Methoden, die ihm die Motivation zum Weitermachen und die Kraft gaben, trotz tausender Fehlschläge kreativ durchzuhalten und aus den meisten Unternehmungen enorme Resultate herauszuholen.

### Edisons sechs Methoden zur Entwicklung und Umsetzung des kreativen Durchhaltens

**1. Die Idee beziehungsweise den Traum schriftlich festhalten.** Wenn Edison eine neue Idee, einen Traum oder ein potenzielles Projekt ins Auge fasste, dann nahm er dafür als Erstes immer eine Seite in seinem Notizbuch her und schrieb seine Idee in knappen Worten auf. Normalerweise schrieb er nur ein paar Sätze und niemals mehr als eine Seite. Wenn Sie ein Vision Mapping Journal eröffnet und Ihre wichtigsten

Träume niedergeschrieben haben, dann haben Sie Edisons ersten Schritt zur kreativen Hartnäckigkeit bereits durchgeführt. Edison ergänzte den ersten Schritt allerdings noch um ein mächtiges Element: Er zeichnete ein Bild davon, wie die Idee aussehen könnte. Dadurch visualisierte er die Idee. Auch wenn sich die Vision noch änderte, so bot ihm die Zeichnung trotzdem einen Ausgangspunkt und verankerte in seinem Geist ein Bild statt Worten. Ein Bild ist wirklich so viel wert wie tausend Worte, denn es aktiviert beide Gehirnhälften und wird fast nie vergessen. Wörter hingegen vergisst man leicht. Edison sagte einmal, wenn er sich zu seinem berühmten Mittagsschlaf niederlege, schlafe er mit dem Bild seiner Idee im Kopf ein und wache mit Verbesserungen der Idee auf, die ihm während des Schlafs eingefallen seien. Das ist die Macht der Bilder und der Visualisierung.

**2. Die verzweigten Auswirkungen des Traums aufzählen.** Edisons zweite Methode zeigt seine wahre Brillanz. Nachdem er seinen Traum oder seine Idee definiert hatte, schrieb er ausführlich die Auswirkungen auf, die die Erfüllung des Traums haben würde. Die Beschreibung der Idee zur elektrischen Glühbirne nahm in seinem Notizbuch nur eine einzige Seite in Anspruch (ein paar Sätze und eine Zeichnung davon, wie er sich die Birne vorstellte), aber seine Aufzählung der verästelten Folgen, die die Erfindung der Glühbirne haben würde, füllte angeblich neun Seiten. Ich schreibe die Folgewirkungen normalerweise in einem oder zwei Absätzen nieder. Zur Illustration der zweiten Technik gebe ich hier Edisons Beschreibung der Auswirkungen der elektrischen Glühbirne sinngemäß wieder:

„Wenn ich eine brauchbare, langlebige und erschwingliche Glühbirne herstelle, dann werden die Petroleumlampen und Gaslaternen in allen Wohnungen, Fabriken, Bürogebäuden und Farmen Amerikas durch meine elektrische Glühbirne ersetzt. Wenn alle Wohnungen, Fabriken, Bürogebäude und Farmen Amerikas meine elektrische Glühbirne benutzen wollen, brauchen sie elektrischen Strom, damit sie sie einschalten können. Deshalb schaffe ich die Voraussetzungen für die Stromerzeugung und verkaufe den Strom. Wenn die Menschen wegen der Glühbirnen meinen elektrischen Strom kaufen, wollen sie sicher auch Geräte, Werkzeuge und Maschinen kaufen, die ihre Arbeit erleichtern, ihre Effizienz und ihre Produktivität steigern; ich werde diese elektrischen Geräte erfinden. Und wenn ich Amerika mit elektrischem Licht, elektrischem Strom und Elektrogeräten versorgen kann, dann kann ich das auch in Europa, Asien, ganz Nordamerika und Südamerika tun."

Sehen Sie die Macht dieser Methode? Ganz plötzlich will Edison die Glühbirne nicht mehr erfinden, weil er ein paar Glühbirnen verkaufen will, sondern er nutzt sie als Sprungbrett für die Kontrolle und den Verkauf von elektrischem Strom in der ganzen Welt sowie für die Erfindung und den Verkauf unzähliger elektrischer Geräte für eine Welt, die danach hungert, sich mit dem elektrischen Strom das Leben leichter zu machen und produktiver zu werden. Diese Methode verleiht der kreativen Ausdauer deswegen so viel Kraft, weil sie demonstriert, dass man durch die Aufgabe einer Idee viel mehr verliert als nur die Idee an sich. Obwohl Edison und sein Forscherteam immer wieder scheiterten, konnte er seinen Traum auch nach zwei Jahren noch nicht aufgeben, denn damit hätte er die riesige Chance verloren, einen weltweiten Markt für seine Elektrizität, seine elektrischen Werkzeuge, Geräte, Maschinen und Apparate zu schaffen. Wenn er die verzweigten Folgen der Erfindung der Glühbirne nicht aufgeschrieben hätte, dann hätte er nach ein paar Hundert Versuchen aufgeben und beschließen können, zur nächsten Erfindung überzugehen. Aber die breiten Konsequenzen der Erfindung der Glühbirne erzeugten eine derart beispiellose Gelegenheit, dass er jedes Mal, wenn er den Mut verlor, nur daran zu denken brauchte, wie viel ihm entgehen würde, wenn er mit dieser einzigen Erfindung scheitern würde.

Wenn Sie die weit verzweigten Auswirkungen aufschreiben, die der Erfolg eines bestimmten Projekts, Ziels oder Traums haben würde, dann beziehen Sie daraus neue Kraft, die Ihnen hilft, Widrigkeiten, Rückschläge und Mutlosigkeit zu überstehen, so dass Sie am Ende zum Erfolg gelangen. Diese Methode funktioniert in privaten Dingen genauso gut wie in beruflichen. Wenn alle Ehepaare Amerikas die Folgen aufschreiben würden, die eine wundervolle Ehe nach sich zieht sowie die Folgen, die eine unglückliche oder gescheiterte Ehe nach sich zieht, dann würde die Scheidungsrate in den Vereinigten Staaten mächtig schrumpfen. Wenn mich unglückliche Ehemänner oder Ehefrauen um Rat fragten, war das immer mein erster Schritt. Das motivierte die Paare fast immer und gab ihnen die Kraft, alle Widrigkeiten zu überwinden, ihre Anstrengungen zu verdoppeln und ihre Ehen erfolgreich zu gestalten.

**3. Impfen Sie Ihren Traum in Herz und Geist anderer Menschen ein.** Edisons dritte Methode im Zusammenhang mit der kreativen Ausdauer ist fast genauso mächtig wie die ersten beiden. Nachdem er seinen Traum schriftlich festgehalten und dessen breite Auswirkungen aufgeschrieben hatte, „infizierte" er andere Menschen in seiner Umgebung mit diesem Traum. Wie Sie aus früheren Sitzungen wissen, gehen die Menschen ohne Vision zugrunde – und mit der Vision kommen Leben, Energie, Motivation und Hingabe. Edison benutzte die gleichen Kommunikationstechniken, die Sie in der fünften und sechsten Sitzung gelernt haben, um seine Träume den wichtigen Menschen in seinem Umkreis einzuimpfen: seiner Familie, seinen Freunden, seinen Bankiers und Investoren sowie seinen Angestellten. Wenn ihm je der mentale oder emotionale Treibstoff ausging und er drauf und dran war aufzugeben, verhinderten die Menschen, die er angesteckt hatte, dass er den Traum fallen ließ. Das ist einer der großen Vorteile effektiver Partnerschaft: Wenn je ein Partner ein Projekt oder eine Idee aufgeben will, gibt es immer ein oder zwei andere, die nicht aufgeben wollen und die genug Motivation oder kreative Durchbrüche beitragen, damit alle bis zum erfolgreichen Abschluss durchhalten. Meine Partner und ich arbeiten seit 27 Jahren zusammen, und es gab unzählige Momente, in denen einer oder zwei von uns das Gefühl hatten, ein Projekt sei hoffnungslos. Dann weigerte sich immer ein anderer Partner aufzugeben, und diese Weigerung brachte genug Zeit und Motivation, um kreative Alternativen zu entwickeln, die oftmals eigentlich gescheiterte Projekte in große Erfolge verwandelten. Vor Jahren lancierte ich mit Richard Simmons ein Produkt namens Deal-A-Meal. Nach 18 Monaten hatten wir einen Verkaufsumsatz von rund 20 Millionen US-Dollar erzielt; ich dachte, wir hätten den Markt ausgeschöpft und es sei an der Zeit, das Projekt zu beenden. Einer meiner Partner dachte, es stecke noch viel Leben in dem Produkt, und deshalb überredete er mich und die anderen zu dem Versuch, noch etwas mehr Saft aus der Orange herauszupressen. Seine kreative Ausdauer zahlte sich aus. In den darauf folgenden fünf Jahren generierten Deal-A-Meal und die Aerobic-Video-Reihe *Sweatin' to the Oldies* mehr als 130 Millionen zusätzlichen Umsatz.

**4. Sehen Sie Kritik, Probleme und Fehlschläge voraus.** Legen Sie den richtigen Weg fest, darauf zu reagieren. Ich fliege normalerweise etwa 100.000 Meilen im Jahr, und deshalb treffe ich viele Menschen in Flugzeugen. Nicht selten jammern sie dort über ihren Job, ihre Karriere, ihre Geschäfte oder sogar über ihre Ehe. Die meisten sind überrascht, dass sie bei der Verfolgung ihrer Projekte auf harte Kritik oder Schwierigkeiten stoßen und vielleicht sogar damit scheitern. In Wahrheit gelingt keine größere Unternehmung ohne dass man auf Widrigkeiten stößt. Da sich jeder lohnenswerte Traum auf einem zerklüfteten Berggipfel befindet, kommt man nicht leicht dorthin. Edison war diese Tatsache nicht nur bekannt – er baute sogar darauf. In seinen Augen gehören Kritik, Schwierigkeiten und Fehlschläge genauso zum Erfolg wie das Atmen zum Leben. Da Edison mit Kritik rechnete, war er jederzeit darauf vorbereitet und *reagierte* eher darauf als dass er sich dagegen wehrte.

Da er Probleme und Fehlschläge immer voraussah, war er auch darauf immer vorbereitet und verfiel deswegen nie in Panik. Wie ist das bei Ihnen? Sehen Sie bei der Verfolgung Ihrer Träume Kritik, Probleme und Fehlschläge voraus und bereiten Sie sich darauf vor? Das widerstrebt zwar der Natur des Menschen, aber für die Erreichung von Träumen ist es unerlässlich. Edison wusste es, ich habe es gelernt und Sie wissen es jetzt auch. Das Gute daran ist: Wenn Sie lernen, mit diesen natürlichen negativen Komponenten des Erfolgs umzugehen, brauchen Sie davor überhaupt keine Angst zu haben!

Wir haben eine naturgegebene Art, auf Kritik und Fehlschläge zu reagieren. Unglücklicherweise ist aber die natürliche Reaktion fast immer die falsche. Ich nenne hier nur einige der falschen Arten, auf die die meisten Menschen mit Kritik und Fehlschlägen umgehen. Erst werden wir wütend, abwehrend, mutlos oder deprimiert. Wir schmollen, ziehen uns zurück oder leugnen: „Das war nicht mein Fehler; so einen großen Fehler habe ich wirklich nicht gemacht." Wir entschuldigen uns. Wir finden vernünftige Erklärungen für unser Versagen. Manche Persönlichkeitstypen reagieren auf Fehlschläge mit Angriff und beschuldigen andere Menschen oder gar die Umstände. Manche Menschen suchen zu sehr bei sich selbst, sind frustriert und betrachten sich als Versager. Das sind einige der falschen Arten, auf die wir von Natur aus auf Fehlschläge reagieren. Wenn Sie sich in einer oder in mehreren Arten wiedererkennen, machen Sie sich nichts daraus, denn so reagiert fast jeder, wenn er einmal danebenschlägt.

Und wie geht man mit Scheitern und Fehlschlägen richtig um? Für Edison mussten dafür drei Dinge erfüllt sein. Erstens muss man die volle Verantwortung für den Fehlschlag oder für den Anteil übernehmen, den man an dem Fehlschlag hat. Zweitens muss man den Fehlschlag analysieren und seine Ursachen herausfinden. Drittens muss man mit einem neuen Ansatz an den Start gehen und entschlossen sein, die gleichen Fehler künftig nicht mehr zu begehen.

*Die volle Verantwortung für den Fehlschlag übernehmen.* Sie dürfen nicht andere Menschen oder ungünstige Umstände für Ihre Fehlschläge verantwortlich machen. Ted Williams war der größte Schlagmann in der Geschichte des Baseball-Sports. Ein entscheidendes Element seines Erfolges war seine Einstellung, jederzeit persönlich voll verantwortlich zu sein. Als er bei einem sehr wichtigen Spiel einmal danebengeschlagen hatte, fragte ihn ein Reporter, ob es an ihm oder an dem Werfer gelegen habe. Er anwortete: „Hören Sie, ich habe danebengeschlagen. Es ist egal, was das für ein Wurf war; es ist egal, wie hoch, wie niedrig, wie schnell oder wie weit entfernt vom Schlagmal der Ball ankam. Es ist egal, wie stark der Wind geweht hat oder wie laut die Menge gebrüllt hat. Es zählt nur, dass Ich den Schläger geführt habe und dass Ich danebengeschlagen habe.“ Kein Wunder, dass er der beste Schlagmann aller Zeiten war.

*Nach einer kurzen Pause das Versagen beziehungsweise den Fehlschlag analysieren.* Die zweite Bedingung für den wirksamen Umgang mit Versagen und Fehlschlägen ist es, sie zu analysieren und nach Ursachen zu suchen, nachdem man sich eine kurze Auszeit genommen hat. Wenn man danebengehauen hat, gibt es immer einen kurzen Zeitraum, in dem man vor allem den Schmerz empfindet, den das Ereignis auslöst. Das ist nicht die richtige Zeit für die Analyse der Ursachen für den Fehlschlag. Geben Sie sich ein paar Stunden, einen Tag, eine Woche oder sogar einen Monat, damit Sie das Misslingen objektiver und weniger emotional betrachten können. Fehlschläge tun immer weh, und bevor der Schmerz nicht abgeflaut ist, kann man kaum objektiv sein. Wenn Sie die Verantwortung für den Fehlschlag übernehmen, geben Sie sich daher ein bisschen Zeit und fassen Sie sich. Erst dann betrachten Sie sich den Fehlschlag noch einmal und analysieren ihn.

Im Jahre 1976 schrieb und produzierte ich meine erste Verkaufs-Werbesendung für das Fernsehen, und Gott sei Dank wurde sie ein voller Erfolg. Aber leider wurden im Jahr danach drei der vier Sendungen, die ich schrieb und produzierte, Fehlschläge. Meine Erfolgsquote betrug in jenem Jahr also nur 25 Prozent, und ich war zunächst am Boden zerstört. Ich verbrachte dann viel Zeit mit der Analyse jedes einzelnen Fehlschlags und achtete im nächsten Jahr darauf, dass ich nicht noch einmal die gleichen Fehler beging. Meine Erfolgsquote kletterte auf 50 Prozent. Damit ging es mir zwar schon besser, aber es ärgerte mich, dass jede zweite Sendung, die ich produzierte, ein Reinfall war. Erneut analysierte ich die Fehlschläge und achtete wieder darauf, dass ich die gleichen Fehler bei den folgenden Projekten nicht noch einmal beging. In jenem Jahr stieg meine Erfolgsquote auf fast 75 Prozent. Im gleichen Jahr stellte ich fest, dass die durchschnittliche Erfolgsquote in unserer Branche (TV-Direktmarketing) unter fünf Prozent lag. Dem Himmel sei Dank, dass ich die Statistiken nicht früher gelesen hatte. Wenn ich gewusst hätte, dass meine Erfolgsquote mit 25 Prozent fünfmal so hoch war wie der Branchendurchschnitt, dann hätte ich meine Fehlschläge vielleicht nicht analysiert, daraus gelernt und meine Trefferquote auf 75 Prozent gesteigert.

Häufig scheitert ein Projekt oder ein sonstiges Unterfangen wegen unserer unerkannten Schwächen. Bei der Analyse der Faktoren entgehen uns dann einige der wichtigsten Ursachen, weil wir genau dafür blind sind. Deshalb ist es unerlässlich, dass wir bei der Analyse der Fehlschläge über uns selbst hinausgehen. Wenn Sie mit der ersten Analyse fertig sind, fragen Sie die Menschen aus Ihrem Umfeld, was ihrer Meinung nach schief gegangen ist. Das macht Sie eventuell verwundbar, denn sie zeigen vielleicht mit dem Finger auf Sie und Ihr persönliches Versagen in dieser Situation. Falls das passiert, nehmen Sie keine Abwehrhaltung ein, denn das liefe dem Zweck Ihrer Analyse zuwider. Wichtiger als Ihr Ego und Ihre Gefühle ist Ihr Ziel, nämlich herauszufinden, was schief gelaufen ist und wie Sie dafür sorgen können, dass Sie diesen Fehler beim nächsten Projekt nicht wiederholen. In den 27 Jahren, in denen ich in dieser Branche tätig bin, habe ich Jahr für Jahr und mit Hunderten von Projekten und Werbekampagnen in 25 bis 50 Prozent der Fälle danebengeschlagen. Ich analysiere immer noch jeden Fehlschlag und hole immer noch die Meinung aller Beteiligten ein.

Die aktive Analyse der gescheiterten Bemühungen, Projekte und Unternehmungen ist in allen Lebensbereichen notwendig – beruflich, finanziell und privat. In den Jahren 1993, 1998 und 2000 habe ich falsche Anlageentscheidungen in Millionenhöhe getroffen und damit meiner Familie den größten Teil ihrer Ersparnisse genommen. Wenn ich die Ursache für die Fehlentscheidung im Jahre 1993 wirkungsvoll analysiert hätte, dann hätte ich den gleichen Fehler nicht in den Jahren 1998 und 2000 noch einmal begangen. Ich habe sie nicht analysiert und deshalb ungeheuer viel verloren. Nach dem Verlust im Jahre 2000 habe ich endlich die zwei wichtigsten Ursachen erkannt und eine grundlegende Veränderung vorgenommen, die die künftige Wiederholung der Fehler vermeidet.

Die Ursache dafür, dass mehr zweite als erste Ehen scheitern, besteht laut dem Beziehungsexperten Gary Smalley darin, dass Männer und Frauen in der zweiten Ehe die Fehler aus der ersten Ehe wiederholen. Aber das ist noch nicht alles, denn aus dem gleichen Grund scheitern auch mehr dritte als zweite Ehen. Wenn Männer und Frauen die wahren Gründe analysieren würden, aus denen ihre erste Ehe gescheitert ist, und dabei mehr auf die eigenen Fehler als auf die ihrer Ex-Partner achten würden, dann wäre die Chance viel größer, dass sie die Fehler nicht wiederholen und ein zweites Mal versagen. Selbst wenn Ihr Partner zu 99,9 Prozent für das Scheitern verantwortlich war und Sie nur ein Zehntelprozent, konzentrieren Sie sich trotzdem mehr auf dieses Zehntelprozent als auf die 99,9 Prozent. Das Spiel um die Schuldfrage erleichtert vielleicht Ihr Gewissen, aber für Ihr Ziel, die Ursachen zu finden und die Fehler künftig nicht mehr zu wiederholen, ist es kontraproduktiv.

*Mit einem verbesserten Ansatz an den Start gehen.* Nachdem sie mit irgendetwas Wichtigem gescheitert sind, halten sich viele Menschen für Versager und beschließen, das Risiko zu versagen nie wieder einzugehen. Anders gesagt vermeiden sie Fehlschläge, indem sie gar nicht mehr am Start erscheinen. Diese Denkweise – egal ob sie bewusst oder unbewusst ist – wirkt lähmend auf die Verfolgung und Erreichung außergewöhnlichen Erfolges. Man muss sich klar machen, dass ein einzelner Fehlschlag nur einen Spielzug beendet, nicht aber eine ganze Karriere. Anders ausgedrückt: Jeder Fehlschlag ist nur ein Satz oder Absatz im Buch Ihres Lebens. Weil Edison das wusste, ließ er sich von keinem einzigen Fehlschlag bremsen. Um im Baseball-Bild zu bleiben: Er überlegte sich, warum er danebengehauen hatte, ging wieder zum Schlagmal und schlug gezielter und fester als je zuvor. Es ist wichtig, dass Sie nach der Analyse des Fehlschlags zum Schlagmal zurückkehren. Sie kehren jedes Mal ein bisschen klüger zurück und erzielen mit höherer Wahrscheinlichkeit einen Treffer oder sogar einen Homerun.

*Wie gehen Sie mit den Fehlschlägen anderer Menschen um?* Das wahre Genie Edisons zeigt sich aber nicht nur darin, wie er mit eigenen Fehlschlägen umging, sondern auch in der Art, wie er mit den Fehlschlägen anderer umging. Durch den richtigen Umgang mit den Fehlschlägen seiner Angestellten erzeugte er unsterbliche Loyalität, volles Engagement, unerschöpfliche Kreativität, nie endende Inspiration und enorme Produktivität. Bob Marsh, mein Mentor und Partner, ging mit meinen Fehlschlägen genauso um wie Edison. Von den zehn Chefs, die ich seit dem College hatte, war Bob der Einzige, der mit meinen Fehlern positiv und motivierend umging. Infolgedessen verkrümelte ich mich nach einem Fehlschlag nicht jammernd in mein Büro, sondern konnte es kaum erwarten, wieder zum Schlagmal zu gehen und erneut zum Schlag auszuholen.

Wie ist das bei Ihnen? Wie reagieren Sie, wenn jemand danebenschlägt, auf den Sie sich verlassen? Werden Sie wütend und kritisieren ihn? Predigen Sie, raten Sie, kritisieren Sie, bestrafen Sie oder maßregeln Sie übermäßig? Mein erster Baseballtrainer in der Little League tat all das. Jedes Mal, wenn ich danebenschlug, brüllte er mich an, kritisierte mich oder maßregelte mich übermäßig. Jedesmal wenn ich zur Bank zurückging, hörte ich Bemerkungen wie diese: „Wann lernst du endlich, wie man einen Ball trifft?“ „Ich kann es nicht fassen, dass du nach so einem hohen Wurf geschlagen hast.“ oder „Was hast du dir eigentlich dabei gedacht?" Wegen dieser Bemerkungen hatte ich immer Angst, zum Schlagmal zu gehen. Tatsächlich hätte ich deswegen am liebsten aufgehört, Baseball zu spielen. Wie zu erwarten, wurden meine Schläge in jenem Jahr nicht besser. Im Jahr darauf hatten wir einen anderen Trainer, der mich trainierte statt nur zu kritisieren. Und schon stieg meine Trefferquote. Wenn jemand in Ihrem Umfeld danebenhaut, ist eine Strafpredigt oder Kritik das Letzte, was er braucht. Der Betreffende ärgert sich über sein Versagen mehr als Sie, und er braucht Zeit sich zu erholen und sich wieder zu fassen.

Ich gebe Ihnen ein paar Tipps, wie man mit den Misserfolgen anderer Menschen richtig umgeht. Erstens muss man ihnen Zeit lassen, sich zu erholen. Lassen Sie ihnen ein wenig Zeit, in der der Schmerz abflauen kann. Und dann hören Sie zu, trösten und ermutigen Sie sie. Das wichtigste Wort hier ist zuhören, ohne eigene Gedanken, Ratschläge oder Kritik zu äußern. Wenn der andere dann fertig ist, können Sie ihm bei der Analyse seines Scheiterns helfen. Fangen Sie dabei lieber mit Fragen als mit Aussagen oder Lösungen an. Sie können zum Beispiel fragen: „Warum haben Sie denn Ihrer Meinung nach versagt?" „Was haben Sie denn Ihrer Meinung nach getan oder nicht getan, das zu dem Misslingen beigetragen hat?" „Was hätte man Ihrer Meinung nach anders machen können?" Es ist immer gut, ihn wissen zu lassen dass auch Sie Fehler machen und versagen. Am besten geben Sie ein konkretes Beispiel, wie Sie danebengehauen haben – falls Ihnen eins einfällt, das zu der Situation passt. Last but not least sollten Sie Hilfe und Partnerschaft anbieten. Sie könnten zum Beispiel sagen: „Wissen Sie, wenn Sie darüber reden wollen, ich bin da." Oder: „Ich denke einmal darüber nach, und wenn mir eine gute Idee kommt, notiere ich mir das und wir können dann darüber reden."

**5. Benutzen Sie Hürden, Stolpersteine und Fehlschläge als Sprungbrett für die Entwicklung kreativer Alternativen.** Edison rechnete nicht nur mit Hürden, Stolpersteinen und Fehlschlägen, sondern er setzte sie regelmäßig als Sprungbrett für die Entwicklung kreativer Alternativen ein. Sie erinnern sich, dass falsch verstandenes Durchhalten darin besteht, gegen die Mauer zu rennen, hinzufallen, aufzustehen und immer wieder dagegen zu rennen, hinzufallen und so weiter. Wahre Ausdauer besteht darin, dass man gegen die Mauer rennt, hinfällt und sich dann eine Alternative überlegt, über die Mauer zu klettern, um sie herum zu gehen, darunter hindurch zu kriechen oder sie in die Luft zu sprengen. Bei dieser Gelegenheit bietet es sich an, auf Ressourcen von außen zurückzugreifen. Ich bin in meinem Leben schon Hunderte Male gegen die Mauer gerannt, und mir ist keine schlaue Alternative eingefallen, wie ich auf die andere Seite kommen könnte. Aber in neun von zehn Fällen fand ich jemand anderen, der eine funktionierende Alternative hatte. Es ist absolut nicht peinlich, sich wegen einer kreativen Alternative an jemand anderen zu wenden. Im Gegenteil, das ist meistens die klügste Möglichkeit.

Wenn man einen Film macht, ist das zweitwichtigste Element nach der Auswahl des Drehbuchs die Besetzung der Rollen. Mit der richtigen Besetzung kann man aus einem mittelmäßigen Drehbuch einen Kassenschlager machen. Im Gegenzug sind aus vielen guten Drehbüchern nur mittelmäßige Filme geworden, weil die Haupt- und Nebenrollen falsch besetzt waren. Niemand weiß das besser als Steven Spielberg und Robert Zemeckis. Als sie im Jahre 1984 die Besetzung für einen Film zusammenstellten, wählten sie für die Hauptrolle einen aufstrebenden jugendlichen Filmschauspieler namens Eric Stoltz. Eric hatte für seine Rolle in *Die Maske,* wo er einen entstellten Jungen mit gewinnender Persönlichkeit spielte, gute Kritiken bekommen. Zwei Wochen nach Drehbeginn wurde Spielberg klar, dass er und Zemeckis von Stoltz nicht das bekommen würden, was sie sich erhofft hatten. Das heißt nicht, dass er als Schauspieler versagt hätte. So etwas hätte Zemeckis mit seiner Regiekunst beheben können. Nein, es war schlimmer: Spielberg und Zemeckis hatten die Rolle ganz einfach falsch besetzt. Die Persönlichkeit von Stoltz passte nicht zu der Figur, die er spielte. Spielberg traf daraufhin die nach eigener Aussage „schwerste Entscheidung in meiner Laufbahn". Er brach die Dreharbeiten ab und entwickelte eine derart radikale Alternative, dass er die tausenden Meter Film, die schon gedreht waren und die Millionen von Dollar, die er dafür ausgegeben hatte, wegwerfen konnte. Er musste die Hauptrolle neu besetzen und dann wieder ganz von vorne anfangen. Spielberg und Zemeckis entschieden sich für einen Schauspieler, der bisher nur in TV-Komödien mitgewirkt hatte und keinerlei Spielfilmerfahrung hatte (was an sich schon ein großes Risiko ist). Unnötig zu sagen, dass sich diese kreative Alternative, die unschätzbar wertvolle Zeit und Millionen von Dollar gekostet hatte, kräftig ausgezahlt hat. Die schauspielerische Leistung von Michael J. Fox machte *Zurück in die Zukunft* zu einer der besten Filmkomödien aller Zeiten und katapultierte den Film sofort an die Spitze der Kassenschlager.

**6. Erkennen Sie ein dreibeiniges Pferd sofort und nehmen Sie es aus dem Rennen!** Etwa jedes dritte bis vierte Projekt, das meine Partner und ich durchführen, scheitert endgültig. Bevor ein Projekt als gescheitert gilt, investieren wir Monate, manchmal auch ein oder zwei Jahre in seine Entwicklung. Bis alle Testsendungen beendet sind, haben wir in ein Projekt zwischen einer und zwei Millionen US-Dollar investiert. Wir haben bis dahin hart mit dem Urheber des Produktes und mit Prominenten zusammengearbeitet. Wir haben uns emotional an das Projekt und an alle Beteiligten gebunden. Bevor wir ein Projekt aufgeben, haben wir zahllose kreative Alternativen lang durchgehalten. Und doch, trotz all des investierten Geldes, der Arbeit und des emotionalen Kapitals kommt irgendwann der Punkt, an dem wir sagen müssen, dass das Projekt ein „dreibeiniges Pferd ist“, das kein Rennen laufen geschweige denn gewinnen wird. Es hat auch schon Fälle gegeben, in denen wir uns die Niederlage irrsinnigerweise nicht eingestanden und das Geld weiterhin zum Fenster hinausgeworfen haben – was alles nur noch schlimmer machte.

Im BWL-Unterricht am College bilden die Studenten Gruppen und bauen ein fiktives Unternehmen auf. Dabei arbeiten sie alle Aspekte durch, die für die tatsächliche Schaffung eines solchen Unternehmens und für seinen Erfolg erforderlich wären. Fred Smith's Idee für dieses Projekt war ein Unternehmen, das Pakete von Unternehmen abholen und sie gegen teures Geld am nächsten Tag an jedem beliebigen Ort in den Vereinigten Staaten abliefern würde. Sein Professor vertrat den Standpunkt, niemand würde so viel Geld für die Auslieferung am nächsten Tag bezahlen, wenn die Post oder UPS es doch viel preiswerter innerhalb von höchstens einer Woche ausliefern könnten. Fred bekam ein „mangelhaft“ und war rasend vor Wut. Außerdem war er motiviert, seinen Professor zu widerlegen und kreativ ausdauernd Hunderte von Hürden zu überwinden, so dass er schließlich Federal Express gründete. Damit bewies er nicht nur, dass sich sein Professor irrte, sondern er bewies auch, dass er ein gewaltiges kreatives Durchhaltevermögen besaß.

Nach mehreren beispiellos erfolgreichen Jahren hatte Fred eine neue Idee. Damals kam gerade ein neues technisches Verfahren namens Telefon-Faksimile auf, mit dessen Hilfe Unternehmen Kopien von Dokumenten an jeden Ort der Welt schicken konnten, an dem ebenfalls ein kostspieliges Faxgerät stand. Da diese Geräte sehr groß und sehr teuer waren, konnten es sich die meisten Unternehmen weder leisten, eines zu kaufen noch eines zu leasen. Fred hatte die Idee, ein paar Zehntausend solcher Geräte zu kaufen und sie in Bürogebäuden in ganz Amerika aufzustellen. Federal Express sollte dann für jedes versendete Fax eine bestimmte Gebühr bekommen. Er kaufte die Geräte und stellte sie in Büros im ganzen Land auf. Leider fuhren ihm dann zwei enorme Probleme in die Parade: Erstens empfanden die meisten Unternehmen keinen Bedarf für ein Faxgerät, und Freds Werbung konnte sie nicht vom Gegenteil überzeugen. Zweitens wurden die Faxgeräte viel kleiner und viel billiger. Diejenigen Unternehmen, die den Nutzen des Faxens erkannten, kauften sich lieber ihre eigenen Geräte anstatt Freds Maschinen zu benutzen. Bei diesem Wagnis bewies Fred, dass er nicht nur die kreative Beharrlichkeit meisterlich beherrschte, sondern dass er sich auch nicht scheute, ein Projekt, das er als dreibeiniges Pferd erkannte, aus dem Rennen zu nehmen und auf die Weide zu schicken. Er sammelte alle Maschinen wieder ein und stellte den Dienst ein. Federal Express verlor an diesem Projekt eine Milliarde US-Dollar. Wenn Fred allerdings den Dienst nicht vom Markt genommen hätte, dann hätte er noch weitere Milliarden verloren.

Woran erkennt man, dass eine Idee, eine Unternehmung oder ein Projekt ein dreibeiniges Pferd ist? Erstens wenn keine kreative Alternative das Pferd in die Nähe der Ziellinie bringt. Im Fall des Total Gym senkte die erste kreative Alternative unser Risiko, weil die Garantiegage für einen Prominenten wegfiel. Die zweite kreative Alternative wirkte sich erheblich auf die Zuschauerresonanz aus. Die dritte und die vierte Alternative veränderten den Anteil der Geschäftsabschlüsse und machte das Projekt zu einem großen Wurf. Ich hatte aber auch schon Projekte, bei denen die Zuschauerresonanz nur die Hälfte dessen betrug, was einen Erfolg bedeutet hätte, und bei denen alle kreativen Alternativen, die wir entwickelten, nur geringe Wirkung zeigten. Das ist das erste Anzeichen, dass es sich vielleicht um ein dreibeiniges Pferd handelt. Zweitens wenn Sie und Ihre Partner, Berater, Anwälte oder sonstige Beteiligten keine kreative Alternative finden, die etwas Wesentliches verändert – das ist das zweite Zeichen, dass es Zeit ist aufzugeben. Viele Familien und Unternehmen verlieren alles, nur weil sie nicht erkennen oder nicht erkennen wollen, dass ihre Pferde nicht laufen; dann stecken sie weiterhin Ressourcen in ein Projekt, einen Traum, ein Ideal oder ein Ziel, das eigentlich beendet werden sollte. Und schließlich sollte es für jedes Projekt, jedes Ziel und jeden Traum eine realistische Frist und ein realistisches Budget geben. Das ist ein entscheidender Teil des Vision Mapping. Manchmal ist es zwar klug, die Frist oder das Budget bis zu einem gewissen Grad zu überziehen, es ist aber normalerweise keine gute Idee, eine vernünftige Frist oder ein vernünftiges Budget erheblich zu überschreiten. Bill Lear verdiente mit der Erfindung des Autoradios, des Autopiloten und des Lear Jet zwar sehr viel Geld, aber er verlor dann sein gesamtes Geld mit dem Versuch, ein modernes dampfgetriebenes Auto zu bauen. Obwohl er sein Budget schon weit überzogen und seine Fristen längst hinter sich gelassen hatte, weigerte er sich, das dreibeinige Pferd als solches zu erkennen.

## Gang einlegen, Gas geben!

**So bringen Sie Ihre PS auf die Straße**

1. Tun Sie auf den Traum-Seiten Ihres Vision-Mapping-Journals Folgendes:
   a. Notieren Sie die verästelten Auswirkungen, die Ihr Traum hat, wenn er erfüllt wird.
   b. Stellen Sie eine Liste der Menschen zusammen, mit denen Sie Ihre Vision teilen wollen.
   c. Listen Sie die potenziellen Hindernisse auf, die Sie an der Erreichung Ihres Traums hindern könnten.
   d. Entwickeln Sie für jedes potenzielle Hindernis eine kreative Alternative, mittels deren es überwunden werden kann.
   e. Listen Sie die fehlenden Ressourcen, das fehlende Knowhow und Ihre Schwächen auf, die den Erfolg des Traums verhindern könnten.
   f. Notieren Sie, welche Arten von Partnern, Mentoren oder Ressourcen Sie von außen beschaffen müssen, um die Beschränkungen zu überwinden, die Sie definiert haben.
   g. Überprüfen Sie die Termine, zu denen Sie die wichtigen Träume erreichen wollen und überlegen Sie sich, ob sie in Richtung Marathonrhythmus oder in Richtung Sprintschritt verschoben werden sollten. Für langfristige Visionen ist meist langfristiges Engagement erforderlich, und deshalb sind dafür der Rhythmus des Marathonläufers und weiter hinausgeschobene Fristen vielleicht besser.
2. Notieren Sie sich in Ihrem Notizheft eine Liste vergangener privater und beruflicher Fehlschläge. Überlegen Sie sich bei jedem,

ob sie versucht hatten, ein dreibeiniges Pferd zu reiten oder ob sie einfach nur aus Mangel an Ressourcen, Mangel an Knowhow oder Mangel an kreativen Alternativen gescheitert sind.

3. Schreiben Sie sich Fehlschläge auf, die Menschen in Ihrem Umfeld (zuhause oder auf der Arbeit) erlitten haben, und notieren Sie dazu, wie Sie darauf reagiert haben. Haben Sie eine Predigt gehalten, einen Rat gegeben, kritisiert, bestraft, gemaßregelt oder sind Sie wütend geworden? Oder haben Sie zugehört, ermuntert, Fragen gestellt und die betreffende Person nach dem Fehlschlag betreut? Wie hätten Sie mit den Misserfolgen der anderen besser umgehen können?

Sitzung 11

# Das größte Hindernis aus dem Weg räumen

## Besiegen Sie Ihre bewusste und unbewusste Versagensangst

Ihr Porsche hat ein revolutionäres System zur Reinigung der Windschutzscheibe. Als ich auf das College ging, luden mich ein paar Freunde für ein Wochenende in den Norden Arizonas ein. In einem klapprigen, 20 Jahre alten Auto fuhren wir von Phoenix aus Richtung Flagstaff. Etwa 30 Meilen vor Flagstaff fing es an zu schneien, und mein Freund betätigte den Hebel für den Scheibenwischer. Zum Entsetzen aller rührten sich die Scheibenwischer nicht vom Fleck. Schon nach wenigen Sekunden sahen wir außer der schneebedeckten Windschutzscheibe nichts mehr. Da wir in diesem Moment fast 100 Kilometer pro Stunde fuhren, waren das fürchterliche Augenblicke, aber schon nach wenigen Sekunden brachte mein Freund den Wagen neben dem Highway sicher zum Stehen. An dieser Stelle warteten wir sechs Stunden, bis das Schneetreiben aufhörte. Da uns der Schnee die Sicht auf den Highway versperrte, wurden wir auf dem Weg zu unserem Ziel einfach gestoppt. Seit damals ist es mir noch öfter passiert, dass Schnee mein Fortkommen behindert hat. Einmal ließ er mein Auto vorzeitig aufgeben und beendete meine Landesdurchquerung 2.800 Meilen vor dem Ziel. Mehr als einmal habe ich wegen Schneeverwehungen die richtige Ausfahrt verpasst. Vor zehn Jahren fuhr ich meine hochschwangere Frau zum Krankenhaus, wo sie unseren Sohn Ryan zur Welt bringen sollte. Wir fuhren auf einer Schnellstraße durch äußerst dichtes Schneegestöber, und plötzlich sah ich überhaupt nichts mehr. Ich versuchte, den Freeway sofort zu verlassen, aber dabei verlor ich die Kontrolle über meinen Jeep und rutschte in eine Schneewehe. Trotz Allradantrieb rührte sich der Jeep nicht von der Stelle. Zum Glück kamen ein paar junge Männer vorbeigerfahren, die zu einem Reservistentreffen um sechs Uhr morgens mussten. Sie halfen uns.

Bei allen Unternehmungen gibt es eine Art dichten Schnee, der einem die Sicht raubt und einem den Blick auf die Straße zum außergewöhnlichen Erfolg versperrt. Genauso wie das echte Schneegestöber meine Collegefreunde und mich zum Anhalten zwang, genauso kann einen dieser „Schnee“ zum Stoppen zwingen. Er kann die Menschen auch blind für wundervolle Chancen machen, die an ihnen vorüberziehen, genauso wie die Ausfahrten im Schneetreiben an mir vorübergezogen sind. Aber Sie können sich freuen, denn Ihr Porsche verfügt über die allermodernste Scheibenwisch-Waschanlage. Wenn Sie sie einschalten, kann kein Schnee mehr Ihre Sicht behindern und Ihr Fortkommen aufhalten. Der Schnee, von dem ich spreche und der Sie blind macht, ist Ihre bewusste und unbewusste Angst zu versagen.

## Meisterstrategie 11 – Überwinden Sie Ihre bewussten und unbewussten Versagensängste

Im Jahre 1996 schloss Zig Ziglar eine Besprechung meines ersten Buches mit folgendem Satz: „Steve Scott ist das lebende Beispiel dafür, dass ein Fehlschlag ein Ereignis ist, *keine* Person.“ In meinem speziellen Fall wäre es noch zutreffender gewesen, wenn er geschrieben hätte: „Steve Scott ist der lebende Beweis dafür, dass Fehlschläge Ereignisse sind, keine Person“, denn ich habe so oft versagt, dass man es gar nicht mehr zählen kann. Dutzende Male habe ich bei Anlageentscheidungen, geschäftlichen Projekten und auf herzzerreißende Weise im Privatleben versagt. Da ich aber an meine Fehlschläge mit einer speziellen Strategie herangegangen bin, sind viele im Nachhinein zu Erfolgen geworden, die noch außerordentlicher waren als das vorangegangene Scheitern. So fiel zum Beispiel das erste Fitnessprodukt, das ich vermarktete, vollkommen durch und bescherte mir und meinen Partnern einen Verlust von mehr als 100.000 US-Dollar. Aber das, was ich aus diesem Fehlschlag über die Auswahl von prominenten Werbeträgern gelernt habe, beachtete ich bei der Vermarktung eines zweiten Fitnessprodukts. Damit erzielte ich innerhalb eines halben Jahres 140 Millionen US-Dollar Umsatz und 39 Millionen Gewinn. Fänden Sie es nicht auch akzeptabel, einen Verlust von 100.000 Dollar zu erleiden, damit Sie 39 Millionen Gewinn machen können? Leider wurde ich nach diesem Erfolg etwas überheblich. Die beiden nächsten Fitnessprodukte, die ich vermarktete, scheiterten wieder, und wir verloren mehr als eine Million US-Dollar. Die Lektionen, die ich aus diesen beiden Fehlschlägen mitnahm, halfen mir allerdings bei der Vermarktung des nächsten Fitnessprodukts – das bislang einen Umsatz von einer Milliarde US-Dollar gebracht hat. Dass ich auf meine Fehlschläge eine spezielle Strategie angewendet habe, bedeutet, dass jedes Versagen neue Erkenntnisse gebracht hat, die zum immer größeren Erfolg beitrugen.

Ich bin aber nicht der einzige, der die Macht dieser Strategie erkannt hat. Als ich anfing, mit anderen äußerst erfolgreichen Menschen zu reden, stellte ich fest, dass auch sie erhebliche Fehlschläge hinter sich hatten und dass bei ihnen die gleiche Strategie zum Schlüssel wurde, der ihre Erfolge auf dem fruchtbaren Boden des Scheiterns immer größer wachsen ließ. Ich habe mit Oscar-Preisträgern zusammengearbeitet – Charlton Heston, Jane Fonda und Cher –, mit Dutzenden von Emmy-Preisträgern aus dem Fernsehen und mit einigen Musikstars, die Grammys bekommen haben. Für fast alle war die Straße zum außergewöhnlichen Erfolg mit Fehlschlägen gepflastert gewesen. Ich kenne Menschen, die Hunderte Millionen Dollar verdient haben, und sogar ein paar Milliardäre – alle haben im Laufe ihres Lebens erhebliche, gelegentlich auch katastrophale Fehlschläge durchgemacht.

Als Thomas Edison und sein Team an der Entwicklung der alkalischen Batterie arbeiteten, probierten sie ohne Erfolg 10.000 Kombinationen von verschiedenen Elementen aus. Angeblich wurde Edison einmal gefragt, warum er weiter vergebens versuche, etwas zu erfinden, das 10.000-mal fehlgeschlagen hatte und keinerlei Ergebnisse gebracht hatte. „Ergebnisse? Aber was denn, ich habe eine ganze Menge Ergebnisse! Wenn ich 10.000 Möglichkeiten finde, wie etwas nicht funktioniert, dann bin ich nicht gescheitert. Ich lasse mich davon nicht entmutigen, denn jeder Fehlversuch bringt mich einen Schritt nach vorne." Aber auch Edison war nicht der erste, der den unschätzbaren Wert von Fehlschlägen entdeckte. Fast 100 Jahre vor Edisons Geburt schrieb der englische Dichter John Keats: „Misslingen ist gewissermaßen die Straße zum Erfolg, denn wenn wir etwas Falsches entdecken, suchen wir ernsthaft weiter nach dem Wahren."

**Das fünfzehnte Gesetz des außergewöhnlichen Erfolges**

Die Angst vor dem Scheitern verstellt die Sicht auf Chancen. Außergewöhnlicher Erfolg kann erst erzielt werden, wenn solche Ängste bewältigt sind und der Blick wieder klar ist.

## Misslingen ist der am häufigsten verkannte Schlüssel zu außergewöhnlichem Erfolg

Aus der Sitzung über die effektive Partnerschaft wissen Sie vielleicht noch, dass Henry Fords erstes Abenteuer in der Automobilherstellung ein kompletter Fehlschlag war. Nach zwei Jahren voller Blut, Schweiß und Tränen wurde er von der Unternehmensleitung der Detroit Automobile

Company kurzerhand entlassen. Henry Ford äußerte die gleiche Denkweise wie Keats und Edison, als er sagte: „Scheitern ist nur die Chance, intelligenter von vorne anzufangen." Die Wahrheit dieser Aussage bewies er mit der Gründung seines zweiten Automobilunternehmens. Die Fehler,

## Die vier Persönlichkeitstypen im Vergleich

**Bummler**
Vermeiden Fehlschläge um jeden Preis. Sie scheitern selten, weil sie nur selten versuchen etwas zu erreichen, das nicht problemlos zu erreichen ist. Sie sind zu einem Leben in Mittelmäßigkeit oder zu Schlimmerem verurteilt.

**Zielstrebige**
Fürchten Fehlschläge und versuchen sie möglichst zu vermeiden. Wenn sie versagen, entschuldigen sie es, finden gute Gründe für ihr Scheitern oder schieben die Schuld den widrigen Umständen beziehungsweise anderen Menschen zu.

**Erfolgsmenschen**
Fürchten Fehlschläge und versuchen sie möglichst zu vermeiden. Wenn sie versagen, übernehmen sie die Verantwortung dafür und bemühen sich beim nächsten Mal noch mehr, einen Fehlschlag zu vermeiden.

**Überflieger**
Setzen sich regelmäßig unerreichbare Ziele und scheitern häufig. Sie begreifen, dass das Misslingen zum Spiel dazugehört. Obwohl sie es hassen zu versagen, macht ihnen das keine Angst. Sie analysieren jeden Fehlschlag schnell und gründlich. Mit dem Gelernten erhöhen sie die Wahrscheinlichkeit, in Zukunft außergewöhnliche Erfolge zu erzielen.

die er bei dem ersten Unternehmen gemacht hatte, erteilten ihm die Lektionen, auf deren Grundlage er die Ford Motor Company aufbaute. Im Jahre 1928 trug jedes zweite Auto auf der Welt seinen Namen!

Für die erfolgreichsten Menschen der Welt erweisen sich Fehlschläge zwar als immenses Kapital, aber die überwältigende Mehrheit der Erwachsenen betrachtet Misslingen als Totalsperrung des Highways zu ihren Träumen. Wenn ein Unterfangen fehlschlägt, beendet dies nicht nur ihre Hoffnung, dass diese Unternehmung gelingt, sondern daraus entsteht eine Versagensangst, die sie ihr Leben lang zur Mittelmäßigkeit verurteilt. Die Angst vor dem Scheitern kann zu einem unüberwindlichen Hindernis werden, das für den Rest des Lebens zwischen ihnen und dem außergewöhnlichen Erfolg steht. Stellt sich also die Frage: Was wissen die erfolgreichsten Menschen der Welt über Fehlschläge, was die überwiegende Mehrheit der Erwachsenen nicht weiß? Wie verwandeln Überflieger den Fehlschlag aus einem gefürchteten und lähmenden Feind in einen mächtigen Verbündeten im Streben nach außergewöhnlichem Erfolg?

### Bewusste und unbewusste Versagensängste

Die Angst zu scheitern kann bewusst oder unbewusst sein. Unsere unbewussten Ängste sind zwar schwerer zu erkennen, aber sie sind deshalb nicht weniger zerstörerisch. Tatsächlich kann man mit bewussten Ängsten meist besser umgehen und sie auflösen. Unbewusste Ängste sind schwerer zu lösen, weil sie schwerer zu erkennen sind. Daher kann es sein, dass sie ein Leben lang ungelöst bleiben. Ein Freund von mir ist ein glänzender, gebildeter Arzt und Psychotherapeut. Trotz seiner Ausbildung und seiner Erfahrung wurde ihm erst vor kurzem klar, dass die größte Angst in seinem Leben die Angst vor dem Scheitern war. Unbewusst hat seine Versagensangst sein Verhalten im Privat- und im Berufsleben bestimmt. Das ist auch genau der Grund, weshalb die Angst vor Fehlschlägen den Erfolg so sehr einschränkt; sie zieht überall um uns herum verborgene Grenzen und kann alle Aspekte unseres Verhaltens und unserer Entscheidungsfindung steuern. Henry Ford hat das kurz und prägnant ausgedrückt: „Wer fürchtet zu scheitern, schränkt seine Aktivitäten ein." Anders gesagt beschränken wir alles, was wir sagen, was wir denken und was wir tun, damit wir nicht Gefahr laufen zu scheitern. Wenn wir uns überhaupt Ziele setzen, dann so niedrig dass die Erreichung dieser Ziele praktisch nicht misslingen kann. Die Angst vor dem Scheitern zwingt eine Person, die Mittelmäßigkeit als üblichen Ersatz für große Leistungen zu akzeptieren. Vielleicht haben ja auch Sie bisher so funktioniert, aber zu den Strategien, die Sie in unseren Sitzungen gelernt haben, passt das keinesfalls. Versagensangst kann nicht nach den Sternen greifen. Das eine muss dem anderen weichen. Sie brauchen also eine wirksame Strategie, mit der Sie Ihre Versagensangst aufspüren und beseitigen können, denn sonst sabotiert sie die anderen Strategien, die Sie ab jetzt anwenden wollen. Wenn wir mit der Angst zu scheitern fertig werden wollen, müssen wir sie zuerst in ihre einzelnen Teile zerlegen, nämlich Angst und Scheitern. Fangen wir mit der Angst an.

### Angst ist nicht gleich Angst

Es gibt grundsätzlich zwei Arten von Angst – gute und schlechte Angst. Gute Angst motiviert uns, falsches und zerstörerisches Verhalten zu vermeiden und uns stattdessen richtig und nutzbringend zu verhalten. Sie lehrt uns, dass wir im eigenen Interesse und im Interesse anderer Menschen gewisse natürliche Schranken und Grenzen respektieren müssen. Wir sollten beispielsweise Angst davor haben, mit einem betrunkenen Autofahrer mitzufahren. Wir sollten Angst davor haben, auf schneebedeckter Straße 200 Stundenkilometer zu fahren. Mein Vater war im Zweiten Weltkrieg Bomberpilot und flog 50 Kampfeinsätze im Südpazifik. Bei fast jedem Einsatz wurde das Flugzeug von Flugabwehrgeschützen oder von feindlichen Jagdflugzeugen getroffen. Er und seine Mannschaft haben dank der guten Angst überlebt und ihre Einsätze erfolgreich absolviert. Weil er Angst hatte, er könnte abgeschossen werden und seine neugeborene Tochter niemals sehen, hörte er bei jedem Einsatzbefehl aufmerksam zu. Er checkte sein Flugzeug vor jedem Start gründlich. So lange er in der Luft war, ließ seine Wachsamkeit niemals nach; er blieb voll konzentriert, bis er das Flugzeug sicher zum Stützpunkt zurückgebracht hatte. Wenn mein Vater diese gute Angst nicht gehabt hätte, wäre er vielleicht überheblich und nachlässig in seiner Haltung geworden und hätte es bei seinen Einsätzen an Sorgfalt fehlen lassen. Bei dieser Art von Einsätzen wäre das tödlich gewesen. Die gute Angst ist in jedem Lebensalter heilsam. Unglücklicherweise besitzen junge Menschen von dieser positiven Angst oft nur sehr wenig, und das führt jedes Jahr zu Tausenden von Todesfällen: zu Autounfällen, Drogenmissbrauch und sonstigem fahrlässigen, unverantwortlichen Verhalten.

Die schlechte Angst hingegen, die uns im Zusammenhang mit der Versagensangst vor allem interessiert, hat keinerlei ausgleichende Kraft. Einfach ausgedrückt hindert uns die schlechte Angst daran, das zu tun, was in unserem besten Interesse und im besten Interesse anderer Menschen liegt. Schlechte Angst hindert eine Mutter daran, entfernt wohnende Verwandte zu besuchen, weil sie unter Flugangst leidet. Schlechte Angst hindert einen Schüler daran, sich zu melden, weil er

Angst hat, dumm zu erscheinen. Schlechte Angst hindert einen Angestellten daran, unaufgefordert die Initiative für ein Projekt zu ergreifen, weil er Angst hat, unter den Augen seiner Kollegen zu scheitern. Die schlechte Angst flüstert uns ins Ohr: „Versuch nicht, über den Zaun zu schlagen, pass einfach auf, dass du nicht danebenschlägst." Das führt dazu, dass wir im Komfortbereich bleiben und alles hinnehmen, was uns über den Weg läuft. Wir akzeptieren etwas, was bloß annehmbar ist, anstatt etwas Besseres oder das Beste anzustreben. Diese Angst meinte James F. Bell, als er schrieb: „Angst ist ein heimtückisches Virus. Wenn es in unserem Geist eine Brutstätte findet, durchdringt es unser gesamtes Tun. Es verzehrt unseren Geist und stellt sich unseren Unternehmungen in den Weg. Angst ist der größte Feind des Fortschritts."

Zum Glück kann man mit den richtigen Methoden Angst im Allgemeinen und Versagensangst im Besonderen leicht bekämpfen. Man braucht für die Überwindung der schlechten Angst und der Versagensangst weder den Mut eines Gladiators noch den schwarzen Gürtel in Karate. Es gibt einfache Techniken, mit denen Sie Ihre unbewussten Versagensängste aufspüren und dann sowohl die bewussten als auch die unbewussten Ängste überwinden können. Wenn die Macht der Angst erst einmal aus Ihrem Leben verschwunden ist, dann erkennen Sie deutlich die Chancen, die in der Vergangenheit unsichtbar waren. Und da kein Schnee mehr den Blick trübt, können Sie diesen Chancen mit voller Geschwindigkeit nachjagen.

### Den Angstfaktor beseitigen

Wenn Sie sagen, Sie hätten keine Angst vor Fehlschlägen, dann sind Sie entweder nicht ehrlich zu sich selbst, oder Ihre Versagensängste sind vollkommen unbewusst und schränken Sie mehr ein als Sie sich vorstellen können. Das heißt nicht, dass Sie keinen Mut hätten, denn einige der mutigsten Menschen, die ich je gekannt habe – einschließlich hoch dekorierter Kriegshelden – stehen unter dem Einfluss und der Kontrolle ihrer Versagensängste. Seit fast 30 Jahren gehe ich mit einer vierstufigen Methode gegen meine bewussten und unbewussten Versagensängste vor, und bei mir hat sie Wunder gewirkt. Bei allen Projekten, Wagnissen und Träumen, bei denen ich sie benutzt habe, hat sie die Angst vor dem Scheitern entweder radikal reduziert oder vollkommen beseitigt.

### Vier Schritte zur Überwindung von Versagensangst

**1. Legen Sie für jede Unternehmung, jedes Projekt und jeden Traum fest, was Sie wirklich wollen.** Stellen Sie sich einfach die Frage: „Wenn ich in dieser Situation alles bekommen könnte, was ich haben will, was wäre das dann?“ Vergessen Sie dabei, wie unmöglich das ist; vergessen Sie die Hindernisse, die sich Ihnen dabei in den Weg stellen könnten. Was wäre in dieser Situation Ihr Wunschergebnis? Was würden Sie dann wirklich wollen? Der erste Schritt zum Aufspüren einer unbewussten Angst und ihrer Überwindung besteht darin festzustellen, was Sie wirklich wollen und das aufzuschreiben. Es könnte beispielsweise sein, dass Sie auf der Arbeit eigentlich in eine andere Abteilung versetzt werden wollen, die besser geführt ist und in der Sie mehr Aufstiegsmöglichkeiten haben.

**2. Notieren Sie die potenziellen Hürden, die verhindern könnten, dass Sie bekommen, was Sie wirklich wollen.** In dem genannten Beispiel könnten das etwa folgende Hindernisse sein: „Ich bin schlechter qualifiziert als die anderen, die in dieser Abteilung arbeiten.“ „Mein Chef würde mich daran hindern, in die andere Abteilung zu wechseln.“ Oder: „In dieser Abteilung gibt es zu viel Postengerangel.“

**3. Notieren Sie zu jedem Hindernis, warum Sie sich ihm nicht stellen wollen.** Das ist der Schritt, mit dem Sie Ihre PS auf die Straße bringen. Wenn Sie Ihre Gründe aufschreiben, weshalb sie den Hindernissen ausweichen wollen, offenbaren Sie subtile und unbewusste Ängste. Im Jahre 1972 arbeitete ich in einem Großunternehmen und wollte verzweifelt von einer Abteilung in eine andere wechseln. Das größte Hindernis war dabei mein Chef. Er war einer der mächtigsten Männer in dem gesamten Unternehmen, und er verteidigte auch am aggressivsten seine Machtbasis. Als ich zu diesem Teil der Übung kam, schrieb ich zwei Gründe auf, aus denen ich ihm meinen Versetzungswunsch nicht vortragen wollte. Erstens wäre er zutiefst beleidigt und würde mich für das Versetzungsgesuch irgendwie bestrafen. Zweitens würde er meinen Antrag höchstwahrscheinlich ablehnen, so dass ich für den Rest meiner Zeit bei diesem Unternehmen in seiner Abteilung festsitzen würde. Die unbewussten Ängste, die mich davon abhielten, um eine Versetzung zu bitten, kamen nun ans Licht.

**4. Erstellen Sie für jede Angst eine Risiko-Nutzen-Analyse.** Das ist der einfachste und wichtigste Schritt dieser Methode. Meistens erscheint das, was wir fürchten, in unserem Geist viel größer als es in Wirklichkeit ist. Dieser Schritt rückt das Gefürchtete in die richtige Perspektive. In den meisten Fällen verdient es aus dem richtigen Blickwinkel betrachtet die Angst gar nicht, die wir ihm entgegengebracht haben. Die nachfolgende Tabelle benutze ich schon seit Jahren, und sie rückt die Angst normalerweise in die richtige Perspektive.

Als ich die Tabelle betrachtete, begriff ich, dass sich der schlimmste anzunehmende Fall kaum von dem unterschied, was passieren würde, wenn ich nicht um die Versetzung bitten würde. Im besten anzuneh-

## Nutzen-Risiko-Analyse: „Wenn ich um Versetzung bitte ...“

**Angst**

1. Ich werde bestraft.
2. Die Versetzung wird abgelehnt.
3. Ich sitze in dieser Abteilung fest.

**Schlimmster Fall**

- Der Chef wird mir lästigere Arbeiten geben und mich nicht befördern.
- Die Versetzung wird abgelehnt, und ich mache das Gleiche, was ich machen würde, wenn ich nicht um Versetzung gebeten hätte.
- Ich muss tage- oder wochenlang die Geringschätzung meines Chefs ertragen.

**Bester Fall**

- Es ist in Ordnung, und er gibt mir angenehmere/interessantere Aufgaben.
- Ich werde versetzt und habe wieder Freude an der Arbeit.
- Ich werde versetzt und brauche mich um meinen jetzigen Chef nicht mehr zu kümmern.

**Wahrscheinlicher Fall**

- Er wird wütend, und alles bleibt beim Alten.
- Ich werde versetzt, und mein Ex-Chef geht mir aus dem Weg.
- Ich werde versetzt und fühle mich unwohl, wenn ich meinem Ex-Chef in der Kantine begegne.

menden Fall und im wahrscheinlichsten Fall hingegen würde ich die Versetzung bekommen und würde mich in der neuen Abteilung viel wohler fühlen. Das beseitigte nicht nur meine unbewussten Ängste, sondern motivierte mich auch, tatsächlich hinzugehen und um die Versetzung zu bitten. Ich bekam die Versetzung auch, und dann warf mich mein Chef aus seiner Abteilung, um vor seinen Kollegen und Untergebenen das Gesicht zu wahren. Das war etwas demütigender als ich es in meinen Szenarien vorausgesehen hatte, aber ich bekam auf jeden Fall die Versetzung und arbeitete für einen anderen Chef, der mich mehr als Partner denn als Untergebener behandelte. Wenn ich meine Ängste nicht skizziert hätte, dann hätte ich nie um diese Versetzung gebeten, und mein Leben wäre anders verlaufen. Ich hätte niemals den Mann getroffen und für ihn gearbeitet, der schließlich zu meinem Mentor und in meinem jetzigen Unternehmen zu meinem Partner wurde; und das hat den Verlauf meines Lebens vollkommen verändert.

Diese kleine Tabelle hat mir die ganzen Jahre nicht nur dabei geholfen, mich durch zahllose Ängste zu kämpfen, sondern sie veränderte im April 1976 radikal mein Leben. Ich arbeitete damals seit drei Monaten bei einem Versandhaus namens Ambassador Leather. In diesen drei Monaten hatte ich eine TV-Vermarktungskampagne initiiert und ausgeweitet, die den Umsatz des Unternehmens von 30 auf 60 Millionen US-Dollar verdoppeln sollte. Die Mediengesellschaft, die die Werbeminuten für die Kampagne kaufte, gehörte Bob Marsh. Als Bob und ich eines Abends zusammen im Restaurant saßen, machte er mir ein Angebot, das mir zu denken gab. Er sagte: „Wenn du ein Produkt finden würdest, das du und ich im Fernsehen verkaufen könnten, dann könnten wir zusammen unser eigenes Marketing-Unternehmen gründen.“ Nach vier Wochen hatte ich ein Produkt gefunden, das uns beiden gefiel. Ich überreichte Mike Siegal, dem CEO von Ambassador, meine Kündigung und sagte zu ihm: „Mike, ich habe die Chance, mit jemandem, den ich wirklich bewundere, eine neue Firma zu gründen, und ich habe beschlossen, es zu versuchen." Mike sah mich entsetzt an und sagte: „Bist du verrückt? Solche Sachen funktionieren nie. Ich wollte dir eigentlich den Posten als Leiter der Marketingabteilung geben. Du bekommst das doppelte Gehalt und einen Firmenwagen. Sag mir deine Bedingungen. Was willst du haben, damit du bei uns bleibst?"

Ich war schockiert. Ich war 27 Jahre alt, und soeben wurden mir alle meine Karriereziele zu einem hübschen Päckchen verschnürt angeboten. Jetzt hatte ich ein großes Problem. Sollte ich das Traumangebot annehmen, oder sollte ich das geheimnisvolle Geschenk hinter dem Vorhang nehmen, eine neue TV-Marketingfirma, die laufen könnte oder auch nicht?

Obwohl ich damals erst 27 Jahre alt war, hatte ich schon genug Fehlschläge erlitten, dass es für ein ganzes Leben reichte. Ich hatte das College erst seit sechs Jahren hinter mir, aber schon meine neunte Arbeitsstelle. Ich hatte schon ein paar Jahre davor zwei Unternehmen gegründet, aber beide scheiterten; ich war bankrott und verschuldet. Auf der einen Seite bot mir der Präsident eines etablierten Unternehmens einen Traumjob an, ein sehr gutes Gehalt und einen Firmenwagen. Auf der anderen Seite konnte ich 3.000 Meilen von zu Hause entfernt ein neues Unternehmen schaffen, dessen Erfolg völlig ungewiss war. Mikes Worte ließen die Sache noch unausgewogener erscheinen und appellierten an meine Angst vor dem Versagen: „Steve, sei kein Narr! Solche Sachen funktionieren nie!" Als ich an jenem Abend nach Hause kam, erstellte ich eine Nutzen-Risiko-Tabelle.

## Wenn ich bei Ambassador kündige und mit Bob Marsh ein Unternehmen gründe

**Schlimmster Fall**

- Mir entgeht die Chance meines Lebens (Gehalt auf 36.000 US-Dollar verdoppelt, Marketing-Leiter, Firmenwagen, in Arizona bleiben).
- Ich ziehe nach Philadelphia um, gründe ein Unternehmen, bin nach sechs, neun oder zwölf Monaten pleite und muss von vorne anfangen.

**Bester Fall**

Ich gründe ein Unternehmen mit dem Mann, mit dem ich wirklich zusammenarbeiten will; lande wieder einen Volltreffer (wie bei Ambassador), verkaufe Produkte im Wert von Millionen und verdiene mehr Geld, als ich mir je träumen ließ, vielleicht Hunderttausende oder gar Millionen pro Jahr.

**Wahrscheinlicher Fall**

Ich gründe ein Unternehmen mit dem Mann, mit dem ich wirklich zusammenarbeiten will und lande einen guten Treffer; das Unternehmen wächst über die Jahre, und vielleicht erzielen wir irgendwann mit einem Produkt einen Homerun.

Die sah ich mir an, und ganz plötzlich gab es überhaupt keine Frage mehr. Ich wollte mich zum Schlagmal begeben und die Chance haben, einen Homerun zu schlagen. Aber selbst wenn es kein Homerun wurde, arbeitete ich mit dem Mann zusammenarbeiten, den ich mehr respektierte und mochte als alle Geschäftsleute, die ich je gekannt hatte. Ich würde mit ihm zusammen Chancen aufbauen, und das wäre die Erfüllung.

Am nächsten Tag ging ich zur Arbeit und redete mit Mike. Ich sagte ihm, dass ich nach langem Nachdenken beschlossen hatte, zu kündigen und das neue Unternehmen zu gründen. Und dann schockte mich Mike mit seinen Worten erneut: „Steve, gib uns wenigstens zehn Stunden Beratung pro Woche – nur zehn Stunden für die Fernsehkampagne –, und als Beraterhonorar bezahle ich dir ein volles Gehalt?“ Ich sagte: „Natürlich!“

Diese einfache kleine Tabelle hatte mir die Kraft gegeben, die richtige Entscheidung zu treffen. Durch Mikes Angebot hatte ich beides auf einmal. Ich lief nicht Gefahr, alles zu verlieren. Ich würde von Ambassador ein volles Gehalt bekommen, und gleichzeitig hatte ich die Chance, mit Bob Marsh ein Unternehmen zu gründen, das vielleicht ein Treffer oder gar ein Homerun werden würde.

Gleich unser erstes Projekt war ein Homerun mit Pauken und Trompeten. Unsere Werbesendung für 4.200 US-Dollar brachte 20 Wochen hintereinander eine Million Umsatz pro Woche. Und was noch wichtiger ist: Damit entstand ein Unternehmen, das bisher 27 Jahre gehalten hat, die tiefsten Freundschaften meines Lebens entstehen ließ und Milliardenumsätze sowie Millionengewinne für meine Partner und mich gebracht hat. Ambassador wurde im Jahre 1988 von einem anderen Versandhaus übernommen. Mike Siegel war eine meiner größten Stützen und blieb bis zu seinem Tod im Jahre 1995 mein geschätzter Freund.

### Fehlschläge aus gefürchteten Feinden in wertvolle Verbündete verwandeln

Jetzt ist es Zeit, die zweite Komponente der Versagensangst zu betrachten, nämlich das Versagen beziehungsweise Scheitern. Misserfolge sind immer schmerzhaft, wenn sie geschehen; und da es in der Natur des Menschen liegt, Schmerzen zu vermeiden, wenden wir uns von unseren Fehlschlägen fast immer ab, laufen davon und schauen nie mehr zurück. Von da an fürchten wir vergleichbare Situationen noch mehr. Früher hätten wir in einer solchen Situation noch einen Fehlschlag riskiert, aber jetzt laufen wir einfach weg und vermeiden das Scheitern so lange wie möglich. Und wie wir gesehen haben, wird die bewusste oder unbewusste Risikovermeidung zu einem der größten begrenzenden Faktoren unseres Lebens.

Ich habe vorhin Zig Ziglar mit der Aussage zitiert, das Versagen sei keine Person, sondern ein Ereignis. Und das ist auch schon alles, nicht mehr und nicht weniger. Es ist einfach ein Fall, in dem man das gewünschte Ergebnis nicht erreicht hat. Aber ein Fehlschlag hat immer eine oder mehrere Ursachen. Im früheren Verlauf dieser Sitzung habe ich die Frage gestellt: „Was wissen die erfolgreichsten Menschen der Welt über Fehlschläge, was die überwiegende Mehrheit der Erwachsenen nicht weiß?" Und hier ist die Antwort: Sie haben entdeckt, dass jeder Fehlschlag eine Lehre für das Leben mit sich bringt, die wertvoller ist als alle Theorien, die man aus Büchern lernen könnte. Diese Lektionen entgehen fast allen Menschen, denn sie laufen vor ihren Fehlschlägen davon, um den Schmerz zu vermeiden, die ihre Überprüfung hervorrufen würde. Die erfolgreichsten Menschen der Welt dagegen überprüfen ihre Fehlschläge immer so lange, bis sie sicher sein können, dass diese Ursachen bei künftigen Unternehmungen nicht mehr entstehen. Zu jedem Misslingen gibt es primäre und sekundäre Ursachen sowie Faktoren, die dazu beigetragen haben. Jedes dieser Elemente birgt Lehren, die für künftige Erfolge aufgebaut und verstärkt werden können. Das Scheitern kann einer unserer größten Lehrer und

Mentoren werden – oder ein tyrannischer Diktator, der die künftigen Hoffnungen auf Erfolg entweder drastisch begrenzt oder gar völlig zerstört. Wünschen Sie, dass Fehlschläge Sie dem Erfolg viel näher bringen? Dann müssen Sie sie noch einmal betrachten und analysieren. Sie können aber auch das tun, was Sie automatisch tun würden (und was die meisten Menschen tun), nämlich davor weglaufen. Aber wenn Sie das tun, erzeugen Sie bei künftigen Unternehmungen die gleichen Ursachen, die für den Fehlschlag verantwortlich waren. Die Entscheidung liegt bei Ihnen.

Wie kann man das Scheitern von einem tyrannischen Diktator in einen der besten Mentoren und Lehrer verwandeln? Wieder einmal braucht man dafür eine einfache Methode und ein wenig Zeit. Als ersten Schritt muss man dafür dem Scheitern eine neue Rolle zuweisen; der Abschnitt „Gang einlegen, Gas geben" am Ende dieser Sitzung enthält eine entsprechende Übung. Sie sollten diese Übung in allen Lebensbereichen anwenden, in denen Sie gescheitert sind, sei es Ihre Ehe, eine Beziehung, ein Unternehmen oder ein berufliches Projekt.

Erstellen Sie zuerst eine Liste der privaten und beruflichen Fehlschläge, an die Sie sich erinnern können und die Sie als schmerzlich empfunden haben. Als Zweites schreiben Sie zu jedem größeren Misserfolg alle denkbaren Gründe, die sie verursacht oder dazu beigetragen haben. Wenn es Ihnen schwerfällt, eine ausführliche Liste von Ursachen aufzustellen, müssen Sie sich an Dritte wenden, die den Fehlschlag erlebt oder daran beteiligt waren; lassen Sie sich bei der Zusammenstellung der Liste helfen. Schreiben Sie drittens die Lehren auf, die Sie aus diesen Ursachen ziehen können. Und schließlich schreiben Sie alle ähnlichen Situationen auf, denen Sie künftig begegnen könnten und in denen Sie die gleichen Fehler wiederholen könnten.

**Das sechzehnte Gesetz des außergewöhnlichen Erfolges**
Wenn man Fehlschläge erneut betrachtet, lassen sie sich vermeiden. Die Analyse von Fehlschlägen stellt die Bausteine für spätere Erfolge bereit – und das wiegt weitaus mehr als der ursprüngliche Fehlschlag.

Als ich Ende der 1970er-Jahre begann, diese Technik auf meine Projekte anzuwenden, waren die Ergebnisse phänomenal. In nur drei Jahren stieg meine Trefferquote von 25 auf 75 Prozent – und das in einer Branche, in der die durchschnittliche Erfolgsquote unter fünf Prozent liegt.

Ich weiß schon, was Sie denken, wenn Sie mit diesen Übungen anfangen: „Muss ich das alles wirklich aufschreiben?" Die Antwort lautet: Nur wenn Sie seltener versagen wollen, erfolgreicher sein wollen und sich selbst von Ihren bewussten und unbewussten Versagensängsten befreien wollen. Ich rate Ihnen daher dringend, diese Übungen wirklich zu machen. Nur auf diese Art werden sie zu einem festen Bestandteil Ihres täglichen Lebens und Ihrer Gewohnheiten und verändern an Ihrem Leben wirklich etwas. Bei Henry Ford hat es funktioniert. Auch für den Mann, der mehr Fehlschläge in Erfolge verwandelt hat als irgendjemand sonst in der Geschichte, war das eine Geheimwaffe – Thomas Edison.

## Gang einlegen, Gas geben!

**So bringen Sie Ihre PS auf die Straße**

1. Nehmen Sie irgendeinen Bereich Ihres Lebens (Ihre Karriere, Ihre Ehe oder eine sonstige Beziehung, ein Hobby, Ihre Finanzen und so weiter) und schreiben Sie dazu die Antwort auf folgende Frage auf: Wenn ich in diesem Bereich alles geschehen lassen könnte, was ich will, was wäre das dann?
2. Notieren Sie die Hindernisse, die verhindern, dass dieser Wunsch in Erfüllung geht.
3. Schreiben Sie alle Ängste auf, die Sie davon abhalten, jedes Hindernis anzugehen und zu überwinden.
4. Beantworten Sie anhand einer der von Ihnen notierten Ängste folgende drei Fragen:
   a. Was wäre der schlimmste Fall?
   b. Was wäre der beste Fall?
   c. Was ist das bestmögliche Ergebnis für Sie und andere, wenn die Angst nicht wirkt und Sie das Hindernis überwinden?
5. Listen Sie alle privaten und beruflichen Misserfolge auf, von denen Sie noch wissen, dass sie schmerzlich für Sie waren.
6. Schreiben Sie unter Benutzung dieser Liste alle möglichen Gründe auf, die jeden Fehlschlag verursacht oder dazu beigetragen haben könnten.
7. Schreiben Sie die allgemeinen Lehren oder Prinzipien auf, die aus diesen Fehlschlägen hervorgehen.
8. Ignorieren Sie momentan die Lehren und wiederholen Sie die Fehler in irgendwelchen aktuellen Beziehungen oder Projekten? Wenn ja, schreiben Sie sie auf.

9. Schreiben Sie alle ähnlichen aktuellen Beziehungen und Projekte auf, in denen Sie die gleichen Fehler wiederholen könnten.
10. Notieren Sie, was Sie konkret tun können, damit Sie die Lehren der Vergangenheit in ähnlichen Situationen nicht noch einmal ziehen müssen.

Sitzung 12

# Kritik annehmen ... und entschärfen!

## Kritik nutzen, um einen unschätzbaren Vorteil zu schaffen

Ihr Porsche hat eine neuartige Hupe, die mit der Alarmanlage verbunden ist und die man locker zwei Meilen weit hört. Wenn der ultralaute Alarm losgeht, stört das zwar jedesmal Hunderte von Menschen, aber es hält auch jeden potenziellen Dieb fern und hält selbst den Führer eines Neunachsers davon ab, Sie beim Spurwechsel zu schneiden.

Vor ein paar Jahren saß ich mit ein paar Geschäftsfreunden in einem malerischen Restaurant in Beverly Hills beim Essen. Es war ein lauer Sommerabend, und deshalb saßen wir mit etwa 100 anderen Gästen auf der Terrasse. Ganz plötzlich ertönte aus einem Auto auf der anderen Straßenseite ein überschall-lauter Alarm. Alle, die auf der Terrasse saßen, waren aufs Höchste verärgert. Zu meinem Schrecken musste ich feststellen, dass der Lärm von dem Wagen kam, den ich für die Woche gemietet hatte. Ich hoffte, er würde nach ein paar Sekunden aufhören und ich könnte mir die Peinlichkeit ersparen, aufzuspringen und über die Straße zu rennen, um ihn abzuschalten. Aber leider hörte der Lärm nicht auf. Unter 100 starrenden Augenpaaren stand ich auf, sprang über die Mauer, rannte über die Straße und schaltete den Alarm ab. Ich brauche wohl nicht zu sagen, dass ich die Alarmhupe am liebsten in tausend Stücke zerschlagen hätte. Ein paar Stunden später war ich auf dem Weg zurück nach Malibu zum Strandhaus unseres Unternehmens. Ich fuhr die Kurven des Pacific Coast Highway hinauf, als vor mir plötzlich ein Kleinlaster aus einer Seitenstraße herausfahren wollte. Ich schlug so fest ich konnte auf die Hupe. Zum Glück hörte der Fahrer das, stieg in die Bremsen und hielt an, als er erst halb auf meiner Spur war und ich gerade noch um ihn herumlenken konnte. Wenn die Hupe meines Autos nicht so laut gewesen wäre, hätten der andere Fahrer und ich tot sein können. Die ärgerliche

Hupe, die ich ein paar Stunden zuvor noch in tausend Stücke zerschlagen wollte, hatte an diesem Abend ein oder sogar zwei Leben gerettet. Kritik ist einer lauten Hupe sehr ähnlich. Sie kann mehr irritieren als alles andere, aber wenn man sie zu nehmen weiß, bringt sie grenzenlosen Nutzen. Woher ich das weiß? Die Kritik zweier Menschen hat mir und meinen Partnern Hunderte Millionen Dollar eingebracht, und die Kritik einer Hand voll Menschen hat meine Ehe zu dem erfüllendsten Bestandteil meines Lebens gemacht. Einen Teil dieser lebensverändernden Kritik werde ich im Verlauf dieser Sitzung preisgeben.

Ich fragte einmal eine Zuhörerschaft von 3.500 Männern und Frauen: „Wer von ihnen lässt sich gerne kritisieren?" Niemand hob die Hand. Dann fragte ich: „Wer von Ihnen hasst Kritik?" Alle Hände im Saal schnellten nach oben. Schließlich fragte ich: „Wer von Ihnen musste sich in der vergangenen Woche mindestens einmal schmerzhafte Kritik anhören?" Wieder gingen Hunderte von Händen nach oben. Einige schossen sofort hoch, andere hoben sich langsamer, weil die Menschen zuerst die letzte Woche im Geiste durchgingen. Am Ende hatten allerdings fast drei Viertel der Zuhörer die Hand gehoben. Und dann stellte ich die aufschlussreichste Frage: „Erinnern Sie sich an Ihre Kindheit zurück. Wer von Ihnen kann sich an eine konkrete Kritik von einem Elternteil, einem Bruder, einer Schwester, einem Schulkameraden oder einem Lehrer erinnern, die besonders weh getan hat?" Nach wenigen Sekunden hatten sämtliche Zuhörer eine Hand gehoben. Sie alle waren so heftig kritisiert worden,

**Das siebzehnte Gesetz des außergewöhnlichen Erfolges**

Die bewusste oder unbewusste Vermeidung von Kritik beschneidet die Fähigkeit, außergewöhnlichen Erfolg und Glück zu erreichen.

dass sie sich noch Jahrzehnte später daran erinnerten. Das zeigt, wie schmerzhaft Kritik tatsächlich sein kann.

Als ich elf Jahre alt war, empfing ich von meinem Vater die einzige schmerzhafte Kritik, die mir von seinen Lippen je zu Ohren kam. Rückblickend weiß ich, dass er es gar nicht so gemeint hatte. Damals tat es jedoch so weh, dass ich mich immer noch erinnern kann, wo wir damals waren, was er anhatte und wie er mich dabei ansah. Ich kann mich sogar noch an den Tonfall erinnern. Das ist 44 Jahre her, und ich sehe es so deutlich vor meinem geistigen Auge, als wären es erst ein paar Minuten. Diese eine Kritik beeinträchtigte mein Selbswertgefühl, mein Selbstbild und einen großen Teil meines Verhaltens 30 Jahre lang.

Wie ist das bei Ihnen? Mögen Sie Kritik oder hassen Sie sie? Wurden Sie in der letzten Woche oder im letzten Monat von irgendjemandem heftig kritisiert? Können Sie sich an eine bestimmte schmerzhafte Kritik erinnern, die Ihnen in Ihrer Kindheit zuteil wurde? Kritik ist im besten Fall beunruhigend und im schlimmsten Fall erschütternd. Sie zerstört Beziehungen, so manches Leben wurde dadurch für immer verändert oder sogar beendet. Kritik kann schmerzen wie ein Wespenstich oder wie ein scharfes Messer tiefe Wunden verursachen. Wie das tödliche Gift einer Klapperschlange kann sie das Selbstwertgefühl und die Lebensauffassung vergiften. Doch so schmerzhaft und zerstörerisch sie auch sein mag – fast jeder wird damit fast in jedem Monat und in jeder Woche seines Lebens in der einen oder anderen Form konfrontiert.

Weil Kritik so schmerzhaft und schädlich sein kann, richten wir unser Verhalten häufig so aus, dass sie um jeden Preis vermieden wird. Die natürliche Risikovermeidung kann für Ihren persönlichen und beruflichen Erfolg genauso hinderlich sein wie die Angst vor dem Scheitern. Entweder bewältigt man sie richtig, oder es besteht kaum Hoffnung auf außerordentlichen Erfolg und Glück. Es gibt Dutzende von falschen Möglichkeiten, mit Kritik umzugehen, aber ich habe nur einen richtigen Weg gefunden: Dieser Weg wird Kritik von einem Ihrer meistgefürchteten Feinde in einen Ihrer wertvollsten Verbündeten verwandeln. Wenn das passiert, fürchten Sie keine Kritik mehr und richten auch Ihr Verhalten nicht mehr danach aus, Kritik zu vermeiden. Die Kritiker und ihre Kritik werden tatsächlich die Macht verlieren, Sie zu verletzen. Für viele Menschen ist diese Strategie die befreiendste und kräftespendendste Fähigkeit, die sie lernen werden.

## Meisterstrategie 12 – Überwinden Sie die Kritikvermeidung

### Warum Kritik ein derart gewaltiges Hindernis für den außergewöhnlichen Erfolg ist

Die Menschen sind oft überrascht, dass ich der wirksamen Bewältigung von Kritik eine so große Bedeutung beimesse. Viele Motivationstrainer und Lehrkräfte – insbesondere Professoren von Wirtschaftsuniversitäten – verblüfft es, dass ich sie zu den 15 Meisterstrategien auf dem Weg zum außergewöhnlichen Erfolg zähle. Aber tatsächlich konnten alle Überflieger, die ich je kennen gelernt oder die ich studiert habe, mit Kritik sinnvoll umgehen. Außerdem habe ich Folgendes festgestellt: Wenn man mit Kritik nicht richtig umgeht, vermindert sie die Erfolgschancen, weil sie sieben Bereiche beeinträchtigt, die für außergewöhnlichen Erfolg entscheidend sind.

**1. Sie beeinträchtigt das Selbstbild und das Selbstwertgefühl.** Wenn uns Menschen kritisieren, die wir schätzen, dann kann ihre Kritik unsere

Sichtweise von unseren Fähigkeiten und von uns selbst verändern. Sie kann auch den Wert verändern, den wir uns selbst beimessen. Als mir mein Chef nach meiner dritten Arbeitsstelle sagte, ich sei die größte Enttäuschung in seiner gesamten Laufbahn und ich würde im Marketing niemals Erfolg haben, da glaubte ich ihm. Seine Kritik prägte das Bild, das ich von mir selbst hatte, und seine Klassifizierung als größte Enttäuschung bestimmte für die nächsten vier Jahre mein Selbstwertgefühl. In den Begriffen unserer ersten Sitzung ausgedrückt, kann Kritik ein ganzes Leben lang unseren Bordcomputer immer wieder auf geringere Fähigkeiten zur Erreichung von Erfolg umprogrammieren.

**2. Sie erstickt unsere Initiative.** Niemand erreicht zu Hause oder am Arbeitsplatz außergewöhnlichen Erfolg, wenn er es sich nicht angewöhnt, die Initiative zu ergreifen. Niemand hat seine außerordentlichen Leistungen erzielt, weil er dazu angespornt oder dazu überredet wurde. Trotzdem ist Kritik Gift für die Motivation, das Engagement und die Fähigkeit, in Bereichen regelmäßig die Initiative zu ergreifen, in denen man schwere Kritik einstecken muss.

**3. Sie unterdrückt unsere Kreativität.** Ohne Kreativität kann man keine kreativen Alternativen entwickeln, und wenn man keine kreativen Alternativen entwickeln kann, erzielt man keine außergewöhnlichen Erfolge. Kritik erschüttert den Glauben an unsere kreativen Fähigkeiten und bringt uns dazu, unsere kreativen Gedanken und Worte zu unterdrücken, weil wir weitere Kritik fürchten.

**4. Sie macht risikoscheu.** Man kann nichts Wesentliches erreichen, ohne erhebliche Risiken einzugehen. Die bewusste oder unbewusste Vermeidung von Kritik zerstört die Bereitschaft und den Willen, Risiken einzugehen, fast genauso sehr wie die Angst vor dem Scheitern. Einer der meistgehassten Sätze aller Zeiten lautet: „Ich hab's dir doch gleich gesagt.“ Menschen, die oft kritisiert werden und diesen Satz sowie die begleitende Kritik nicht mehr hören wollen, beschließen oft, Risiken gar nicht erst einzugehen.

**5. Sie fördert Unehrlichkeit.** Häufig ist es einfacher und sicherer, etwas zu sagen, was andere hören wollen, als die Wahrheit zu sagen und zu riskieren, dafür Kritik zu ernten. Im Zweiten Weltkrieg bekam Adolf Hitler von seinen wichtigsten Generälen häufig gefälschte Berichte von den Schlachten, weil sie sich seiner scharfen Kritik nicht aussetzen wollten. Das Gleiche passiert in fast allen amerikanischen Unternehmen den CEOs mit ihren Untergebenen. Während meiner kurzen Zeit in dem einzigen Großunternehmen, in dem ich je gearbeitet habe, hatte jeder einzelne Mitarbeiter in meiner Abteilung (dazu gehörten Dutzende von Managern und sonstigen Führungskräften) tödliche Angst davor, von den beiden Männern an der Spitze kritisiert zu werden. Zu Hause gilt das Gleiche. Ehemänner, Ehefrauen und Kinder sagen lieber nicht das, was sie eigentlich denken, fühlen, glauben oder wünschen; sie haben Angst, für diese Gedanken, Gefühle, Wünsche oder ihren Glauben kritisiert zu werden. Auf dem fruchtbaren Boden der Kritikvermeidung blühen die Halbwahrheiten und Lügen.

**6. Sie ruiniert unsere emotionale Gesundheit.** Kritik ruft oft zerstörerische Gefühle hervor, die unser geistiges, emotionales, körperliches und soziales Wohlergehen beeinträchtigen. Zu diesen Gefühlen gehören Schmerz, Wut, Widerwillen, Bitterkeit, Depressionen, Verzweiflung und sogar Hass. Wenn solche Gefühle gedeihen, wird außergewöhnlicher Erfolg schier unmöglich. Die Vermeidung von Kritik wird dann für das emotionale Überleben unentbehrlich.

**7. Sie beeinträchtigt Beziehungen.** Da Kritik Unehrlichkeit und die gerade aufgezählten negativen Emotionen fördert, ist klar, dass sie

Beziehungen beeinträchtigen oder sogar zerstören kann. Sie kann sogar unfähig machen, gesunde Beziehungen aufrecht zu erhalten. Da man mit anderen partnerschaftlich zusammenarbeiten muss, wenn man außergewöhnliche Erfolge erzielen will, sind solche Erfolge für Menschen, die den effektiven Umgang mit Kritik nicht gelernt haben, unerreichbar.

Wenn Sie sich die sieben Bereiche ansehen, die von Kritik so schwer beeinträchtigt werden, begreifen Sie ohne Weiteres, warum die bewusste oder unbewusste Vermeidung von Kritik die Erreichung außergewöhnlicher Erfolge so erheblich einschränkt. Es wird außerdem klar, dass man Menschen um jeden Preis meiden sollte, die Kritik hassen und sie als Feind betrachten. Ich kenne reife und intelligente Erwachsene, die ihre Eltern oder ihre Geschwister jahrelang nicht besucht haben, nur weil sie mit deren Kritik nicht umgehen können. Ohne es zu wissen, fechten die meisten Menschen einen unbewussten Kampf mit der Kritik aus. Und da man zu Hause und auf der Arbeit nie vor Kritikern sicher ist, fordert dieser Kampf immer wieder seinen Tribut. Die Kritik verhindert dann für immer den großen Erfolg und das große Glück – es sei denn, man wendet eine Strategie an, die die Kritik vollständig entwaffnet und sie von einem gefürchteten Feind in einen wertvollen Verbündeten verwandelt. Genau diese Strategie werden Sie im restlichen Verlauf dieser Sitzung lernen.

### Lehren aus der Vergangenheit

Im Zweiten Weltkrieg war es sehr schwer, amerikanische Spione hinter die feindlichen Linien zu bekommen, und die Misserfolgsquote war sehr hoch. Sehr viel wirksamer war es, feindliche Spione anzuwerben und sie zu Doppelagenten zu machen. Umgedrehte ausländische Spione konnten zurückkehren und hatten leichten Zugang zu strategischen Informationen, die sie an den amerikanischen Geheimdienst übermitteln konnten. Die Strategie gegen Kritik, die Sie lernen werden, funktioniert so ähnlich. Anstatt die Kritik zu bekämpfen, verwandeln Sie sie aus einem Ihrer gefährlichsten Feinde in Ihren geheimen Verbündeten. Durch Kritik gewinnen Sie vorteilhafte Informationen, die Sie auf andere Weise wohl eher nicht bekämen. Es ist also weder unser Ziel, die Kritk

## Die vier Persönlichkeitstypen im Vergleich

**Bummler**

Ignorieren die Kritik, leugnen sie ab, reden sich heraus oder kritisieren den Kritiker. Beschuldigen schnell die Umstände oder andere Menschen.

**Zielstrebige**

Hören sich Kritik an und lassen sich davon beunruhigen, nehmen sie aber selten ernst genug, damit sie etwas wesentlich und dauerhaft ändern.

**Erfolgsmenschen**

Schenken Kritik von Menschen, die sie respektieren, große Beachtung. Bemühen sich, auf Kritik, die sie als gültig betrachten, mit Veränderungen zu reagieren.

**Überflieger**

Bestimmen die Gültigkeit einer Kritik und graben in gültigen Kritiken nach Gold. Wenn sie das Gold finden, mobilisieren sie alle erforderlichen Mittel, um die Veränderungen vorzunehmen, die die Kritik verlangt.

zu bekämpfen noch Ihre Kritiker zu bekämpfen. Es geht nicht darum, sich gegen Kritik zu verteidigen. Vor allen Dingen geht es nicht darum, die Kritik abzustellen. Das gibt es sowieso nicht. Man kann sie nicht abstellen, man kann sie nicht vermeiden und man kann sie nicht bekämpfen. Aber Sie können sie in einen Ihrer wertvollsten und produktivsten Verbündeten verwandeln.

Sir Winston Churchill schrieb einmal: „Kritik ist oft nützlich, Lob ist oft tückisch.“ Er sagte, er wolle lieber kritisiert als gelobt werden. Warum? Lob bringt einen nicht dazu, etwas zu tun. Man lehnt sich lächelnd zurück, wenn man gelobt wird. Kritik dagegen bringt einen dazu, eine Angelegenheit aus einer anderen Perspektive noch einmal zu betrachten. Der reichste und weiseste Mann, der je gelebt hat, war der gleichen Meinung wie Churchill. In Sprüche 10, 17 sagt Salomo, dass derjenige, der Kritik ignoriert, einen Fehler macht, der ihn langfristig teuer zu stehen kommt. In Sprüche 15, 32 sagt er, dass derjenige, der auf Kritik hört und ihren Rat annimmt, ein höheres Maß an Verständnis erreicht. Eine der meist bewunderten Schauspielerinnen aller Zeiten, war ein Star der Stummfilmära, nämlich Lillian Gish. Sie schrieb: „Mir gefällt es, wenn Menschen zu mir kommen und mir sagen, was ich falsch gemacht habe. Das ist das Beste, was sie mir antun können.“ Sie hatte erkannt, wie wertvoll es ist, sich Kritik zum Verbündeten zu machen.

### Ein Eimer voll Kritik: Viel Wasser, wenig Sand und eine Spur Gold

Einer der liebsten Urlaubsorte meiner Familie ist Coronado Island in San Diego. Jeder, der jemals an den Stränden Coronados gespielt hat, weiß, dass die Wellen dort Millionen von Goldflöckchen hinterlassen, wenn sie zurücklaufen. Stellen Sie sich einmal kurz vor, das wäre echtes Gold. Kritik bedeutet, dass jemand einen Eimer voll Wasser schöpft und auf Sie schüttet. Ein Eimer Kritik ist bis oben hin voll mit Wasser, darunter befinden sich ein paar Zentimeter Sand, und fast immer ist in diesem Sand irgendwo ein kleines bisschen Gold verborgen. In einem Eimer Krtik kann ein großer Goldklumpen sein oder nur ein winzig kleines Goldstäubchen, nach dem man erst lange suchen muss.

Wenn jemand einen Eimer Kritik auf uns kippt, trifft uns zuerst das Wasser. Es ist kalt und erschreckt uns, aber es ist eher harmlos. Wir brauchen nur ein Handtuch zu nehmen und uns abzutrocknen. Von dem Sand am Boden des Eimers ist uns auch ein bisschen ins Gesicht geflogen, und ein paar Sandkörner sind uns in die Augen geraten. Das tut schon ein bisschen mehr weh und ärgert uns mehr. Wir müssen uns den Sand nicht nur aus den Augen waschen, um den Schmerz und das Jucken zu beenden, sondern auch damit wir wieder klar sehen. Und dann ist da noch das Gold, das in den wenigen Zentimetern Sand am Boden des Eimers versteckt ist.

Und hier die Auflösung des Vergleichs: Das Wasser ist der wertlose, emotionale Teil der Kritik. Das ist die Übertreibung oder die Standardformel: „Das machst du immer! So was machst du sonst nie! Ich kann es nicht fassen, dass du das schon wieder gemacht hast!“ Was tut Wasser? Es macht Sie nass. Bringt es Sie um? Verletzt es Sie? Lähmt es Sie? Nein! Es ist nur Wasser! Was machen Sie also? Sie nehmen ein Handtuch und trocknen sich ab. Machen Sie sich klar, dass der emotionale Teil der Kritik – die Übertreibungen und Superlative – nur aus Wasser bestehen, sonst nichts.

Dann ist da noch der Sand. Das ist der beißende Teil der Kritik. Der Teil, der juckt und brennt. Das kann der Geist der Kritik sein – Härte, Verurteilung, Herablassung, Wut, Hass und so weiter. Dieser Geist kann sich in den Worten zeigen, im Tonfall oder in nonverbalen

Äußerungen, zum Beispiel im Blick des Kritikers. Das kann ein enttäuschter, ungläubiger, angewiderter, wütender oder sogar hasserfüllter Blick sein. Er brennt und sticht, aber man kann ihn leicht entfernen; und sobald er weg ist, verliert die Kritik ihren schmerzhaften Stachel. Die beste Möglichkeit ihn zu entfernen besteht für mich darin, die Kritik niederzuschreiben und dann durchzulesen. In schriftlicher Form fehlt ihr normalerweise der emotionale Stachel des Tonfalls und der Körpersprache.

Und schließlich ist da noch das Gold. Das Gold ist die Wahrheit, die die Kritik enthält, die uns weiser machen kann und die uns helfen kann, unser Verhalten, unsere Haltung oder unsere Worte zum Besseren zu verändern. Es kann sein, dass nur ein Körnchen Wahrheit vorhanden ist, nach dem man suchen muss. Es kann aber auch ein dicker Klumpen Wahrheit von unschätzbarem Wert darin enthalten sein. Das haben Churchill, Salomo und Lillian Gish gemeint. Sie hatten begriffen, dass Kritik häufig ein gewisses Maß an Wahrheit enthält, die für uns und für diejenigen, mit denen wir in Beziehung stehen, von großem Nutzen sein kann.

So weit der Vergleich. Aber wie macht man aus diesem Vergleich eine praktische Fähigkeit? Das gelingt mit jeder Kritik, und dazu sind nur drei Schritte nötig.

### Drei Schritte zur Verwandlung von Kritik in Ihren wertvollsten Verbündeten

Man braucht zum Glück kein Churchill und kein Salomo zu sein, wenn man Kritik entwaffnen und sie aus einem gefürchteten Feind in einen wertvollen Freund und Lehrer zu verwandeln, der einem zum Erfolg verhilft. Dazu ist nur eine einzige Fähigkeit nötig, die jedermann erlernen und einsetzen kann. Der erste Zweck dieser Fähigkeit ist die Entfernung des Stachels einer kritischen Äußerung. Dann bestimmt man die gültigen Teile der Kritik und zieht schließlich aus diesen Elementen so viel Nutzen wie möglich. Diese einfache Fähigkeit besteht aus drei Schritten und kann auf alle Arten von Kritik angewendet werden, egal von wem sie kommt und wie schmerzhaft sie ist.

**1. Bedenken Sie, wo die Kritik herkommt.** Nicht alle Kritiker sind gleich. Der erste Schritt des effektiven Umgangs mit Kritik ist die Beurteilung ihres Ursprungs. Dazu müssen Sie folgende drei Fragen beantworten: (1) Inwieweit ist der Kritiker qualifiziert, diese Kritik zu üben? (2) Was ist die Grundlage seiner Kritik? (3) Was ist das Motiv des Kritikers, diese Kritik zu üben?

*Inwieweit ist der Kritiker qualifiziert?* Manche Kritiker sind höchst qualifiziert, eine bestimmte Kritik zu äußern, andere sind zu einem gewissen Grad qualifiziert und wieder andere überhaupt nicht. Trotzdem reagieren viele Menschen heftig auf Kritik, unabhängig davon, wie qualifiziert oder unqualifiziert der Kritiker ist. Der erste Schritt im Umgang mit Kritik besteht also darin zu bestimmen, wie qualifiziert der Kritiker ist, diese spezielle Kritik zu üben. Ist er oder sie sehr qualifiziert (SQ), teilweise qualifiziert (TQ) oder nicht qualifiziert (NQ)? Wenn ich eine Kritik aufschreibe, notiere ich mir dahinter jeweils die passende Abkürzung, weil mir das hilft, die Kritik für die Analyse visuell zu bewerten und einzuschätzen.

Der Vater meiner Frau äußerte einmal beißende Kritik an ihr, als es um das Besuchsrecht ihres Ex-Ehemannes bei unserem Sohn Devin ging. Shannons Vater zeigte wütend mit dem Finger auf sie und sagte: „Wenn du Devin wirklich lieben würdest, dann würdest du dafür sorgen, dass für sein Sorgerecht nicht mehr kalifornisches Recht, sondern die Gesetze von Utah gelten." Der Vater meiner Frau ist ein wundervoller, liebender Vater und Großvater. Er hatte nicht die Absicht, die Gefühle meiner Frau zu verletzen, aber er äußerte seine Kritik dermaßen intensiv, dass meine Frau tagelang am Boden zerstört war. Um ihr zu helfen, begann ich mit der Frage nach dem Ursprung der Kritik. Ich fragte sie: „Wie qualifiziert ist dein Vater, diese Kritik zu äußern? Ist er Anwalt? Kennt er die kalifornische Gesetzgebung im Hinblick auf Scheidungs- und Sorgerecht? Hat er alle denkbaren rechtlichen Verwicklungen berücksichtigt, die eine solche Verlagerung nach sich ziehen könnte?" Und dann war da noch die Frage, was für Devins Selbstwertgefühl am besten war. War ihr Vater Psychologe? Dachte er überhaupt an Devins Bedürfnis, eine gute Beziehung zu seinem Vater zu haben? Die Antwort auf alle Fragen lautete nein. Der Vater meiner Frau war daher nicht qualifiziert (NQ), eine solche Kritik zu äußern, und damit war seine Kritik zu 100 Prozent hinfällig.

In einer früheren Sitzung habe ich schon erzählt, wie ich meinen ersten Werbespot für das Fernsehen schrieb. Als ich ihn meinem Partner vorlas, klopfte er mir keineswegs auf die Schulter, sondern lieferte mir eine freundlich verpackte Kritik: „Es ist gut ... es gefällt mir ... aber eines fehlt ... es hat keinen Haken. Ihm fehlt wirklich nur ein guter Haken." In diesem Fall ergab die Überprüfung der Herkunft der Kritik ein vollkommen anderes Ergebnis als im Falle der Kritik meines Schwiegervaters an meiner Frau. Mein Partner war ein Unternehmens- und Marketing-Genie. Er hatte Unternehmensneugründungen mit Werbung nach oben gebracht, die er selbst verfasst hatte. War er qualifiziert, meine Werbesendung zu kritisieren? Absolut! Er war sehr qualifiziert und bekam daher ein SQ.

Dann wäre da noch mein ehemaliger Chef, der die heftigste Kritik äußerte, die mir je zuteil wurde. Er sagte: „Sie sind die größte Enttäuschung in meiner gesamten Laufbahn. Sie werden im Marketing niemals Erfolg haben." Wie qualifiziert war er, diese beiden Kritikpunkte zu äußern? Er war Marketingchef eines großen Konzerns. Seine erste Kritik basierte auf seiner eigenen Laufbahn und auf den Enttäuschungen, die er schon erlebt hatte. Die zweite Kritik bezog sich auf sein Fachgebiet (Marketing). Also war er auf den ersten Blick für beide Kritiken sehr qualifiziert. Auf den zweiten Blick sieht man jedoch, dass er mit der zweiten Äußerung meine Zukunft vorhersagte. Egal wie qualifiziert er auch im Marketing sein mochte, als Wahrsager war er sicherlich nicht qualifiziert. Der einzige, der die Zukunft kennt, ist Gott, und mein Chef war gewiss nicht göttlich. Deshalb bekam er für seinen ersten Kritikpunkt SQ und für den zweiten NQ. Es stellte sich heraus, dass er mit seiner Voraussage im zweiten Punkt die Wahrheit nicht weiter hätte verfehlen können. Mein gesamter geschäftlicher Erfolg beruht auf meinen Marketing-Fähigkeiten – und mein Erfolg sowie der Erfolg meiner Partner ist mehr als 100-mal so groß wie der Erfolg meines Ex-Chefs.

Was ist die *Grundlage der Kritik*? Kritische Äußerungen basieren auf einem oder mehreren Faktoren. Diese Faktoren geben Aufschluss darüber, inwieweit die Kritik Gültigkeit besitzt. Hier einige mögliche Faktoren:

1. Die Emotionen/Gefühle des Kritikers (E).
2. Die vergangenen Erfahrungen des Kritikers (V).
3. Ihre eigenen vergangenen Erfahrungen und Ergebnisse (IV).
4. Die Fehlschläge des Kritikers (FK).
5. Ihre vergangenen Fehlschläge (VF).

6. Das mangelnde Verständnis des Kritikers von Ihren Absichten, Motiven, Zielen oder Visionen (MV).
7. Die Unfähigkeit des Kritikers, kreativ über den Tellerrand hinaus zu denken. Der Kritiker ist vielleicht einer konventionellen Denkweise verhaftet und versucht, Ihr kreatives Denken zu beurteilen (KD).
8. Die Kritik basiert vielleicht auf größerer Logik oder größerem Wissen als dem Ihren (LW).

Die Kritik meines Schwiegervaters beruhte auf seinen Emotionen (E), also auf der normalerweise schwächsten Basis für Kritik. Die Kritik meines Partners basierte auf Logik und Wissen (LW), und das ist normalerweise die stichhaltigste Grundlage für Kritik. Die Kritik meines ehemaligen Chefs basierte auf seinen Emotionen (E).

Ich habe irgendwann einmal einem Vorgesetzten einen kreativen Vorschlag gemacht, der über den Tellerrand hinausging. Dieser Chef dachte in eingefahrenen Bahnen und war der Meinung, nur die Werbeagentur, mit der das Unternehmen zusammenarbeitete, sei qualifiziert, kreative Vorschläge zu machen. Als ich ihm meine Idee für eine Fernsehkampagne vorlegte, klopfte er mir mitleidig lächelnd auf die Schulter und sagte: „Das ist nicht dein Job. Für kreative Ideen ist die Werbeagentur zuständig." Die Ablehnung meiner Idee und die begleitende Kritik basierten auf seiner eigenen konventionellen Denkweise (KD). Fünf Jahre später legte mein jetziges Unternehmen die gleiche Idee dem Chef meines ehemaligen Vorgesetzten vor, der gleichzeitig der Gründer des Unternehmens war. Diesmal kauften sie sie. Sie entpuppte sich als erfolgreichste Werbekampagne in der Geschichte des Unternehmens. Der Unterschied bestand darin, dass der Unternehmensgründer kreativ war und den Wert der Idee erkannte. Sie bezahlten Millionen für eine Kampagne, die sie fünf Jahre zuvor für mein Gehalt hätten haben können – 12.000 US-Dollar.

Das vermutlich beste Beispiel dafür, dass Unternehmenslenker wegen ihres beschränkten konventionellen Denkens den Zug verpassen, sind die Manager von Xerox, weil sie die Ideen und Erfindungen ihrer Ingenieure im Palo Alto Research Center (PARC) ablehnten und kritisierten. Aufgrund ihres konventionellen Denkens verloren sie das möglicherweise exklusive Patent auf den Personal Computer, auf die grafische Benutzeroberfläche und auf das Internet. Aber hallo!

*Was ist das Motiv für die Kritik?* Das Wissen um die Motivation, die hinter der Kritik steckt, entscheidet nicht darüber, ob sie stichhaltig ist oder nicht. Aber wenn das Motiv positiv ist, macht das die Kritik wenigstens erträglicher. Wenn dagegen negative Motive dahinterstecken, kann das die Gültigkeit der Kritik in Frage stellen. Allerdings wird Kritik nicht allein dadurch entwertet, dass sie aus negativen Motiven resultiert; aber immerhin wird sie dadurch suspekt. Ein Unternehmen aus unserer Branche hat einmal harsche Kritik an den betrügerischen Machenschaften anderer Unternehmen der Branche geäußert. Auch wenn die Motive dieses Unternehmens vielleicht absolut eigennützig waren, traf es damit voll ins Schwarze, und die Kritik war zu 100 Prozent stichhaltig. Fragen Sie sich bei der Erforschung der Motive Ihrer Kritiker: Wurden sie von positiven Faktoren motiviert, zum Beispiel von der Liebe zu Ihnen, von der Sorge um ein Projekt oder um andere Menschen? Streben sie damit vorbildliches moralisches Verhalten an? Oder sind ihre Motive negativ – Selbstsucht, Eifersucht, Angst, Feindseligkeit, Verletztheit, Wut, Unreife oder Ignoranz?

Das Motiv von Shannons Vater waren seine Liebe und Sorge für Devin. Er war zwar nicht qualifiziert, diese Kritik zu äußern, aber sein Motiv machte es Shannon leichter, damit umzugehen. Im Falle des fehlenden Hakens war mein Partner von dem Wunsch motiviert, dass unser erstes Projekt – und ich – erfolgreich sein sollten. Die Kritik von meinem Ex-Chef hingegen war von seinen verletzten Gefühlen, seiner Wut und seinem Stolz motiviert.

Insgesamt betrifft die Untersuchung der Herkunft drei Faktoren: Die Qualifikation des Kritikers, die Grundlage der Kritik und das Motiv für die Äußerung der Kritik. Da wir uns nun ausführlich mit dem Ursprung der Kritik befasst haben, kommen wir zum nächsten Schritt.

**2. Überlegen Sie, ob die Kritik zutrifft.** Die Kritik von Shannons Vater begann mit den Worten: „Wenn du Devin wirklich lieben würdest, dann würdest du ..." Die Kritik verfehlte ihr Ziel um tausende von Meilen. Shannon ist die liebevollste Mutter, die ich kenne. Eigentlich brachte sie ja gerade ihre uneigennützige Liebe zu Devin zu dem Wunsch, dass er viel Zeit sinnvoll mit seinem Vater verbringen sollte. Als dagegen mein Partner sagte, „es hat keinen Haken. Ihm fehlt wirklich nur ein guter Haken", da traf er das Ziel mitten ins Schwarze. Genau das fehlte meinem Skript, und genau das hätte es dringend gebraucht.

Nun zu der Kritik von meinem Ex-Chef: Er bezeichnete mich als größte Enttäuschung in seiner gesamten Laufbahn. War das eine zutreffende Aussage? Er war der dritte Mann des Unternehmens, und bevor er in das Unternehmen gekommen war, hatte er in einem anderen Fortune-500-Unternehmen Erfahrungen gesammelt. Ich dagegen war ein Neuling mit 12.000 Dollar Jahresgehalt. Ich arbeitete erst seit neun Monaten unter ihm. Wie um alles in der Welt konnte ich da die größte Enttäuschung seiner gesamten Laufbahn sein? Als mir klar wurde, dass diese Kritik grob übertrieben war und auf keinen Fall stimmen konnte, verlor sie sofort ihren Stachel. Manche Kritik trifft haargenau zu, andere stimmt teilweise, und wieder andere Kritik ist vollkommen unzutreffend. Je weniger die Kritik trifft, desto leichter lässt sich der Stachel entfernen.

Nun, da Sie die Herkunft der Kritik und den Grad der Berechtigung bedacht haben, sind Sie bereit für den dritten und wichtigsten Schritt im Umgang mit Kritik. In diesem Schritt wird die Kritik endlich von einem Feind in einen Verbündeten verwandelt.

**3. Die Verantwortung für Ihre Reaktion auf die Kritik übernehmen und darin nach Gold graben.** Wenn wir kritisiert werden, neigen wir von Natur aus dazu, uns gegen Kritiker und Kritik zu wehren. Normalerweise wollen wir die kritisierten Taten und Worte verteidigen. Tief in unserem Inneren wollen wir außerdem zurückschlagen. Wir wollen die Kritik verharmlosen. Wir wollen Kritikern sagen, sie seien ja selbst ganz nass oder sie wüssten gar nicht, wovon sie reden. Häufig rächen wir uns, indem wir sie vor jemand anderem kritisieren. Wir wollen über sie lästern, sie schlecht machen, und wenn unsere Gefühle wirklich verletzt sind, dann wollen wie sie auch verletzen. Oder wir entscheiden uns dafür, uns von dem Kritiker zurückzuziehen und vor der Kritik davonzulaufen. Das sind ein paar unserer natürlichen Reaktionen auf Kritiker, Kritik und den Schmerz, den Kritik verursacht. Leider sind all diese Reaktionen kontraproduktiv und laufen unseren Interessen eigentlich vollkommen zuwider. Solche Reaktionen bringen Sie Ihren Träumen nicht näher. Im Gegenteil, sie verhindern, dass Sie Ihre Träume erreichen. Sie haben die Wahl: Entweder geben Sie den natürlichen Neigungen nach und wehren Kritik ab, oder Sie zügeln Ihren Drang und reagieren auf Kritik.

Was ist der Unterschied zwischen Abwehr und Reaktion/Ansprache? Mein Freund Zig Ziglar hat dafür den perfekten Vergleich: „Nehmen

Sie an, Ihr Arzt verschreibt Ihnen ein Medikament und sagt, sie sollen in 48 Stunden noch einmal zur Kontrolle kommen. Wenn Ihr Arzt bei der Nachuntersuchung sagt: ‚Mmh, Ihr Körper wehrt sich gegen das Medikament', dann wissen Sie, dass etwas nicht stimmt. Wenn er dagegen sagt: ‚Ah, Ihr Körper spricht auf das Medikament an', dann wissen Sie, dass Sie auf dem Weg der Besserung sind." Das Gleiche gilt für Ihr Verhalten, wenn Sie kritisiert wurden. Wenn Sie sich wehren, haben die negativen natürlichen Neigungen die Kontrolle und berauben Sie der Möglichkeit, aus der Kritik Nutzen zu ziehen und am Ende einen außergewöhnlichen Erfolg zu erzielen. Wenn Sie dagegen auf die Kritik ansprechen und darauf reagieren, dann entziehen Sie dem natürlichen Drang die Kontrolle und entscheiden sich für den richtigen Gebrauch der Kritik. Sie analysieren die Kritik und suchen das darin enthaltene Gold. Wenn Sie sich entscheiden zu reagieren, dann ziehen Sie nicht nur Nutzen aus der Kritik, sondern Sie erhöhen auch Ihre Chancen auf außergewöhnlichen Erfolg.

Wenn Sie es beim ersten Mal verpatzen und doch wieder abwehrend reagieren, machen Sie sich nichts daraus. Sie sind schließlich ein Mensch, und da passiert so etwas manchmal. Aber wenn Sie im ersten Moment abwehrend reagieren, heißt das noch nicht, dass Sie nicht trotzdem die Kritik noch einmal betrachten und darauf angemessen reagieren könnten. Sie tun das, indem Sie sich abtrocknen, sich den Sand aus den Augen wischen und dann nach dem Gold graben. Manchmal liegen die Goldkörner gleich oben, und Sie brauchen sie bloß aufzuheben. So war es mit der Kritik meines Partners wegen des fehlenden Hakens. Ich ergriff das Goldkorn, schuf meinen ersten Haken und erzeugte 20 Millionen Dollar Einnahmen in nur 20 Wochen. Was aber noch wichtiger ist: Der Haken ist seither fester Bestandteil meines schöpferischen Prozesses, und ich habe ihn in allen Werbe- und Verkaufssendungen verwendet, die ich seitdem geschrieben habe.

In anderen Fällen müssen wir lange und tief graben, bis wir auch nur ein einziges kleines Körnchen Gold finden statt eines Klumpens. So war es mit der Kritik von meinem Ex-Chef. Wo enthält die Aussage, ich sei die größte Enttäuschung in seiner gesamten Laufbahn, ein Goldkörnchen? Oder seine Behauptung: „Sie werden im Marketing niemals Erfolg haben"? Die Goldkörner, die ich in dieser Kritik fand, waren tief im Sand vergraben. Während ich seine Worte durchforstete, stellte ich fest, dass mein Verhalten und meine Arbeit in seinen Augen wirklich enttäuschend waren. Aber was hatte ich eigentlich Enttäuschendes getan? Da fand ich das Goldkörnchen: Ich war kein loyales Mitglied seines Teams gewesen. Ich hatte von anderen Vorgesetzten und anderen Abteilungen geträumt. Ich war auf der Suche nach einem anderen Job in einer anderen Abteilung gewesen. Als er merkte, dass ich träumte und mich nach einer Stelle in einer anderen Abteilung umsah, fühlte er sich durch meine Illoyalität betrogen und verletzt.

Wie wurde daraus Gold? Als ich meine nächste Arbeit antrat, sah ich mich nicht ständig nach etwas Besserem um, sondern achtete darauf, dass ich mich auf diese Arbeit konzentrierte. Ich machte meinem Vorgesetzten klar, dass ich mit Leib und Seele bei der Sache war. Das Körnchen Gold in der Kritik meines Chefs sorgte dafür, dass ich mich bemühte, nie wieder von einem Vorgesetzten als illoyal betrachtet zu werden. In meinen späteren Jobs bewies ich Loyalität, meine Chefs gaben mir den Schläger in die Hand und ließen mich über den Zaun schlagen. Nach einer Weile schaffte ich sogar Homeruns. Für ein kleines Goldkörnchen, das ich aus der Kritik meines Ex-Chefs ausgegraben habe, ist das ein ganz schön großer Nutzen, oder?

In „Gang einlegen, Gas geben" blicken Sie zurück und untersuchen verschiedene Gelegenheiten zu verschiedenen Zeitpunkten Ihres Lebens, bei denen Kritik Sie verletzt hat; dann suchen Sie darin nach Gold. Wenn Sie vor kurzem von Ihrem Ehepartner, Ihrem Vorgesetzten, Ihren Freunden oder Ihren Kollegen kritisiert wurden, schreiben Sie diese schmerzhafte Kritik nieder. Dann unternehmen Sie die Schritte, die wir besprochen haben und durchsuchen die kritischen Äußerungen nach Gold. Während Sie das tun, verschwindet Ihre Angst vor Kritik und Ihre bewusste oder unbewusste Vermeidung von Kritik wird abgebaut. Es fällt Ihnen dann viel leichter, kluge und kalkulierte Risiken einzugehen sowie die Chancen und Träume zu verfolgen, die Ihnen am meisten bedeuten. Wenn Sie die Angst vor Kritik verlieren, werden außerdem Ihre wertvollen persönlichen Beziehungen gestärkt. Sie können wirkungsvoller reagieren. Die Menschen werden keine Angst mehr haben, Sie zu kritisieren, sondern erlauben sich freimütig konstruktive Kritik. Wenn Sie nach Gold graben, erlangen Sie größere Weisheit und begreifen besser, wie Sie Ihre wertvollsten Träume effektiver verfolgen können.

## Gang einlegen, Gas geben!

**So bringen Sie Ihre PS auf die Straße**

1. Erstellen Sie eine Liste der denkwürdigen kritischen Äußerungen, die Sie zu Hause oder auf der Arbeit zu hören bekommen haben.
2. Bestimmen Sie, wie qualifiziert die betreffende Person für die Äußerung der Kritik war. Schreiben Sie hinter jede Kritik SQ für „sehr qualifiziert", TQ für „teilweise qualifiziert" und NQ für „nicht qualifiziert".
3. Notieren Sie hinter jeder kritischen Äußerung die zutreffende Anzahl von Gründen, die die Grundlage für die Kritik gewesen sein könnten:
   (E) Emotional.
   (VE) Vergangene Erfahrungen und Fehlschläge des Kritikers oder Ihrerseits.
   (MV) Mangelndes Verständnis oder Begreifen Ihres Ziels, Ihrer Absicht oder Ihrer Vision.
   (KD) Eher konventionelles als kreatives Denken.
   (L) Logik.
   (KS) Die konkrete Situation.
4. Welches Motiv stand hinter der Kritik? Liebe oder Sorge um Sie beziehungsweise ein Projekt? Echte Besorgnis um andere Menschen? Oder war es Selbstsucht, Eifersucht, Angst, Feindseligkeit, Verletztheit, Wut oder Unreife?
5. Wie zutreffend war die Kritik im Rückblick?
   a. Definieren Sie das „Wasser", das die Kritik enthält – das Übertriebene, Absurde oder Sinnlose.

b. Definieren Sie den „Sand“, den die Kritik enthält – das Irritierendste oder Schmerzhafteste daran (bestimmte Wörter, der Tonfall, der Geist der Kritik oder Ähnliches).

c. Definieren Sie das Gold, das die Kritik enthält – die Wahrheiten, die Sie daraus ziehen können und die Ihre künftigen Leistungen verbessern können.

6. Wie haben Sie auf die Kritik reagiert? Mit Wut, Abwehr, Leugnen, Vorwürfen, Angriff oder Rückzug? Oder haben Sie zugehört, die Kritik anerkannt, dem Kritiker gedankt oder ihm eine Erklärung geliefert, mit deren Hilfe er Sie und Ihre Handlungsweise besser versteht?
7. Welche Reaktion wäre besser für Sie, für Ihr „Wachstum“ und für Ihr Verhältnis zu dem Kritiker gewesen?
8. Schreiben Sie die Möglichkeiten auf, wie Sie in Zukunft am besten auf Kritik reagieren sollten.

# Sitzung 13

# Die Kontrolle übernehmen und behalten

**Ihr Tagesablauf muss Ihre Werte und Ziele widerspiegeln**

Ihr Porsche verfügt über das modernste Lenkungssystem der Welt. Wenn Ihr Porsche den stärksten Motor aller Zeiten hat, wenn die Kraft perfekt auf die Räder übertragen wird und wenn Sie der Allradantrieb sogar auf Berggipfel tragen kann – alle Kraft der Welt würde Sie Ihrem Wunschziel keine drei Meter näher bringen, wenn der Porsche kein Lenkrad hätte. Aber zum Glück hat Ihr Porsche das fortschrittlichste Lenksystem, das je für ein Auto konstruiert wurde. Egal wie schnell Sie fahren, egal wie schlecht die Straßenverhältnisse sind, dank Ihrer modernen Lenkung haben Sie den Wagen und seine Bewegungen jederzeit vollständig unter Kontrolle.

Die Wahrscheinlichkeit, dass man sein Leben bei einem Flugzeugabsturz verliert, beträgt eins zu 4,6 Millionen. Die Wahrscheinlichkeit, bei einem Autounfall ums Leben zu kommen, beträgt dagegen eins zu 125. Anders ausgedrückt ist es 39.000-mal wahrscheinlicher, bei einem Autounfall zu sterben als bei einem Flugzeugabsturz. Trotzdem haben Millionen Erwachsener, die keine Angst vor dem Autofahren haben, Flugangst. Warum? Die Antwort ist einfach. In einem Auto haben sie das Gefühl, sie hätten alles unter Kontrolle, während sie im Flugzeug das Gefühl haben, sie hätten sämtliche Kontrolle abgegeben. Haben Sie jemals als Mitfahrer in einem Auto gesessen, und der Fahrer ist zu schnell gefahren oder zu dicht aufgefahren? Mein Partner Jim fährt auf dem Freeway 130 Stundenkilometer, fährt den anderen Autos fast auf die Stoßstange und wechselt die Spur erst, wenn er wegen des Vordermannes eigentlich schon bremsen müsste. Wenn ich bei ihm mitfahre, macht es mich wahnsinnig, wie er rast, auffährt und Spuren wechselt. Aber wenn ich selbst fahre, kann ich genau die gleiche Dinge machen wie Jim und bin dabei kein bisschen nervös. Wieder einmal besteht der Unterschied darin, ob man selbst die Kontrolle hat oder nicht.

Die Kontrolle zu verlieren ist in keiner Situation erfreulich, und die Konsequenzen können katastrophal sein. Wenn Sie je auf einer Eisfläche gespürt haben, wie es Ihnen die Beine wegzieht, dann kennen Sie die Panik, die einem das Herz stillstehen lässt, selbst wenn man die Kontrolle nur für den Bruchteil einer Sekunde verliert. Vor ein paar Jahren geriet ich mit dem Auto auf Glatteis, als ich meine Jungs in die Schule fuhr. Obwohl ich nicht einmal 30 fuhr, gerieten wir ins Schleudern, rutschten gegen den Bordstein und gegen einen Zaunpfahl. Wenn Sie je die Kontrolle über Ihr Auto völlig verloren haben, dann erinnern Sie sich vielleicht an die Panik, die Sie dabei empfunden haben.

Wenn wir in einer beliebigen Situation die Kontrolle auch nur für einen winzigen Augenblick verlieren, erschrecken wir oder geraten in Panik. Aber trotzdem: Was die Verfolgung ihrer Hoffnungen und Träume angeht, so gehen die meisten Erwachsenen ohne jede Kontrolle durch die Tage, Wochen, Monate und Jahre und fühlen sich auch noch wohl dabei. Ihre Zeit und das, was sie damit anfangen, wird mehr von den äußeren Umständen und von anderen Menschen bestimmt als von ihren eigenen Prioritäten, Zielen, Wünschen oder Bedürfnissen. Sie fahren im wahrsten Sinne des Wortes in einem Auto durch das Leben, in dem immer andere am Steuer sitzen.

Wenn Sie sich je fragen: „Wo ist der Tag hin“ oder „Wo ist das Jahr hin?“, dann sagen Sie damit eigentlich, dass Sie in diesem Zeitraum nicht annähernd das geschafft haben, was Sie schaffen wollten. Die guten Vorsätze zum Neuen Jahr – ob ausgesprochen oder unausgesprochen – sind jahraus jahrein die gleichen. „In diesem Jahr nehme ich endlich ab." „Dieses Jahr bewege ich mich jeden Tag eine halbe Stunde." „Ich mache wirklich dies oder höre mit jenem wirklich auf." Kommt Ihnen das irgendwie bekannt vor?

Die meisten Menschen haben ihre Zeit nicht unter Kontrolle, aber bei Überfliegern ist das anders. Sie beginnen jedes neue Jahr weit hinter dem Punkt, an dem sie das alte begonnen haben. Entweder haben sie wesentliche Ziele beziehungsweise Träume erreicht, oder sie sind der Erfüllung viel näher als zwölf Monate zuvor. Die erfolgreichsten Menschen der Welt schaffen normalerweise in einer Woche mehr als die meisten anderen Menschen in einem Monat. Manche schaffen in einem Monat mehr als andere in einem Jahr. Warum? Liegt das an ihrem Reichtum oder daran, dass sie Horden von Untergebenen um sich geschart haben, die alles Mögliche für sie erledigen? Absolut nicht! Wenn man das Leben betrachtet, das solche Menschen geführt haben, bevor sie reich oder außerordentlich erfolgreich wurden, dann stellt man fest, dass sie selbst damals in einer Woche wesentlich mehr geschafft haben als ihresgleichen in einem Monat.

## Noch ein Geheimnis der Überflieger

Was ist also ihr Geheimnis? Erstens wenden sie viele der Strategien an, mit denen wir uns in den vorangegangenen Sitzungen beschäftigt haben. Sie verwandeln ihre Träume in Ziele, ihre Ziele in Schritte und ihre Schritte in Aufgaben. Sie wagen es, von Unmöglichem zu träumen, und sie finden Partner, die sie effektiv nutzen können, um ihre Träume zu erreichen. Sie lernen wirksam und überzeugend zu kommunizieren, und sie lernen, wie man trotz ungeheurer Schwierigkeiten und Rückschläge kreativ durchhält. Sie überwinden ihre Angst vor dem Scheitern und verwandeln Kritik von einem Feind in einen Freund. All das tun sie, sobald sie zum ersten Mal den Weg zu außergewöhnlichen Erfolgen einschlagen. Aber sie tun noch mehr. Sie lernen, wie man sein Leben und seine Zukunft selbst kontrolliert, immer eine Minute, eine Stunde oder einen Tag auf einmal. Jeden Tag ergreifen sie das Steuer und lenken ihren Porsche in die Richtung, in die sie fahren wollen. Jeden Tag erreichen sie Ziele, die zu den Prioritäten des Tages gehören – Prioritäten, die ihre persönlichen Werte und Ziele widerspiegeln, nicht die Werte und Ziele von anderen.

Wie ist das bei Ihnen? Wer oder was bestimmt, wofür Sie Ihre Zeit verwenden? Selbst wenn Sie glauben, Sie hätten den Gebrauch Ihrer Zeit unter Kontrolle, kontrollieren Sie in Wahrheit wahrscheinlich nur einen kleinen Teil davon. Bevor Sie mir widersprechen, lassen Sie mich bitte ein paar Fragen stellen. Vielleicht sagen Sie mir, dass Ihnen Ihre Kinder wichtiger als alles auf der Welt sind, und ich glaube Ihnen sogar, dass das einer Ihrer zentralen Werte ist. Nehmen wir einmal an, es ist Samstagmorgen, und Sie spielen gerade mit Ihren Kindern. Ihre Frau ist einkaufen gegangen, und plötzlich klingelt das Telefon. Springen Sie auf, rennen zum Telefon und schauen auf dem Display nach, wer anruft? Oder spielen Sie weiter mit Ihren Kindern und lassen das Telefon klingeln? Wenn Sie aufspringen und zum Telefon gehen, kontrolliert das Telefon diese Minute Ihres Lebens. Wenn Ihr Chef dran ist und Sie 20 Minuten mit ihm sprechen, dann kontrolliert Ihr Chef diese 20 Minuten Ihres Lebens. Sie sind vermutlich mit mir einer Meinung, dass Ihnen weder das Klingeln des Telefons noch das Gespräch mit Ihrem Chef so wichtig ist wie Ihre Kinder; aber trotzdem haben Sie die Zeit nicht mit jenen verbracht, die Ihnen am wichtigsten sind, sondern mit jemandem, der Ihnen weniger wichtig ist.

Die Chancen stehen sehr gut, dass Sie zu den 97 Prozent der erwachsenen Amerikaner gehören, die ihre Zeit beziehungsweise das Steuer

## Die vier Persönlichkeitstypen im Vergleich

**Bummler**

Haben weder die Zeit noch die Richtung noch die Geschwindigkeit unter Kontrolle, mit der sie sich in irgendeine Richtung bewegen. Sie glauben, sie hätten die Kontrolle, haben sie aber nicht. Sie schwimmen einfach mit dem Strom.

**Zielstrebige**

Versuchen täglich, möglichst viel zu schaffen, und bewegen sich langsam in Richtung ihrer bescheidenen Ziele. Aber zu viel von ihrer Zeit wird von den äußeren Umständen und von anderen Menschen kontrolliert.

**Erfolgsmenschen**

Haben sich erreichbare Ziele gesetzt und kommen ihnen jeden Tag näher. Sie benutzen Zeitmanagement-Methoden, um möglichst viel aus ihrer Arbeitszeit herauszuholen. Strengen sich an, die Kontrolle zu übernehmen und zu behalten. Sind damit in vielen Fällen erfolgreich.

**Überflieger**

Haben sich in ihren wichtigsten Interessenbereichen außergewöhnliche oder unmögliche Ziele gesetzt. Sie kontrollieren fast jeden Aspekt ihrer Zeit, die Richtung, in die sie gehen und die Geschwindigkeit, mit der sie sich bewegen. Sie verwenden fast alle 15 Meisterstrategien, um nicht vom Weg abzukommen und um ihre unmöglichen Ziele so schnell und effektiv wie möglich zu erreichen.

ihres Lebens nicht unter Kontrolle haben. Am Ende dieser Sitzung wissen Sie, wie Sie das Steuer in die Hand nehmen und Teil der drei Prozent werden können, die ihr Leben Minute für Minute, Stunde für Stunde und Tag für Tag unter Kontrolle haben.

## Meisterstrategie 13 – Ihr Leben unter Kontrolle bekommen, Tag für Tag

In unserem Leben gibt es viele Aspekte, die man unmöglich kontrollieren kann. Wir können gewisse äußere Umstände nicht kontrollieren, die in unser Leben eindringen und es bestimmen – das Wetter, das Klingeln des Telefons, ob ein gebuchter Flug wirklich planmäßig stattfindet, ob wir durch einen Unfall verletzt werden oder uns eine ansteckende Krankheit zuziehen. Die Liste der Dinge, die wir nicht kontrollieren können, würde ein ganzes Telefonbuch füllen. Allerdings gibt es auch viele Aspekte des Lebens, die wir sehr effektiv kontrollieren können – jedoch schaffen es die meisten Menschen trotzdem nicht, diese Aspekte unter Kontrolle zu bekommen oder sie unter Kontrolle zu behalten. Zum Beispiel haben wir Mittel und Wege, unser Gewicht zu kontrollieren, und trotzdem sind zwei von drei Amerikanern übergewichtig. Wir haben Mittel und Wege zu kontrollieren, wie wir unsere Zeit verbringen und was wir in dieser Zeit erreichen, und trotzdem versagen 97 Prozent der erwachsenen Amerikaner auch in diesem Bereich kläglich. Tatsächlich haben wir in den meisten wichtigen Bereichen unseres Lebens die Möglichkeit, erhebliche Kontrolle auszuüben, und doch gelingt es den meisten Menschen nicht, das auch zu tun. Überfliegern gelingt es sehr gut, diejenigen Bereiche ihres Lebens unter Kontrolle zu bekommen und zu halten, die sie als die wichtigsten

> **Das achtzehnte Gesetz des außergewöhnlichen Erfolges**
> Wenn Sie Ihre Zeit nicht kontrollieren, erreichen Sie keinen außergewöhnlichen Erfolg.

betrachten. Aber selbst Überflieger schaffen es nicht, diejenigen Aspekte ihres Lebens zu kontrollieren, die sie als weniger wichtig erachten. Deshalb können auch Überflieger übergewichtig sein und sogar nach verschiedenen Substanzen oder Lastern süchtig sein.

### Drei Schlüssel zur Kontrolle über Ihr Leben

Im Gegensatz zur landläufigen Meinung ist die Übernahme der Kontrolle über das eigene Leben nicht nur eine Frage erhöhter Selbstdisziplin und Willenskraft. Wenn ich vor Gruppen über dieses Thema spreche, sagen mir die Menschen nicht selten, sie hätten den größten Teil ihrer Zeit oder den größten Teil ihres Lebens unter Kontrolle. Aber eine einzige Frage reicht aus, um diesen Irrtum zu entlarven. Wenn man im Auto mit 100 Stundenkilometern unterwegs zu seinem Lieblingsziel ist, wie lange kann man dann die Hände vom Lenkrad wegnehmen, ohne dass ein schrecklicher Unfall die Reise beendet? Wenn Sie Ihre Träume erreichen wollen, müssen Sie Ihre Hände immer am Lenkrad haben. Das bedeutet, dass Sie die Kontrolle nicht nur übernehmen müssen, sondern dass Sie sie auch bis zum Ziel behalten müssen. Wenn man die Kontrolle über die wichtigsten Lebensbereiche gewinnen und halten will, müssen drei Dinge erfüllt sein: Prioritäten planen, immer konzentriert sein und persönlich verantwortlich sein. Ich kenne niemanden, der ohne diese drei Elemente außergewöhnliche Erfolge erzielt hat.

### Eine Illusion durch eine Wahrheit ersetzen

Wir leben in einer Welt voller Illusionen, und die katastrophalste Illusion ist die Illusion, wir hätten Zeit übrig. Vielleicht meinen Sie, katastrophal sei ein zu harter Ausdruck, wenn es um Zeitverschwendung geht. Wenn Sie das wirklich glauben, dann haben Sie noch nicht begriffen, wie begrenzt und wertvoll Ihre Zeit in Wirklichkeit ist. Die meisten Menschen tun so, als stünde ihnen unbegrenzte Zeit zur Verfügung. Morgen ist auch noch ein Tag, es gibt immer noch die nächste Woche, den nächsten Monat oder das nächste Jahr. Normalerweise messen wir unserer Zeit nicht mehr Wert zu als dem Wasser, mit dem wir uns die Hände waschen.

Vor einer Weile besuchte ich einmal meine Mutter in einem Genesungsheim 600 Meilen von meinem Wohnort entfernt. Wir verbrachten dabei nicht viel Zeit miteinander, weil in der gleichen Stadt auch meine Nichte heiratete und ich bei den Feierlichkeiten dabei war. An meinem letzten Abend in dieser Stadt lud ich lieber alle zum Essen ein als den Abend am Bett meiner Mutter zu verbringen. Bevor ich am nächsten Morgen wieder abreiste, besuchte ich meine Mutter und sagte ihr, ich würde im nächsten Monat wiederkommen. Sie war enttäuscht, dass wir so wenig Zeit miteinander verbracht hatten. Ein paar Tage später rief meine Schwester an und sagte mir, Mutters Zustand habe sich verschlechtert. Ich raste zum Flughafen, sprang in ein Flugzeug und war 90 Minuten später vor Ort. Sofort nach der Landung schaltete ich mein Handy wieder ein, und es klingelte schon, während ich noch auf dem Weg zum Ausgang war. Meine Schwester sagte mir, dass meine Mutter gestorben war, während ich im Flugzeug saß. Einen nächsten Monat würde es also nicht mehr geben. Es gab nicht einmal mehr eine Minute, in der ich meiner Mutter die Hand halten und ihr sagen konnte, wie sehr ich sie liebte. Davor war die Zeit mit meiner Mutter so leicht zu haben, dass ich sie vergeudete, und jetzt konnte ich um keinen Preis mehr auch nur eine Minute mit meiner Mutter bekommen.

Zeit ist wirklich das wertvollste Gut, das wir besitzen. An jedem einzelnen Tag entscheiden wir Dutzende Male, wie wir unsere Zeit verbringen. Wenn wir nicht vor Tagesbeginn planen, wie wir unsere Zeit verbringen wollen, dann verbringen wir sie mit dem, was gerade anfällt, egal ob es den Prioritäten entspricht, die wir für diesen Tag eigentlich hätten. Am Ende des Tages fragen wir uns dann: „Wo ist der Tag bloß hin?" Die meisten Dinge mit hoher Priorität, die auf Ihrer Liste stehen, bleiben unerledigt. Dann beschwichtigen wir unsere Frustration mit dem Vorsatz: „Naja, darum kümmere ich mich morgen."

### Das schrumpfende Konto

Stellen Sie sich einmal vor, Sie könnten nie wieder arbeiten und würden nie wieder einen Pfennig Geld verdienen. Stellen Sie sich vor, Sie hätten überhaupt keine Einnahmequelle. Stellen Sie sich vor, das einzige Geld, das Sie haben, läge auf einem Bankkonto, und es würde nie etwas dazukommen. Dieses Geld wäre alles, was Sie haben, um für den Rest Ihres Lebens Essen, Kleidung, Wohnung, Krankheitskosten und andere Ausgaben zu bestreiten. Stellen Sie sich schließlich noch vor, Sie würden jeden Tag einen Teil dieses Geldes aufbrauchen, und Ihr Guthaben würde immer kleiner werden. Wie würden Sie mit dem restlichen Geld umgehen? Würden Sie es für alles und jedes ausgeben, worauf Sie gerade Lust haben? Oder würden Sie lieber einen Plan machen, damit Ihr Konto möglichst lange hält? Mit Ihrem Einkommen und Ihrem Geld ist es zwar in Wirklichkeit nicht so, aber mit Ihrer Zeit verhält es sich genau so. Wie schon in unserer Sitzung über die begrenzten Ressourcen besprochen: Sie haben ein Zeitkonto, dessen Guthaben in jeder Sekunde jedes Tages abnimmt, selbst wenn Sie schlafen.

Das Gute daran ist, dass Sie die Möglichkeit haben, den Gebrauch dieser wertvollen Ressource unter Kontrolle zu bekommen, so dass Sie am Ende eines Tages, einer Woche, eines Monats oder Ihres Lebens kaum bereuen werden, wie Sie Ihre Zeit verbra(u)cht haben. Wenn Sie Ihr Leben und Ihr Schicksal unter Kontrolle bekommen wollen, müssen Sie als ersten Schritt die Zeit unter Kontrolle bekommen. Und das fängt mit dem an, was ich als Prioritätsplanung bezeichne.

### Prioritätsplanung – der Schlüssel zur Kontrolle

Thomas Edison schrieb einmal: „Was mir am meisten auf den Wecker geht, ist die Uhr. Ihre Zeiger laufen zu schnell. Zeit ist wirklich das einzige Kapital, das der Mensch hat und das einzige, das zu verschwenden oder zu verlieren er sich nicht leisten kann." Um sicherzustellen, dass er keine Zeit verliert, plante Edison jeden Tag durch, bevor er anfing. Das heißt nicht, dass er bis ins Einzelne alles tat, was er geplant hatte, aber es bedeutete, dass er zumindest einen Plan hatte, der ihn in die Richtung brachte, in die er gehen wollte. Die Prioritätsplanung besteht aus zwei Schritten: (1) Stellen Sie einen Tagesplan auf, der Ihre Aktivitäten nach Prioritäten für diesen Tag sortiert und (2) führen Sie den Plan gemäß den Prioritäten durch. Der erste Schritt ist einfach, der zweite dagegen ganz schön schwierig.

Für die Erstellung eines Tagesplans brauchen Sie nur drei Dinge: Einen Stift, einen Tagesplaner und 10 bis 15 Minuten für die Planung vor Beginn Ihrer Tagesaktivitäten. Normalerweise plant man den Tag am besten am Vorabend, aber wenn Sie Frühaufsteher sind und morgens

15 ungestörte Minuten haben, dann ist das genauso gut. Ich empfehle Ihnen dringend, dafür kein elektronisches System, sondern Papier zu benutzen. Wenn Sie gerne elektronische Geräte wie zum Beispiel den Palm Pilot benutzen, dann benutzen Sie ihn für alles andere, aber machen Sie Ihre Tagesplanung lieber auf Papier. Papier hat einen großen Vorteil: Sie können es den ganzen Tag als visuelle Erinnerung vor sich haben und als Orientierung benutzen, so dass Sie sich durch Ihre Prioritätenliste durcharbeiten können. Ich benutze den Tagesplaner von Franklin Covey, weil er so einfach ist. Auf den Seiten des Tageskalenders ist links vom Terminkalender eine Aufgabenliste vorgesehen. Wenn Sie keinen Tagesplaner haben, können Sie das Gleiche mit jedem beliebigen Stück Papier machen.

1. Listen Sie alle Aufgaben auf, die Sie an diesem Tag gerne erledigen würden, unabhängig von ihrer Priorität.
2. Wenn Sie die Liste fertig haben, schreiben Sie neben die wichtigsten Aufgaben den Buchstaben A. Hinter die etwas weniger wichtigen Aufgaben schreiben Sie ein B, und hinter die eher unwichtigen ein C.
3. Dann schreiben Sie hinter die A-Aufgabe mit der höchsten Priorität eine 1, hinter die nächstwichtige eine 2 und so weiter. Wenn Sie alle As nummeriert haben, kommen die Bs, und wenn Sie die Bs nach Priorität nummeriert haben, kommen die C-Aufgaben.

In ein paar Minuten haben Sie auf diese Weise einen Prioritätsplan für den Tag aufgestellt. Wenn Sie diesen Plan den ganzen Tag vor Augen haben, erinnert er Sie daran, dass Sie die wichtigsten Aufgaben zuerst erledigen und erst zu den weniger wichtigen übergehen, wenn die wichtigen erledigt sind. Sie kennen vielleicht das Sprichwort: „Das quietschende Rad wird geschmiert." Aufgaben mit geringer Priorität quietschen häufig lauter als die wichtigen. Ohne Planung kann einen das Quietschen ablenken und irritieren, so dass man die unwichtigen Aufgaben als erste angeht. Dazu kommt, dass die Aufgaben mit höherer Priorität oft schwerer zu bewältigen sind. Deshalb verschleppt man sie gerne und macht zuerst die leichteren Sachen, auch wenn sie weniger wichtig sind. Wenn man eine nach Prioritäten geordnete Liste vor sich hat, kann man das Quietschen überhören und die wichtigeren Punkte erledigen, auch wenn sie schwerer zu bewältigen sind. Wenn Sie alle As und nur ein B geschafft haben, dann war Ihr Tag weitaus produktiver als wenn Sie alle Cs und zwei Bs erledigt haben.

**Der beste Plan ist wertlos, wenn er nicht umgesetzt wird!**

Die Aufstellung des Prioritätsplans ist der einfache Teil der Übung. Ihn auch auszuführen ist schon etwas schwieriger. Den Plan zu erstellen und ihn immer vor Augen zu haben, geht schon in die richtige Richtung, aber wenn Sie den Plan effektiv umsetzen wollen, müssen Sie noch drei Dinge überwinden, die um Ihre Zeit und Ihre Aufmerksamkeit wetteifern: unerwartete Notfälle, Zeiträuber und die Verzögerung.

**Unerwartete Notfälle, die Zeit und Aufmerksamkeit von Ihren Prioritäten abziehen.** Notfälle sind Unterbrechungen, die den Eindruck erzeugen, sie bräuchten Ihre sofortige Aufmerksamkeit. Wenn Sie nicht im Voraus festgelegt haben, wie Sie mit solchen Fällen umgehen, lenken sie Sie daher von Ihren Prioritäten ab, obwohl Sie wissen, dass Ihre Prioritäten wichtiger sind. Nehmen wir als Beispiel einmal an, Sie arbeiten an Ihrer Priorität A-1. Ihr Chef kommt zu Ihnen an den Schreibtisch und sagt, Sie sollten Ihre Arbeit unterbrechen und zu einer Besprechung kommen. Diese Besprechung hat vielleicht mit Ihren Prioritäten und den Prioritäten Ihres Chefs herzlich wenig zu tun, aber er will Sie unbedingt dabeihaben. Anstatt Ihre Priorität wegzuschieben, sollten also Sie lieber sagen: „Ich arbeite gerade an diesem Projekt, und wir wissen beide, dass es noch in dieser Woche fertig sein muss. Wenn ich nicht bis zum Schluss dabei bleibe, schaffe ich diese Frist vielleicht nicht mehr." Jetzt ist es an Ihrem Chef, die Priorität gegen die Besprechung abzuwägen. Es kann sehr gut sein, dass er Ihr Engagement für eine Angelegenheit zu würdigen weiß, die auch er für wichtiger hält, und dass er Sie dann von der Besprechung befreit.

Ein noch dringenderer Notfall ist ein klingelndes Telefon. Sie sollten sich an jedem Tag vornehmen, keine unwichtigen Telefongespräche anzunehmen, bevor Sie die Aufgaben mit der höchsten Priorität erledigt haben. Da man heutzutage den Anrufer auf dem Telefondisplay erkennen kann und da es Anrufbeantworter und Mailboxen gibt, ist es inzwischen leichter als noch vor ein paar Jahren, Telefongespräche auf später zu verschieben. Da Notfälle immer so aussehen, als müssten sie sofort bearbeitet werden, müssen Sie schon vor Beginn des Tages bestimmen, wie Sie damit umgehen.

**Zeiträuber – Tätigkeiten, Ereignisse und Umstände, die Sie unterbrechen und davon abhalten, Ihren Prioritäten nachzukommen.** Die nachfolgende Liste der Zeiträuber, die Aufmerksamkeit und Zeit von unseren wichtigsten Aufgaben abziehen, stammt von Franklin Covey, Amerikas führendem Experten in Sachen Zeitmanagement. Am besten bekämpfen Sie diese Ablenkungen, indem Sie vor Tagesbeginn eine Strategie festlegen, wie Sie mit denjenigen Zeiträubern umgehen, die Ihnen wahrscheinlich über den Weg laufen. Welche wollen Ihnen an einem bestimmten Tag mit der größten Wahrscheinlichkeit Ihre Zeit stehlen?

**Zeiträuber**

Halten Sie die Diebe in Schach, die Ihnen die Zeit stehlen!

- unerwartete Unterbrechungen
- ungeplante Telefongespräche
- Bitten und Fragen anderer
- Fehler anderer
- nicht funktionierende Geräte
- schlechte Kommunikation
- falsche Planung
- schlechtes Zuhören
- kollidierende Prioritäten
- mangelnde Selbstdisziplin
- Besprechungen
- unrealistische Zeitschätzungen
- lange Telefongespräche
- verschobene Prioritäten
- Fehler
- Bürokratie
- Unentschlossenheit
- Kontaktpflege
- personelle Konflikte
- nicht nein sagen können
- sich um Details kümmern
- nicht delegieren

**Der Drang zu verzögern und die wichtigen Aufgaben auf später zu verschieben.** Hyrum Smith, ein Mitbegründer des Unternehmens Franklin Covey, ist seit vielen Jahren ein guter Freund von mir. Er ist einer der besten Experten der Welt für Zeitmanagement und kann wunderbar erklären, warum die Menschen gerne Aufgaben verschleppen. Hier eine Liste von sechs Gründen:

**1. Wir empfinden die Tätigkeit nicht als dringend, auch wenn sie sehr hohe Priorität genießt.** Als wie dringend empfinden Sie es, dass Sie mit Ihrem Kind spielen? Wenn Sie ehrlich sind, dann überhaupt nicht. Und doch ist das für das Selbstwertgefühl Ihres Kindes absolut unentbehrlich. Wie dringend ist es, dass Sie Ihre Kinder in den Arm nehmen, Ihnen einen Klaps geben oder ihnen zuhören, wenn sie Ihnen erzählen, was sie am Tag getan und erlebt haben? Nein, dringend ist das nicht, aber es ist wichtig. Da wir solche Aktivitäten jedoch nicht als dringlich empfinden, verschieben wir sie leichthin auf später.

**2. Die Tätigkeit ist vielleicht nicht gerade angenehm.** Ich schiebe viele Dinge deshalb vor mir her, weil ich weiß, dass sie zu den schwersten Aufgaben des Tages gehören. Ich verschiebe sie auf das Ende des Tages. Am Ende des Tages verschiebe ich sie auf morgen. Mir geht das so mit Spesenabrechnungen. Ich hasse Spesenabrechnungen. Aber egal wie sehr ich sie hasse, für die Buchhaltung und für unsere Steuererklärung sind sie absolut unentbehrlich. Ich muss sie also innerhalb einer bestimmten Frist fertig haben, egal ob ich sie mag oder nicht. Ich bin sicher, dass auch Ihnen wichtige Aufgaben einfallen, die Sie verschieben, weil sie weder Spaß machen noch angenehm sind.

**3. Die Tätigkeit widerstrebt Ihnen.** Wenn Ihr Persönlichkeitstyp der Golden Retriever ist, verabscheuen Sie Auseinandersetzungen. Wenn Sie sich zu Hause oder auf der Arbeit einer Konfrontation stellen müssen, zögern Sie das so lange hinaus wie Sie können, egal wie wichtig die Angelegenheit auch sein mag. Wenn Sie ein Löwe sind, dann verabscheuen Sie Gruppenbesprechungen, und selbst wenn eine Besprechung dringend nötig ist, drücken Sie sich so lange wie möglich, weil Ihnen das gegen den Strich geht. Egal, wie wichtig eine Tätigkeit oder eine Aufgabe ist, wenn wir uns dabei nicht wohlfühlen, zögern wir sie so lange wie möglich hinaus.

**4. Sie haben Angst, bei dieser Tätigkeit zu versagen.** Wenn Sie Vertreter sind und Ihre Firma Sie auf einen potenziellen Großkunden angesetzt hat, auf den sie für das nächste Jahr hofft, dann kann Ihre Versagensangst dazu führen, dass Sie die Werbung dieses Kunden verschieben und sich stattdessen nach kleineren Abnehmern umsehen, die Sie mit größerer Wahrscheinlichkeit gewinnen können. Nachdem Sie jedoch inzwischen gelernt haben, Ihre Angst vor Fehlschlägen zu bewältigen, dürfte das in Zukunft kein großes Problem mehr für Sie sein.

**5. Sie erkennen den wahren Wert einer Tätigkeit nicht.** Als ich von der Arbeit heimkam, sah ich mir immer zuerst die Fernsehnachrichten an, anstatt mich mit den Kindern zu befassen. Eines Tages kam einer meiner Söhne mit Tränen in den Augen zu mir und sagte: „Papa, du schaust zu oft Nachrichten.“ Er ertrug es nicht mehr, dass ich sein Bedürfnis nach Liebe und Aufmerksamkeit zugunsten der Nachrichten zurückstellte. Ich hatte unterschätzt, wie wichtig es war, sofort mit meinen Söhnen zu spielen, wenn ich heimkam. Im Hause Scott wurde also eine neue Regel verkündet: Papa darf erst fernsehen, wenn die Kinder im Bett sind.

**6. Uns fehlt das Wissen, das nötig ist, um diese Tätigkeit jetzt auszuführen.** Für andere Menschen mag dies ein Grund zur Verzögerung sein, nicht aber für Sie und mich. Wenn wir nicht wissen, wie etwas geht, dann suchen und finden wir einen Partner, der uns entweder zeigt, wie es gemacht wird, der es mit uns zusammen macht oder der es für uns macht.

Die Prioritätsplanung ist der wichtigste Schritt bei der Übernahme der Kontrolle über unser Leben – Minute um Minute und Stunde um Stunde. Wenn wir uns jeden Tag auf den Plan konzentrieren, dämpfen wir unseren Hang zur Verzögerung und lassen uns nicht mehr so leicht von Zeiträubern ablenken. Es gibt aber noch zwei weitere Elemente, die für die Übernahme und Erhaltung der Kontrolle über unser Leben und somit für die Erreichung außergewöhnlicher Ziele unentbehrlich sind: die Konzentration aufrecht erhalten und persönlich verantwortlich sein.

#### Dauerhafte Konzentration – der erste Schlüssel zur Kontrolle

Thomas Edison schrieb einmal: „Wenn man erfolgreich sein will, muss man zuallererst lernen, seine geistige und körperliche Energie auf das anstehende Problem zu konzentrieren und zu verwenden – ohne müde zu werden." Wenn Edison heuzutage in die Schule gehen müsste, würde er sicher als schwerer Fall von ADD (Attention Deficit Disorder) gelten. Schon zu seiner Zeit hielt ihn der Direktor seiner Schule für zurückgeblieben, weil er sich nicht auf den Unterricht konzentrieren konnte. Daher nahm ihn seine Mutter nach drei Monaten von der Schule und unterrichtete ihn fortan zu Hause. Obwohl er offensichtlich an ADD litt, konnte er sich besser konzentrieren als jeder Geschäftsmann, Unternehmer oder Überflieger, mit dem ich mich je beschäftigt habe. Sein ganzes Leben lang bekümmerte es ihn, dass die jungen Menschen auf dem College nicht lernen, wie man denkt und wie man die Konzentration aufrecht erhält. So schlimm es damals auch gewesen sein mag – heute ist es noch schlimmer. Das Fehlen dieser Fähigkeiten beeinträchtigt den persönlichen Erfolg in allen Altersstufen und auf allen beruflichen Ebenen. Von der Vorschule bis zu den Management-Schulungen der Fortune-500-Unternehmen unterliegen die Menschen in dem Kampf, sich auf die Aufgaben zu konzentrieren, die für die schnelle und effektive Erreichung von Zielen bewältigt werden müssen. Warum ist das heute öfter so als bei unseren Eltern und Großeltern? Ich glaube, dass der Konzentrationsmangel drei Gründe hat. Erstens wachsen wir seit den 1950er-Jahren in einer Unterhaltungs-Gesellschaft auf. Unsere Konzentration hängt bei allem, was wir tun, vom Unterhaltungswert ab. Sobald ein Projekt (egal ob Ausmalen im Kindergarten oder eine Präsentation für den Unternehmensvorstand vorbereiten) seinen Unterhaltungswert veliert, beginnt unser Geist abzuschweifen.

Zweitens beruht unsere mangelnde Konzentrationsfähigkeit auf der Tatsache, dass wir unsere Aufmerksamkeit im Prinzip nur sehr kurze Zeit auf etwas richten können. Die Hollywoodproduzenten spielen virtuos mit diesem Aspekt und tragen damit dazu bei, dass wir nie länger als ein paar Minuten bei einer Sache bleiben können. Fernsehen, Filme und Musik werden uns immer nur in kleinen Häppchen serviert. Selbst in einem dreistündigen Kinofilm wie *Titanic* wechselt normalerweise alle paar Sekunden oder noch schneller die Kameraeinstellung. Warum? Weil der Film nur auf diese Weise bei einer längeren Szene oder einem längeren Dialog unsere Aufmerksamkeit aufrecht erhalten kann.

Der dritte Grund, weshalb wir nicht mehr länger bei einer Sache bleiben können, besteht darin, dass wir inmitten von Ablenkungen und Unterbrechungen arbeiten: Telefon, Handy, Fernsehen, Lärmbelästigung und zahlreiche Unterbrechungen durch andere Personen. Aber glücklicherweise kann man auch in der heutigen Welt dauerhaft konzentriert arbeiten, selbst wenn man nachgewiesenermaßen an ADD leidet. Man braucht nur die richtigen Methoden. Nebenbei gesagt muss ADD nichts Schlechtes sein. Ich bin ein sehr schwerer Fall, und die meisten Überflieger, die ich kenne oder mit denen ich mich beschäftigt habe, weisen ADD-Symptome auf. Machen Sie sich also keine Sorgen, wenn Sie oder eines Ihrer Kinder ADD hat.

Edison benutzte vier Methoden, um seine Aufmerksamkeit aufrecht zu erhalten – die gleichen, die Sie in den vorangegangenen Sitzungen gelernt haben. Er legte jeden Traum und jede Idee schriftlich nieder. Er zeichnete ein Bild, um die Idee oder den Traum zu visualisieren. Er schrieb die verästelten Konsequenzen auf, die die Erfüllung des Traums haben würde. Er zerlegte jeden Traum in verdauliche Bissen (Ziele, Schritte und Aufgaben) und impfte seine Träume in die Herzen und Geister anderer Menschen ein. Mir leisten diese Methoden seit 27 Jahren gute Dienste. Da bei einigen meiner Kinder ebenfalls ADD diagnostiziert wurde, habe ich noch drei zusätzliche Methoden gefunden, die wirklich helfen:

1. Bringen Sie in möglichst viele Projekte oder Anstrengungen einen Unterhaltungs- oder Wettbewerbs-Aspekt hinein. Alles, was Sie oder Ihre Kinder tun, sollte möglichst viel Spaß machen. Überlegen Sie sich Möglichkeiten, wie Sie die Unternehmungen Ihrer Kinder und Ihre eigenen anregend gestalten können.

2. Machen Sie alle 10 bis 15 Minuten Denkpausen. Die Pausen sollten jeweils ein oder zwei Minuten dauern, und dabei sollten Sie Ihren Geist vollständig von dem lösen, was Sie gerade tun. Stehen Sie auf und gehen Sie ein paar Schritte, oder erledigen Sie nebenbei eines Ihrer kurzen Telefongespräche.

3. Wenn Sie oder Ihr Kind wirklich an ADD leiden, dann kann es die Konzentration fördern, wenn Sie mehrere Aufgaben gleichzeitig angehen. Manchen Kindern hilft es wirklich, wenn sie nebenbei kritzeln.

Ich selbst arbeite zwar normalerweise immer nur an einer Fernsehproduktion, aber nebenher arbeite ich immer an mehreren Nebenprojekten. Zum Beispiel fange ich an, eine neue Sendung zu schreiben, während ich die vorige Sendung noch produziere. Der größte Teil des Tages gehört dem Hauptprojekt, aber jedesmal wenn die Aufmerksamkeit nachlässt oder ich mich langweile, gehe ich schnell zu einem anderen Projekt über und arbeite eine Weile daran. Danach kann ich mit 100-prozentiger Konzentration und neuer Energie zu dem Hauptprojekt zurückkehren. Auch diese Methode wandte Edison sein Leben lang an. Ich glaube, dass es nach seinem zwölften Geburtstag keinen Tag mehr gab, an dem er nur an einem Projekt gleichzeitig arbeitete. Halten Sie außerdem immer einen Kugelschreiber oder Bleistift griffbereit. Wenn ein störender Gedanke Ihre Aufmerksamkeit von Ihrer Tätigkeit abzieht, notieren Sie den Gedanken kurz. Wenn Sie das getan haben, ist Ihr Geist sofort wieder frei, sich auf das zu konzentrieren, was Sie gerade tun.

Jetzt kennen wir den Schlüssel zur Übernahme der Kontrolle (Prioritätsplanung) und den ersten Schlüssel zur Erhaltung der Kontrolle (dauerhafte Konzentration). Der zweite Schlüssel zur Erhaltung der Kontrolle über unsere Zeit sowie über alle wichtigen Lebensbereiche und Projekte ist die Übernahme der persönlichen Verantwortung.

### Persönliche Verantwortung – der zweite Schlüssel zur Beibehaltung der Kontrolle

Einige der Unternehmen, die ich mit meinen Partnern gegründet habe, gehören zum Bereich Fitness und Gewichtsabnahme. Wir haben Deal-A-Meal und *Sweatin' to the Oldies* mit Richard Simmons gemacht, ein Laufband-Geschäft mit Jane Fonda, ein Fitness-Unternehmen mit Suzanne Somers und natürlich den Total Gym mit Chuck Norris und Christie Brinkley. Ich erwähne das, um zu betonen, dass ich mich in der Fitness- und Abnehm-Branche gut auskenne. Jedes Jahr nehmen Millionen von Amerikanern mit verschiedenen Diäten ab. Leider hat die überwältigende Mehrheit das Gewicht nach zwei Jahren wieder drauf. Das liegt daran, dass die Menschen nicht bei der Diät und bei dem Übungsprogramm bleiben, mit denen sie ihr Gewicht verloren haben. Weight Watchers dagegen hilft den Menschen jahraus, jahrein, ihr Gewicht über Jahre hinweg zu halten. Das Geheimnis? Das gesamte Programm von Weight Watchers basiert auf der persönlichen Verantwortlichkeit. Da Sie ja schon gelernt haben, dass die effektivste Strategie auf dem Weg zum außergewöhnlichen Erfolg die effektive Partnerschaft ist, werden Sie bei der Umsetzung dieser Strategie in den wichtigsten Bereichen Ihres Lebens die unglaubliche Macht der persönlichen Verantwortlichkeit spüren. Wenn es in Ihrem Leben irgendeinen Bereich gibt, der hoffnungslos außer Kontrolle geraten ist, dann besteht Ihre einzige Hoffnung darin, dass Sie jemand anderem gegenüber ehrlich verantwortlich werden.

Wenn Sie das Verfahren des Vision Mapping anwenden, sind Sie für einen Plan und einen Prozess verantwortlich, und Sie können Ihre Fortschritte an den festgelegten Zielen messen. Wenn Sie einen Prioritätsplan aufstellen, sind Sie für die Aufgaben mit hoher Priorität verantwortlich. Sie stellen ein Maß für Ihre Verantwortlichkeit dar, das Ihnen sehr zustatten kommen wird. Aber es gibt nichts Besseres als einen Menschen, dem man Rechenschaft schuldig ist, zu dem man ehrlich sein kann und der Sie auch die Feuerprobe machen lässt, selbst wenn es dadurch zur Konfrontation kommt. Ich habe wundervolle Partner, die mich seit 27

Jahren in der Verantwortung halten. Selbst Edison war seinen Angestellten, seinen Beratern und seinen Investoren gegenüber in verschiedener Weise verantwortlich.

Am Beginn dieser Sitzung haben wir uns das Ziel gesetzt, Ihnen die Strategien und Fähigkeiten mitzugeben, mit denen Sie die Kontrolle über Ihre Zeit und über diejenigen Bereiche Ihres Lebens bekommen und halten können, in denen dies möglich ist. Wenn Sie die Prioritätsplanung, die dauerhafte Konzentration und die persönliche Verantwortung zusammen mit den zwölf anderen Strategien anwenden, die wir bisher besprochen haben, dann können Sie das Lenkrad Ihres Lebens in die Hand nehmen und dorthin steuern, wo Sie hin wollen. In „Gang einlegen, Gas geben“ zeige ich Ihnen eine einwöchige Übung, die Spaß macht und die Augen öffnet. Gleichzeitig schenkt sie Ihnen jede Woche 10 bis 15 zusätzliche Stunden für Aktivitäten, die zu Ihren persönlichen Werten und Ihren höchsten Prioritäten gehören. Das erfordert zwar etwas Arbeit, aber wie lohnt es sich in den kommenden Wochen, Monaten und Jahren!

## Formular für die Zeit-Bestandsaufnahme

| Uhr | So | Mo | Di | Mi | Do | Fr | Sa |
|---|---|---|---|---|---|---|---|
| 6.00 | | | | | | | |
| 7.00 | | | | | | | |
| 8.00 | | | | | | | |
| 9.00 | | | | | | | |
| 10.00 | | | | | | | |
| 11.00 | | | | | | | |
| 12.00 | | | | | | | |
| 13.00 | | | | | | | |
| 14.00 | | | | | | | |
| 15.00 | | | | | | | |
| 16.00 | | | | | | | |
| 17.00 | | | | | | | |
| 18.00 | | | | | | | |
| 19.00 | | | | | | | |
| 20.00 | | | | | | | |
| 21.00 | | | | | | | |
| 22.00 | | | | | | | |
| 23.00 | | | | | | | |
| 24.00 | | | | | | | |
| 1.00 | | | | | | | |
| 2.00 | | | | | | | |
| 3.00 | | | | | | | |
| 4.00 | | | | | | | |
| 5.00 | | | | | | | |

# Gang einlegen, Gas geben!

**So bringen Sie Ihre PS auf die Straße**

**Eine Bestandsaufnahme Ihrer Zeit**

1. Auf der vorangegangenen Seite finden Sie ein Musterformular für die Bestandsaufnahme Ihrer Zeit. Wenn Sie unsere Vordrucke haben, finden Sie in der Abteilung „Ihr Leben unter Kontrolle bekommen" zwei Exemplare dieses Formulars. Wenn Sie unser Übungsbuch nicht benutzen, machen Sie sich nach dem Vorbild der voranstehenden Seite einfach selbst zwei Formulare.
2. Im ersten Formular tragen Sie bitte ein, wie Sie in einer normalen Woche Ihrer Meinung nach jede Stunde verbringen. Wenn Sie alle Kästchen ausgefüllt haben, kringeln Sie alle Böcke ein, die „frei" sind, weil Sie da keine festen Verpflichtungen haben. Meine freien Zeiten liegen beispielsweise an Wochentagen zwischen 18:00 und 23:30 Uhr, und auch der größte Teil des Samstags und des Sonntags ist „frei".
3. Nehmen Sie dann das zweite Fomular und tragen Sie alle paar Stunden, in denen Sie wach sind, ein, was Sie in den vorangegangenen Stunden getan haben. Nehmen Sie das Formular eine Woche lang überallhin mit. Kreisen Sie, wenn Sie alles ausgefüllt haben, wiederum alle Kästchen ein, die „frei" sind. Am Ende der Woche vergleichen Sie dann den tatsächlichen Fahrplan mit dem geschätzten Fahrplan.
4. Überlegen Sie, wie Sie die schlecht genutzten freien Stunden bestmöglich mit Tätigkeiten füllen können, die Ihren wichtigsten Werten, Ihren höchsten Prioritäten und Ihren wichtigsten Träumen entsprechen.

Sitzung 14

# Positiv verblüffen – leicht gemacht

## Die Aufmerksamkeit neu ausrichten und Kraft gewinnen

Ihr Porsche hat eine noble Lederausstattung, die jede Fahrt zu einem Genuss macht. Kommen wir wieder auf den Vergleich mit dem Porsche zurück und stellen wir uns vor, Sie hätten tatsächlich einen schönen Porsche mit 415-PS-Turbo-Triebwerk und Allradantrieb, mit dem Sie überall hinfahren können. Dieser Porsche ist nicht nur der stärkste, der je gebaut wurde, sondern er ist dazu auch noch der schönste, der je gebaut wurde. Aber stellen Sie sich einmal kurz vor, statt der Ledersitze hätte er überhaupt keine richtigen Polster, und Federn würden aus den Sitzbezügen hervorstehen. Stellen Sie sich vor, die Musikanlage würde nicht funktionieren und Sie würden nur die Geräusche von außen hören. Wenn das so wäre und wenn dazu noch Heizung und Klimaanlage ausgefallen wären, dann wäre eine Fahrt mit diesem Auto trotz der schönen und kräftigen Maschine eher eine Plage.

Zwei Monate bevor wir im Jahre 1976 unser Unternehmen gründeten, flog ich nach Omaha, um mich mit dem Besitzer eines Telefondienstes zu treffen, der Anrufe für meine Ambassador-Fernsehkampagne entgegennahm. Als ich ankam, wartete der Besitzer außen vor der Gepäckabholung auf mich. Als wir über den Parkplatz gingen, fiel mir ein Auto sofort auf, weil es von allen anderen abstach. Es war rostig und verbeult, und es sah so aus, als hätte es jemand als Scherz dort hingestellt. Zu meinem Erschrecken ging mein Gastgeber zur Fahrertür dieses Autos, schaute mich an und sagte: „Steigen Sie ein!" Als ich die Tür öffnete, sah ich, dass die Sitzpolster kaputt waren. Als ich die Federn sah, die aus dem Beifahrersitz hervorstanden, wurde mir schon Angst und Bange. Aber mein Gastgeber reichte mir ein Kissen vom Rücksitz, das ich über die Federn legen sollte. Die Heizung funktionierte genauso wenig wie das Radio. Als wir losfuhren, kam ein lautes Kreischen aus der Motorhaube, und jedesmal wenn mein Gastgeber bremste, kam von den Rädern ein noch lauteres Kreischen. Nach zehn Minuten oder einer Viertelstunde kamen wir an einem netten Restaurant an. Mir tat der Rücken weh. Ich hatte schräg vornübergebeugt sitzen müssen, weil ich sonst auf den Federn gesessen hätte, die aus dem Sitz ragten. Als wir im Restaurant saßen, erklärte mir mein Gastgeber, er fahre diese Rostlaube nur, weil er dem Finanzamt noch Steuern schulde und weil er hoffe, nach Überprüfung des Autos würden ihm die Steuern wenigstens gestundet werden. Das funktionierte dann auch. Er durfte die rückständigen Zahlungen auf drei Jahre verteilen.

Die Meisterstrategie, um die es in dieser Sitzung geht, kann man mit dem Innenraum Ihres Porsches vergleichen. Er kann entweder so aussehen wie in dem verbeulten Auto meines Freundes, das jede Fahrt zur Plage machte, oder Sie können die luxuriöseste, bequemste und wohlriechendste Lederausstattung haben, die je ein Auto hatte. Das liegt bei Ihnen. Die vierzehnte Meisterstrategie dreht sich vor allem um Ihre innere Einstellung und um die Bildung einer positiven Persönlichkeit.

## Positives Denken ist definitiv Blödsinn!

Vor ein paar Jahren lud mich einmal ein guter Freund ein, an einem ganztägigen Erfolgs-Seminar teilzunehmen, auf dem er und noch ein Dutzend weiterer Redner sprechen sollten. Die 15.000 Besucher applaudierten den Rednern mit großer Begeisterung, und in den Pausen drängelten sie sich um die Stände, wo sie Bücher und Cassetten kauften. Fast alle Anwesenden waren absolut begeistert von dem, was sie hörten, nur ich war verdrossen. Ein Redner nach dem anderen forderte die Zuschauer auf, die Kraft des positiven Denkens in ihr Leben zu holen. Das erinnerte mich sehr an die Aufmunterungsveranstaltungen, die ich in meiner Highschoolzeit besucht hatte: Viel Anfeuerungen, aber kaum Substanz. Wenn man bei einem Spiel oder im Leben gewinnen will, hilft positives Denken höchst selten. Wenn man dagegen eine positive Persönlichkeit wird, werden die Gewinne nicht nur mehr und größer, sondern dann kann man selbst aus einem Verlust noch Gewinn ziehen!

### Der entscheidende Unterschied zwischen einem positiven Denker und einer positiven Persönlichkeit

Auf den ersten Blick sieht das nur nach einer anderen Wortwahl aus, aber in Wahrheit geht es hier um den gleichen Unterschied wie zwischen einem Segelflugzeug und einem Überschalljäger. Ich habe meinen Segelflugschein im Alter von 16 Jahren gemacht. Ich dachte, es gäbe nichts Schöneres, als ein Flugzeug ohne Motor zu fliegen. In einem Segelflugzeug hört man nichts außer dem Wind in den Bäumen. Es ist so ruhig und anmutig, als würde man selbst fliegen, nicht das Flugzeug. Aber Segelflugzeuge haben ihre Grenzen. Es macht zwar großen Spaß, damit zu fliegen, aber wenn man von einem Ort zum anderen gelangen will, sind sie kaum zu gebrauchen. Normalerweise bleibt man damit zwischen einer Viertelstunde und einer Stunde in der Luft und erreicht Geschwindigkeiten zwischen 80 und 130 Stundenkilometern. Ein paar Jahre später hatte ich zum ersten Mal den Steuerknüppel eines Überschalljägers der Air Force in der Hand. Wow! Wir konnten überall hinfliegen, und zwar schneller als man sich vorstellen kann. Im Gegensatz zum Segelflugzeug hatten wir ein Triebwerk, das uns alle nötige Kraft gab; und wenn wir weiter fliegen wollten als es unsere Treibstofftanks zuließen, konnten wir in der Luft auftanken. Kein Ziel war zu weit entfernt.

Um unseren Vergleich fortzuführen: Ähnlich wie ein Segelflugzeug kann positives Denken das Leben für eine Weile angenehmer machen, aber es bringt einen nicht von einem Ort zum anderen. Es hat weder Triebwerk noch Treibstoff noch eigene Kraft. Wenn man hingegen zur positiven Persönlichkeit wird, bekommt man ein Triebwerk, das einen

## Gang einlegen, Gas geben!

**So bringen Sie Ihre PS auf die Straße**

**Wie die Menschen in verschiedenen Situationen reagieren**

**Bummler**

Reagieren auf jede negative Situation genauso negativ wie die Situation oder noch negativer. Neigen zum Zynismus, weil sie wenig Gründe sehen, positiv oder optimistisch zu sein.

**Zielstrebige**

Reagieren auf negative Situationen übertrieben. Versuchen positiv zu denken, aber ihnen „geht der Treibstoff aus", wenn nicht schnell oder leicht genug etwas Gutes passiert.

**Erfolgsmenschen**

Reagieren auf Probleme mit schnellen Lösungen. Sind häufiger positiv als negativ.

**Überflieger**

Reagieren auf negative Situationen eher positiv als abwehrend, weil sie wissen, dass diese Reaktion ihre Zwecke schneller und effektiver befördert als eine negative Reaktion. Haben ihre innere Haltung unter Kontrolle, weil sie grundsätzlich gerne die Kontrolle übernehmen und behalten.

mit Überschallgeschwindigkeit zu jedem beliebigen Traum tragen kann, egal wie entfernt oder unmöglich er auch scheinen mag.

## Meisterstrategie 14 – sich eine positive Persönlichkeit zulegen

Wie Sie in unserer zweiten Sitzung gelernt haben, gehört jeder von uns zu einem bestimmten Persönlichkeitstyp mit bestimmten natürlichen Neigungen, Stärken und Schwächen. Von den vier Persönlichkeitstypen haben die Otter den stärksten Hang zum Optimismus und zum Positiven, knapp gefolgt von den Löwen. Biber sind eher vorsichtig und pessimistisch, und Golden Retriever können in beide Richtungen ausschlagen. Jedenfalls können wir es nicht unserem natürlichen Persönlichkeitstyp überlassen, ob wir positive Menschen werden oder nicht, denn das ist in erster Linie eine Frage der Entscheidung. Und genauso wie bei allen anderen Meisterstrategien führt der Weg dahin über die Entwicklung und Anwendung bestimmter Fähigkeiten.

Ich weiß nicht, ob Ihnen Helen Keller ein Begriff ist. Als sie zwei Jahre alt war, wurde sie infolge einer Erkrankung vollkommen taub und blind. Sie sah nur noch Dunkelheit. Sie hörte nur noch ihre eigenen Gedanken. Sie konnte nie wieder das Lächeln ihrer Mutter sehen oder die zärtliche Stimme ihres Vaters hören. Sie konnte das schöne Land nicht mehr sehen, in dem sie lebte, und sie konnte weder die Geräusche der Natur noch die Klänge eines Orchesters hören, das eine Symphonie spielt. Alles, was Sie und ich als selbstverständlich hinnehmen, war aus ihrer Welt ausgesperrt. Wenn je ein Mensch Grund hatte, sich zu beklagen oder ein verbitterter, negativer Mensch zu werden, dann Helen Keller. Als sie sechs Jahre alt war, kam man überhaupt nicht mehr mit ihr zurecht. Dann trat eine 20-

jährige Frau in ihr Leben. Anne Sullivan wurde die Lehrerin, Partnerin und Mentorin von Helen Keller, und später wurde sie als „Wundertäterin" bekannt. Sie schaffte den Durchbruch, und bevor Helen sieben wurde, konnte sie buchstabieren und kommunizieren. Anne öffnete Helen die Welt und blieb für den Rest ihres Lebens bei ihr.

Das Leben wurde für Helen Keller zwar nie leicht, aber sie wurde zu einer der anregendsten Schriftstellerinnen und Rednerinnen der Welt. Sie schrieb unter anderem: „Kein Pessimist hat je das Geheimnis der Sterne entdeckt, ist zu einem unbekannten Land gesegelt oder hat dem menschlichen Geist einen neuen Himmel geöffnet." Außerdem schrieb sie: „In Ruhe und Frieden kann sich der Charakter nicht entwickeln. Nur die Erfahrung von Mühe und Leid kräftigt die Seele, animiert den Ehrgeiz und führt zum Erfolg." Sind das die Worte eines Menschen, der in Dunkelheit und Stille lebt? Und noch ein Zitat: „Seid fröhlich. Denkt nicht an die Fehlschläge von heute, sondern an die Erfolge von morgen. Ihr habt euch schwere Aufgaben vorgenommen, aber Ihr schafft es, wenn Ihr durchhaltet. Und das Überwinden von Hindernissen wird Euch Freude machen." Was um alles in der Welt war mit Helen Keller geschehen, dass sie in ihrer negativen Welt zu einer derart positiven Persönlichkeit werden konnte? Weder Gesicht noch Gehör kehrten je in ihre Welt zurück. Ihr Leben war kein Zuckerschlecken. Eine aufgelöste Verlobung brach ihr das Herz, sie verlor all ihre Habe bei einem Brand und ihr starb die lebenslange Partnerin und Mentorin. Und trotzdem inspirierte sie mit ihrem positiven Charakter, mit ihren liebevollen, freundlichen und hoffnungsvollen Worten immer noch Menschen aller Klassen, vom Diener bis zum König. Sie war eine durch und durch positive Persönlichkeit. Mit den Fähigkeiten, die Sie in dieser Sitzung lernen, können Sie die gleiche positive Natur spüren.

Warum ist das so wichtig? Warum ist eine positive Persönlichkeit so unentbehrlich für Ihren künftigen Erfolg und Ihr Glück? Zunächst einmal fährt niemand gerne in einem Porsche, der innen voller Flecken und herausstehender Federn ist. Negativ durch das Leben zu gehen macht keinen Spaß. Vergessen Sie nicht, dass ich nicht von positivem Denken spreche. Ich spreche nicht davon, dass man die Realität ignorieren und sich zum Glücksgefühl hochputschen soll, wenn man eigentlich traurig ist. Ich rede vielmehr von einer Fähigkeit, die genauso real und greifbar ist wie alle anderen Fähigkeiten, mit denen wir uns hier befassen.

Ich habe schon viele Motivationsexperten davon reden hören, dass man sich hochpushen und vor dem Spiegel Selbstgespräche führen soll. Wenn Ihnen das bisher geholfen hat, dann ist das toll, aber es hat nichts mit der Strategie und der Fähigkeit zu tun, um die es in dieser Sitzung geht.

Chuck Norris ist einer der besten Freunde, die ich je hatte. Er ist wirklich einer der nettesten Menschen der Welt. Wenn Sie Chucks Mutter kennen würden, wüssten Sie, warum er und sein Bruder Aaron so sind. Ihre Mutter wiegt etwa 98 Pfund, und davon ist jede Unze mit Liebe und Freundlichkeit angefüllt. Chuck ist sechsfacher Weltmeister in Karate und der einzige Nicht-Koreaner im Range eines Taekwondo-Großmeisters Wenn mich Chuck bitten würde, mit ihm in den Ring zu steigen und ein paar Runden zu kämpfen, dann würden noch so viele Selbstgespräche vor dem Spiegel nichts daran ändern, dass der Kampf nach zehn Sekunden beendet wäre. Chuck würde mir einen Schlag oder einen Tritt versetzen, und mein ganzes positives Denken würde sich mit dem ersten Treffer in Luft auflösen. Und wenn mich die Sanitäter dann halbwegs wieder zu Bewusstsein bringen würden, könnten noch so viel positives Denken und noch so viele Selbstgespräche die Schmerzen nicht vertreiben.

**Das neunzehnte Gesetz des außergewöhnlichen Erfolges**
Egal wie viel eine Person schon erreicht hat – wenn sie zu einer positiven Persönlichkeit wird, erreicht sie noch mehr und findet noch mehr Spaß an der Reise.

## In vier Schritten zum positiven Menschen in einer negativen Welt

Wenn alles prima läuft, ist es leicht, positiv zu sein. Etwas ganz anderes ist es, positiv zu sein, wenn sich die Dinge eher schlecht entwickeln. Ich habe nicht vor, Ihnen eine Reihe von Fähigkeiten mitzugeben, mit deren Hilfe Sie etwas positiver auf das Leben blicken oder mit deren Hilfe Sie manchmal positiv sein können. Vielmehr will ich Sie mit der Fähigkeit ausstatten, eine durch und durch positive Persönlichkeit zu werden. Ich habe mir eine Reihe positiver Persönlichkeiten angeschaut und dabei festgestellt, dass sie alle vier Schritte unternommen haben – einige bewusst und andere ohne viel Nachdenken. Ich habe die gleichen vier Schritte unternommen, und seither gehe ich wesentlich positiver durch das Leben als zuvor. Vielleicht haben Sie ja diese Schritte auch schon unternommen, entweder bewusst oder im natürlichen Verlauf Ihrer Entwicklung. Falls nicht, kann ich Ihnen sagen, dass diese Schritte Sie radikal verändern werden, denn sie wirken sich auch auf alle Menschen aus, mit denen Sie zu tun haben.

**Schritt eins – Die Verantwortung für Ihre Reaktionen übernehmen.** Als ersten Schritt auf dem Weg zur positiven Persönlichkeit müssen Sie stets die Veranwortung für Ihre Reaktionen auf negative Situationen übernehmen. Das mag einfach klingen, ist es aber nicht. Wir leben in einer negativen Welt, die sehr leicht negative Einstellungen und Reaktionen erzeugt. Wussten Sie, dass Kinder bis zum Ende ihres zwölften Lebensjahres im Durchschnitt für jeden freundlichen Klaps, den sie bekommen, mindestens 17-mal kritisiert werden? Das ist der landesweite Durchschnitt, also ist es bei vielen Kindern noch viel schlimmer. Für viele Kinder gibt es keine Zuflucht vor Kritik. Sie hören sie zu Hause, sie hören sie in der Schule, und wenn sie Sport treiben, bekommen sie sie dort auch noch zu hören. Einer meiner Söhne ist äußerst sportlich; er spielt Football, Baseball und Basketball, er ist Ringer und Läufer. Bei einigen der zahlreichen Sportveranstaltungen, an denen er teilnimmt, war ich entsetzt, wie sehr manche Trainer und Eltern ihre Kinder antreiben. Ich habe es erlebt, dass Väter ihre Söhne anschreien, weil sie beim Football einen Angriff verpatzt haben oder weil sie beim Baseball danebengeschlagen haben. Und den Erwachsenen gegenüber ist die Welt leider sogar noch negativer.

Wie kann man also in dieser negativen Welt zur positiven Persönlichkeit werden? Auf jeden Fall fällt sie einem nicht automatisch mit der menschlichen Natur in den Schoß. Wenn wir mit einer negativen Handlung konfrontiert werden, will unsere menschliche Natur darauf mit einer gleichwertig negativen Reaktion antworten. Wie reagieren Sie, wenn ein Autofahrer auf der Schnellstraße so knapp vor Ihnen einschert, dass Sie fast von der Fahrbahn gedrängt werden? Wenn Sie zum Flughafen fahren, Ihr Gepäck einchecken und eine Stunde später merken, dass Ihr Flug gestrichen wurde, was ist dann Ihr erster Impuls? Und was ist, wenn Ihnen die Dame oder der Herr am Schalter sagt, es gebe mindestens zwei Tage lang keine anderen Flüge? Wie reagieren Sie, wenn Sie erfahren, dass jemand hinter Ihrem Rücken schlecht über Sie redet? Von Natur aus reagieren wir auf negative Situationen immer negativ. Das wäre nicht weiter schlimm, wenn wir nur ein- oder zweimal im Monat mit negativen Situationen konfrontiert wären. Aber leider leben wir nicht in einer solchen Welt. Unsere Wochen sind normalerweise angefüllt mit negativen Umständen, Situationen und Ereignissen. Wenn wir nicht eine bestimmte Entscheidung treffen, rufen all diese negativen Umstände bei uns zahlreiche negative Reaktionen hervor.

Die bewusste Entscheidung besteht darin, negative Ereignisse nicht abzuwehren, sondern konstruktiv darauf zu reagieren, also darauf anzusprechen. Erinnern Sie sich aus unserer Sitzung zum Thema Kritik noch an diesen Unterschied? Wenn Ihr Körper ein Medikament nicht verträgt, reagiert er darauf mit Abwehr. Wenn er es verträgt, spricht er darauf an. Mit negativen Situationen ist es genauso wie mit Kritik: Wir müssen jedes Mal eine bewusste Entscheidung fällen. Wenn wir abwehrend reagieren, machen wir die Sache für uns selbst und für diejenigen, auf die wir reagieren, nur noch schlimmer. Wenn wir uns für die Ansprache entscheiden, können wir jede negative Situation für uns und für die Menschen, auf die wir reagieren, besser machen. Da wir von Natur aus zur Abwehr neigen, tun wir das auch im ersten Impuls. Wir müssen es uns erst zur Gewohnheit machen, richtig zu reagieren. Aber genauso wie im Falle der Kritik können Sie noch die Bremse ziehen, wenn Sie sich dabei ertappen, dass Sie auf eine Situation negativ reagieren. Sie wechseln den Gang, setzen zurück und statt sich zu wehren, sprechen Sie auf die Situation an.

*Die unglaubliche Macht der neu ausgerichteten Aufmerksamkeit.* Jetzt, wo Sie wissen, dass Sie die Verantwortung für Ihre Einstellung übernehmen müssen und lieber reagieren als sich wehren sollten, stellt sich die Frage: Wie macht man das? Glücklicherweise brauchen Sie für die Änderung Ihrer Reaktion nicht darauf zu warten, dass sich Ihre Empfindungen ändern. Wieder einmal geht es hier um eine erlernbare Fähigkeit, die

Sie in kürzester Zeit beherrschen werden. Bevor ich Ihnen diese Fähigkeit beibringe, möchte ich aber erst noch ihre Funktionsweise erklären.

Stellen Sie sich einen schönen Sommertag irgendwo in den Rocky Mountains vor, in Utah oder in Colorado. Während Sie so vor sich hin wandern, erblicken Sie einen schönen Fluss und daneben eine hektargroße Wiese, die mit violetten und gelben Blumen bedeckt ist. Es ist ein prachtvoller Tag, und Sie denken sich: „Das Leben ist einfach schön! Besser könnte es wirklich nicht sein!“ Plötzlich hören Sie zu Ihrer Linken den Knall eines Gewehrs, sie fahren reflexartig nach links herum und sehen, wie ein stattlicher Elch noch ein paar Schritte wankt und dann zusammenbricht. Ihr Herz rast, und Sie denken sich: „Jetzt ist der Tag kaputt.“ Nicht dass Sie grundsätzlich etwas gegen die Jagd hätten, aber vor dem Schuss hatten Sie eben an alles andere als an den Tod gedacht. Sie waren gerade mit dem Leben und mit der ganzen Schönheit rings umher beschäftigt, aber der Gewehrschuss hat alles geändert.

Und jetzt sehen Sie einmal, was wirklich passiert ist: Der Schuss hat Ihre Aufmerksamkeit von etwas höchst Positivem abgezogen, er hat Sie von dem positiven Anblick und den positiven Gefühlen abgelenkt und auf einen negativen Anblick sowie ein negatives Gefühl gestoßen. Das passiert in allen negativen Situationen. Egal, worauf Sie sich gerade konzentrieren, die negative Situation reißt Ihre Aufmerksamkeit aus dem Positiven und richtet sie auf das Negative. Ob an dieser Situation nun keine anderen Menschen beteiligt sind – ein Computerabsturz oder ein wegen Schlechtwetter gestrichener Flug –, oder ob eine Person dafür verantwortlich ist, der Mechanismus ist exakt der gleiche. Die negative Situation heischt Ihre Aufmerksamkeit und richtet sie auf etwas Negatives.

Im vergangenen Jahr drehte ich eine Sendung in New York. Eine halbe Stunde bevor ich zum Set aufbrach, wollte ich schnell auf meinem Laptop noch ein paar Änderungen am Drehbuch vornehmen. Als ich gerade eine Passage tippte, die mir besonders gut gefiel, langte ich zwischendurch mit dem Arm über den Tisch nach meiner Kaffetasse. Zu meinem Entsetzen schüttete ich den Kaffee direkt in die Tastatur. Plötzlich begann der Cursor von rechts nach links zu rasen und mein Skript Zeile für Zeile zu löschen. Ich versuchte vergeblich, ihn irgendwie aufzuhalten. Schließlich hielt ich den Finger auf die Ausschalt-Taste und schaltete den Computer ab. Als ich ihn wieder einschalten wollte, passierte gar nichts. Ich hatte ihn geliefert! Im ersten Moment reagierte ich mit Panik, aber dann rief ich mir ins Gedächtnis: nicht abwehren, sondern reagieren; die Aufmerksamkeit umlenken. Sehen Sie, wenn eine negative Situation unsere Aufmerksamkeit packen und auf etwas Negatives richten kann, *dann können wir Sie unsererseits wieder ergreifen und auf etwas Positives ausrichten.* Ich dachte mir: „Ich leihe mir von dem Produzenten ein ausgedrucktes Exemplar des Drehbuchs, trage meine Änderungen ein und gebe sie dem Mann am Teleprompter; der kann sie dann in seinen Computer eingeben." Kein kalter Schweiß. Mein Laptop war hinüber, aber Apple hatte gerade ein neues Powerbook herausgebracht, das viel besser war und das ich mir ohnehin kaufen wollte. Allerdings hatte ich meinen alten Laptop erst seit acht Monaten, und deshalb gab es bisher eigentlich keinen richtigen Grund, einen neuen zu kaufen. Aber jetzt, da mein alter Laptop nicht mehr war, konnte ich den Kauf eines neuen rechtfertigen, und einen Tag nach meiner Heimkehr würde ich ihn auch schon haben. Da ich meine Aufmerksamkeit in weniger als einer Minute neu ausgerichtet hatte, verließ ich äußerst gut gelaunt das Hotel in Richtung Set. Wenn ich meine Aufmerksamkeit nicht neu ausgerichtet hätte, wäre meine Stimmung den ganzen Tag über im Eimer gewesen. Ich bin in 27 Jahren kein einziges Mal schlecht gelaunt am Set angekommen, denn ich weiß, dass ich als

Produktionsleiter damit die Arbeit mit den Stars vor der Kamera beeinträchtigen würde. Dabei sind Millionen von Dollar im Spiel, und deshalb ist es das Letzte, was ich wollte, wütend am Set aufzutauchen und damit den Erfolg des Drehs zu riskieren.

Martin Luther hat das folgendermaßen ausgedrückt: „Du kannst nicht verhindern, dass ein Vogel über deinem Kopf kreist, aber du kannst verhindern, dass er ein Nest auf deinem Kopf baut." Das heißt, wir können nicht verhindern, dass wir in eine negative Situation geraten, aber wir müssen nicht zulassen, dass sie unsere Aufmerksamkeit fest an sich zieht und uns den restlichen Tag verdirbt – nicht einmal eine Stunde und auch keine Minute. Wir können sie sofort wieder auf das Positive richten.

In unserer Sitzung zum Thema Kommunikation habe ich einen Spruch Salomos zitiert, der auch hier passt. Im Buch der Sprüche Salomos, 15, 1 heißt es: „Eine sanfte Antwort vertreibt den Zorn, aber bittere Worte erregen Wut." Das bedeutet, dass eine sanfte oder freundliche Antwort den Zorn (oder die hasserfüllte Wut) zum Rückzug und zum Verschwinden zwingt. Es bedeutet auch, dass das Gegenteil genauso zutrifft: Eine grobe Antwort vergrößert die Wut und macht die Situation im Nu noch zerstörerischer, als sie es sonst gewesen wäre. Wir neigen von Natur aus dazu, auf negative Situationen feindlich zu reagieren, aber das macht sie bloß noch zerstörerischer, wohingegen eine sanfte Reaktion die Spannung abbaut und die negative Situation in eine positive Richtung umlenkt. Eine sanfte Reaktion baut nicht nur die Spannung der konkreten Situation ab, sondern auch die innere Anspannung und den Stress, den man empfindet. Falls Sie übrigens der Meinung sein sollten, das Wort zerstörerisch sei etwas zu dramatisch, dann denken Sie einmal kurz nach. Mediziner haben festgestellt, dass unser Körper unter Stress ein Hormon namens Cortisol ausschüttet. Dieses Hormon zerstört Zellen, macht anfälliger für

Krebs und fördert Herzinfarkt, Müdigkeit, verminderten Sexualtrieb, Hautalterung und Gewichtszunahme. War Salomo nicht wahrhaft weise?

Wenn wir eher negativ als positiv reagieren, überlassen wir außerdem negativen Situationen oder negativen Menschen die Kontrolle über unser Glück, jedenfalls so lange wir reagieren. Wir haben eine ganze Sitzung mit der Frage zugebracht, wie man die Kontrolle über seine Zeit und sein Glück bekommt. Es wäre doch wohl Verschwendung, wenn wir uns von einer negativen Situation das rauben ließen, wofür wir so hart gekämpft haben!

Helen Kellers Fähigkeit, ihre Aufmerksamkeit auf Positives zur richten, war perfekt. Sie warnte davor, dass man die Chance verspielen kann, glücklich zu bleiben oder wieder glücklich zu werden, wenn man seine Aufmerksamkeit nicht neu ausrichtet. Sie sagte: „Wenn sich eine Tür zum Glück schließt, öffnet sich eine andere. Aber häufig schauen wir so lange die geschlossene Tür an, dass wir die andere Tür gar nicht sehen, die sich gerade für uns geöffnet hat." Das anregendste Zitat über die Umorientierung der Aufmerksamkeit vom Negativen auf das Positive ist vielleicht das folgende: „Sie haben mir sozusagen die Augen weggenommen. Aber ich erinnerte mich an Miltons *Das verlorene Paradies.* Sie haben mir sozusagen die Ohren weggenommen. Da kam Beethoven und wischte mir die Tränen vom Gesicht. Sie nahmen mir sozusagen die Zunge weg, aber in meinen jungen Jahren hatte ich mit Gott gesprochen. Er ließ sie nicht meine Seele wegnehmen, und da ich sie noch besitze, besitze ich das Ganze." Egal welche negativen Dinge in ihr Leben kamen, sie zögerte niemals, ihre Aufmerksamkeit auf das Positive zu richten.

**Schritt zwei – eine dankbare Haltung aufbauen.** Der zweite Schritt auf dem Weg zur positiven Persönlichkeit besteht darin, eine Haltung der Dankbarkeit aufzubauen. Ist Ihnen schon einmal aufgefallen, dass wahrhaft dankbare Menschen extrem positiv sind? Das liegt daran, dass man unmöglich zur gleichen Zeit dankbar und negativ sein kann. Wenn man dankbar ist, ist man weder wütend noch verärgert noch verbittert. Wenn man dankbar ist, ist man weder kritisch noch berechnend noch rachsüchtig. Das heißt nicht, dass dankbare Menschen nicht wütend werden könnten; das können sie sehr wohl. Aber sie können nicht beides genau gleichzeitig sein. Dankbare Menschen können zwar wütend, traurig oder deprimiert sein, aber wenn ihre Dankbarkeit wirklich im Herzen wurzelt, können sie nie sehr lange wütend, traurig oder deprimiert bleiben. Am Ende gewinnt die Dankbarkeit immer wieder die Kontrolle über Herz und Geist zurück.

*„Ich wäre gern ein dankbarer Mensch, aber ...“* Immer wenn ich über das Thema Dankbarkeit spreche, kommen Menschen zu mir und sagen: „Ich wäre gern dankbar, aber ...“ Danach kommen Myriaden von Gründen, von denen die Menschen glauben, sie würden ihre Dankbarkeit verhindern. Ihr Ehepartner weiß sie nicht zu würdigen; ihr Chef behandelt sie wie ein Stück Dreck; ihre Exfrau nimmt sie aus, oder ihr Exmann ist mit der Sekretärin durchgebrannt; sie haben ihren Job verloren; ihre Kinder nehmen Drogen; und so weiter und so fort. Das sind zwar alles echte Probleme, aber sie haben nichts damit zu tun, ob die betreffende Person dankbar sein sollte oder nicht. Die andere Ausrede geht folgendermaßen: „Ich wäre dankbar, wenn ...“ Die drei Punkte können Sie beliebig ersetzen. „Wenn ich einen Job bekäme; wenn mein Mann etwas am Haus machen würde; wenn meine Frau meine sexuellen Bedürfnisse erfüllen würde; wenn meine Kinder wieder anständig wären.“ Und so geht es immer weiter. Auch hier gilt: Das sind alles Dinge, auf die man sich wirklich freuen sollte, aber sie haben nichts damit zu tun, ob man dankbar ist oder nicht.

Wenn Dankbarkeit wirklich darauf angewiesen wäre, dass alle Umstände unseres Lebens gut sind, dann wäre niemand dankbar. Wir würden alle auf einen Tag in der Zukunft warten – auf einem Tag, der in diesem Leben nicht kommen wird. Das Leben von Helen Keller strahlte trotz der schlimmen Umstände von ihrem siebten Lebensjahr bis zu ihrem Tod Dankbarkeit aus. Und damit ist sie nicht allein. Ich kenne zahllose Männer und Frauen, deren Herz gebrochen war, denen Enttäuschungen und Ungerechtigkeiten zuteil geworden waren, die emotionale und körperliche Wunden erlitten hatten, denen Ehepartner und Kinder gestorben waren, die aber trotz alledem ein dankbares Herz hatten. Somit stellt sich nun die Frage: Was braucht man, um eine dauerhaft und wahrhaft dankbare Haltung aufzubauen? Wieder einmal müssen wir dazu mit einer korrekten Definition anfangen.

*Dankbarkeit ist kein Gefühl.* Viele Menschen machen mit der Dankbarkeit den gleichen Fehler wie mit der Liebe. Sie halten sie für ein Gefühl, aber nichts könnte weiter von der Wahrheit entfernt sein. Liebe und Dankbarkeit können Gefühle hervorrufen, aber Gefühle sind über längere Zeit nicht beständig und ändern sich häufig. Dankbarkeit beginnt mit einem bestimmten Bewusstsein und muss jeden Tag durch eine Entscheidung bestätigt werden. Wenn man dankbar sein will, muss man sich zweier Dinge bewusst sein. Erstens muss man sich bewusst machen, dass man – egal was man alles nicht hat – für das, was man hat, über alle Maßen dankbar sein muss. Wenn man dankbar sein will, muss man daher gegebenenfalls die Aufmerksamkeit von dem, was man nicht hat, auf das lenken, was man hat. Zweitens muss man sich bewusst machen, dass zu allem Guten, was man hat, andere beigetragen haben. Wenn Sie an Gott glauben, müssen Sie anerkennen, dass alles, was Sie haben, von Gott und von anderen

Menschen kommt. Wenn Sie nicht an Gott glauben und jemand anderem dankbar sein wollen, bleibt das Ihnen überlassen. Einige sagen jetzt vielleicht: „Moment mal, ich habe das alles, weil ich hart dafür gearbeitet habe, und nicht weil mir irgendjemand etwas ge-

***An alle, die sich wundern, was dieser Abschnitt in einem Buch über persönlichen Erfolg zu suchen hat***

*Vielleicht denken Sie sich gerade: „Ich dachte, in diesem Buch ginge es um Geld und Beruf. Diese Sitzung hört sich immer mehr wie ein Kurs in Verhaltensregeln an." Sie haben in beiden Punkten Recht. In diesem Buch geht es um Berufliches beziehungsweise Geschäftliches und darum, wie man zum Überflieger wird. Und selbst wenn es an Wirtschaftsuniversitäten nicht gelehrt wird, kann das Verhalten das Erfolgspotenzial steigern oder ersticken. Stellen Sie sich vor, Sie würden einen Geschäftspartner suchen und müssten sich zwischen zwei Menschen entscheiden, die in allen Punkten genau gleich gut qualifiziert sind. Wenn der eine wahrhaft glücklich, optimistisch und positiv wäre und sich andere Menschen in seiner Anwesenheit wohlfühlen würden – wenn dagegen der andere pessimistisch, unglücklich, zynisch und ein neutraler bis unangenehmer Zeitgenosse wäre: Wen würden Sie nehmen? Sie würden natürlich die erstgenannte Person nehmen. Wenn Sie sich um eine Stelle bewerben würden und mit jemandem konkurrieren würden, der genauso qualifiziert ist wie Sie, würden Sie dann lieber als positiver Mensch erscheinen oder als bedrückter und negativer Mensch?*

*Der zweite Punkt ist Ihr privates Glück. Ich habe Menschen gekannt, die Hunderte Millionen von Dollars hatten und trotzdem unglücklich waren. Warum sollten Sie mit dem Glück warten, bis Sie reich sind? Wenn Sie unterwegs Erfüllung finden, ist die Reise viel angenehmer.*

schenkt hätte!“ Solche Menschen frage ich immer: Wer hat Ihnen denn in Ihren ersten drei Lebensjahren zu essen gegeben? Wer hat Ihre Windeln gewechselt? Was wäre jetzt mit Ihnen, wenn niemand diese höchst irdischen Aufgaben übernommen hätte? Haben Sie sich alles selbst beigebracht oder hatten Sie Lehrer? Haben Sie all Ihre Wäsche selber gewaschen, Ihr Geschirr gespült und selbst gekocht? Haben Sie sich ausgesucht, wo Sie geboren werden oder ob Sie überhaupt geboren werden? Haben Sie sich Ihren ersten Job und die späteren Jobs selbst gegeben? Tatsächlich konnte mir noch nie ein Mensch auch nur eine einzige Sache in seinem Leben nennen, die er ausschließlich sich selbst zu verdanken hat.

Dankbarkeit fängt also damit an, dass man sich der guten Dinge im Leben bewusst wird und dass man diese Dinge nicht nur seinen eigenen Anstrengungen zu verdanken hat, sondern auch den Anstrengungen und Beiträgen anderer Menschen. Da sowohl mein Vater als auch meine Mutter in ihrem Leben Zeiten hatten, in denen jeder Atemzug ein Kampf war oder in denen jeder Atemzug schmerzte, bin ich für jeden Atemzug dankbar, den ich unbeschwert und ohne Schmerzen nehmen kann. Meine Mutter ist erst vor kurzem verstorben, und ich vermisse sie fürchterlich. Ich habe noch viel Trauerarbeit vor mir. Aber auch wenn mir das Herz sinkt, bin ich sehr dankbar für alles, was ich früher hatte und was ich jetzt habe. Auch mitten im Kummer bin ich äußerst dankbar, dass ich von der liebevollsten, freundlichsten und selbstlosesten Frau aufgezogen und ernährt wurde, die ich je kannte.

Das Bewusstsein ist der erste Schritt zum Aufbau einer dankbaren Haltung. Der zweite Schritt ist die tägliche Entscheidung, für alles dankbar zu sein, was man hat, und diese Dankbarkeit Gott und allen anderen gegenüber auszudrücken, die so wunderbar zu unserem Leben beigetragen haben und dies immer noch tun. Der Abschnitt „Gang einlegen, Gas geben" enthält eine Übung, die Ihnen sehr dabei helfen wird, eine dankbare Haltung aufzubauen.

*Ein großes Hindernis auf dem Weg zur Dankbarkeit überwinden.* Alles, was ich über den Aufbau einer dankbaren Haltung gelernt habe, wurde mir von meinem persönlichen Mentor Gary Smalley beigebracht, einem Beziehungsexperten von Weltrang. Gary erzählte mir, dass die Menschen manchmal zu ihm kommen, wenn er über Dankbarkeit gesprochen hat, und ihm Horrorgeschichten von persönlichen Tragödien erzählen, die es ihnen unmöglich machen, die Art von Dankbarkeit zu empfinden, von der er spricht. In solchen Situationen schickt Gary die Menschen auf die Suche nach Perlen. Sie wissen wahrscheinlich, dass die Entstehung jeder Perle mit einer schmerzhaften Reizung beginnt, die durch ein Sandkorn verursacht wird. Wenn die Auster die Wahl hätte, würde sie sich sicher für ein Leben ohne Schmerzen entscheiden, aber im sandigen Ozean ist ein schmerzfreies Leben unmöglich. Ohne das schmerzende Sandkorn gäbe es jedoch keine Perle, und die Perle ist ohne Zweifel die Krönung der Auster. Wenn also die Menschen Gary ihre schmerzlichen Geschichten vortragen, sucht er mit ihnen die Perle, die der Schmerz erzeugt hat. Je größer der Schmerz, desto größer und schillernder ist häufig die Perle. In den meisten Fällen ist die Suche schon abgeschlossen, bevor die Menschen wieder gehen, und normalerweise sind ihre Herzen dann von Dankbarkeit erfüllt.

So war zum Beispiel die Frau eines berühmten Footballspielers von ihrem neunten bis zu ihrem 16. Lebensjahr das Opfer von Inzest. Immer und immer wieder wurde sie vergewaltigt, nicht nur von ihrem Vater, sondern auch von ihren Onkeln. Das hatte so tiefe Wunden hinterlassen, dass es schon an der Beziehung zu ihrem Ehemann fraß. Die beiden baten Gary um Hilfe, und sie erzählte ihm ihre schmerzvolle Geschichte. Gary ging eine Stunde lang mir ihr auf Perlensuche, und die gefundenen Perlen veränderten ihr Leben. Die Bürde wurde nicht nur von ihr genommen, sondern sie wurde auch noch durch ein dankbares Herz ersetzt. Ein paar Monate danach nahm sie die Arbeit in einer Zufluchtsstätte für misshandelte und missbrauchte Kinder auf. Nach der ersten Woche kam ein kleines Mädchen zu ihr und fragte: „Werde ich jemals so glücklich sein wie du?" Das kleine Mädchen fühlte sich zu der Frau hingezogen, weil sie der glücklichste Mensch in dieser Einrichtung war. Und auch ihre Ehe veränderte sich vollständig. Sie wurde die Frau und Mutter, die sie schon immer sein wollte, und das alles nur, weil sie gelernt hatte, in ihrer Tragödie nach Perlen zu suchen.

Wenn auch Sie in Ihrem Leben eine persönliche Tragödie durchgemacht haben, die Sie daran hindert, eine dankbare Haltung aufzubauen, dann lassen Sie sich von Gary in seinem Buch *Making Love Last Forever* (Thomas Nelson, 1997) durch den Prozess der Perlensuche leiten. Meiner Meinung nach ist das eines der nützlichsten Bücher, das je über das Thema Beziehungen geschrieben wurde. Wenn Sie verheiratet sind oder in einer ernsthaften Beziehung leben, sollten Sie dieses Buch unbedingt lesen.

**Schritt drei – Hervorragendes anstreben und leisten.** Der dritte Schritt auf dem Weg zum positiven Menschen ist die Bemühung, Hervorragendes anszustreben und zu erreichen. Wenn Sie im Begriff stehen, die Meisterstrategien umzusetzen, die wir behandelt haben – Vision Mapping, nach den Sternen greifen, effektive Partnerschaft und so weiter –, dann haben Sie sich bereits an die lebenslange Aufgabe gemacht, Ihren wichtigsten Unternehmungen Glanz zu verleihen. Wenn Sie die Meisterstrategien anwenden, werden Ihre Leistungen mit Glanz in den Himmel schießen. Je mehr Glanz Sie Ihren persönlichen und beruflichen Anstrengungen verleihen, desto positiver werden Sie.

**Schritt vier – Ihre Beziehungen zu Hause und auf der Arbeit verbessern.** Der vierte Schritt auf dem Weg zur positiven Persönlichkeit ist die größtmögliche Verbesserung der Beziehungen zu Hause und auf der Arbeit. Zwar kann man auch mit unglücklichen Beziehungen ein positiver Mensch sein, aber das ist sehr viel schwerer. Zu diesem Punkt sagen mir viele Menschen: „Ich kann unmöglich eine gute Beziehung zu meinem Ehepartner, meinem Chef und meinen Kollegen haben." Diesen Menschen erzähle ich dann, dass meine Frau und ich uns 14 Monate lang getrennt hatten und uns dann scheiden ließen, weil wir dachten, es gäbe auf dieser Welt keine Möglichkeit, wie wir wieder zusammenkommen und glücklich werden könnten. Und doch waren wir nach 14 Monaten Trennung und sechs Wochen Scheidung unbeschreiblich glücklich miteinander und heirateten im November 1999 erneut. Seit wir wieder miteinander verheiratet sind, ist die Ehe der fröhlichste und erfüllendste Aspekt unseres Lebens. Das i-Tüpfelchen auf unserer Wiedervereinigung war 16 Monate danach die Geburt unseres vierten Kindes.

Und was ist der Schlüssel zur größtmöglichen Verbesserung der Beziehungen? Laut Gary Smalley gibt es dazu sieben Schlüssel. Bei Shannon und mir haben diese Schlüssel Wunder gewirkt, und ich glaube ehrlich, dass sie in jeder Beziehung funktionieren, wenn man ihnen eine echte Chance gibt.

## Die sieben Schlüssel zur Verbesserung Ihrer Beziehungen

### Schlüssel 1 – Verehrung

In vielen Beziehungen ist Verehrung ein unbekannter Artikel, und doch ist sie das Fundament, auf dem jede glückliche Beziehung gründen muss. Das Gute daran ist, dass wir Verehrung zeigen können, egal ob wir sie empfinden oder nicht. Sie wenden vielleicht ein: „An meinem Ehepartner ist wirklich nicht viel Verehrungswürdiges." Nun, ob Sie jemanden verehren oder wertschätzen, liegt nicht an dem anderen, sondern an Ihnen. Verehrung beruht auf einer Entscheidung. Wir entscheiden uns dafür, auch wenn es keinen Grund gibt, die andere Person zu verehren. Wir entscheiden uns nicht, Verehrung in eine Beziehung zu bringen, weil jemand es verdient, sondern weil man das in einer Beziehung einfach tun muss. Wie verehrt man andere Menschen? Indem man ihnen aufmunternde Worte gibt und ihnen zuhört. Sie ehren einen Menschen, wenn Sie ihm während des Gesprächs in die Augen schauen, wenn Sie ihn anlächeln oder ihm einen Klaps auf den Rücken geben. Wenn Sie anfangen, Menschen zu verehren, werden sie nicht nur bei den anderen, sondern auch bei Ihnen eine Veränderung wahrnehmen. Wir verehren durch unseren Gesichtsausdruck, durch unsere Worte und durch unseren Tonfall. Wir können mit Blicken, harten Worten und herablassendem Ton andere Menschen auch entehren.

### Schlüssel 2 – Ermunterung

Sind Sie je ermuntert worden und haben es nicht gewürdigt? Wir alle brauchen Ermunterung. Wir ermutigen andere Menschen mit unserem Geist und unserer Haltung genauso wie mit Worten und Tonfall. Wir können Menschen allein schon dadurch ermuntern, dass wir nicht abwehrend, sondern vernünftig reagieren. Ein paar ermutigende Worte oder die Bereitschaft zuzuhören können absolut darüber entscheiden, wie ein Mensch an den Rest des Tages herangeht. Andere Formen sind Berührungen ohne sexuelle Absicht, eine Umarmung, sogar ein Klaps auf den Rücken. Wenn Sie jemandem zuhören, weil sie ihn ermuntern wollen, versuchen Sie nicht, die Probleme zu lösen, die er oder sie äußert. Hören Sie einfach nur zu.

### Schlüssel 3 – Sicherheit

Sicherheit ist eines der größten Bedürfnisse der Frau. Sie will sich in einer Beziehung sicher fühlen. Sie will wissen, dass ihr Partner ihr langfristig zu 100 Prozent hingegeben ist. Sie will so sicher sein, dass sie alle Gedanken und Gefühle äußern kann, ohne dass sie nach ihren Gedanken und Gefühlen beurteilt oder dafür kritisiert wird. Aber nicht nur Frauen wollen in einer Beziehung Sicherheit. Männer brauchen sie auch. Wir können das Gefühl der Sicherheit vergrößern, wenn wir sie weniger kritisieren. Kritik erzeugt Unsicherheit. Wenn wir die Kritik aus der Beziehung herauslassen, fühlen sich auf einmal alle sicher und geborgen. Sie könnten einwenden: „Aber sie brauchen Kritik." Nein, sie brauchen Zurechtweisung. Ich werde Ihnen gleich die einzig richtige Art der Kritik zeigen. Es gibt tausend falsche Arten zu kritisieren, aber nur eine einzige richtige. Diese Art ist der einzige Weg, auf dem Sie ohne negative Wirkungen alle positiven Wirkungen der Zurechtweisung erzielen. Wir müssen dadurch Sicherheit in die Beziehung bringen, dass wir Anerkennung zeigen.

### Schlüssel 4 – Respekt und Bewunderung



Genauso wie sich eine Frau sicher und geborgen fühlen muss, muss sich ein Mann vor allem respektiert und bewundert fühlen. Wie vermittelt man Respekt und Bewunderung? Indem man wirklich lobt und nicht einfach schmeichelt. Schmeicheln bedeutet, dass man eher darüber spricht, was der andere hat als über das, was er ist. Lob und Respekt vermittelt man, indem man etwas Aufmerksamkeit schenkt, das er oder sie getan hat. Schmeicheleien kann man zwar genießen, aber Lob, Bewunderung und Respekt erfüllen ein viel tieferes Bedürfnis. Je spezifischer das Lob ist, desto mehr wird es geglaubt und anerkannt.

### Schlüssel 5 – wirksame Kommunikation

In den meisten Beziehungen ist das größte Problem der Mangel an wirksamer Kommunikation. Die Methoden und Techniken, die wir in den früheren Sitzungen behandelt haben, wirken in jeder Beziehung Wunder. Meine Damen, da bei den meisten Männern die linke Gehirnhälfte dominiert, können Sie einem Mann Ihre Gefühle nur klar machen, wenn Sie wirksame emotionale Wortbilder verwenden. Das ist die einzige Kommunikationsmethode, die die rechte Gehirnhälfte des Mannes anspricht.

### Schlüssel 6 – Im Kampf die Regeln beachten

Konflikte müssen schnell und auf die richtige Art gelöst werden. Die nachstehende Liste stammt von Gary Smalley und zeigt, was man in Konfliktsituationen tun beziehungsweise nicht tun sollte. Untersuchungen haben gezeigt, dass Paare, die die Regeln für Konflikte beachten, ihre Beziehung durch Auseinandersetzungen eher stärken als schwächen. Konflikte treiben uns entweder auseinander, oder sie bringen uns auf eine Ebene tieferer Intimität, je nachdem wie wir damit umgehen. Wenn ein Paar mit den Regeln vertraut ist und sie anwendet, steigen die Chancen beträchtlich, dass es alle Konflikte positiv lösen kann.

**Regeln für konstruktive Konflikte**

**Was man in Auseinandersetzungen tun sollte**

1. Nehmen Sie sich eine Auszeit, um die Kontrolle wieder zu gewinnen, ruhiger zu werden und Ihre Wut abzubauen, bevor Sie in die Konfrontation eintreten.
2. Bereiten Sie sich auf die Auseinandersetzung vor, bevor Sie sie suchen.

- Legen Sie das Ziel fest, das Sie mit der Konfrontation erreichen wollen. Wollen Sie nur ein aktuelles Problem lösen? Wollen Sie ein Verhaltensmuster beenden? Wollen Sie ein destruktives Verhaltensmuster durch ein konstruktives ersetzen? Wollen Sie zurechtweisen, ermutigen oder bestrafen?
- Legen Sie fest, was Sie genau sagen wollen und wie Sie es sagen wollen. Wenn es die Zeit zulässt, schreiben Sie es auf, damit Sie auf keinen Fall etwas sagen, das Sie gemäß den Regeln nicht sagen sollten.
- Überlegen Sie, wie Sie die Konfrontation so beginnen können, dass Sie möglichst wenig Zündstoff liefern. Die Eröffnung sollte das positive Ziel enthalten, das Sie mit der Konfrontation erreichen wollen (zum Beispiel: „Ich will dir wirklich ein möglichst guter Freund sein“ oder „Weil mir unsere Beziehung so viel bedeutet, will ich dir etwas sagen, das sie für uns beide besser machen könnte“).

3. Gehen Sie mit der Einstellung eines Lernenden in die Konfrontation, der Fehler macht und Schwächen hat.
4. Wenn Sie Kritik äußern, benutzen Sie die später in dieser Sitzung beschriebene Sandwich-Methode.
5. Umgeben Sie den zentralen Punkt, den Sie lösen möchten, mit

möglichst vielen ermunternden und positiven Äußerungen.

6. Seien Sie bereit, eine schrittweise Lösung des Problems anzubieten beziehungsweise zu akzeptieren. Seien Sie mit anderen Worten bereit, für die Lösung einen gewissen Zeitraum einzuräumen. Verlangen Sie nicht, dass bis zum Ende der Auseinandersetzung Einigkeit über eine Lösung erzielt oder eine Lösung umgesetzt werden muss.
7. Bitten Sie um Rat, was Sie Ihrerseits zur Lösung des Problems beitragen können oder wie Sie Ihren Anteil an dem Problem vermindern können.
8. Wenn der andere Sie angreift, verteidigen oder rächen Sie sich nicht. Versichern Sie ihm oder ihr, dass auch Sie Schwächen haben, an denen Sie arbeiten müssen.
9. Halten Sie die Konfrontation auf Kurs. Lassen Sie sich nicht auf Nebenschauplätze ziehen oder von Gelegenheiten verführen, andere Probleme abzuhandeln als die, die Sie ansprechen wollten. Falls der andere nur weitermachen will, wenn Sie Nebenthemen ansprechen, dann können Sie immer noch zugestehen, dass die Sorge des anderen berechtigt ist und ihn fragen, ob Sie darüber nicht zu einem späteren Zeitpunkt sprechen könnten.
10. Kontrollieren Sie Ihre Worte, Ihre Stimme und Ihre nonverbale Kommunikation. Respektieren und ehren Sie den anderen, selbst mitten im Streit. Erinnern Sie sich an die Weisheit aus den Sprüchen Salomos: „Eine sanfte Antwort vertreibt den Zorn, aber bittere Worte erregen Wut.“ Anders ausgedrückt zerstreut und verhindert eine sanfte Antwort die Wut, wohingegen destruktive, entzweiende oder hetzerische Worte beziehungsweise Antworten die Auseinandersetzung anheizen und die Wut des anderen überkochen lassen.

11. Versichern Sie der Person, dass Sie sich immer um sie oder ihn kümmern werden und dass er/sie und die Beziehung Ihnen am Herzen liegen.

**Was man in Auseinandersetzungen nicht tun sollte**

1. Begraben Sie das Problem oder den Schmerz, den es Ihnen bereitet, nicht.
2. Leugnen Sie das Problem nicht, das in der Auseinandersetzung angesprochen wird, und laufen Sie nicht davor weg.
3. Lassen Sie nicht zu, dass Sie beim Ansprechen des Problems in einen Angriff auf die Person oder ihren Charakter abgleiten (wenn der Charakter das Thema ist, sprechen Sie den speziellen Charakterzug an, um den es geht, nicht aber den Charakter als solchen).
4. Hetzen Sie nicht, seien Sie nicht sarkastisch und benutzen Sie keine Schimpfwörter.
5. Gehen Sie nicht als selbstgerechter Alleswisser in die Konfrontation.
6. Lassen Sie nicht zu, dass sich der Konflikt auf andere Themen als diejenigen ausweitet, die Sie ansprechen wollen.
7. Benutzen Sie keine Verallgemeinerungen, Übertreibungen oder Leerformeln wie „du sagst/machst immer", „du sagst/machst nie".
8. Setzen Sie kein Ultimatum und drohen Sie nicht.
9. Benutzen Sie keine Körpersprache oder nonverbale Signale, die Unglauben oder mangelnden Respekt anzeigen.
10. Unterbrechen Sie den anderen nicht.
11. Werden Sie nicht laut.
12. Gehen Sie nicht raus oder weg oder legen mitten in der Auseinandersetzung den Hörer auf.

### Schlüssel 7 – Richtiges Kritisieren

Geben ist seliger denn Nehmen. Das gilt für fast alles, nur nicht für Kritik. Da Sie inzwischen gelernt haben, Kritik zu empfangen, sind Sie dagegen gefeit, dass sie Ihnen Schaden zufügt. Aber wenn Sie nicht lernen, Kritik auf die richtige Art zu äußern, können Sie mit kritischen Worten viel Schmerz und Unheil anrichten. Meines Wissens gibt es nur eine Art, richtig zu kritisieren. Gary Smalley hat mir diese Methode vor 30 Jahren beigebracht, und nach 30 Jahren kann ich Ihnen sagen, dass sie wirklich funktioniert. Auf diese Art wird Zurechtweisung ohne die üblichen Nebenwirkungen gewöhnlicher Kritik bewirkt. Die Methode nennt sich Sandwich-Methode. Vergessen Sie nicht, dass Kritik Zurechtweisung und die Ermunterung zu einer Verhaltensänderung bewirken soll. Es liegt zwar in unserer Natur, manchmal wehtun zu wollen, aber wenn man es wirklich tut, ist es meist kontraproduktiv und behindert die Erreichung unserer Ziele.

**Die Sandwich-Methode: Die einzig kluge Art der Kritik.** Knapp ausgedrückt verpackt die Sandwich-Methode eine Scheibe Kritik zwischen zwei Scheiben Lob. Man weist als erstes auf eine positive Eigenschaft der betreffenden Person oder auf eine besondere Leistung hin und lobt sie speziell für diese Eigenschaft oder Leistung (kein allgemeines Lob). *„Hallie, das ist ja so lieb von dir, dass du Papa eine Flasche Kaba gebracht hast. Du bist so aufmerksam."* Dann kommt eine Scheibe spezifische Kritik, die sich gegen eine falsche Handlung oder eine falsche Entscheidung richtet, nicht aber gegen den Charakter der Person: *„Hallie, Papa mag zwar gern Kaba, aber du kannst die schweren Flaschen noch nicht richtig tragen. Jetzt hast du etwas auf den Teppich geschüttet, und es dauert ganz lang, bis wir den wieder sauberkriegen. Frag also das nächste Mal bitte einen von deinen großen Brüdern, ob er die Flasche für dich trägt. Okay? Hast du mich ver-*

*standen?"* Nachdem die Kritik nun geäußert, verstanden und anerkannt worden ist, gehört noch die zweite Scheibe Brot auf das Sandwich. *„Hallie, du bis das süßeste Mädchen, das es gibt. Danke, dass du so lieb zu mir bist."*

So habe ich es vor kurzem mit meiner zweijährigen Tochter gemacht. Wenn Sie mit einem größeren Kind sprechen, mit einem Teenager oder einem Erwachsenen, müssen Sie natürlich aufpassen, dass Ihr Lob kein durchsichtiger Schleier um Ihre Kritik ist. Das wird nämlich als herablassend empfunden. Die Brotscheiben sind genauso wichtig wie die Wurst dazwischen. Das Lob sollte spezifisch, ernst gemeint und durchdacht sein.

Bedenken Sie noch, dass die Entwicklung zum positiven Menschen nichts mit bloßem positiven Denken oder mit Hochputschen zu tun hat. In allererster Linie muss man Verantwortung für seine Haltungen übernehmen, diese Haltungen umsetzen und bewusst entscheiden, wohin man die Aufmerksamkeit richtet, wenn eine negative Situation sie abgelenkt hat.

## Gang einlegen, Gas geben!

**So bringen Sie Ihre PS auf die Straße**

1. Schreiben Sie Situationen und Umstände aus der jüngeren Vergangenheit auf, in denen Sie eher abwehrend als konstruktiv reagiert haben. Beschreiben Sie Ihre Reaktion und die negativen Auswirkungen, die sie auf Sie oder eine andere Person hatte.
2. Sehen Sie sich die beschriebenen Situationen noch einmal an und schreiben Sie auf, wie Sie in diesen Situationen und unter den gegebenen Umständen in einer Weise hätten reagieren können, dass für Sie oder andere mehr Positives dabei herausgekommen wäre.
3. Nehmen Sie sich eine Woche lang jeden Abend ein paar Minuten Zeit, schreiben Sie Situationen des Tages auf, in denen Sie negativ reagiert haben und notieren Sie dazu die negativen Folgen Ihrer Reaktionen. Schreiben Sie dann für jede Situation auf, wie Sie besser hätten reagieren können.
4. Nehmen Sie sich eine Woche lang jeden Abend ein paar Minuten Zeit, schreiben Sie Situationen des Tages auf, in denen Sie konstruktiv reagiert haben und notieren Sie dazu die positiven Resultate, die Sie damit erzielt haben.

# Sitzung 15

## Das Superbenzin, das die erfolgreichsten Menschen der Welt tanken

### Entfachen Sie eine Leidenschaft, von der Sie bisher nichts wussten

Wenn der Treibstoff nicht gezündet wird, bleibt Ihr Porsche stehen! Stellen Sie sich vor, Ihr blinkender kobaltblauer Porsche steht in der Garage und wartet auf Sie. Der 415-PS-Motor mit Turbolader wartet nur darauf, dass Sie Ihn schnurren lassen. Sie springen in den Fahrersitz, um zu Ihrem ersten Traum aufzubrechen, stecken den Schlüssel ins Zündschloss, drehen ihn und – nichts passiert. Ihr Porsche für 100.000 Dollar steht einfach nur schweigend da. Ihrem Wagen fehlt etwas, ohne das Sie nicht einmal aus der Garage herauskommen, geschweige denn an Ihren Zielort: Er hat kein Benzin. Stellen Sie sich das einmal vor: Ein Auto für 100.000 Dollar steht für Sie bereit, es wartet darauf, Sie mit Höchstgeschwindigkeit zu Ihren Träumen zu fahren, aber es ist vollkommen wertlos, weil Benzin für 25 Dollar fehlt! So wundervoll das Auto auch ist, ohne Benzin fährt es nirgendwo hin. Außerdem gibt es nur eine Benzinsorte, mit der man den Motor überhaupt anlassen kann, und zwar das Benzin mit der höchsten Oktanzahl, das es je gab. Mit diesem Benzin können Sie hinfahren wohin Sie wollen, aber ohne das Benzin sitzen Sie in Ihrer Garage fest. Der Treibstoff für Ihren Porsche – der einzige Treibstoff, mit dem man den Motor zünden und an jeden beliebigen Ort der Welt fahren kann – ist die Leidenschaft.

Vor Beginn unserer letzten Sitzung möchte ich Ihnen sagen, wie geehrt ich mich fühle, dass Sie Ihr Herz und Ihren Geist den Strategien und Fähigkeiten geöffnet haben, die mein Leben und das Leben vieler anderer Menschen verändert haben, die die in den Genuss kamen, ihre unmöglichen Träume zu verwirklichen. Ich hoffe, Sie haben vor Beginn dieser Sitzung schon mithilfe des Vision Mapping Ihre Träume schriftlich definiert und viele Ihrer Träume gemäß dem „nach den Sternen greifen" nach oben korrigiert. Dann sind Sie jetzt bereit für die Reise zu Ihren wichtigsten Träumen.

Wenn Sie je eine Folge von *America's Most Wanted* gesehen haben, dann haben Sie erlebt, mit welcher Leidenschaft John Walsh seine Zuschauer dazu bewegen will, dem Arm des Gesetzes bei der Suche von Schwerverbrechern zu helfen. Wenn Sie *Oprah* öfter gesehen haben, dann waren Sie vielleicht von der Leidenschaft beeindruckt, mit der Oprah Winfrey quasi jedes Thema präsentiert. Wie schon erwähnt, arbeite ich mit einigen der größten Stars der Unterhaltungsbranche zusammen, aber zwei der leidenschaftlichsten Arbeiter, die ich je erlebt habe, kommen nicht aus Hollywood. Den einen kannte ich nur als Brother Hicks. In meiner College-Zeit arbeitete ich mit Brother Hicks Mitternachtsschichten. Er putzte fünf Nächte die Woche zwölf Stunden am Tag die Toiletten der zwölf Stockwerke eines Bürogebäudes. Er war schon über 60 und einer der leidenschaftlichsten und positivsten Arbeiter, denen ich je begegnet bin. Seine Leidenschaft und seine positive Art beruhten weder auf der Qualität seiner Arbeit noch auf den Verhältnissen zu Hause, denn dort pflegte er die meiste Zeit über seine kranke Frau. Er hatte kein Auto und fuhr jeden Abend mit dem Bus zur Arbeit. Seine Schicht begann zwar erst um Mitternacht, aber da der letzte Bus um sechs Uhr fuhr, kam er jeden Abend sechs Stunden zu früh auf die Arbeit, und das 25 Jahre lang. Jeder war gerne mit Brother Hicks zusammen, weil er immer glücklich war. Er sagte, er arbeite gerne in den Waschräumen, weil er dort laut singen und den Hall genießen könne, ohne von jemandem gehört zu werden.

Vor kurzem begegnete mir der zweitleidenschaftlichste Arbeiter, den ich je kannte, an Harlan's Barbecue Stand auf dem George Bush

International Airport in Houston. Dieser Mensch ist wirklich erstaunlich. Sein Name ist Rick Maddox, und wenn Sie je an diesem Harlan's-Stand etwas essen, werden Sie wohl kaum zu fragen brauchen: „Wer von euch ist Rick?" Er unterhält alle, die um ihn sind, und wenn

## Die vier Persönlichkeitstypen im Vergleich

**Wie die Menschen Leidenschaft entwickeln**

**Bummler**

Verwenden den Treibstoff Leidenschaft nicht, weil Sie sich nur mit dem Strom treiben lassen. Dafür braucht man keinen Treibstoff.

**Zielstrebige**

Erkennen ihre Leidenschaften und lassen sich von ihnen beherrschen, anstatt selbst Leidenschaften für die Verfolgung ihrer Träume zu entwickeln.

**Erfolgsmenschen**

Erreichen häufig einen gewissen Grad an Leidenschaft für die Verfolgung ihrer Ziele, folgen aber keinem konkreten Plan, auf Gebieten positive Leidenschaften zu entwickeln, auf denen sie nicht von alleine entstehen.

**Überflieger**

Entwickeln den Treibstoff Leidenschaft für die Verfolgung jedes wichtigen Traums oder Projekts. Außenstehende denken, sie wären von Natur aus leidenschaftlich, aber in Wirklichkeit entwickeln sie die Leidenschaft eigens für jedes wichtige Unterfangen.

niemand da ist, dann singt er. Als ich ihm bei der Arbeit zusah, begriff ich, dass seine Leidenschaft nicht dem wunderbaren, köstlichen Barbecue gilt, dass er auf dem heißen Grill zubereitet, sondern den Menschen, für die er grillt. Wenn ich irgendeinen Einzelhandel hätte, ich würde ihn vom Fleck weg engagieren. Er bringt jeden Gast zum Lächeln und weckt Begeisterung für den Grillteller, den er zubereitet.

Wie ist das bei Ihnen? Wie viel Leidenschaft bringen Sie jeden Tag in ihre Arbeit ein, in jedes Ihrer Projekte oder in Ihre persönlichen Beziehungen zu Hause? Die meisten Menschen haben viele Gründe dafür, dass sie die Leidenschaft für ihre Arbeit, ihren Ehepartner, ihre Kinder oder sogar für das Leben an sich verloren haben.

Unglücklicherweise ist Ihr Erfolg auf der Arbeit und zu Hause unauflöslich mit der Leidenschaft verknüpft, die Sie für diesen Bereich aufbringen. „Aber ich bin eben kein leidenschaftlicher Mensch", sagen Sie. „Wenn Sie meine Arbeit machen müssten, könnten Sie auch keine Leidenschaft dafür aufbringen!" Und dann noch die deprimierendste Bemerkung von allen: „Wenn Sie mit meinem Ehepartner verheiratet wären, dann wären Sie auch nicht leidenschaftlich." Falsch, falsch, falsch und nochmals falsch! Selbst wenn diese Äußerungen Ihre Empfindungen und die Empfindungen von Millionen Erwachsener widerspiegeln – sie spiegeln außerdem auch eine lähmende und irrige Auffassung von Leidenschaft wider. Alle drei Aussagen entspringen dem Glauben, Leidenschaft hinge von jemand oder etwas außerhalb Ihrer Person ab. Nichts könnte von der Wahrheit weiter entfernt sein. Zum Glück können Sie mehrere spezifische Schritte unternehmen, die Ihre Leidenschaft für jeden wichtigen Bereich Ihres Lebens innerhalb kurzer Zeit unabhängig von den Umständen steigern. Wenn Ihre Leidenschaft wächst, kommen auch Erfüllung und Erfolg.

## Meisterstrategie 15 – Passion für die Vision

Genauso wie bestimmte Persönlichkeitstypen von Natur aus eher positiv und optimistisch sind, genauso sind bestimmte Persönlichkeitstypen von Natur aus eher leidenschaftlich. Wieder einmal neigen Löwen und Otter eher zu dieser Eigenschaft als Biber und Golden Retriever. Otter sind normalerweise von Natur aus leidenschaftlich, wenn das Ziel ihrer Leidenschaft weiterhin Spaß macht oder wenn eine Gruppe von Menschen sie anstachelt. Löwen sind von Natur aus leidenschaftlich, so lange das Ziel ihrer Leidenschaft eine Herausforderung bedeutet. Aber wenn sich der Löwe langweilt, weil sich keine Herausforderung mehr stellt, verliert er die Leidenschaft schnell wieder; und wenn die Leidenschaft des Otters keinen Spaß mehr macht beziehungsweise die Gruppe verschwindet, flaut auch seine Leidenschaft ab. In beiden Fällen sind die inneren Leidenschaften selten von Dauer. Eine Leidenschaft braucht für die Aufrechterhaltung einen hochwertigeren Krafstoff als den, der aus dem Inneren des Persönlichkeitstyps fließt. Er muss aus einer anderen Raffinerie stammen.

Manchmal sagt mir jemand: „Ich kenne Menschen, die seit demTag ihrer Geburt höchst leidenschaftlich sind." Darauf antworte ich normalerweise: „Ich auch." Aber die angeborene Leidenschaft entspringt einfach dem Persönlichkeitstyp. Vielleicht sind sie ausgeprägte Otter oder ausgeprägte Löwen. Es ist und bleibt aber eine Tatsache, dass diese Art von Leidenschaft für die Verfolgung entfernter außergewöhnlicher Träume auf Dauer ungeeignet ist. Dafür braucht man eine vollkommen andere Art von Leidenschaft. Von dieser Art der Leidenschaft soll hier die Rede sein. Diese Art von Leidenschaft können Sie sich und kann sich jeder Mensch aneignen. Sie müssen nur wissen, zu welcher Tankstelle Sie gehen müssen, und Sie brauchen die passende Kreditkarte. Ich werde Ihnen jetzt sagen, wo die richtige Tankstelle ist, und ich gebe Ihnen eine Kreditkarte, die für den Rest Ihres Lebens reicht.

Man kann eine Leidenschaft auf zwei Arten bekommen. Erstens kann man sie sich genauso einfangen wie eine Erkältung. Zweitens kann man sie sich absichtlich aneignen. Man wird von einer Leidenschaft befallen, wenn man sich in der Nähe von etwas bewegt, das einen Reiz ausübt. Erst spielt man damit, dann jagt man ihm nach, und schließlich hat man sich eine ausgewachsene Leidenschaft eingefangen. Das Problem an dieser Art Leidenschaft besteht darin, dass Sie von ihr beherrscht werden können anstatt sie zu beherrschen. Bevor Sie es merken, verlieren Sie Ihre wichtigsten Werte, Ihre höchsten Prioritäten und Ziele aus den Augen.

Zum Beispiel kann ein Mann von der Leidenschaft für eine Frau befallen werden. Wenn er alleinstehend ist, kann ihn das von seinen Prioritäten in Sachen Ausbildung oder Beruf ablenken. Wenn er verheiratet ist, kann es seine Familie zerstören und seinen Ruf ruinieren. Selbst Präsidenten der Vereinigten Staaten, die mächtigsten Führer der Welt, haben es zugelassen, dass Leidenschaften ihr Verhalten und ihr Schicksal beherrschen. Egal was Bill Clinton alles geleistet haben mag, man wird sich seiner immer als den Mann erinnern, der sich nicht beherrschen konnte, wenn es um seine Leidenschaft für Frauen ging. In einer früheren Sitzung haben wir ja schon gesehen, dass man unbedingt die Kontrolle über sein Leben und seine Zeit gewinnen und behalten muss, wenn man seine Träume erreichen will. Und man will ja schließlich auf gar keinen Fall die Kontrolle an jemanden oder an etwas abgeben, das diese Träume sabotieren kann.

Benjamin Franklin hat über diese Art von Leidenschaft einmal gesagt: „Ein leidenschaftlicher Mann reitet ein wildes Pferd." Das heißt, wenn man sich von seiner Leidenschaft beherrschen lässt, dann lenkt sie einen dorthin wo sie will, und irgendwann wirft sie einen ab.

Ein guter Freund von mir hat die Golf-Leidenschaft. Seine Kinder haben am Wochenende keinen Vater, und seine Frau ist eine Golf-Witwe. Das ist für die Familie sehr traurig. Es gibt Millionen wichtigere Dinge als stundenlang einen weißen Ball auf dem Rasen herumzuschubsen. Stellen Sie sich einmal vor, wie viel ihm diese Zeit einbringen würde, wenn er sie mit der gleichen Hingabe mit seiner Frau und seinen Kindern verbringen würde. Franklin hatte Recht, Passionen wie diese sind wie wilde Pferde.

**Das zwanzigste Gesetz des außergewöhnlichen Erfolges**
Wenn Sie für eine Vision keine kontrollierte Leidenschaft entwickeln, ist außergewöhnlicher Erfolg unmöglich.

Thomas Hobbes schrieb einst: „Ungezügelte Leidenschaften sind meist purer Wahnsinn." Wenn eine Leidenschaft die Kontrolle über uns gewinnt, dann ist das wie Wahnsinn. Niemand will mit einem Wahnsinnigen zusammenleben. Das ist nicht die Art von Leidenschaft, die uns interessiert. Ich will nicht, dass ich einer Leidenschaft verfalle, die mich von allem wegzieht, was mir das Wertvollste ist, sondern ich will eine Leidenschaft erwerben und erhalten, die meine Werte widerspiegelt und die mir Kraft für meine Träume gibt. Ich will eine Leidenschaft für meine Frau haben. Nicht nur sexuell, sondern als Person. Sie ist der kostbarste Schatz, der mir je gegeben wurde, und ich will mit Leidenschaft ihre tiefsten emotionalen, körperlichen und religiösen Bedürfnisse erfüllen. Außerdem will ich eine Leidenschaft für meine Kinder haben. Ich habe sieben der wundervollsten Kinder auf diesem Planeten. Sie verdienen meine Aufmerksamkeit, meine Liebe, Energie, Ermunterung, Leitung, meine Gedanken und vieles mehr. Ich will Leidenschaft, die mich zu den Dingen treibt, die am besten sind, denn ich weiß, dass kontrollierte Leidenschaft der Treibstoff der Exzellenz ist. Ohne Leidenschaft gibt es keine exzellente Ehe, man wird kein exzellenter Vater oder eine exzellente Mutter und man kann sicherlich auch im Beruf nichts Hervorragendes leisten.

Und wie eignet man sich die richtige Art von Leidenschaft an? Wie tankt man auf dem Weg zu seinen Träumen jeden Tag voll? Henry Ford erwarb die Leidenschaft, das Automobil für die Massen erschwinglich zu machen. Ray Kroc eignete sich die Leidenschaft an, Amerika mit preiswertem Fastfood zu vesorgen.

Thomas Edison verschaffte sich für jedes Projekt, an dem er arbeitete, eine Leidenschaft. Er begann kein Projekt ohne gefüllten Tank. Er ging seine Projekte nicht langsam, methodisch, nach und nach oder schleppend an. Seine Leidenschaft brannte lichterloh wie ein nächtliches Feuer! Selbst im höheren Alter, als er keine große körperliche Energie mehr hatte, kam er laut Aussage seiner Mitarbeiter voller Leidenschaft für das Projekt des Tages auf die Arbeit. Er war derart leidenschaftlich, dass es ihm schwerfiel, seinen Arbeitsplatz zu verlassen. Häufig schlief er im Labor, und wenn ihm mitten in der Nacht ein Einfall kam, konnte er sofort daran arbeiten. Edison hatte gelernt, wie er sich für praktisch alle Projekte Leidenschaft aneignen konnte.

Langer Rede kurzer Sinn: Wenn Sie sich keine Leidenschaft für die Verfolgung und Erreichung Ihrer Träume, Ihrer Projekte, Ziele und sogar für die Ihnen zugewiesenen Aufgaben zulegen, dann kommen Sie niemals aus der Garage heraus. Ihr Schöpfer hat Ihnen einen unglaublichen Porsche gegeben, das Auto des Lebens, das Sie an jeden Ort bringen kann. Alles daran ist das Beste vom Besten, aber ohne Kraftstoff kommen Sie damit nicht einmal aus der Garage heraus.

Und wie erwirbt man eine Leidenschaft für Dinge, für die man nicht von Natur aus leidenschaftlich engagiert ist? Wie bekommt man eine Leidenschaft, die von Dauer ist – die sich nicht beim ersten Hindernis, das sich Ihnen in den Weg stellt oder beim ersten Widerstand, auf den Sie stoßen, schon wieder verflüchtigt? Genauso wie bei den anderen Meisterstrategien, die wir gesehen haben, müssen Sie auch hier nur die richtigen Strategien und Methoden lernen und benutzen. Die richtige Leidenschaft enthält nur drei Zutaten. Wenn Sie diese drei Zutaten haben, dann haben Sie auch die Leidenschaft. Wenn eine davon fehlt, dann haben Sie die Leidenschaft nicht. Sie brauchen auf jeden Fall alle drei Zutaten.

### Die drei unentbehrlichen Zutaten der Leidenschaft

Leidenschaft besteht aus Vision, Hoffnung und Erfüllung. Wie bei so vielen anderen Begriffen, die wir benutzt haben, gibt es auch von diesen

***Definitionen der drei Bestandteile der Leidenschaft***

***Vision:*** *Klar definierter Traum samt exakter und detaillierter Landkarte/Wegbeschreibung, mit der man den Traum in einem festgelegten Zeitrahmen erreichen kann.*

***Hoffnung:*** *Die wohl begründete und zuversichtliche Erwartung, dass ein bestimmter Traum, ein Ziel, ein Schritt oder eine Aufgabe in einem definierten Zeitrahmen erfüllt wird.*

***Erfüllung:*** *Die innere Freude und Begeisterung, die der Erreichung bedeutungsvoller Ziele, Schritte und Aufgaben entspringt, welche Ihren zentralen Werten entsprechen.*

Begriffen viele falsche Auffassungen. Die meisten Menschen verbinden mit „Vision" etwas Mystisches. Hoffnung wird meist mit Wunschdenken gleichgesetzt. Erfüllung ist häufig nur ein Synonym für Zufriedenheit. Alle drei Begriffsauffassungen sind falsch. Keiner der drei Begriffe beschreibt etwas Abstraktes, sondern etwas genauso Greifbares wie Silber oder Gold. Sie sind spezifische Elemente.

**Vision – Leidenschaft muss immer mit dieser Zutat beginnen.** Die erste Zutat der Leidenschaft ist die Aneignung einer Vision, und ohne sie gibt es die beiden anderen Zutaten nicht. Sie muss am Anfang stehen. Um eine Leidenschaft zu bilden, brauchen Sie nicht nur alle drei Zutaten, sondern Sie müssen sie auch in der richtigen Reihenfolge zugeben. Die erste Zutat zur Schaffung einer Leidenschaft ist eine klare, präzise Vision Ihres Traums. Wie man das macht? Millionen von Erwachsenen haben keine Ahnung, aber Sie kennen die Antwort schon: Man benutzt das Verfahren des Vision Mapping, das Sie in unserer achten Sitzung gelernt haben.

Charles A. Lindbergh hatte die Vision, der erste Mann zu werden, der es schafft, den Atlantik in einem Flugzeug zu überqueren. Das hatten auch schon andere versucht, und alle waren gescheitert. Lindbergh verwendete das gleiche Vision Mapping, das Sie gelernt haben, und verwandelte seine Vision in Ziele, die Ziele in Schritte und die Schritte in Aufgaben. Als er seine Vision erfolgreich verwirklicht hatte, bekam er den Beinamen „Lucky Lindy"; aber in Wirklichkeit hatte das weniger mit Glück zu tun als damit, dass er sich eine Leidenschaft zueigen gemacht hatte. Der erste Bestandteil seiner Leidenschaft war die Vision.

Jahre später legte sich Lindbergh eine andere Passion zu. Nach dem Besuch einer privaten medizinischen Forschungseinrichtung ließen ihm zwei große medizinische Probleme keine Ruhe mehr, für die noch kein Wissenschaftler eine Lösung gefunden hatte. Er fasste die Vision zweier mechanischer Geräte, die die beiden „unlösbaren" Probleme lösen würden. Getrieben von einer neuen Leidenschaft entwickelte Lindbergh die erste funktionierende Blutzentrifuge und die erste Herz-Lungen-Maschine. Beide Geräte gelten als Meilensteine der Medizintechnik, und beide entstanden, weil der Pilot, der als erster den Atlantik überquert hatte, eine Leidenschaft für zwei Probleme entwickelt hatte, die die Medizinforscher nicht hatten lösen können. Lindbergh nahm für diesen unglaublichen Beitrag zur Medizin kein Geld und zog es vor, in diesem Zusammenhang anonym zu bleiben.

Wenn Sie schon mit Ihrem Vision Mapping Journal angefangen haben und die Träume für Ihre wichtigsten Lebensbereiche sowie den Weg dorthin festgelegt haben, dann haben Sie die erste Zutat für die Entwicklung einer Leidenschaft für Ihre Träume bereits beschafft.

**Hoffnung – die zweite unentbehrliche Zutat der Leidenschaft.** Hoffnung ist die zweite Zutat, die für die Hervorbringung einer Leidenschaft unerlässlich ist. Die meisten Menschen betrachten Hoffnung nur als einfachen Wunsch, so wie in dieser Verwendung des Begriffs: „Ich hoffe, sie geht mit mir aus." „Ich hoffe, er verliebt sich in mich." „Ich hoffe, mein Chef merkt, dass ich meine Arbeit gut mache." Diese Art Hoffnung meine ich aber nicht. Wahre Hoffnung ist die wohl begründete und zuversichtliche Erwartung, dass eine bestimmte Vision, ein Traum, ein Ziel, ein Schritt oder eine Aufgabe in einem festgelegten Zeitraum erreicht wird. Das Vision Mapping erzeugt wahre Hoffnung, denn es wandelt einen Traum zunächst in eine greifbare Ansammlung von Zielen, Schritten und Aufgaben um, die der Mensch geistig und visuell erfassen kann. Mit dem Erfassen beginnt die Entstehung einer wohl begründeten und zuversichtlichen Erwartung. Und jedesmal wenn eine Aufgabe, ein Schritt oder ein Ziel bewältigt beziehungsweise erreicht ist, wird die Erwartung immer wohlbegründeter und zuversichtlicher, dass der Traum erfüllt wird, denn jede abgeschlossene Aufgabe, jeder abgeschlossene Schritt und jedes abgeschlossene Ziel bringen uns der Vollständigkeit unseres Traums näher.

Als Lindbergh die Vision fasste, als erster Mensch den Atlantik in einem Flugzeug zu überqueren, hatte er kein Geld und kein Flugzeug; er wusste auch nicht, ob es schon ein Flugzeug gab, das dafür geeignet war. Er machte aus seiner Vision eine Liste spezifischer Ziele, Schritte und Aufgaben, die er dann Stück für Stück abarbeitete. Er fand in San Diego ein Unternehmen, von dem er dachte, dass es ein Flugzeug nach seinen Angaben bauen könnte; das verbesserte seine Aussicht auf Erfolg wesentlich. Dann begann er mit der Geldbeschaffung für den Bau des Flugzeugs. Während er zusammen mit den Partnern, die er dafür herangezogen hatte, in der Liste der Ziele immer weiter kam, war die Erfolgserwartung immer besser begründet, und die Hoffnung wuchs entsprechend. Wie zuversichtlich wurden seine Erwartungen? Anstatt für den 6.000 Kilometer weiten Flug eine zweimotorige Maschine bauen zu lassen, wollte er nur noch einen Motor. Das bedeutete zwar weniger Leistung und keinen Ersatz bei Motorausfall, aber es bedeutete auch, dass der Treibstoff doppelt so weit reichen würde wie mit zwei Motoren.

Wie zuversichtlich waren Lindberghs Erwartungen? So zuversichtlich, dass er schließlich doch keinen zweiten Piloten mitnahm, der ihn auf dem mehr als 30-stündigen Flug ablösen und ihm etwas Schlaf verschaffen könnte; er beschloss, allein zu fliegen. Er hatte hohe Erwartungen und große Zuversicht. Beides war wohl begründet, denn er und sein Team blieben mit der Erledigung der Aufgaben, Schritte und Ziele im gesteckten Zeitrahmen. Die Leidenschaft für sein Projekt wurde immer größer. Das Gleiche wird bei Ihnen passieren. Jedesmal wenn Sie eine Aufgabe, einen Schritt oder ein Ziel abschließen, kommen Sie der Erfüllung Ihres Traums näher, so dass Ihre Erwartungen immer wohlbegründeter und zuversichtlicher werden. Und damit wächst auch die Hoffnung.

**Erfüllung – die dritte unentbehrliche Zutat für die Erzeugung von Leidenschaft.** Erfüllung ist die dritte Zutat, die man unbedingt braucht, wenn man eine Leidenschaft hervorbringen will. Sie können sich freuen, denn für diese Zutat brauchen Sie nicht eigens etwas zu tun. Sie entsteht automatisch, wenn Sie die Schritte in Richtung Ihres Traumes gehen. Jedes Mal, wenn Sie eine Aufgabe, einen Schritt oder ein Ziel hinter sich haben, denken Sie bei sich selbst: „Wow! Wieder eins geschafft! Ich komme der Erfüllung meines Traums immer näher." Und das ist Erfüllung!

Kommen wir auf das Beispiel von Lucky Lindy zurück. Mit jeder Aufgabe, jedem Schritt und jedem Ziel, das Lindbergh und sein Team absolvierten, kam zu der Mischung aus Vision und Hoffnung auch noch Erfüllung (die letzte Zutat) hinzu, und es entstand eine Leidenschaft, die Herz und Geist gefangennahm. Mit wachsender Leidenschaft wuchs auch die Motivation, mit noch mehr Begeisterung und Hingabe weiterzumachen. Während Lindbergh zusah, wie sein Team Aufgaben, Schritte und Ziele bewältigte, wuchsen in ihm Hoffnung und Erfüllung. Als der große Tag kam, war seine Leidenschaft so mächtig geworden, dass er vor Antritt des 33 Stunden und 30 Minuten langen Alleinflugs seit 24 Stunden nicht geschlafen hatte. Würden Sie sich an das Steuer eines einmotorigen Experimentalflugzeugs setzen und zu einem Alleinflug über den Atlantik starten, wenn Sie vorher 24 Stunden nicht geschlafen hätten? Niemand auf der Welt hätte sich diese Leistung zugetraut, aber schließlich hatte auch niemand auf der Welt für diesen Traum die gleiche Leidenschaft wie Lindbergh. Sein Traum wurde Wirklichkeit. 33 Stunden und 30 Minuten nach dem Start landete er um 22:22 Uhr in Paris vor einer begeisterten Menge von mehr als 100.000 Menschen. So viel zur Macht der Leidenschaft.

Die gleiche Leidenschaft, die Lindbergh sämtlichen Treibstoff gab, den er für die Verwirklichung seines unmöglichen Traums brauchte, steht auch Ihnen für die Verfolgung Ihrer wichtigsten Visionen zur Verfügung. Mithilfe des Vision Mapping können Sie echte, klar definierte Visionen schaffen. Während Sie die Aufgaben erledigen, die für die einzelnen Schritte zu den Zielen nötig sind, bekommt Ihre Hoffnung ein festes Fundament der Zuversicht. Mit jeder Aufgabe, jedem Schritt und jedem Ziel wachsen Hoffnung und Erfüllung; sie erzeugen eine aufrichtige Leidenschaft, die Ihre Verfolgung der Vision auf dem ganzen Weg bis zu ihrer Vollendung mit Kraftstoff speist.

Also ist Leidenschaft nichts Mystisches. Sie ist nichts, was man sich einfangen oder dem man verfallen muss. Man kann dabei nämlich eine gute oder eine schlechte Leidenschaft erwischen. Vielleicht erwischen Sie eine, die Ihren Traum speist, vielleicht aber auch eine, die ihn zerstört. Sie brauchen allerdings gar nicht zu abwarten, bis Sie von einer Leidenschaft befallen werden. Sie können in jeden Ihrer Träume selbst Leidenschaft einbringen und damit die Wahrscheinlichkeit des Erfolgs erheblich steigern.

Sie mögen einwenden: „Moment mal! Ich habe einen derart erbärmlichen Job ohne Aufstiegsmöglichkeiten, dass ich dafür niemals Leidenschaft aufbringen kann!" Doch, Sie können! Als Erstes müssen Sie Ihre Arbeit mit einer Vision verbinden. Vielleicht wollen Sie besser und schneller werden als je einer vor Ihnen. Vielleicht besteht Ihre Vision darin, Ihren Job so gut zu machen, dass Sie auf eine ganz andere Stelle versetzt werden. Wenn Sie dafür Leidenschaft entwickeln, heizt sie Ihre Arbeitsleistung an und wird zum Schlüssel, der Ihnen den Aufstieg innerhalb des Unternehmens oder in ein anderes Unternehmen eröffnet.

Leidenschaften sind wie nukleare Kettenreaktionen. Wenn sie uns befallen und uns beherrschen, erzeugen sie eine unkontrollierte Kettenreaktion, die gewaltige Zerstörungen anrichten kann. Wie viele Ehen wurden durch Ehebruch ruiniert? Wie fängt Ehebruch an? Mit einer Leidenschaft, die den Ehemann oder die Ehefrau befällt. Wie viele Menschen haben ihre Arbeit verloren, weil sie eine Leidenschaft für etwas Negatives entwickelt haben, zum Beispiel für das Spiel, für das Trinken oder für Drogen? Solche Leidenschaften nehmen uns gefangen und zerstören unser Leben.

Aber was passiert, wenn wir eine kontrollierte Leidenschaft entwickeln, um die Verfolgung unserer geliebtesten Träume zu beschleunigen? Auch das verursacht eine nukleare Kettenreaktion. Aber diese Kettenreaktion ist kontrolliert. Sie hat keine zerstörerischen Konsequenzen, sondern sie bringt positive Ergebnisse. Diese Art der Leidenschaft ähnelt einem Kernkraftwerk, das ganze Städte mit Strom versorgt. Das ist die Kraft der kontrollierten Kettenreaktion und die Macht der erworbenen oder aktiv entwickelten Leidenschaft.

Eine meiner Lieblingsgestalten der amerikanischen Geschichte ist ein Mann, von dem Sie vielleicht noch nie gehört haben. Er ist eher unbekannt. Und doch hat er einen der größten Beiträge für Sie und mich, für unsere Familien und unsere Nation geleistet, den je eine einzelne Person geleistet hat. Am Ende seiner beruflichen Laufbahn war er Zahlmeister bei einer Eisenbahngesellschaft. Jetzt wundern Sie sich bestimmt. Was für einen Beitrag könnte dieser Mann wohl geleistet haben? Sein Name war Nathan Trist.

Im Jahre 1847 wurde Trist von Präsident Polk nach Mexiko entsandt, um einen Friedensvertrag auszuhandeln, der den Krieg zwischen Mexiko und den Vereinigten Staaten beenden sollte. Kurz nach Antritt seiner Reise von Washington nach Mexiko hatte Trist eine Vision von der Einigung, die er erzielen wollte. Je mehr er darüber nachdachte, desto leidenschaftlicher wurde er. Er schickte eine Botschaft an Polk und teilte ihm mit, was er in den Verhandlungen erreichen wollte. Als Polk die Depesche las, war er äußerst besorgt und befürchtete, dass ein solches Verlangen die Führung Mexikos aufs Äußerste erzürnen könnte und dass sie den Krieg eher fortsetzen als beenden würde. Polk bat Trist in seiner Antwort, dieses Vorhaben aufzugeben. Aber Trist hatte nicht nur eine Vision, sondern er hatte auch den Prozess des Vision Mapping durchgeführt und seine Vision in präzise Ziele, Schritte und Aufgaben umgewandelt. Als er mit der Umsetzung der Aufgaben und Schritte begann, strömten Hoffnung und Erfüllung in seine Vision. Daraus entstand eine Leidenschaft, die nicht einmal der Präsident der Vereinigten Staaten stillen konnte. Trist anwortete dem Präsidenten und versicherte ihm, dass er die anvisierten Zugeständnisse bekommen würde. Präsident Polk war derart außer sich über Trists Beharren auf einer dermaßen gefährlichen Forderung, dass er ihm in einer weiteren Depesche kündigte und ihn aufforderte, sofort nach Washington zurückzukehren. Polk wollte dann jemand anderen entsenden, der einen weniger anspruchsvollen Friedensvertrag aushandeln sollte, den Mexiko wahrscheinlich auch akzeptieren würde.

Aber der Präsident hatte die Macht von Trists Leidenschaft für seine Vision nicht begriffen. Trist missachtete die Aufforderung des Präsidenten und handelte den Vertrag aus. Seine Vision war nicht von dem Wunsch gespeist, dem Präsidenten zu gefallen, sondern von dem leidenschaftlichen Wunsch, das seiner Meinung nach Beste herauszuhandeln. Und das Ergebnis? Nicht das, was Polk erwartet hatte – nämlich noch größere Entschlossenheit zu kämpfen. Vielmehr bewog Trist Mexiko, genau den Vertrag zu unterzeichnen, den er geplant hatte, einschließlich aller unfassbaren Zugeständnisse. Er brachte ihn nach Washington, Polk unterzeichnete ihn und der Senat ratifizierte ihn. Allerdings war Polk derart empört, dass er Trist auf Lebenszeit von allen staatlichen Ämtern ausschloss.

Was gab dieser Vertrag Ihnen und mir und unserer Nation? Wir bekamen die Staaten Kalifornien, Utah, Nevada, New Mexico, Arizona, einen Teil von Colorado und einen Teil von Wyoming. Wir bekamen damit mehr Land und Reichtum als je in der Geschichte ein Land durch einen Vertrag bekommen hat. Ohne diese Erwerbung hätten wir die Metalle, das Öl und den Wohlstand nicht gehabt, die für den Sieg im Ersten und im Zweiten Weltkrieg entscheidend waren. Dank Nathan Trist leben wir nicht nur im reichsten Land der Welt, sondern in einem Land und in einer Welt, die die Freiheit gegen den Totalitarismus verteidigen konnte.

Und was hat das die Vereinigten Staaten gekostet? Trist handelte exakt den Preis heraus, den er vertreten konnte: 15 Millionen US-Dollar. Wir bekamen Kalifornien, den Südwesten und die westlichen Rocky Mountains für 10 Cent pro Hektar. Das war der bemerkenswerteste Landkauf in der Geschichte der Vereinigten Staaten und in der Weltgeschichte. Und das alles nur, weil ein unbekannter, unbesungener und ungerecht behandelter Nathan Trist seine Vision mit dem Treibstoff der Leidenschaft versah.

So langsam kommen wir zum Ende unserer Sitzungen, und jetzt ist es an Ihnen, Ihre unmöglichen Träume zu verfolgen. Sie haben jetzt das perfekte Fahrzeug, das Sie zu allen Ihren Träumen trägt. Ihr Porsche besteht aus 14 Meisterstrategien. Dazu haben Sie jetzt noch das Benzin und die Kreditkarte für die Benutzung der 15. Meisterstrategie bekommen. Jetzt müssen Sie nur noch eines tun, und Sie sind der einzige, der das tun kann: Sie müssen den Schlüssel in das Zündschloss stecken und ihn drehen. Wissen Sie, was ein Zündschloss tut? Es schließt einen elektrischen Stromkreis, der einen Funken erzeugt, welcher den Kraftstoff zündet. Und ebenso wie alles andere in unserem langen Vergleich ist das Zündschloss unentbehrlich. Ohne diesen einen Funken fährt das Auto nirgendwohin. Man kann das Zündschloss mit einem bestimmten Wort perfekt beschreiben, aber dieses Wort wird derart missverstanden, dass ich Ihnen dazu erst noch ein Wortbild erzähle.

Im Jahre 1859 schaltete ein unbekannter Seiltänzer namens Charles Blondin in der New York Times eine Anzeige, in der er ankündigte, er werde die Niagarafälle auf einem Seil überqueren. Rund 5.000 Menschen wollten sehen, ob dieser Mann das Unvorstellbare schaffen würde oder ob er in die Millionen Liter Wasser stürzen würde, die dort jede Minute herabfallen. Die Fälle sind rund 400 Meter breit, also etwa vier Fußballfelder. Können Sie sich vorstellen, dass man so weit auf einem Seil gehen kann? Und dann die Höhe: Die Niagarafälle sind 16 Stockwerke hoch. Pro Minute fließen mehr als 10.000 Kubikmeter Wasser über die Kante – das sind 1.000 Swimmingpools.

Bevor Blondin mit dem ersten Überquerungsversuch begann, fragte er die Menge. „Wer von Ihnen glaubt, dass ich auf diesem Seil über die

Fälle laufen kann?" Die Menge bezeugte applaudierend ihren Glauben, er überquerte die Fälle und lief zur Verblüffung aller auch noch zurück. Dann fragte er die Menge: „Wer von Ihnen glaubt, dass ich die Fälle mit einer Schubkarre überqueren kann?" Wieder applaudierte die Menge bejahend, und diesmal schob er eine Schubkarre über die Fälle und zurück. Zur noch größeren Verblüffung der Menge überquerte er sie dann noch zweimal, einmal auf Stelzen und einmal mit verbundenen Augen. Jetzt war die Menge völlig aus dem Häuschen. Dann stellte er ein scheinbar einfache Frage: „Wer von Ihnen glaubt, dass ich die Niagarafälle überquere und dabei jemanden huckepack trage?" Verglichen mit dem, was die Menschen bisher schon gesehen hatten, schien das eine leichte Übung zu sein, und daher applaudierte die Menge diesem Mann und feuerte ihn an, denn jetzt dachten alle, er könnte auf dem Seil machen, was immer er wollte. Aber dann brachte er sie mit einer einzigen Frage zum Schweigen: „Wer meldet sich als Freiwilliger?" Die 5.000-köpfige Menschenmenge, die behauptet hatte, an seine Fähigkeiten zu glauben, die seine bisherigen Fragen bejaht und mit Hochrufen ihren Glauben bezeugt hatte, stand nun schweigend vor ihm. Obwohl alle 5.000 behauptet hatten, sie glaubten, Blondin könne einen Menschen über die Fälle tragen, glaubte kein einziger wirklich daran.

Sie sehen hier, dass zu wahrem Glauben auch eine entsprechende Handlung gehört. Wenn die Handlung nicht vorhanden ist, dann ist auch kein Glaube da. Wenn Sie nicht glauben, dass ein Flugzeug Sie sicher an Ihr Ziel bringt, dann gehen Sie nicht an Bord. Wenn Sie glauben, dass es das tut, steigen Sie ein.

Diese Art von Glauben hat mit Vertrauen zu tun. Zu solchem treuen Glauben gehört immer eine Handlung, die sein Vorhandensein beweist. Niemand in der 5.000-köpfigen Menschenmenge glaubte wirklich an

Blondin, obwohl alle behauptet hatten, sie würden an seine Fähigkeiten glauben. Der einzige Mensch, der wahren Glauben an Blondin und seine Geschicklichkeit besaß, war sein bester Freund. Er stieg auf Blondins Rücken und wurde der erste Mensch, der die Niagarafälle auf dem Rücken eines Seiltänzers überquerte. Das ist wahrer Glaube, wahres Vertrauen und wahre Treue.

Glauben gibt es in allen Dingen. Auch wenn Sie sagen, „Ich bin nicht gläubig“, praktizieren Sie jeden Tag tausend Mal Glauben. Wenn Sie einen Lichtschalter betätigen, verleihen Sie damit einem Glauben Ausdruck. Sie sagen damit, Sie glauben, dass gleich Strom durch die Kabel fließt und dass die Kabel so weit in Ordnung sind, dass es keinen Kurzschluss gibt und dass nicht das Haus abbrennt. Wenn Sie zu jemand anderem ins Auto steigen, verleihen Sie dem Glauben Ausdruck, dass die entsprechende Person Sie sicher an Ihr Ziel bringt.

Was will ich damit sagen? Ich will sagen, dass das Zündschloss, mit dem Sie Ihre Leidenschaft für die Anwendung der 15 Meisterstrategien zur Verfolgung Ihrer Träume entzünden, das Zündschloss des Glaubens ist. In diesem Fall äußert sich Ihr Glaube in der Tatsache, dass Sie sich die nötige Zeit für die Übungen am Ende jeder Sitzung nehmen und das Ziel haben, die besprochenen Strategien und Fähigkeiten zu lernen und zu benutzen. Wenn Sie wirklich glauben, dass diese Strategien und Fähigkeiten bei Ihnen genauso wirken wie bei mir und bei zahllosen anderen Menschen, die ihre unerfüllbaren Träume verwirklicht haben, dann machen Sie die Übungen, eignen sich die Fähigkeiten an und verwenden sie in Ihrem täglichen Bemühen um hervorragende Ergebnisse und um Ihre Träume. Zusätzlich zu den Übungen fangen Sie dann auch mit dem Vision Mapping an. Sie lernen die behandelten Kommunikationstechniken. Sie lernen, wie man in einer beliebigen negativen

Situation seine Aufmerksamkeit vom Negativen auf das Positive richtet. Sie werden lernen und sich dazu aufraffen, Ihre Mitmenschen zu ehren, seien es Ihre Kinder, Ihren Ehepartner, Ihre Kollegen, Ihre Kunden oder jeden anderen, der Ihren Weg kreuzt. Sie werden sich dazu entschließen, sie wertzuschätzen.

Für all das brauchen Sie Glauben. Sie müssen glauben, dass das Ergebnis so aussehen wird, wie ich gesagt habe. Ich kann Ihnen versprechen, dass dem auch so ist. Diese Methoden sind seit Jahrhunderten bewährt. Alle Menschen, die je ihre unmöglichen Träume erreicht haben, haben sie angewendet. Sie funktionieren! Bei mir funktionieren sie immer und immer wieder. Sie funktionieren in meinen persönlichen Beziehungen. Sie funktionieren bei meinen Projekten. Sie funktionieren bei meinen Fernsehsendungen. Sie funktionieren einfach!

Aber Sie sind derjenige, der den Schlüssel drehen muss. Niemand übernimmt es für Sie, den Schlüssel ins Schloss zu stecken und ihn zu drehen. Wenn Sie die Übungen nicht machen, wenn Sie nicht Ihre Zeit organisieren und Ihren Tag nach Prioritäten gestalten, wenn Sie nicht Ihre Träume schriftlich niederlegen und sie in Ziele, Schritte und Aufgaben zerlegen, erzielen Sie in keinem Bereich Ihres Lebens außergewöhnliche Erfolge.

Sie haben einen Porsche – sich selbst! Ihr Schädel beherbergt den höchstentwickelten Computer der Welt. Sie haben ihn seit Ihrer Geburt. Sie können damit Mittelmäßiges oder Außerordentliches erreichen. Aber dafür müssen Sie den Schlüssel drehen.

Zum Schluss möchte ich Ihnen noch sagen, wie geehrt ich mich fühle, dass Sie sich Zeit für unsere gemeinsamen Sitzungen genommen haben. Ich würde gerne von Ihnen hören, wie Sie die Strategien in Ihrem Leben verwenden. Meine Internetseite finden Sie unter stevenkscott.com oder unter mentoredbyamillionaire.com. Dort finden Sie das vorgefertigte Vision Mapping Journal und das Mentored by a Millionaire Workbook, das alle Übungen aus dem vorliegenden Buch und die passenden Vordrucke für die Übungen enthält. Außerdem finden Sie dort meine Hörbücher zu diesem Thema sowie mein neuestes Hörbuch *Solomon's Treasures: Secrets to Wealth, Success and Happiness from the Richest Man Who Ever Lived.* Die Seite enthält auch einen Link zu meiner E-Mail-Adresse. Wenn Sie die genannten oder andere Materialien bestellen wollen, können Sie das auch unter der Telefonnummer (800) 246-1771 tun. Meine wundervolle Assistentin Karen freut sich, wenn sie Ihnen irgendwie helfen kann. Gott segne Sie mit allem, was Sie brauchen, um all Ihre geliebten Träume zu verfolgen und zu erreichen!

## Gang einlegen, Gas geben!

**So bringen Sie Ihre PS auf die Straße**

1. Wenn Sie genauso sind wie die meisten Leser von Selbsthilfe-Büchern, dann haben Sie höchstwahrscheinlich noch nicht mit Ihrem Vision Mapping Journal angefangen. Wenn Sie diesen ersten Schritt des Glaubens nicht unternehmen, ist es fast unmöglich, dass Sie Ihre Träume Wirklichkeit werden lassen. Falls Sie also die Übungen am Ende der Sitzungen nicht gemacht haben, dann ist es jetzt an der Zeit, ein Arbeitsheft und ein Vision Mapping Journal anzulegen. Wenn Sie ein vorgedrucktes Heft mit allen Übungen und ein vorgedrucktes Vision Mapping Journal haben wollen, können Sie es auf meiner Internetseite oder bei Karen bestellen.

2. Wenn Sie mit den Übungen schon angefangen haben, dann machen Sie damit im Marathon-Rhythmus weiter. Die Übungen einer Sitzung pro Monat ist das langsamste Tempo, das Sie in Betracht ziehen sollten, zwei Sitzungen pro Woche das schnellste.
3. Wenn Sie mit dem Vision Mapping Journal arbeiten, bedenken Sie, dass das ein lebenslanges Projekt ist. Im Gegensatz zu Ihrem Arbeitsheft ist das Vision Mapping Journal nicht schon nach Wochen oder Monaten voll. Übereilen Sie nichts. Gehen Sie von den wichtigsten Träumen in den wichtigsten Bereichen Ihres Lebens aus und arbeiten Sie einfach auf dieser Grundlage. Mit jedem Jahr, das vergeht, werden Sie Träume streichen und andere hinzufügen. Das Journal soll eine klare Wegbeschreibung und ein klarer Zeitplan für die Erreichung Ihrer wichtigsten kurzfristigen und langfristigen Träume sowie Ihrer Lebensträume sein. Es ist Ihre Landkarte, und es ist Ihr Leben. Nehmen Sie es ernst, aber haben Sie auch Spaß daran. Wenn Sie das tun, dann wird es Ihr Geist in Ringbuchform.

## Dr. Paul B. Farrell – Bequem reich werden

Der bekannte Kolumnist und Börsenberichterstatter Dr. Paul B. Farrell zeigt Ihnen, wie Sie sich bis zu Ihrem Ruhestand ein siebenstelliges Finanzpolster aufbauen können – ohne Albträume, ohne zeitaufwändige Studien und ohne auch nur einen Cent Provision an einen Broker zu bezahlen.
Lernen Sie Farrells Investmentmethoden und werden Sie „bequem reich“!

**400 Seiten / geb. mit SU / Bestellnr. 036-575** **24,90 Euro**

## Larry Williams – Die richtige Aktie zur richtigen Zeit.

US-Tradinglegende Larry Williams untersucht, welche Aktien die besten Chancen bieten und – noch wichtiger – wann der richtige Zeitpunkt gekommen ist, diese Aktien auch zu kaufen. Dieses Buch offenbart verblüffend einfache Methoden, mit denen der Anlageerfolg dramatisch gesteigert werden kann – Pflichtlektüre!

**270 Seiten / geb. mit SU / Bestellnr. 036-459** **29,90 Euro**

## Beckmann / Lenz – Nano-Stocks

Die Autoren erläutern die Grundlagen der Nanotechnologie und präsentieren einen Querschnitt durch ihre Einsatzgebiete. Im Anschluss an jedes Kapitel befinden sich Portraits von Unternehmen aus dem besprochenen Sektor. Diese bilden gemeinsam mit wichtigen Basisinformationen eine hervorragende Datenbank für Investoren auf der Suche nach interessanten Nano-Stocks.

**350 Seiten / geb. mit SU / Bestellnr. 036-377** **24,90 Euro**

## Harald Gabel – Erfolgreich Handeln mit Turbos und Optionsscheinen

Ein Schwerpunkt sind die Grundlagen der Bewertung von Turbo-Zertifikaten sowie die Auswahl des geeigneten Scheins. Autor Harald Gabel geht anhand verschiedener Szenarien und verschiedener realer Derivate der Frage nach: „Welcher Schein würde in welchem Szenario die höchste Performance erzielen?"

**140 Seiten / Paperback / Bestellnr. 036-248** **19,90 Euro**

## Laura Rich – Milliardär aus Zufall

In „Milliardär aus Zufall“ enthüllt Laura Rich Vision und Persönlichkeit des Paul Allen. Sie folgt ihm von der Zeit als jugendlicher Computerfreak bis hin zur Gründung des weltgrößten Software-Unternehmens. Paul Allen ist ein Mann mit vielseitigen Interessen, aber nur wenige kennen ihn wirklich. Dieses Buch ernthüllt zum ersten Mal die Motive einer Person, deren Bedeutung oft übersehen wird.

**288 Seiten / geb. mit SU / Bestellnr. 036-251** **29,90 Euro**

## Dr. Martin Weiss – Den Markt im Griff!

Dr. Martin Weiss zeigt Strategien für eine erfolgreiche finanzielle Zukunft. Mit dem richtigen Wissen gibt es keine Katastrophen mehr an den Märkten – nur gute Gelegenheiten. Die Botschaft von „Den Markt im Griff!“ ist einfach zusammengefasst: Lernen Sie, wie man an den Investmentmärkten Geld verdient, während die meisten anderen verlieren!

**360 Seiten / geb. mit SU / Bestellnr. 036-250** **29,90 Euro**

## James J. Cramer – Bekenntnisse eines Wallstreet-Süchtigen

James J. Cramer kennt alle Facetten des Aktienmarktes. Er war bei Goldman Sachs, er war Vermögensverwalter und er war einer der erfolgreichsten Fondsmanager der 90er-Jahre. Seine Leser erhalten Einblick in die Mechanismen, nach denen „das große Geld" funktioniert. Sie erfahren, mit welchen Methoden Cramer dem Markt oftmals ein Stück voraus war.

**285 Seiten / Hardcover / Bestellnr. 036-215** **24,90 Euro**

## Michael Parness – Beherrsche den Markt!

Michael Parness machte in nur 15 Monaten aus 33.000 Dollar die sagenhafte Summe von sieben Millionen Dollar. In „Beherrsche den Markt!" zeigt er die Fehler auf, die viele Anleger an der Börse begehen und beschreibt Methoden, diese zu vermeiden und erfolgreich zu handeln.

**250 Seiten / geb. mit SU / Bestellnr. 036-090** **24,90 Euro**

## Hubert Roos – Gold-Boom. Gewinne und Sicherheit mit Gold

Neben einer Anlage in physischem Gold können Investoren auf diverse Alternativen zurückgreifen: Zertifikate und Aktien, Goldkonten, Goldminenaktien und Goldfonds. Hubert Roos vermittelt umfangreiches Hintergrundwissen und stellt die Bausteine vor, mit denen jeder Anleger seine persönliche Strategie für Gold in die Praxis umsetzen kann.

**140 Seiten / geb. mit SU / Bestellnr. 036-214** **19,90 Euro**

## Hubert Roos – Big Silver. Gewinn bringend investieren mit Silber

Für Anleger gibt es eine Reihe von Möglichkeiten, von den Chancen des Silbermarktes zu profitieren. „Big Silver" liefert ihnen wichtige Hintergrundinformationen, zeigt, welche Besonderheiten es im Silbergeschäft zu beachten gilt.

**134 Seiten / geb. mit SU / Bestellnr. 036-370** **19,90 Euro**